国家社会科学基金资助

02 | 大学之思
主编 刘东

Markets, Minds, and Money

# 市场、人才与金钱

## 美国大学的科研何以引领世界？

〔美〕米格尔·乌奎拉 著

阮汨君 译

商务印书馆
The Commercial Press

MARKETS, MINDS, AND MONEY

Why America Leads the World in University Research

by Miguel Urquiola

Copyright © 2020 by the President and Fellows of Harvard College

Published by arrangement with Harvard University Press

through Bardon-Chinese Media Agency

Simplified Chinese translation copyright © 2025

by The Commercial Press, Ltd.

ALL RIGHTS RESERVED

本书为"区域国别研究系列"成果，由国家社会科学基金资助

# 总　序

这里所集中收录的，主要是美国那边的同事们，对于高等教育的批判反思，——当然他们所集中针对的，也主要是美国的高等教育。

要说"挑剔"的话，这几乎就是在"鸡蛋里挑骨头"了。尤其是在晚近的紧张竞争中，我们就可以看得格外清楚了：那种既生机勃勃，又纪律严明的高等教育，几乎就是这个国家最大的比较优势了。——更令人惊异的是，这样的优势竟还能长久地维持不坠，以至于哈佛文理学院前院长几十年前讲出的话，还可以被当作刚发表的新闻稿来读：

当外国经济竞争对手似乎在一个接一个的领域里超过我们的日子里，可以再次保证确信一点：美国毫无问题地主宰世界的一个重大的产业，那就是高等教育。世界上2/3到3/4的最好大学是在美国。这个事实是最近对美国高等教育展开批评的许多人所忽略的……我们经济中有哪个其他部分能作类似的说明？有棒球、橄榄球和篮球队——但名单也到此为止了。没有人会说今天的美国有2/3的全球最佳钢铁厂、汽车厂、芯片制造厂、银行或政府部门。我们处在高等教育质量表上的高端地位是非同一般的，它可能是一项特殊的国家资产，需要加以说明。[1]

可即使如此，那些远在大洋彼岸的知识人，还是对于置身其中的高等学府，进行着毫不容情的、不稍间断的批判。而且，这种批判也丝毫没有虚妄矫情之嫌，倒是充满了由衷的愤怒，正如斯坦福大学前校长唐纳德·肯尼迪所云："高等教育已经融入我们的生活。我们在所有的事情上离不开它，也相信它的价值。当它带给我们失败，我们就变得失望；而当它开销太大，我们就变得愤怒。这种超乎寻常、至关重要的机构究竟是什么？它是怎样逐渐成为今天这种状况的？"[2]——于是也就不待言，正是这种力道很大、接踵而至的批判，才向我们的丛书提供了持续不断的迻译内容。

那么，他们都在"挑剔"或批判些什么呢？我在以往撰写的类似文章中，也曾随手进行过一些简单的枚举：

——忧虑它的过度市场化和企业化，忧虑它的精神流失；
——忧虑它的批量生产和形式主义，忧虑它的鼓励平庸；
——忧虑它的集体腐败和拉帮结派，忧虑它的风格趋同；
——忧虑时而出现弄虚作假和剽窃，忧虑它被外间污染；
——忧虑它像飘蓬一样无根地变异，忧虑它丢失了传统；
——忧虑它太贴向财大气粗的金主，忧虑它失去了独立；
——忧虑它虚掷纳税人的辛勤血汗，忧虑它有违于公平……

---

1　亨利·罗索夫斯基语，转引自克拉克·克尔：《大学之用》（第五版），高铦等译，北京大学出版社，2008年，第129页。

2　唐纳德·肯尼迪：《学术责任》，阎凤桥等译，新华出版社，2002年，第6页。

所以，虽然乍看不无突兀之处、细想却在情理之中的是，即使他们享有着相对正常的学术秩序，即使他们举不胜举的顶尖学府相比起来也简直像是"漂在钱海"里，可至少照身在其中的那些人看来，这个被戴维·洛奇挖苦过的"小世界"，也实在谈不上算什么"理想国"。恐怕正是职是之故，才在自己所从事的人文学科中，发现了曾让我蹊跷不已的现象："何以美国拥有那么多功力深厚的同行，但将其全部知识原创性迭加在一起，却远远及不上一个小小的巴黎？"[1] 当然了，话还是要说回来，正因为从未满足过身边的现状，他们那些富于力道的批判话语，仍然从后效上构成了持续激发的马刺，终究使那边的高校保住了总体的优势。——这种充满张力的辩证状态，如果用我以往发表的语句来讲，正是在一方面，"知识群体突然兴奋地发现，大学这个他们最为熟悉的教育机构，正好提供了一个近在手边的文化案例，使自己可以充分发挥解析与批判的特长，从而不仅可以指望以自己的写作活动来改进身边的境遇，甚至还可以以此来报效大学所属的总体社会"[2]。而在另一方面，"同时也要平心地说一句，无论出现了多少问题，又正因为保持着这样的忧患，正因为可以公开发表这种忧思，正因为由此可以促进改革，他们的大学才保持着相对的优势，成为当代美国已经屈指可数的优势和骄傲之一"[3]。

令人生畏的是，恰是当下这股全球化的逆流，更迫使我们理应睁开眼睛看清楚，即使美国只具备高教这一个优势，也足以盖过它诸多

---

[1] 刘东：《社科院的自我理由》，《理论与心智》，江苏人民出版社，2001年，第223页。

[2] 刘东：《众声喧哗的大学论说》，《我们的学术生态：被污染与被损害的》，浙江大学出版社，2012年，第55页。

[3] 刘东：《再序〈大学之忧丛书〉》（修订稿）。此文原为高等教育出版社出版的"大学之忧丛书"的总序，之后我又做了修订，修订稿未刊。

的次要优势,从而在根本上创造和保持着综合的国力,这才是美国大学最令人羡慕,也最值得学习的地方。六年前,我曾在"腾讯思享会"举办的授奖仪式上,历数过自己对当代中国的种种忧虑,包括"生态恶化""创新不足""生育下滑""社会萎缩"和"文化垮塌"等等,而"创新不足"又在其中排得相当靠前,因为这更使得我们的社会经不起"脱钩"。——说到根子上,这又跟我们每天都在校园里发出的长吁短叹有关:"从我作为教授的角度来说,如果我们的教育还是死记硬背的应试教育,我相信我们的创新是不可指望的。我先教北大、后教清华,我的学生里边有很多状元,但是他们不会创新,他们的博士论文主题都是老师我给的。一个博士论文题目都找不到,怎么可能做出能打败乔布斯的新成果?"[1]

出于这种深深的忧虑,尽管我不赞成某些文人的"东施效颦"——他们往往就连装出的愤怒都属于"舶来"的——然而,一旦涉及整个文明的"创造性根源",我们又不能不对外部的话语有所敏感、深感触动,或者说,不能不去倾听那些作为激发动力的、对于大学制度本身的批判反思,并由此再对身边的问题发出触类旁通的反思。无论如何,绝不能再摆出"事不关己,高高挂起"的架势,更不能只是琢磨怎么去钻现有制度的空子,所以它越是千疮百孔地、不可救药地糟透了,就反而越让自己有机可乘、有利可图。否则,那一切自夸就终是在妄发"虚火",既徒然地招人嫉恨,又浅薄得令人喷饭;而我们正在快速崛起的父母之邦,则更匹配不上最起码的、与其体量相适应的"脑容量",只剩下规模庞大的肉体身躯,像是尚未进化到"智人"阶段的远古猿人。

---

1 刘东:《社会自治可驯化政治力》,《腾讯文化》,2015年11月26日。

应当转念想到，我们置身其中的高等学府，并不只是我们借以安顿自己的机构，以至一旦有幸躲到了里边，那就什么样的话题都可以研究，哪方面的合理性都敢于追问，偏偏就不去研究这个机构本身，更不敢追问它是否具有合理性。而事实上，这种具有历史性的学术和教育机构，本身也是脱生于具体的社会语境，也有自己的来龙去脉、前因后果，绝不可能是天然合理、天经地义的。既然如此，我们就只有通过不间断的检讨与反思，才可能一步步地去改进和优化它，从而也让自己在其中发出的深层运思，都变得更加自如和富于活力，获得更上一层的解放与焕发。

当然与此同时，正由于在这种潜心的研读中，确然看到了来自西方本身的检讨，从而看出了即使是哈佛耶鲁，也并非光可鉴人、无懈可击的，我们就更容易从以往的盲从中解脱出来，尤其是，从当下对于"一流大学"的亦步亦趋中，幡然悔悟和恍然大悟地挣脱出来。回顾起来，针对这种盲人瞎马式的追随，自己过去也早已撰文贬斥过了："必须警惕这样一种本质主义的倾向：一旦谈论起大学，总是贪图省事不假思索地以不变应万变——误以为只要从西方文明的源头略加寻索，就准能在那里找到必然预制好的万应良药来；甚至，即使很显然当代西方本身在教育实践中已经把那些理念弃而不用了，也仍然刻舟求剑地认为：只要能坚持表现得比西方还要西方，就一定会医治好当代中国的大学。"[1]

于是也就不在话下，用以取代这种盲目追随，乃至狐假虎威的，便只能是我们本身的开动脑筋与独立思考，从而让我们对于中国大学的构想与改造，也变得更加清醒自觉、胸有成竹，并让我们置身其

---

[1] 刘东：《众声喧哗的大学论说》，《我们的学术生态：被污染与被损害的》，浙江大学出版社，2012年，第41页。

中的高等学府，也能逐渐匹配当代生活的紧迫要求。无论如何，总希望能有更多志同道合的同事，来加入对于大学本身的这番阅读与思考，从而打从文化基因的隐秘深处，来激活整个中华民族的造血机制。——不管译介的工作将会多么艰涩与费力，我们都甘愿把为此付出的这份额外辛劳，源源地奉献给有志于此的同道们！

刘　东

2022 年 12 月 11 日

于浙江大学中西书院

# 目 录

前 言………*1*

## 上编 美国的科研表现

第一章 一个谜题………*7*

第二章 战前大学………*30*

第三章 教学改革………*62*

第四章 分类改革………*99*

第五章 生产力………*138*

## 下编　自治、自由进入、自由范围

第六章　欧洲………*171*

第七章　美国………*202*

第八章　未来………*228*

附　　录………*243*

注　　释………*280*

参考文献………*332*

致　　谢………*389*

索　　引………*391*

# 前　言

撰写本书的想法始于一次晚宴。该晚宴由哥伦比亚大学的校长与教务长共同举办，邀请了学者和企业家一同探讨线上教育等技术对研究型大学的影响。

大部分参与者并不认为新技术对研究型大学构成了生存威胁，但也有不容忽视的少数人认为研究型大学危在旦夕。收取天价学费的院校应当如何与提供免费线上服务的供应商竞争？机敏的颠覆者正伺机而动，对于那些常春藤联盟中的守旧者来说，雄厚的财力只能为他们争取片刻的喘息。

简言之，该晚宴关注的是院校之间竞争的后果，而这恰好是我研究了多年的话题。我认为这个话题中包含了许多问题，诸如美国的研究型大学是如何取得领头羊地位的？它们又是如何超越历史上研究实力更强的欧洲大学的？它们的地位会被轻易颠覆吗？

晚宴后，一位来宾对我的研究表示出兴趣，他认为我的研究与上述问题相关。这点没错，但我不知道他是否可以从中获得答案。与大多数经济学家一样，我的研究成果主要是一些简短的、技术性的文章。这种形式的好处在于：它能促使人们谨慎地在理论与实证之间建立起关联，从而尽量减少推论。其代价在于：它会妨碍人们去处理更为"宏大"的问题；毕竟它几乎没给推论留下多少空间。

为此，我决定写一本书来回应上述问题。这本书现在就在你们手中，它借鉴了经济学家们对教育市场的研究，并涵盖了许多教育史。但是，这并非一项历史研究，比如，本书对一手资料的使用非常有限。事实上，我的目标是用经济学来理解大量的历史记录，以期阐明一些有趣的问题。

教育机构是一面可靠的镜子,它鲜明地反映了国家的历史与品性。
　　　　　　　——查尔斯·艾略特,哈佛大学校长,1869年

我们必须考虑到我们将建造一座山巅之城……
　　　　　　——约翰·温斯洛普,马萨诸塞湾殖民地首任总督,1630年

让每个人都供养自己的学校……
　　　　　　　——西奥多·富瑞林怀森,荷兰归正会牧师,1755年

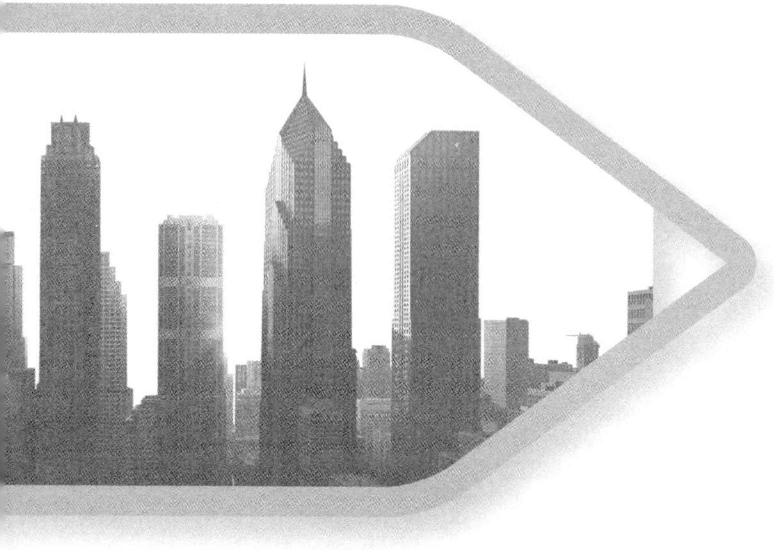

# 上编

# 美国的科研表现

## 第一章
## 一个谜题

坊间流传着一种说法，称美国正在走下坡路。一些颇有威望的研究者支持了这一说法，他们指出，尽管美国一度在诸项衡量社会成功的关键标准中领先，如今却一落千丈。论及教育，一些研究者补充道，虽然美国一度处于领先地位，但如今其学校的状况可谓是江河日下，在测试中取得的成绩平平无奇，教育机构堪称不思进取。[1]

图表 1.1 通过对比法国、德国、英国与美国的相关数据支持了上述观点。左边的图表表明，1870 年左右，美国人的平均受教育年限大约是德国人的两倍、法国人与英国人的四倍。但如今这些差距业已消失。

不过，即便对于那些在意美国表现的人来说，这也不一定会引发其担忧。因为这可能仅表明，对于那些最初入学率较低的国家而言，提高入学率更容易罢了。而下页的图表表明，当人们关注孩子在学校学习的内容时，他们更有理由感到担忧。该图表对比了法国、德国、英国与美国四个国家的国际数学测试①平均成绩。此类考试出现的时间较晚，因此图表显示的数据也是从 2003 年开始，而非 1870 年。美国在该项数据中落后于法国、德国、英国，顺便说一句，它还落后于几乎所有其他的富裕国家。尽管解读国际测试成绩需要谨慎，但这些数据可以说明为何美国教育的观察者经常会感到绝望。[2]

本书旨在探索教育体系中一类与众不同的产物——大学研究。所谓研究，系指其最终成果会以论文形式见诸权威期刊的专业性工作，在少数情况下，这些专业性工作的成果也能获得一些重大奖项，如诺贝尔奖。

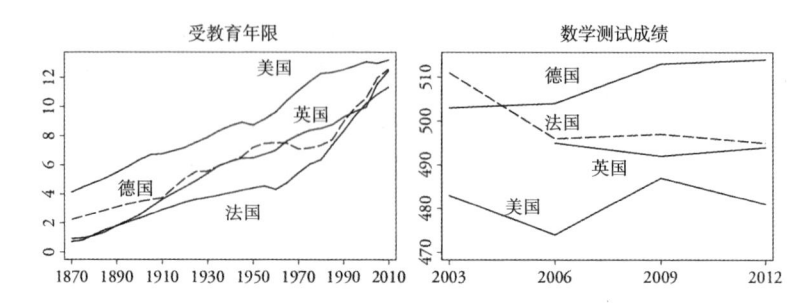

图表 1.1　左图为四国 15 周岁至 64 周岁人群平均受教育年限，主要数据来自罗伯特·巴罗与李金沃的合作论文（Barro and Lee, 2013）；右图为四国国际数学测试平均成绩，主要数据来自国际学生评估项目（PISA, gpseducation.oecd.org）。

要对研究领域的长期表现进行评估较为困难。图表 1.2 统计了各国家大学出现在诺贝尔奖获得者传记中的频率，并在此基础上得出了

---

① 国际学生评估项目（Programme for International Student Assessment，简称 PISA）是经济合作与发展组织（OECD）进行的 15 岁学生阅读、数学、科学能力评价研究项目。从 2000 年开始，每三年进行一次测评，数学是主要测试内容之一。（本书脚注如无特别注明，均为译者注。）

第一章 一个谜题

一个近似值。我将在后文中详细描述这一衡量标准。现在我们仅需关注获奖者曾以学生或教授的身份隶属于哪些大学。

该图表呈现了与图表 1.1 截然不同的情况。根据这一标准，美国在 1870 年左右居于末位，当时德国居世界首位。然而，美国随后便取得了压倒性的优势，并且保持至今。简言之，在这项比拼中，美国呈现出的却是一幅后来居上的图景！

图表 1.2 所体现的趋势总体与人们当时的观念和行动相符。例如，在 19 世纪，年轻的美国研究者大多选择前往欧洲攻读博士学位，乔纳森·科尔（Jonathan R. Cole）表示，当时他们中的大部分人都"十分眼红"欧洲的研究环境。曾任哥伦比亚大学校长的尼古拉斯·巴特勒（Nicholas Butler）年轻时于 1885 年访问德国，关于此次访问，他写道："这次访问令我印象深刻，我明白了什么是奖学金，什么是大学，以及美国高等教育想要达到同等理想水平，须得经历怎样漫长的道路。"[3]

时移世易，如今人们大都认为，美国大学的研究实力要优于其他国家的大学。例如，在最近的软科世界大学学术排名（Shanghai Ranking's Academic Ranking of World Universities）中，有 19 所美国大学跻身世界前二十五名。[4]

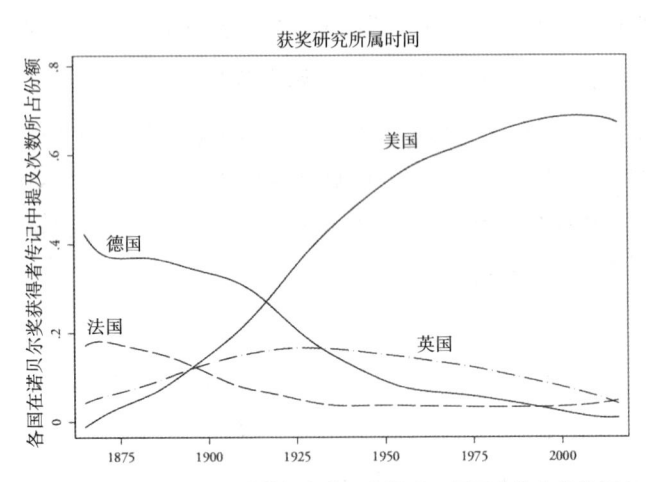

图表 1.2　该图表描述了诺贝尔奖获得者传记中提及不同国家的大学的频率。它拟合了每个国家在全年提及总次数中所占份额的局部加权回归值。本章和附录第一节将提供更多详细信息。

这一变化意义重大，因为大学研究与经济增长和人类福祉密切相关。例如，它直接催生了 X 射线和磁分离等医疗技术，并帮助扩大了抗生素的使用范围，与此同时，它也为基因编辑等有前景的技术奠定了基础。不仅如此，它还为许多公司使用的技术提供了支持。例如，美国无线公司（RCA）的录音技术、波音公司（Boeing）的喷气式飞机、谷歌（Google）的算法和优步（Uber）的定位系统。[5] 事实上，美国大学在研究方面的领先地位可能有助于弥补它们在教育领域其他方面的短板。这可能有助于解释为什么美国仍然是最具活力的经济体之一，而且它可能对维持这一地位至关重要。[6]

综上所述，以上数据提出了两个方面的问题，这些问题也是笔者撰写本书的主要动机：

一方面，就研究产出而言，为何美国的大学体制在 19 世纪落后于其他国家？之后美国如何达到领先地位？又何以能持续胜过它之前所落后的欧洲大学体制？

另一方面，为什么美国的教育体系在研究方面表现出色，即使它在其他方面不尽如人意？

对上述问题的回答基于以下一个事实：在富裕国家中，唯有美国在教育领域采用了独一无二的自由市场进路。本书将指出，这种进路解释了为什么美国大学起初在研究方面很薄弱，却后来居上，以及为何能一直保持领先地位。除此之外，这也有助于解释为什么相较于取得优异的考试成绩，美国的教育机构更擅长产出研究成果。

在展开论述前，本章将先对图表 1.2 的数据进行分析，并辅以相应的事实说明。

### 衡量研究表现的新标准

近年来，评估大学的研究成果产出变得更容易了。例如，现在的文献索引数据库几乎收录了所有大学教授公开发表的成果。但是，就本书的目的而言，现有的衡量方法存在一个共同的缺陷，那就是它们大都只覆盖了至多几十年的研究成果，而本书旨在解释更长期的研究表现。[7]

因此，我们另辟蹊径，通过对诺贝尔奖获得者的传记进行分析，来评估各大学的研究表现。尽管这会导向一种粗糙和不完美的衡量标准，但也让我们能够追溯到最早 19 世纪 50 年代的研究活动。不仅如此，此种衡量方法得出的近期结果也与同期其他更精细的排名相吻合，而早期的结果则符合彼时社会有关学校研究表现的共识。

也许最好用一个例子来说明这一衡量方法的具体内容。1901 年，威廉·伦琴（Wilhelm Röntgen）成为第一位诺贝尔物理学奖获得者。当一个人获奖时，他或她所隶属的机构也会因此获得相应的荣耀。那么，哪些大学应当分享伦琴的成就呢？慕尼黑大学当属其一，因为伦琴在获奖时是该大学的教授，这也表明慕尼黑大学为研究人员提供了相当有吸引力的环境。此外，伦琴在慕尼黑大学待了二十多年，因此有机会指导很多学生、影响很多同事，从而无形中增强了该大学的研究实力。已有严谨的研究表明，顶尖学者确实可以产生这样的影响。[8]

另一方面，伦琴直到1900年才搬到慕尼黑，此时距离他获奖仅有一年。因此，也许功劳也应该归于他之前工作过的乌尔兹堡大学、斯特拉斯堡大学、霍恩海姆大学和吉森大学。若这些学校在伦琴最高产时拥有他，那么它们获得的好处可能比慕尼黑大学更多。例如，伦琴就是在吉森大学发现了X射线。这种说法并非捕风捉影，如果有人问教授们，他们更愿意与一位诺贝尔奖获得者共事，还是在他尚未获得诺贝尔奖时与之共事，他们往往会选择后者。

这同样可以归功于伦琴更早就读的学校，例如，他获得博士学位的苏黎世大学。正如研究者所知，像伦琴这样的人不可能是凭空出现的，来到吉森大学这类机构后方才一鸣惊人。在此之前，他们必定接受了大量的专业训练，而这仰赖科研前辈对后辈的用心培养。伦琴的传记中就指出，他的导师们对他的影响很大。[9]因此，他的获奖表明，苏黎世大学本身就有优秀的科研人员。同样地，我们也可以归功于获奖者的本科院校，因为它们会教授关键的基础技能。而伦琴本科毕业于苏黎世联邦理工学院。[10]

因此，根据我们的衡量方法，伦琴的成绩应当归功于上述提到的所有大学。总体而言，我们选取了1901年至2016年间化学、经济学、

第一章 一个谜题

医学和物理学诺贝尔奖的所有获奖者,并依据传记信息来确定他们求学时期与就职期间所在的大学,再将这些学校定位至其所属国家。以伦琴为例,他求学的所有学校都在瑞士,而工作过的绝大多数学校都在德国,除了斯特拉斯堡大学在法国。在此,我们不会将获奖者的国籍纳入考量,因为问题的关键不在于他们出生在哪里,而在于他们曾在哪所大学学习或工作。我们浏览了 639 位获奖者的传记,其中提及各类大学(严格来说,是授予学位的机构)的次数为 3120 次。我们记录了每所学校每次出现时的具体年份,包括获奖者在毕业院校的毕业年份,获奖者在就职院校时的获奖年份,以及获奖者在此前工作过的所有院校的起始年份。不过,使用的确切年份并不影响关键的调查结果(详情参见附录 1)。

如前文所述,这一方法的优势在于拓展了研究对象的时间跨度,最早可以追溯至 1855 年的研究活动。不过,此种方法亦存在缺陷。首先,诺贝尔奖领域的统计具有片面性。例如,它将人文学科排除在外。其次,诺贝尔奖只是评估研究活动的一个粗略指标,因为它只授予最优秀的人。但是,一个大学即便没有雇用诺贝尔奖获得者,同样可以产出优秀的科研成果。[11] 考虑到这种可能性,我们一并统计了诺贝尔奖获得者学生时代就读的学校,共计 446 所。最后,诺贝尔奖有滞后性,因为它奖励的通常是科研工作者在职业生涯早期的工作。当然,正由于获奖者的大学直到其获奖时才会在传记中被提及,因此我们的研究可能会忽略一些获奖前名不见经传的大学。举例来说,近年来,中国、韩国等国家都在积极建设大学。这些学校很可能正在培养优秀的学生,但它们还需花费数年方能出现在诺贝尔奖获得者的传记中。这也就意味着,我们使用传记数据得出近几十年的结果与同期使用科研工作者发表数据得出的排名相吻合,后者也更能反映大学的进步过程。此外，本书关注的重点并非大学近期内的发展，而是美国研究型大学取得世界主导地位的崛起过程。

表格 1.1 基于统计数据罗列了获奖者传记中提及的不同国家的各大学的次数。[12] 其中，第一栏显示，美国院校占据了总次数 3120 次的一半。此外仅有三个国家的大学被提及的次数超过了 100，它们分别是英国、德国和法国。这也解释了为什么我们会经常关注这四个国家。

其余栏目则以四十年左右为一时间段，显示了各国在不同时期被提及的次数。其中，有些国家的表现相对稳定，如瑞士和英国。而美国则进步显著，1855—1890 年期间，美国仅与爱沙尼亚、西班牙、乌克兰并列第六，却在 1941—1980 年间后来居上，被提及的次数超过了其他国家的总和。德国则明显式微，1855—1900 年间，德国都保持领先地位，却在最后一个阶段跌至第五位。

表格 1.1　各国大学被提及次数

| 排名 | 国家 | 总次数 | 1855—1900 | 1901—1940 | 1941—1980 | 1981—2016 |
|---|---|---|---|---|---|---|
| 1 | 美国 | 1548 | 13 | 298 | 862 | 375 |
| 2 | 英国 | 424 | 22 | 151 | 205 | 46 |
| 3 | 德国 | 388 | 87 | 187 | 98 | 16 |
| 4 | 法国 | 151 | 33 | 51 | 50 | 17 |
| 5 | 日本 | 77 |  | 7 | 39 | 31 |
| 6 | 瑞士 | 71 | 9 | 29 | 27 | 6 |
| 7 | 加拿大 | 53 |  | 10 | 35 | 8 |
| 8 | 瑞典 | 50 | 7 | 20 | 19 | 4 |
| 9 | 荷兰 | 38 | 10 | 13 | 10 | 5 |
| 10 | 丹麦 | 36 | 6 | 18 | 10 | 2 |
| 11 | 奥地利 | 35 | 9 | 24 | 2 |  |

续表

| 排名 | 国家 | 总次数 | 1855—1900 | 1901—1940 | 1941—1980 | 1981—2016 |
|---|---|---|---|---|---|---|
| 12 | 俄罗斯 | 30 | 5 | 12 | 9 | 4 |
| 13 | 澳大利亚 | 25 |  | 7 | 15 | 3 |
| 14 | 以色列 | 24 |  |  | 17 | 7 |
| 15 | 意大利 | 23 | 1 | 13 | 7 | 2 |
| 16 | 挪威 | 17 |  | 4 | 7 | 6 |
| 17 | 比利时 | 16 | 2 | 6 | 7 | 1 |
| 18 | 中国 | 14 |  |  | 6 | 8 |
| 19 | 印度 | 12 |  | 5 | 6 | 1 |
| 20 | 芬兰 | 10 |  | 5 | 3 | 2 |
| 21 | 匈牙利 | 10 |  | 4 | 6 |  |
| 22 | 波兰 | 10 | 3 | 8 |  |  |
| 23 | 南非 | 8 |  |  | 8 |  |
| 24 | 阿根廷 | 7 |  | 2 | 5 |  |
| 25 | 西班牙 | 7 | 4 | 3 |  |  |
| 26 | 爱尔兰 | 5 |  | 2 | 2 | 1 |
| 27 | 新西兰 | 5 | 2 |  | 3 |  |
| 28 | 捷克共和国 | 4 |  | 4 |  |  |
|  | 总计 | 3120 | 221 | 884 | 1468 | 547 |

该表格列出了诺贝尔奖获得者传记中各国大学被提及的次数。表中仅列出了其大学被提及4次及以上的国家。大学仅被提及3次的国家有爱沙尼亚、巴基斯坦、葡萄牙和乌克兰。埃及被提及2次,其他八个国家或地区被提及1次。表格中的总数涵盖了上述所有国家与地区。附录3则统计了包括非学位授予机构在内的数据。详情可参见正文与附录1。

表格1.1并没有纳入收入与人口这两个变量,因为这并不影响本书致力于解释的两个事实:美国大学最初的弱势地位与美国大学如今的领头羊地位。具体而言,早在1875年,美国的人口数量与人均收入水平就已经超过了法国与德国,但其科研水平明显落后于二者。如今，美国的人口数量远少于欧盟，其大学被提及的次数却是欧洲国家大学的两倍（附录4提供了表格1.1的另一个版本，该版本考虑了收入与人口两个变量）。

表格1.1还强调了人们经常忽视的一点，那就是美国的进步并非一蹴而就，而是循序渐进的。观察者通常将美国大学研究地位的崛起归因于第二次世界大战前后的一些重大事件。例如，科尔（Cole，2009，75）认为，"如果历史上存在某个决定性时刻可以作为美国研究型大学崛起的转折点，那就是1933年1月，希特勒上台的那个月"。同样地，格雷厄姆与戴蒙德（Graham and Diamond，1997，200）强调了战时联邦基金的作用："在长达两个多世纪里，美国的高等教育堪称支离破碎，经济上投入不够，智识上十分偏狭，文化上也很保守。直到第二次世界大战、曼哈顿计划①、冷战与联邦科技政策革命改变了这一局面。"最近，格鲁伯与约翰逊（Gruber and Johnson，2019，19）也称："在二战前，美国大学的规模很小，并且较之研究，更重视教学。"

毋庸置疑，二战前后的重大事件确实促进了美国大学研究水平的提升。纳粹掌权直接导致大批研究人才流向了美国，我们将在后文中着重阐述联邦研究基金的影响。[13]然而，表格1.1清晰地表明，美国的进步早在二战之前就开始了。为了说明这一点，除第一个时段以外，表格1.2以每十年而非每四十年为周期来统计国家被提及的次数。

---

① 美国陆军部于1942年6月开始实施利用核裂变反应来研制原子弹的计划，亦称曼哈顿计划（Manhattan Project）。该工程集中了当时西方国家（除纳粹德国外）最优秀的核科学家，动员10万多人参加，历时三年，耗资20亿美元，于1945年7月16日成功地进行了世界上第一次核爆炸，并按计划制造出两颗实用的原子弹。这一工程的成功促进了第二次世界大战后系统工程的发展。

第一章 一个谜题

为简明起见，该表仅列出了1930年以前被提及次数总数排名前十的国家。它表明，尽管美国的大学在1855—1870年间未被提及，但从1871年起，获奖者的传记中开始提及美国的大学。1901—1910年间，美国超过了法国与英国。到了1911年至1920年期间，它甚至超越了德国。

表格 1.2　各国大学被提及次数

| 累计排名 | 国家 | 1855—1870 | 1871—1880 | 1881—1890 | 1891—1900 | 1901—1910 | 1911—1920 | 1921—1930 |
|---|---|---|---|---|---|---|---|---|
| 1 | 美国 |  | 2 | 4 | 7 | 24 | 45 | 75 |
| 2 | 英国 | 1 | 4 | 6 | 11 | 17 | 32 | 38 |
| 3 | 德国 | 11 | 15 | 18 | 43 | 45 | 36 | 70 |
| 4 | 法国 | 2 | 15 | 7 | 9 | 20 | 7 | 10 |
| 5 | 日本 |  |  |  |  |  |  | 2 |
| 6 | 瑞士 | 2 | 1 | 3 | 3 | 3 | 11 | 11 |
| 7 | 加拿大 |  |  |  |  | 3 | 2 | 3 |
| 8 | 瑞典 |  |  | 4 | 3 | 4 | 3 | 9 |
| 9 | 荷兰 |  | 5 | 4 | 1 | 3 | 2 | 3 |
| 10 | 丹麦 |  |  | 3 | 3 | 4 | 4 | 9 |

该表格列出了诺贝尔奖获得者传记中各国大学被提及的次数。但它仅列出了表格1.1中累计提及次数前十的国家。详情可参见正文与附录1。

换言之，表格1.2印证了盖格（Geiger, 1993, 4）的观点，他认为"直到20世纪30年代初，美国的科研才从一战前的学徒状态发展至能比肩欧洲科研最发达的国家"。[14]

我们的结果也反映了彼时满怀抱负的研究者们"用脚投票"的情形。维赛（Veysey, 1965, 131）注意到，美国在欧洲研究生项目中的注册人数于1895年左右达到了巅峰。但到了1900年，人们开始感到美国的研究生教育已经实现了超越。为了说明这点，他引用了一位学生的感慨："如今从德国回来的人都会认为，我们从美国任何一所知名大学的教授那里学到的东西，都比从德国大学的教授那里学到的要多。"

如果只看诺贝尔奖获得者博士与本科时期的学校，甚至能更清楚地看到，美国大学在 1930 年前便处于上升趋势了。早在 20 世纪初，美国大学已经致力于培养未来的诺贝尔奖获得者了。例如，1901 年，曾于哈弗福德学院与哈佛大学求学的未来的诺贝尔奖得主西奥多·理查德（Theodore Richard），成为第一个在德国大学获得教授职位的美国人。[15] 因此，尽管美国超越欧洲的确切年份取决于所使用的衡量标准，但它的上升早在 20 世纪初就已经开始了（详情参见附录5）。

当然，上述观点并非要否定第二次世界大战的影响。事实上，如果忽视二战的影响，我们也无法解释德国大学研究地位何以下降。不过，本书旨在解释美国大学研究地位的上升，因而我们无法仅仅依据或主要依据欧洲的事件来进行解释。更重要的是，对美国高校研究表现的描述必须能解释其进步为何发生于 1900 年以前，因此，我们需要更多地关注美国大学自身的发展。[16]

表格1.3　各大学被提及总次数

| 院校 | 次数 | 院校 | 次数 |
| --- | --- | --- | --- |
| 哈佛大学 | 170 | 普林斯顿大学 | 59 |
| 剑桥大学 | 170 | 牛津大学 | 59 |
| 哥伦比亚大学 | 106 | 巴黎大学 | 54 |
| 芝加哥大学 | 102 | 加州理工学院 | 53 |
| 加州大学伯克利分校 | 95 | 柏林洪堡大学 | 52 |
| 麻省理工学院 | 81 | 耶鲁大学 | 51 |
| 斯坦福大学 | 74 | 哥廷根大学 | 44 |

续表

| 院校 | 次数 | 院校 | 次数 |
| --- | --- | --- | --- |
| 慕尼黑大学 | 44 | 乌普萨拉大学 | 18 |
| 康奈尔大学 | 42 | 乌得勒支大学 | 18 |
| 约翰·霍普金斯大学 | 41 | 伦敦政治经济学院 | 17 |
| 苏黎世联邦理工学院 | 36 | 加州大学圣地亚哥分校 | 17 |
| 伊利诺伊大学 | 33 | 爱丁堡大学 | 17 |
| 曼彻斯特大学 | 33 | 华盛顿大学 | 16 |
| 宾夕法尼亚大学 | 33 | 乌尔兹堡大学 | 16 |
| 洛克菲勒大学 | 30 | 卡罗林斯卡学院 | 15 |
| 威斯康星大学 | 30 | 京都大学 | 15 |
| 哥本哈根大学 | 29 | 名古屋大学 | 15 |
| 斯特拉斯堡大学 | 26 | 法兰克福大学 | 15 |
| 卡耐基梅隆大学 | 24 | 弗莱堡大学 | 15 |
| 慕尼黑工业大学 | 24 | 伦敦大学 | 15 |
| 纽约大学 | 22 | 马尔堡大学 | 15 |
| 明尼苏达大学 | 22 | 凯斯西储大学 | 14 |
| 巴黎高等师范学院 | 21 | 格拉茨大学 | 14 |
| 加州大学洛杉矶分校 | 21 | 维也纳大学 | 14 |
| 伦敦大学学院 | 21 | 东京大学 | 12 |
| 海德堡大学 | 20 | 莱比锡大学 | 11 |
| 密歇根大学 | 20 | 西北大学 | 11 |
| 得克萨斯大学 | 20 | 多伦多大学 | 11 |
| 圣路易斯华盛顿大学 | 20 | 柏林工业大学 | 10 |
| 纽约城市大学 | 18 | 基尔大学 | 10 |
| 帝国理工学院 | 18 | 奥斯陆大学 | 10 |
| 莱顿大学 | 18 | 杜克大学 | 9 |
| 麦吉尔大学 | 18 | 布鲁塞尔自由大学 | 9 |
| 苏黎世大学 | 18 | 加州大学芭芭拉分校 | 9 |

续表

| 院校 | 次数 | 院校 | 次数 |
|---|---|---|---|
| 伯明翰大学 | 9 | 弗罗茨瓦夫大学 | 8 |
| 科罗拉多大学 | 9 | 巴斯德研究所 | 7 |
| 图宾根大学 | 9 | 巴塞尔大学 | 7 |
| 希伯来大学 | 8 | 布宜诺斯艾利斯大学 | 7 |
| 普渡大学 | 8 | 日内瓦大学 | 7 |
| 以色列理工学院 | 8 | 汉堡大学 | 7 |
| 波恩大学 | 8 | 赫尔辛基大学 | 7 |
| 利物浦大学 | 8 | 弗吉尼亚大学 | 7 |
| 罗马大学 | 8 | 魏茨曼科学研究所 | 7 |

该表格列出了诺贝尔奖获得者传记中每所大学被提及的次数，但仅包括被提及7次以上的院校。附录6列出了那些被提及次数较少的院校。详情参见正文与附录1。

表格1.3显示了具体大学的统计结果，该表格仅列出了被提及4次及以上的大学（被提及次数在4次以下的大学收录于附录6中）。不可思议的是，剑桥大学与哈佛大学并列第一，各自被提及170次。此外，排名前十的大学有哥伦比亚大学、芝加哥大学、加州大学伯克利分校、麻省理工学院、斯坦福大学、普林斯顿大学、牛津大学与巴黎大学。[17]排名前二十的高校中，除了苏黎世联邦理工学院，其余均位于法国、德国、英国或美国。

表格1.3同样表明，在世界范围内，尤其是在美国，相对少数的大学占有了绝大部分的诺贝尔奖提及次数。例如，芝加哥大学、加州大学伯克利分校和麻省理工学院中，任何一个学校被提及的次数都要超过日本所有大学的总和。不过，美国大约有4700所授予大专以上学位的院校，只有58所出现在了表格1.3中。[18]其他研究表现的衡量标准可能会认为这不值得关注。事实上，若要有力地解释美国的研究表现，则有必要说明，为何美国的研究成果产出，尤其是那些最高质量的成果，集中在大约 1% 的院校。

表格 1.4 则通过列出每四十年左右的时段内排名最高的 35 所学校，探寻大学提及次数的演变。[19]1855—1900 年期间，欧洲的学校占据了主导地位，柏林大学被提及次数最多，随后是剑桥大学与慕尼黑大学。在这一阶段，美国大学未能进入前二十五。1901—1940 年期间，剑桥大学居于首位，哈佛大学与哥伦比亚大学则跻身前五。1941—1980 年期间，哈佛大学独占鳌头，排名前七的大学中有 6 所位于美国。1981—2016 年期间，美国大学已经包揽了前七名。最后这一阶段的排名与同期的其他排名有很高的重叠率，例如，这一阶段中排名前十的 7 所学校，同样也位于软科世界大学学术排名榜的前十。

总而言之，若要解释美国研究表现的进步，则必须论证以下几点：19 世纪时美国学校的薄弱之处；美国科研在二战前数十年已然开始好转；为数不多的几所学校对促进此种转变发挥了巨大作用；科研成果尤其是高质量的科研成果仅集中于小部分院校之中。接下来我将对本书的具体内容提供一个简要概述。在继续讨论之前，我们想要提醒读者，附录 7 提供了一些更具体的信息。它列举了化学、经济学、医学和物理学几个具体领域的排名。这些排名中可能会出现一些有意思的变化，但并不影响关键的结论。

表格 1.4　各时间段内大学被提及次数

| 被提及总次数 ||||||||
|---|---|---|---|---|---|---|---|
| 1855—1900 || 1901—1940 || 1941—1980 || 1981—2016 ||
| 柏林洪堡大学 | 19 | 剑桥大学 | 63 | 哈佛大学 | 101 | 哈佛大学 | 32 |
| 剑桥大学 | 11 | 哈佛大学 | 35 | 剑桥大学 | 83 | 斯坦福大学 | 28 |
| 慕尼黑大学 | 10 | 柏林洪堡大学 | 31 | 哥伦比亚大学 | 64 | 麻省理工学院 | 27 |
| 斯特拉斯堡大学 | 10 | 哥伦比亚大学 | 29 | 芝加哥大学 | 64 | 加州大学伯克利分校 | 20 |
| 巴黎大学 | 9 | 哥廷根大学 | 27 | 加州大学伯克利分校 | 62 | 芝加哥大学 | 18 |
| 莱顿大学 | 8 | 慕尼黑大学 | 25 | 麻省理工学院 | 48 | 耶鲁大学 | 17 |
| 乌尔兹堡大学 | 7 | 巴黎大学 | 21 | 斯坦福大学 | 46 | 普林斯顿大学 | 16 |
| 海德堡大学 | 6 | 芝加哥大学 | 20 | 牛津大学 | 33 | 剑桥大学 | 13 |
| 哥本哈根大学 | 6 | 曼彻斯特大学 | 18 | 普林斯顿大学 | 32 | 哥伦比亚大学 | 12 |
| 哥廷根大学 | 6 | 牛津大学 | 17 | 加州理工学院 | 29 | 得克萨斯大学 | 12 |
| 苏黎世联邦理工学院 | 5 | 苏黎世联邦理工学院 | 16 | 耶鲁大学 | 26 | 约翰·霍普金斯大学 | 10 |
| 波恩大学 | 5 | 加州理工学院 | 15 | 康奈尔大学 | 23 | 加州理工学院 | 9 |
| 维也纳大学 | 5 | 哥本哈根大学 | 15 | 伊利诺伊大学 | 20 | 洛克菲勒大学 | 9 |
| 巴黎高等师范学院 | 4 | 威斯康星大学 | 15 | 巴黎大学 | 20 | 康奈尔大学 | 8 |
| 曼彻斯特大学 | 4 | 约翰·霍普金斯大学 | 14 | 卡耐基梅隆大学 | 19 | 名古屋大学 | 8 |
| 莱比锡大学 | 3 | 加州大学伯克利分校 | 12 | 宾夕法尼亚大学 | 19 | 西北大学 | 8 |
| 吉森大学 | 3 | 马尔堡大学 | 12 | 约翰·霍普金斯大学 | 15 | 宾夕法尼亚大学 | 8 |
| 格拉茨大学 | 3 | 乌普萨拉大学 | 12 | 纽约大学 | 15 | 加州大学圣地亚哥分校 | 7 |
| 里昂大学 | 3 | 康奈尔大学 | 11 | 洛克菲勒大学 | 15 | 加州大学芭芭拉分校 | 7 |
| 斯德哥尔摩大学 | 3 | 普林斯顿大学 | 11 | 慕尼黑工业大学 | 15 | 牛津大学 | 7 |
| 塔尔图大学 | 3 | 格拉茨大学 | 10 | 加州大学洛杉矶分校 | 15 | 杜克大学 | 6 |
| 苏黎世大学 | 3 | 伊利诺伊大学 | 10 | 圣路易斯华盛顿大学 | 15 | 卡罗拉多大学 | 6 |

第一章　一个谜题

续表

| 被提及总次数 ||||||||
|---|---|---|---|---|---|---|---|
| 1855—1900 || 1901—1940 || 1941—1980 || 1981—2016 ||
| 乌普萨拉大学 | 3 | 苏黎世大学 | 10 | 麦吉尔大学 | 14 | 华盛顿大学 | 6 |
| 乌得勒支大学 | 3 | 伦敦大学学院 | 9 | 威斯康星大学 | 14 | 加州大学洛杉矶分校 | 5 |
| 亚琛工业大学 | 2 | 维也纳大学 | 9 | 密歇根大学 | 13 | 亚利桑那州立大学 | 4 |
| 代尔夫特理工大学 | 2 | 纽约城市大学 | 9 | 苏黎世联邦理工学院 | 12 | 慕尼黑工业大学 | 4 |
| 哈佛大学 | 2 | 莱顿大学 | 8 | 帝国理工学院 | 12 | 得克萨斯农工大学 | 4 |
| 约翰·霍普金斯大学 | 2 | 海德堡大学 | 7 | 凯斯西储大学 | 11 | 加州大学欧文分校 | 4 |
| 敖德萨大学 | 2 | 莱比锡大学 | 7 | 卡罗林斯卡学院 | 11 | 加州大学旧金山分校 | 4 |
| 基洛夫军事医学院 | 2 | 柏林工业大学 | 7 | 明尼苏达大学 | 11 | 爱丁堡大学 | 4 |
| 美国海军学院 | 2 | 基尔大学 | 7 | 伦敦政治经济学院 | 10 | 密歇根大学 | 4 |
| 阿姆斯特丹大学 | 2 | 明尼苏达大学 | 7 | 加州大学圣地亚哥分校 | 10 | 明尼苏达大学 | 4 |
| 埃尔朗根-纽伦堡大学 | 2 | 耶鲁大学 | 7 | 爱丁堡大学 | 10 | 奥斯陆大学 | 4 |
| 格罗宁根大学 | 2 | 帝国理工学院 | 6 | 哥廷根大学 | 10 | 巴黎大学 | 4 |
| 基尔大学 | 2 | 麻省理工学院 | 6 | 巴黎高等师范学院 | 9 | 卡耐基梅隆大学 | 3 |

该表格列出了诺贝尔奖获得者传记中各大学在特定时间段内被提及的次数。它仅列出了每一阶段排名前三十五的院校。详情参见正文与附录1。

## 论点

为何有的大学体制会在研究领域表现优异？一个显而易见的答案是，一个大学体制要想在科研领域出类拔萃，就需要拥有一些"人才"（minds）与"金钱"（money）充裕的院校。所谓"人才"，系指有研究天赋的人才（天赋当然有很多种，此处仅讨论其中几种）。

所谓"金钱",系指有财务来源。在探索更深层的答案之前,有必要先对这两个要素进行简要的阐述。

美国的顶尖大学能够识别并招揽到有研究天赋的人才。它们在几乎每个学院(例如,某个大学的化学学院)都常年设置招聘委员会。委员会往往面向全球招募青年教师,而这些正式招聘会吸引数百名来自世界各地的有前途的候选人。委员会首先会审核申请人的论文与推荐信,并安排面试。之后,入围者会受邀进行为期一天的参观,在此期间介绍各自的研究成果。而招聘资深学者时,委员会则可能需要甄别更多的信息。例如,它们会对其研究成果进行同行评议,并听取候选人的工作汇报。

这些大学之所以能吸引到最优秀的人才,原因之一在于它们资金雄厚。它们不仅支付给教授丰厚的薪水,对其项目提供高达数百万美元的资助,比如,用于打造有着优秀团队的实验室。同时,它们还能保障充足的科研时间;顶尖大学的教授课时相对较少。

可想而知,如果一个大学体制拥有若干人财兼备的院校,那么它也更容易产出优质的科研成果。然而,更深层的问题在于,为何美国最初会在培育此类院校方面落后于欧洲国家,却又后来居上?本书的答案聚焦于这样一个事实,即美国在教育领域采用了自由市场的进路。具体而言,如果一国的大学体制具备以下三个特征,那我们就可以说它是按自由市场的规律运行的。

自治(Self-rule)。自治的大学体制指其院校能自由决定自身的发展方向。哪怕是国家财政拨款的大学,只要给予其宽泛的行动自由,也能享有自治。

自由进入（Free entry）。自由进入的大学体制指其创办新院校相对容易。

自由范围（Free scope）。拥有自由范围的大学体制指其院校被允许提供各种类型的服务。[20]

较之大多数富裕国家的大学体制，美国的大学体制更能体现上述特点。首先，它的私立院校十分独立，大多公立院校也享有实质性的自主权。其次，各个州、基金会和营利性公司都可以很容易地创办新的大学。最后，大学的活动很少受到限制。例如，许多大学不仅可以授予各类学位，还可以运营医院和营利性质的运动队。[21]

倘若要将美国大学研究表现初期的弱势连同后期的强势都归因于上述特征，这也就意味着，自由市场进路与教育领域中的优异表现并不必然相关。这也许会让很多读者心生疑惑，为何自由市场在有的时候有效，有的时候反而成了阻碍呢？

然而，这确实是可能的，因为教育不是一种普通的商品。正如贝克尔（Becker, 1964）在其获诺贝尔奖的作品中指出的，与购买手机这类商品不同，人们购买教育是为了使自己在未来的市场中更有竞争力。例如，人们上学是为将来的事业做准备，或是为了让自己对潜在的伴侣更有吸引力。换言之，人们认为教育创造了一种资产，贝克尔称之为人力资本（human capital）。

重要的是，学校为这些消费者提供了两类服务：教学（teaching）和分类（sorting）。教学主要是指师资及其所做的事情，包括他们是谁、他们想要传授什么技能（即课程），以及他们传授的方法。分类则主要是指学生在学校认识什么样的人。当一所院校提供分类服务时，也就是在暗地里"兜售"圈层（peer groups）。大多数情况下，这意味着学校制造了某种同质性（homogeneity）。例如，有的学校可能喜欢招聪明的学生，有的学校喜欢招家境富裕的学生，有的学校偏爱有艺术天赋的学生，有的学校则欢迎有特定职业规划的学生。通过此种方式，学校可以吸引到想要接触或结识同类的学生。分类同样适用于教职工。如果一所大学可能会吸引化学特定领域的顶尖教授，那么它也可能会吸引到那些希望与之共事的学者。对人们进行此种分类是学校提供的一项基本服务。

本书试图论证，在内战以前，自由市场提供的教学和分类服务一直阻碍着美国大学的研究表现，而在内战之后，这两种服务又增强了美国大学的研究表现。更确切地说，这两类服务最初使所有美国高校无法获取人才与资金，却又在后来使它们人财两旺。

要明白这点，就需要注意，在自由市场中，公司必须提供消费者想要的东西。早在19世纪，美国家庭就有了宗派分类的需求。例如，浸信会教徒希望和浸信会教徒一起上大学，长老会教徒希望和长老会教徒一起上大学，等等。此外，大多数学生偏爱离家近的大学。这些因素叠加在一起，催生了大量的高校。美国在独立时仅有9所高校，内战前增加了约900所。大量高校的创建满足了人们对分类的需求，它们能够吸引到宗教背景相似的地方精英。但这同时也阻碍了教学，由于学校规模小、资金不足，它们只能低薪聘用一些非专业的教授讲授范围狭窄、内容僵化的课程。简言之，彼时的美国高校不太需要科研人才，也没有足够的资金来负担他们。因此，它们几乎无法在研究领域与欧洲大学竞争，事实也确实如此。

既然高校的教学和分类服务使自身陷入了困境，那想要摆脱困境，就必须对教学和分类服务进行改革。之所以需要进行教学改革，

第一章 一个谜题

是因为高校观察到其所教授的技能与客户需求之间的差距日益显著。例如，学生对工业化的兴趣日渐增加，高校却并未开设相关领域的课程（如工程、商业）。不过，教学改革很难推进。在前人数次失败的尝试后，直到内战结束，后起之秀康奈尔大学和约翰·霍普金斯大学方才取得了成功，它们的成功之道是在一系列领域提供专业和先进的教学，而不是提供宗派分类。自治也使得像哈佛大学和哥伦比亚大学这样的老牌劲旅及时做出有力回应，芝加哥大学、麻省理工学院、斯坦福大学等几十家大学紧随其后。这些学校很快意识到，不同以往，新的教学方式青睐的教师类型是处于某一领域前沿的专家，换言之，就是能做研究的人。与此同时，学术体系提供了衡量研究成果数量和质量的额外标准。这也使得那些教学改革成功的学校能够识别人才，启动分类程序，将最顶尖的人才尽数招入麾下。

这些学校也很乐于见到入学人数的迅速增长，但问题在于，它们提供的分类服务开始无法适应重点学生的需求。具体来说，在增长的入学人群中，很大一部分是不太富裕的学生和犹太学生，在反犹情绪高涨的时期，这会导致对以往服务的精英阶层的疏远。到了20世纪20年代，一些学校开始进行分类改革：哥伦比亚大学和哈佛大学实施了择优录取，一些学校很快进行效仿。择优录取开启了另一种分类程序，这种程序能使这些大学招揽到能力出众的学生。

最终，那些率先进行教学和分类改革的学校给学生们提供了一个极具吸引力的组合：最优秀的同侪和最优秀的教师，这些教师拥有的研究禀赋，使其有资格提供专业和先进的教学。学生亦会对此感到满意，并在毕业后向母校捐款。对于那些凭借努力、远见、特权或运气制造出这种组合的学校来说，这同时创造了一个良性循环：教学与分类改革使它们获得了人才和金钱，而这又能吸纳更多的人才和金钱。

反之，那些优秀学生或研究人才流失的学校则陷入了恶性循环之中。二战后，联邦研究基金强化了这一趋势。其结果是建立了一套体制，该体制能够找到顶级人才，并将他们与几十所研究型大学的海量资源进行匹配。此外，这些学校能够在研究中投入超多资本，我们会在后文中分析具体原因。

简言之，以上论述解释了美国大学研究最初弱势的原因，以及在二战前几十年就开始改善的事实。此外，这一解释也表明了美国研究实力的转变还是仰赖美国高校自身的主体性而非来自欧洲外部力量的推动，尤其是诸多高校的领导者在其中起到了关键作用。

最后，基于上述理由，自由市场的进路并未加强美国在其他教育领域的表现。例如，在基础教育中，分类动力会使得对（教学）人才的识别复杂化，有时还会将资源导向效率较低的学校。更进一步来说，尽管美国顶尖研究的产出在很大程度上取决于几十所大学，但国际测试等成绩还是取决于本国数千所 K-12 学校的状况。

即便这种叙事能够解释美国教育表现的突出方面，它也留下了一个关键问题：为什么美国能有以市场为导向的大学体制，大多数欧洲国家却没有？例如，法国几乎所有的大学都是由中央政府出资创办并严格控制的；尽管德国是联邦制国家，每个州也都在其境内实施类似的控制。[22]

本书的下编将表明，具有讽刺意味的是，欧洲发明了广阔的、不受约束的大学市场，并持续了几个世纪之久。然而，随着新教改革的到来，各国开始有意愿和能力掌控仍然是宗教导向的大学，这一局面便结束了。同样讽刺的是，最先创建大学的美国殖民地，如马萨诸塞、康涅狄格、弗吉尼亚，它们在许多方面采用了欧洲对学校的控制方式。换言之，如果美国都由这样的殖民地组成，那它的大学可能不

## 第一章 一个谜题

会表现出太多的自治或自由进入的特征。不过，一旦将大学建在中大西洋地区，如新泽西、纽约和宾夕法尼亚，大学体制就呈现出了如今的市场化特征。此外，制度的发展最终使美国的大学比欧洲的大学更为灵活。

本书主要内容包括以下几个部分。第二章主要描述了内战前美国大学的教学服务，第三章讨论了教学改革如何开始聚焦于研究人才，第四章讨论了分类改革如何整合资源，第五章考察了确保这些投入被有效使用的各个面向，第六章和第七章解释了为何自由市场进路能够在美国获得成功，在欧洲却不行，第八章则对美国大学研究的未来表现进行了展望。

# 第二章
# 战前大学

直到 19 世纪，美国的教育体系几乎没有产出什么研究成果。本章将表明，这是由于市场的力量使得身处其中的大学缺乏人才（科研人才）和金钱。首先，我们注意到，这些大学的教学所覆盖的领域十分狭隘，鲜有高级教学（advanced instruction），因而不需要专门从事科研的教授。随后，本章将阐明，上述问题之所以存在，恰恰是因为这些大学在其他方面表现良好：它们可以通过提供顾客需求的分类服务来扩张教育规模。概言之，是市场环境造成了教学与科研的落后。

需要说明的是，我们将统一使用"战前（antebellum）大学"这一术语来指称美国内战前的大学。具体而言，我们将通过南北战争开始前的这段时期，即 1636 年至 1861 年期间来理解整段美国大学的历史。尽管这段时期事实上要比该术语通常指称的时间要长，但它表明了一个有效的分界点，即 19 世纪 60 年代是美国大学转向研究导向的分水岭。[1] 同时，我们也意识到，将战前时期作为一个单独的时间单位需要某种明显的一般性。两百多年的时间里发生了许多变化。在许多情况下，我们有意忽略了这些变化，因为我们认为直到 1860 年左右，与研究表现相关的条件才发生了根本性的变化。

## 第二章 战前大学

### 教学

人们可以通过三个问题来了解战前大学的教学：谁是教师？他们教什么？他们如何教学？

### 谁是教师？

战前大学存在三种类型的教师，分别是校长、教授和助教。对于熟悉现代美国大学的人来说，校长出现在教师类别中似乎有些怪异。如今，大学校长的形象往往是比较有距离感的：许多校长几乎从未走进过课堂，也从未见过大多数资深教授。相比之下，战前大学的校长则经常给所有的高年级班教授"顶点"（capstone）课程，并熟知许多学生的名字。普林斯顿大学前校长阿什贝尔·格林（Ashbel Green）在 1812 年的日记中有这样一段记录："今天早上，学校的老师训诫了四名学生，开除了两名学生……我测试了高年级班的纯文学，还给两个被开除学生的父母写了信。晚上，老师们开了会，有人朝一位助教的门口开了枪。感谢上帝今天对我的支持。"[2]

排在校长之后的是教授，他们长期以来只供职于最富有的大学。例如，哈佛大学在建校后的近一个世纪里都没有聘用一位教授。教授的稀缺反映出他们年纪更大、地位相对更高，也比排名第三的助教更昂贵。助教通常是在毕业后选择留校任教几年的学生，他们在年龄和经验上类似于现在的研究生。最初，这三种类型中绝大多数都是男性。

描述他们的方法之一是考虑其替代职业。那么，倘若不从事教学，他们会做什么呢？事实上，在这个时期早期，很多人都是牧师。例如，1841 年，拉斐特学院 100% 的教师都有牧师背景，或大多都接受过神学训练。与之相应，1862 年的达特茅斯学院约有 60% 的教师有牧师背景，1868 年的普林斯顿大学约有 70% 教师有牧师背景。[3] 一般而言，较之大学教职，人们更愿意选择牧师职位。例如，在 1692 年被任命为哈佛大学校长的英克里斯·马瑟（Increase Mather）就很好奇，怎么会有人愿意选择教 40 名学生，而不是去向上千人布道。[4] 还有一些人之所以选择教授职位，是因为失声或失聪使其无法布道。[5] 助教的年轻气盛也会促使他们另谋高就，他们一般会去担任初级牧师（或者去当律师学徒，特别是在战前时期后期）。

这种情况在当时并不稀奇，因为培养牧师是当时大学的主要使命之一。不仅如此，当时的大多数大学都与某个特定的教派密切相关（如浸信会、路德会、卫理公会）。因此，宗教标准往往成为遴选教师的重要考量。例如，追求明确的宗派立场使得大学往往更喜欢留用自己的毕业生，或者拒绝送他们去别处深造。1879 年，时任普林斯顿大学校长的詹姆斯·麦考什（James McCosh）写信给一位在德国留学的校友："您知道，董事会……坚决要保持学院的宗教氛围。自从您离开我们之后，您经历了各种各样的场景……如果一个人的内心有根，这样的经历只会使他的信仰更加坚定。如果我能知道您是如何面对这一切的，那将对我大有好处。"[6]

与财富相关的标准也十分重要。鲁道夫（Rudolf，1962，195）曾写道："从 1835 年到 1852 年，威廉姆斯学院的化学课是由一位经济自由的人士教授的，他将象征性的薪水都花在了实验室设备上。亨利·D. 罗杰斯（Henry D. Rogers）之所以被聘为宾夕法尼亚大学第一任地质学教授，亦是由于其无偿服务。阿玛萨·沃克（Amasa Walker）同样是无偿加入了欧柏林学院任政治经济学教授……"

这一切表明，尽管教授职位带来了声望，但报酬往往很低。历

## 第二章 战前大学

史学家指出，即使在19世纪60年代，哈佛和耶鲁大学教授的工资也"低于生活成本"，而助教的工资也不比工匠高出多少。[7] 在当时，大学经常拖延付款，随意削减教师工资，并将教师筹款作为支付其工资的条件。[8] 不过，教师的低工资对资金短缺的大学是有利的。这也难怪时任哈佛大学校长的查尔斯·艾略特（Charles Eliot）会在1869年说道："对于这个需要金钱的国家来说，学者的贫困是作用巨大的。他们的贫困维系着美德和荣誉的真正标准。须知，拯救教堂的是可怜的修士，而不是主教。也正是贫困的学者们……抵御现代社会免受自身物质繁荣的侵蚀。毕竟，奢侈和学问是无法共存的。"[9]

考虑到教师招聘中宗教和财富的重要性，专业性只能屈居其后。例如，1802年，时任耶鲁大学校长的蒂莫西·德怀特（Timothy Dwight）招募了本杰明·西利曼（Benjamin Silliman）教授化学和自然史。当时，人们难以看出西利曼会在未来的教学生涯中取得辉煌的成绩。正如凯利（Kelley，1974，129）指出：

> 西利曼从未学过化学，对它几乎一无所知……德怀特之所以选择了西利曼，是因为他知道在美国很难找到一个既懂化学又懂自然史的人，他也不敢找一个外国人……不过，德怀特选择西利曼的原因不止于此。事实上，较之外国人，德怀特似乎更害怕知识分子。德怀特曾这样描述知识分子："知识分子耽于学习，恨不得在书中度过他的一生……然而，他不知道，科学只是一种手段，而不是目的。"

总之，战前大学并没有很多老师。盖格（1986）指出，在战前时期早期，大多数高校只有不到五位老师。1814年，达特茅斯学院拥有三位教授和两位助教,被称为美国最欣欣向荣的大学之一,而哈佛在最初的一百年里只有不到五位助教。[10] 此外,教师的流失不仅在于许多教授相继离开,还在于其他教师由于没有工作保障,很容易被解雇。

即便如此,战前时期大学教师的数量总体仍呈增长趋势。例如,到 19 世纪 50 年代,哈佛和耶鲁有大约 20 名教职员工,而达特茅斯学院、汉普顿-悉尼学院、纽约大学、联合学院各有 10 至 15 名教职员工。[11] 当然,若以当今的标准衡量,这些数字简直微不足道。2017 年,卡耐基梅隆大学和得克萨斯大学奥斯汀分校分别拥有约 1400 和 3700 名全职教职员工,这些数字会让战前时期的教授们感到震惊。[12]

通过上述描述,我们可以知晓战前大学的教师在教学上存在局限性的原因。一是由于教授数量本身并不多,他们被聘用,也往往是出于与专业无关的原因。二是由于他们自身的处境无法刺激他们甚至无法允许他们去获得前沿的知识。

### 他们教什么?

战前大学的课程原型是由清教徒带到哈佛大学的,清教徒的领袖大多曾于剑桥大学或者荷兰和瑞士的加尔文主义大学求学。他们带来的课程是中世纪大学承继自古罗马时期的博雅教育,亦即最适合自由人的教育。其所涵盖的学科包括语法、逻辑学、修辞学、数学、音乐、自然科学("自然哲学")以及伦理学和政治学("道德哲学")。[13] 同时,出于对人文主义的推崇,课程也十分重视由希腊文(偶尔是希伯来文)写就的古代文本。在科学中,通常使用演绎的方法,即以权威文本中所揭示的真理为起点,用逻辑推导出对物理现象的解释。

最初，学习这门课程的唯一先决条件是具备一定的拉丁语和希腊语能力。1642年，时任哈佛大学校长的亨利·邓斯特（Henry Dunster）表示："如果一个人能读懂塔利（Tully）等古典拉丁语作家的作品，用地道的拉丁语创作、吟诵诗歌和散文……用希腊语完美地举出名词和动词的范例，那么，他就可能被我们学校录取……"[14]而在接下来的一个世纪里，大学录取又增加了对数学、地理和英语的要求。时任哥伦比亚大学校长的弗雷德里克·巴纳德（Frederick Barnard）对1824年前后的入学考试有过一个粗略的描述，他描述了自己年轻时在耶鲁大学的考试经历："考试完全是口头形式的……由一名老师主持所有科目的考试……我的主考人是西利曼教授，他虽然是化学教授，却也考核我们的维吉尔①、西塞罗、希腊文《圣经》……地理和算术，并且都很精通。"[15]

战前大学课程的结构体系十分严密，并且没有设置选修课。巴纳德详细描述了他在耶鲁大学头三年的课程都是必修课："主要学习希腊语、拉丁语和数学（代数、几何和球面三角）……并对地理、历史、科学、天文学有所涉猎，还学习了英语语法和修辞学。"[16]到了大四，主要学习的是"顶点"课程，这门课程通常由校长教授。顶点课程将所有学科联系在一起并进行总结，在当时，人们坚信这是可行的，因为人们认为所有的知识最终都是关于上帝的，故而所有领域最终都可以统一起来。

总而言之，一所大学的课程设置能反映出其意图所在。因此，我们可以清楚地知道，战前大学的主要目标并不在于研究。战前大学的课程不具备选修课程和研究生课程的深度，其致知的进路也与归纳

---

① 维吉尔（Virgil），古罗马诗人。

推理的方法相龃龉。此外，它也没有涵盖一些较为实用的领域，如商业或工程。

他们如何教学？

所有的老师都知道，学生主动选择上课时更容易被激发积极性。由于战前大学基本上不提供选修课，所以出现大量描述学生感到无聊和不感兴趣的报告也就不足为奇了。此外，当时的教学方法可能使情况变得更坏。帕顿和菲尔德（Patton and Field，1927，41）引用了一段学生对19世纪50年代的哈佛教育的描述：

> 这所可怜的老派学校为我们迎接未来人生角色所做的准备就是……让我们把最宝贵的学生生涯用在掌握两门已消亡语言的公认的肤浅知识上。而在我的时代，灾难依旧没有结束。恰恰相反，它才刚刚开始。在那些最受重视的学科中，人们接受了这种草率的训练方法，同样的方法在其他学科中也被接受。即使现在，无论我多么渴望，我也不知道应当如何获得好的教学。

结合当时殖民者从欧洲移植过来的教学方法，该学生的言论可以得到印证。美国刚有大学时，其基本的教学形式是讲演（*lectio*，字面意思为"阅读"），也就是老师大声朗读经典文本，间或插入一些评议。这一教学形式主要是基于原则性与实用性的考量展开的。经典书籍包含着既定的真理，因此有必要仔细阅读它们。此外，大学出现在印刷技术降低书籍价格之前，因此，详细的笔记可以节省开支。另一种重要的教学形式是背诵（*recitatio*），其本质是对阅读材料的重复，这一形式通常由一位学士（*baccalorius*，这一术语是学士学位的词源）——相当于如今的研究生——主持。这种重复意在确保每个人都理解了阅读内容，或者至少确保他们的笔记是相对准确的。[17]

这两种教学形式在宗教改革运动期间得到了改良，但其本质未被摒弃，并且在跨洋而来后被保留得相当好。一个关键的变化在于，美国大学对这两种形式进行了整合，让学生在老师的监督下完成阅读，并考查其背诵程度。例如，詹姆斯（James, 1930, 37）指出，在19世纪中期的哈佛大学，"几乎所有的指导都是在导师制的模式下开展的，主要方式是让男孩们向老师背诵课本内容"。

时任耶鲁大学校长的耶利米·戴（Jeremiah Day）提供了更多的细节，他在1817年要求教师们报告他们的教学方法。大多数教师的方法是要求学生阅读或背诵文章。例如，一位数学教授表示："背诵课本的方式如下：每堂课的教学内容，少则三页，多则八页，具体看难易程度而定。学生要牢记这些命题、规则和一般原则，并给出切实的证明和例证。"[18]

从老师的角度来看，背诵有利有弊。一方面，许多人觉得这种练习很无聊。1851年，后来成为耶鲁大学校长的诺亚·波特（Noah Porter）"真诚地请求"允许他做一些真正的教学工作，而不是只听学生的背诵。[19]另一方面，教授们都很感激背诵可以节省他们的精力，因为检查学生是否能阅读或记忆材料比解释材料要容易得多。这一点很重要，尤其是在财力并不雄厚的学校。因为教授的授课任务十分沉重，一个人需要教授很大一部分课程。威廉姆斯学院的一位教师需要教授修辞学、英国文学、美学和政治经济学。达特茅斯学院则指派一位教师教授"英语、拉丁语、希腊语、迦勒底语和其他他有时间教的语言"。[20]

更极端的是，在内战时期早期，助教们常常被指派负责一个班级（例如，1776 年班）大三前所有科目的教学工作。[21] 我不禁怀疑，如果现在的教授们有这样的教学任务，他们会开始对背诵这种形式赞不绝口！

最重要的是，一旦对战前大学的教学情况有所了解，我们就不会再对它们几乎没有研究成果而感到惊讶。战前大学的课程并不需要精于专业的教授，可能有的大学偶尔聘请了几位，但我们很快就会发现并无必要。既有的教学模式既不能使教授的人生变得有趣，也不能使他们将教学与学术联系起来。特别是在课堂上，研究人员实则最擅长讲解与自己专业密切相关的问题。但在战前大学里，这样的形式很少被要求，也很少被鼓励，甚至很少被允许。教学与专业的脱节，加之低工资和工作的不安全感，使得大学教师并未成为一个有吸引力的职业。这也难怪查尔斯·艾略特在内战前后曾说过："为大学找到称职的教授非常困难。很少有杰出的美国人被这个职业所吸引。工资太低了，而且毫无出头之日……"[22]

### 同时期的欧洲

我们已经举证说明了美国战前大学教学的性质，以解释为什么它们的研究成果比欧洲大学的少。这个观点看起来可能很奇怪，因为我们也说过，在很大程度上，美国大学的教学实践是从欧洲引进的。那为什么同样的实践没有阻碍欧洲的研究呢？

需要认识到的是，尽管诸多实践方式仍在美国存在，但在启蒙运动带来的渐进的教育改革中，这些方式在欧洲，尤其是在德国，普遍被淘汰了。[23] 例如，在 18 世纪，博雅教育的教学大多从欧洲的大学转移到改良后的中学，如德国的文理高中（gymnasia）和法国的公立中学（lycées），主要服务于精英阶层的孩子们。[24] 与此同时，欧

第二章 战前大学

洲的大学也放弃了让同一位教授教各种课程的做法。相反，它们开始要求教授专业化，在院系或研究所教授高级学科，并将一些新兴的学科研究纳入大学的院系或研究所之中。[25] 这些变化逐渐发展成了如今欧洲最为常见的模式，即学生在中学完成通识教育，再通过专业领域的申请进入大学深造。欧洲大学的专业领域，等同于美国大学的主修方向。[26] 这些改革得益于公共教育支出的增加，这使大学得以建设基础设施，吸引有研究禀赋的教授，并开始期望从他们身上获得学术产出。[27] 到19世纪50年代，欧洲已经有了几所实力雄厚的大学。例如，哥廷根大学有一个设施完善的图书馆和大约100名教师，许多教师讲授专业主题并开展学术研究。毫不意外地，根据我们的衡量标准，那几年中它的科研表现超过了所有的美国竞争者（表格1.4）。对于柏林、爱丁堡、格拉斯哥、哈勒、海德堡、莱比锡和莱顿等大学而言亦是如此。

简而言之，由于启蒙运动引发的改革，到19世纪，欧洲大学的教学已经达到了相对专业和先进的水平，也因此在研究方面胜过了美国大学。

当然，这并不是说启蒙运动的精神没有影响到美国的大学。因为考虑到欧洲和美国之间的联系，考虑到美国精英模仿欧洲大陆同行的倾向，考虑到这两个地方都经历了工业化等过程，如果没有出现这种影响，那就太奇怪了。事实上，战前大学确实有过启蒙运动的冲动，但其影响最终被抑制了。

具体来说，这些大学在独立之前就明显表现出了对科学的兴趣。早在1659年，哈佛大学的助教就开始教授哥白尼的天文学，在1672年，哈佛大学获得了一台望远镜。到1728年，它设立了霍利斯数学和自然哲学教授职位（Hollis Professorship of Mathematics and Natural

Philosophy）。到了 18 世纪 90 年代，其他几所大学也有了类似的职位。例如，哥伦比亚大学有一位植物学教授，普林斯顿大学有一位化学教授。[28] 大学所有的经费都用于投资当时被称为"哲学仪器"（philosophical apparatus）[①]的科学仪器。例如，奥伯多弗（Oberdorfer, 1995, 45）指出，当时任普林斯顿大学校长的约翰·威瑟斯彭（John Witherspoon）得知戴维·里顿豪斯（David Rittenhouse），"一位著名的费城科学家，创造了一个被称为太阳系仪的行星运动的机械复制品时，他骑车到里顿豪斯的家里，花 220 英镑买下了这个精致的机械装置。这是一笔非比寻常的开支，因为当时学校的年度预算不到 2000 英镑"。

教授们也对科学与科研展现出了兴趣。在阿默斯特学院教授化学和自然历史的爱德华·希科克（Edward Hitcock），完成了马萨诸塞州的第一次地质调查。而他的同行，哈佛大学的阿萨·格雷（Asa Gray）教授，是《物种起源》样书的三位获赠人之一。[29] 这样的老师也激发了学生的学习热情。19 世纪初，本杰明·西利曼在耶鲁大学教授的科学课十分受欢迎，以至于一位耶鲁大学董事会成员问他："这是为什么？物理对你的吸引力是不是超过了你对拉丁语和希腊语的关注，这难道不危险吗？"[30]

该董事的担忧反映出那些年出现的一种不再专注于古典语言的倾向。1769 年，哈佛开始允许学生在父母同意的情况下学习法语，到 1850 年，大多数大学都开始教授一些英语、法语和德语文学。[31]

在新大学进入市场时所宣称的目标中，启蒙运动的精神也体现

---

[①] 哲学仪器指望远镜、显微镜、空气泵等在 17 世纪诞生的新仪器，它们代表了一种全新的自然探索方法的出现。

得很明显。虽然是明确的宗教目标推动了哈佛和耶鲁的创建，但到了 18 世纪 50 年代，创始人们又引入了其他动机。1754 年，哥伦比亚大学宣称其课程将包括测量、航海、地理、历史、自然哲学和"一切能对舒适、方便和优雅的生活有用的知识"。[32] 与此同时，宾夕法尼亚大学则宣称其一门课程要将三分之一的教学时间用于科学和实践主题。彼时的大学甚至还涉足了研究生教育。例如，哥伦比亚大学在 1767 年授予了一个医学博士学位。到 1834 年，哈佛大学的学生已经开始学习神学、医学和法律。[33]

然而，所有这些进步都没能给美国带来像欧洲那样的教学变革。许多变化终究都流于表面。例如，尽管享有更高的知名度，但它们继续以演绎导向和匮于实验的方式来教授科学。尽管所费不赀，内战前的美国还是没有一所大学的师资规模或专业技能足以与一所优秀的欧洲大学竞争。

事实上，在美国教学发展到开始涵盖应用科学的程度，更多是在高校之外。一个著名的例子就是伦斯勒理工学院，它于 1824 年由史蒂文·范·伦斯勒（Steven Van Rensselaer）捐赠成立，以促进科学在"生活中的共同目标"上的应用。[34] 伦斯勒理工学院开设了工程、测量和应用科学方面的课程，并拥有美国最早的一批实验室。直到内战以前，它都是全国受过正规培训的工程师的主要来源，它的毕业生对铁路发展至关重要。此时，伦斯勒理工学院的主要竞争对手不是大学，而是专注于欧式军事科学的联邦机构——西点军校和南卡罗来纳的军事学院。[35]

尽管取得了成功，伦斯勒理工学院这样的学校也仅提供了有限的教学服务，且在高级教学方面有所欠缺。鲁道夫（Rudolph）在 1830

年前后指出,一个上进的大学生可以在二十四周内获得伦斯勒理工学院的学位。像伦斯勒理工学院这样的学校并非研究导向型院校,柯蒂和纳什(Curti and Nash, 1965, 109)观察到,即使是它们最热心的拥趸"也并不抱持着大学应当致力于增加知识的精神,而是持有为科学农业、工程和采矿提供有限的专业培训的实际考量"。

更糟糕的是,伦斯勒理工学院这种机构的存在助长了大学声称科学应该属于其他地方的说法。当威廉姆斯学院第一次聘请艾拉·莱姆森(Ira Remsen)教授化学时,后者试图申请一个小房间来自费建立实验室。然而,他得到的回复是:"请记住,这是一所大学,而不是技术学校。"[36]

## 为何大学教学没有改变?

为何启蒙运动对战前大学的教学影响不大?原因在于自由市场削弱了它的影响,大学对消费者需求的回应方式在很大程度上阻止了教学改革。本节将讨论消费者的两类需求:一是分类和邻近需求,二是教育扩张需求。

### 分类和邻近需求

除了教学,学校还提供分类。当一所学校提供分类服务时,它至少在通过提供某种同质性隐晦地经营和"兜售"圈层。例如,在许多国家,"精英"高中只录取在特定考试中表现优异的学生,而一些私立学校则偏爱富裕的学生。在美国,一些特许学校意在吸引有上进心的孩子。[37]在上述情况下,这些学校都吸引了那些希望与它们所提供的同龄人接触或交往的学生。换句话说,当学校的客户关心其他客户的身份时,分类就产生了。

## 第二章 战前大学

教育并不是引发这种考量的唯一行业。例如，当人们选择餐馆时，他们会考虑食物的质量，但他们通常也会关注还有谁会购买它。邻桌的顾客有小孩吗，还是他们看起来欢迎有小孩的人？他们看起来优雅或时髦吗？他们是所谓的"吃货"吗？通过服务特定类型的食客，餐厅也在进行分类。

然而，就学校而言，分类可能有更高的风险，因为学生在学校接触的同侪会影响他们未来的发展。我在这里简要列出三个原因（我将在后文进一步分析它们）。首先，有证据表明，在有能力的同龄人聚集的学校里，学生能找到更好的工作。这可能由于雇主喜欢在这些学校招聘，或者在学校结识的朋友能帮毕业生找到工作。[38] 其次，以学校为基础的社交圈会影响婚姻等选择的结果。[39] 最后，当学生认识聪明或能力相当的同侪时，他们可能会学到更多。从这个意义上说，学校分类的质量会影响到教学的质量。[40]

战前大学当然也生产分类，但其分类标准不同于我们今天关注的维度。目前关于分类的讨论通常集中在社会阶层或种族等特征上。例如，正在进行的有关种族在哈佛大学招生中所扮演角色的诉讼，许多观察人士担心，低收入家庭的孩子在精英学校所占比例过低。[41]

相较之下，在战前时期，人们对分类的关注往往涉及宗派归属：许多家庭希望学校能够为与自己信仰相似的人提供教育，例如，关于洗礼的正确礼仪。对于大多数在校园里参观的现代家长来说，这种关切看起来令人费解，他们只会认为这些教堂除了漂亮之外再无特殊之处。但1776年的家长们会毫不费力地指出，达特茅斯学院、哈佛大学和耶鲁大学在很大程度上是由公理会控制的，普林斯顿大学是由长老会控制，哥伦比亚大学和威廉与玛丽学院由圣公会控制，布朗大学由浸信会控制，罗格斯大学则由荷兰归正会控制。[42] 当然，宗派偏好也许并不能反映宗教的全部,正如下文所述,不同宗派在社会经济地位上亦存在差异。举个例子,一个人想和长老会教徒而不是浸信会教徒一起上学,可能并非出于其对洗礼的态度,而是出于他想和具有某种社会背景的人一起入学的愿望。

除了宗派的同质性,战前时期的父母往往更喜欢离家近的学校,他们希望自己的孩子上离家近一点的大学。这种偏好一直延续到今天,但在旅行更慢、沟通更困难的时候,这种偏好可能更加强烈。[43] 这一点如此重要的原因之一在于,在那个时期,本地的小额捐款对大学的生存往往至关重要。例如,柯蒂和纳什(1965,52)指出,1826年,西储学院成立时,当地的农民"承诺以实物或劳动力的方式提供支持……一个人负责从十英里外的采石场运来建筑用的石头,这项工作需要干一整个冬天。一个农夫的妻子答应每年从卖黄油和鸡蛋的钱中拿出50美元,并坚持了长达十年"。此外,报告显示,这种捐赠更容易在本地获得。曾帮助建立凯尼恩学院和其他中西部院校的菲兰德·蔡斯(Philander Chase)总结道:"把学校建在我喜欢的城镇或村庄附近,我就会慷慨解囊,否则我一分钱也不会掏。"[44]

人们对就近入学的渴望如此强烈,以至于一些大学开始出售它们的建校地址。例如,1819年,威廉姆斯学院的受托人接受了来自多个城镇的投标,尽管最终立法机关裁定学院应该留在威廉斯敦。类似的考量帮助缅因州的布伦瑞克(鲍登学院)和南卡罗来纳州的哥伦比亚(南卡罗来纳学院)建立了大学。[45]

美国独立后,这种考量导致了大学数量的激增,其规模之大可能会令欧洲的观察者们咋舌。毕竟,当时欧洲的观察者熟知的是由国家资助大学并严格控制其数量。美国大学建校速度如此之快,以至于在19世纪的大部分时间里都不存在集中的大学登记处,因此也难以

## 第二章 战前大学

知晓当时究竟有多少所学校，得知这一数据的主要渠道是特斯贝瑞（Tewksbury，1932）的著作。[46]

表格 2.1 内战前创建的大学，以州为单位

| 州 | 十六州的大学 ||||
|---|---|---|---|---|
| | 开设 | 关闭 | 总计 | 关闭率 |
| 宾夕法尼亚 | 16 | 15 | 31 | 0.48 |
| 纽约 | 15 | 21 | 36 | 0.58 |
| 俄亥俄 | 17 | 26 | 43 | 0.60 |
| 弗吉尼亚 | 10 | 22 | 32 | 0.69 |
| 北卡罗来纳 | 7 | 19 | 26 | 0.73 |
| 马里兰 | 5 | 18 | 23 | 0.78 |
| 阿拉巴马 | 4 | 19 | 23 | 0.83 |
| 田纳西 | 7 | 39 | 46 | 0.85 |
| 佐治亚 | 7 | 44 | 51 | 0.86 |
| 路易斯安那 | 3 | 23 | 26 | 0.88 |
| 密苏里 | 8 | 77 | 85 | 0.91 |
| 密西西比 | 2 | 27 | 29 | 0.93 |
| 得克萨斯 | 2 | 38 | 40 | 0.95 |
| 堪萨斯 | 1 | 19 | 20 | 0.95 |
| 佛罗里达 | 0 | 2 | 2 | 1.00 |
| 阿肯色 | 0 | 3 | 3 | 1.00 |
| 总计 | 104 | 412 | 516 | 0.80 |

该表格根据特斯贝瑞（1932）的数据绘制。它统计了十六州开设与关闭大学的数量，并根据各州在1861年仍开设的大学数量进行了排序。

尽管 1776 年的美国共有 9 所大学，但根据特斯贝瑞的估计，到了 1861 年，这个数字升至 182。霍夫施塔特（Hofstadter，1955）和

伯克（Burke，1982）则认为1861年有更多的大学，前者认为有250所，后者认为有241所。由于许多大学在战前就关闭了，所以这些数字并不能反映当时创办大学的全貌。而统计这些数字更难，特斯贝瑞也只报告了16个州的数据。表格2.1提供了以下数据：第一栏显示，在战争前夕，美国有104所大学；第二栏显示，另外有412所大学已经关闭，因此曾经共有516所大学；第四栏则计算了各州大学的关闭率，即关闭的大学占该州曾开设的大学总数的比例，总体而言，关闭率为0.8。如果这一关闭率适用于所有的州，那么我们可以得出以下结论：在内战之前，大约有900所大学进入了市场。至此，人们可以理解为什么霍夫施塔特（1955，114）等观察者会说，在这一时期，大学的创建"完全失控"。[47] 相比之下，这几年法国、德国和英国分别有22所、22所和11所大学。

同时代的观察者一致认为，在大多情况下，对宗派分类和邻近的需求共同导致了大学数量的激增。后来担任哥伦比亚大学校长的弗雷德里克·巴纳德曾在1856年说道："我们几乎所有的大学都是由不同的宗派创建的，而这导致了人民内部的分裂。大学被视为重要的工具，教义可以通过这一工具发挥作用，并得以维持、普及或巩固。正是这一点导致了我国大学数量的激增……"[48] 时任普林斯顿大学校长，也是后来的纳什维尔大学校长菲利普·林德斯利（Phillip Lindsley）认为："毫无疑问地，造成这种现象的一个主要原因在于西方大学的一大特点，即宗教派别的多样性。几乎每个宗派都有自己的大学，通常每个州至少有一所。"[49]

具体而言，公理会和长老会是创办大学最积极的两个宗派。这并不奇怪，因为作为加尔文主义者，二者都极为重视训练有素的牧师和有文化的信徒。此外，二者通常都有各自的大学阵地，公理会教徒通常来自耶鲁，长老会教徒则主要来自普林斯顿。例如，鲁道夫（Rudolph, 1977）统计了1840年75所大学校长的毕业院校，指出其中36所大学的校长毕业于耶鲁，还有22所大学的校长则是普林斯顿的毕业生。因此，观察者们有时称这两所学校为"大学之母"。[50] 尤其是耶鲁，它的影响力遍及全国，在战前期间的几个节点，它是规模最大、最具"国家性"的学校。也就是说，它是为数不多的能够吸引远道而来的学生的学校之一。而占据这一地位的是耶鲁而非古老的哈佛，这一事实本身就揭示了宗教分类的重要性。耶鲁是由康涅狄格公理会创立的，他们除了想要一所比位于马萨诸塞州坎布里奇的哈佛更近的大学，还想要一所比同样信奉公理会的哈佛更正统的大学。[51]

随着19世纪的发展，浸信会教徒、天主教徒、圣公会教徒、路德会教徒、卫理公会教徒、贵格会教徒和其他信徒都热情地加入了这场竞争。表格2.2根据特斯贝瑞的数据绘制而成，该表格显示，截至1861年，4个宗派各自控制了20多所大学，6个宗派各自控制了10多所大学。此外还出现了21所州立大学，其中有几所提供无宗派教育。例如，弗吉尼亚大学之所以成立，部分原因在于，当托马斯·杰斐逊等人推动建立一所无宗派大学时，该州一直属意的威廉与玛丽学院不肯放弃与圣公会的从属关系。[52]

表格2.2 内战前通过宗派或政府创建的大学

| 与宗派或政府的关系 | 学校数量 |
| --- | --- |
| 长老会 | 49 |
| 卫理公会 | 34 |
| 浸信会 | 25 |
| 公理会 | 21 |
| 天主教 | 14 |

续表

| 与宗派或政府的关系 | 学校数量 |
|---|---|
| 圣公会 | 11 |
| 路德教 | 6 |
| 信徒 | 5 |
| 德国归正宗 | 4 |
| 普救派 | 4 |
| 教友会 | 2 |
| 一位论派 | 2 |
| 基督教 | 1 |
| 荷兰归正会 | 1 |
| 弟兄会 | 1 |
| 政府合办 | 3 |
| 地方政府 | 3 |
| 联邦政府 | 21 |
| 总计 | 207 |

该表格基于特斯贝瑞（1932）的数据，列出了内战前大学与各宗派及政府的隶属关系。其总数（207所）之所以超过了前面提到的数字（182所），是因为一些大学不止隶属于一个宗派，或者在某些情况下同时隶属于政府和宗派。如表格2.1所示，这一数目不包括内战前关闭的学校。

最重要的是，就大学的创建而言，美国没有辜负其狂野西部的形象。用詹克斯和瑞斯曼（Jencks and Riesman，1968，156）的话来说："美国的高等教育体系不是全国性的，而是巴尔干化（Balkanized）的，这反倒使分散的、多中心的德国看起来拥有井然有序且一元化的教育体系。"

这种大规模建校的一个重要后果是战前大学面临着严重的资源限制。首先，大多数学校的学生很少。盖格（1986）指出，在内战以前，

## 第二章 战前大学

一般的大学只有不到 100 名学生。当然，情况也并非都是如此，东部最大的学校有将近 400 名学生，尽管鲁道夫（1962）提到 1848 年的拉斐特学院，大约在其成立二十年后，它的董事会成员比学生数量还多。[53]

低入学率意味着低学费收入，特别是一些轶事证据表明，许多大学在提高学费或收取学费方面遇到了困难。例如，在 19 世纪的某些时候，坎伯兰学院没有学生缴纳学费。19 世纪 20 年代，达特茅斯学院的校长约翰·惠洛克（John Wheelock）指出，"只要学校的服务不收取任何费用，招到足够多的学生就不是难事"。[54]

结果就是，用波耶尔（Boyer, 2015, 11）的话说，大多数学校徘徊在"温和的贫困和彻底的财政灾难"之间。这也有助于解释表格 2.1 中大学的关闭率，市场允许自由进入，也允许自由退出。事实上，有些学校甚至经历了多次浮沉。例如，在 1825 年以前，罗格斯大学因财政困难被迫关闭过两次。[55]

在一些州，由于公共资助的存在，大学的关闭率才没有变得更高，而这些受益的学校中甚至包括如今我们认为富有的私立学校。例如，在 1793 年到 1823 年之间，威廉姆斯学院获得了马萨诸塞州 5 万美金的资助，这相当于它能够筹集到的全部资金，其中包括由州政府授权的彩票。如果没有州政府随后追加的 10 万美金，时任校长的马克·霍普金斯（Mark Hopkins）说："我不知道学校还能如何继续运转下去。"[56] 鲁道夫（1962）还列举了狄金森大学、纽约大学、宾夕法尼亚大学和联合学院，它们都曾于危难中获得过令其起死回生的财政拨款。

美国战前大学的财政状况限制了其教学服务。对于资源匮乏的院校来说，学生少就意味着教授少，教师人数少就很难提供专业或高级的教学。这一点值得展开论证。大学管理人员不难指出，提供高等教育既昂贵又有风险。因为学校必须增加新的课程，招募新的教师。而班级平均规模的下降，提高了每个学生的成本。为了说明有经济头脑的利益相关者是如何反对的，让我们将时间向前推移，想想如今的普林斯顿大学，从某种程度上说，它可谓是世界上最富有的大学。具体来说，表格2.3显示，虽然普林斯顿大学在美国大学中没有获得最高的捐赠基金，但它确实拥有最多的平均学生资源（第一栏）。2016年，该校接受捐赠的金额达到了270万美元，这是战前大学做梦都想不到的。

表格2.3　2016年每位学生获得的平均捐赠金排名前十的院校

| 排名 | 院校 | 学生获得的人均捐赠（百万美元）（1） | 总捐赠额（十亿美元）（2） | 录取人数（3） |
|---|---|---|---|---|
| 1 | 普林斯顿大学 | 2.7 | 22.2 | 8181 |
| 2 | 耶鲁大学 | 2.0 | 25.4 | 12312 |
| 3 | 哈佛大学 | 1.6 | 34.5 | 21000 |
| 4 | 斯坦福大学 | 1.4 | 22.4 | 15877 |
| 5 | 波莫纳学院 | 1.2 | 2.0 | 1663 |
| 6 | 麻省理工学院 | 1.2 | 13.1 | 11319 |
| 7 | 斯沃斯莫尔学院 | 1.1 | 1.7 | 1581 |
| 8 | 阿默斯特学院 | 1.1 | 2.0 | 1849 |
| 9 | 富兰克林·欧林工程学院 | 1.0 | 0.4 | 350 |
| 10 | 威廉姆斯学院 | 1.0 | 2.3 | 2245 |

该表格列出了学生获得的平均捐赠金额最高的院校。数据来自http://www.reachhighscholars.org/collegeendowments.html，其使用的数据则来源于NACUBO（全国高校商务官员协会）。

## 第二章 战前大学

然而，即使是在当今的普林斯顿，提供高级的教学也掣肘于经济预算。威廉·鲍恩校长（William Bowen，2010，76）在他最近的回忆录中写道：

> 普林斯顿大学反复出现的争论……主要集中于博士项目较之于本科教育的重要性……有必要一遍又一遍地与董事们沟通……这两个层次的教学有很强的互补性。企业高管尤其习惯于考虑"产品线"，并需要避免在相对"低效"的产品线上浪费资源。这样的董事会自然会问我为什么我们在资源总体紧张的情况下，还一直把这么多钱花在规模相对较小的深奥的博士项目上。

在战前时期，这种考量要更为明显。

最重要的是，大规模的建校削弱了推动教学改革的力量。事实上，一些历史学家认为，学校数量的快速增长与其说是造成了教育的停滞，毋宁说是造成了教育的倒退。例如，霍夫施塔特（1955，209）将独立后的几十年称为"大倒退"（great retrogression）。他指出，"大学体制倒退的一个主要因素是，大学教育的赞助者们没有进一步发展1800年业已存在的数量充足的院校，而是又创建了远远超出国家地域需求的新院校"。

### 教育扩张需求

当分类的需求阻碍了教学改革时，教育快速扩张的需求亦是如此。要知晓原因，戈尔丁和卡茨（Goldin and Katz，2008）的观察是一个很好的起点，他们认为美国普及正规教育的速度比大多数欧洲国家要快得多。具体而言，美国独立后，许多没有接受过多少教育的美国人希望自己的孩子能接受教育，而教育和政治制度满足了这一需求。例如，各地在辖区内积极地开办小学，后来又开办了中学。[57]

教育扩张的需求和分类的需求在本质上是相同的，它们都产生了对新学校捐赠的基础，并帮助推动宗派创办大学。为了说明这一点，不妨回想一下，最初大学创始人中的佼佼者都是加尔文主义者，他们来自公理会和长老会，还有荷兰归正会和德国归正会。后来，所有这些团体都被浸信会和卫理公会所取代，这两个宗派在历史上不太重视牧师培训，吸引的成员平均社会经济地位较低。但是，鲁道夫（1962, 57）指出，这两个宗派都在意识到"美国人的生活不是这样的，没有一个教会能把自己建成永远温顺和被剥夺继承权的人的永久避难所"之后，便开始积极投身于创办大学。由于这些发展，到内战时，美国人的平均受教育年限明显高于英国人、法国人和德国人（图表1.1）。

美国能在这方面领先的一个原因是，欧洲在教育扩张方面进展得更为缓慢和系统。例如，许多欧洲学校系统采用了正式的追踪机制，即通过考试和教师对学生以往表现进行评估，将学生分流至不同类型的学校。那些被认为准备最充分的人——通常是精英阶层的孩子——被引向学术型学校，剩下的人则被送到更为职业化的院校。[58] 这种做法可以限制不同类型的学校的规模，因为没有一个类型能够容纳所有人。此外，考虑到只需要为教育精英服务，学术型高中能以相对较高的水平教授通识课程。最终，中学毕业考试成为升入大学的敲门砖，为教育系统的各个部分之间划定了分工界限。

欧洲国家之所以能够建立如此有序的教育体系，部分原因在于它们发展出了制度性的机制，其中包括有意愿并有能力监管教育的中央政府。坊间常年流传，在任何一天的任何时间，法国教育部长都知道法国的任何一所学校正在教什么。虽然这种说法有些夸张,但它抓住了欧洲教育的中心化精神。

相比之下,美国的教育扩张极为分散。正如我们所见,当局常常不知道有多少所大学。此外,为了确保大多数孩子有机会进入教育系统并顺利完成学业,这有时意味着需要降低教学水平。戈尔丁和卡茨(2008, 133)指出,"大约在 1900 年……美国的学校教育并不是一种精英体系。在精英体系中,只有少数聪明的年轻男孩能够获得高中教育,从而在大学继续他们的学业。总的来说,美国的学校对所有人都是开放的,对那些在低年级表现不好的学生是宽容的"。他们还解释了两个关键的术语:"所谓'开放'(open),是指几乎所有的孩子都可以上学。所谓'宽容'(forgiving),是指即使一个人在较低的年级表现不佳,他也可以晋升到更高的年级和机构"(154)。换言之,美国教育的目标是让学校接收所有人,并希望所有人毕业。顺便说一句,这种精神以各种方式被继承和发扬。例如,小布什政府将其关键的教育立法命名为"不让一个孩子掉队"(No Child Left Behind)。奥巴马政府也不甘示弱,自我标榜"让每个学生都成功"(Every Student Succeeds)。

对于急需生源的大学来说,它们乐于接受任何程度的学生。从这个意义上说,其教学方式,如缺乏高级的教学,是迎合市场需求的结果,它们能指望学生做的准备工作是有限的。因此,当有人呼吁大学采用德国式的大学课程时,不用奇怪为何哈佛大学的查尔斯·艾略特会认为这并不适合他的新生,"就像谷仓院子不适合鲸鱼一样"。[59]

现在有人可能会认为,一些大学可以只面向精英,并为其提供不同类型的教学方式。但是,我们将在后面(第四章)看到,直到 20 世纪,美国大学才有了选择学生的机会。在内战之前,绝大多数学校不仅在财政上困难重重，而且除了极少数像普林斯顿大学和耶鲁大学这样的例外，大多只能吸引本地的学生。许多这样的学校市场规模太小，根本无法选择学生。此外，在那个时代，观察者们仍然把大学的规模作为衡量其质量的"第一标准"，因此拒绝学生是有悖常理的。最重要的是，即使是最有声望的大学也乐于接受所有满足最低条件的申请者。

另一个快速扩张导致教学水平低下的例子是，在许多地区，大学体制要么是与基础教育体制同步建立的，要么更早一些。例如，泰林（Thelin，2004，40）观察到，在东部，最初的由九所学校组成的殖民地大学体制是在"没有强大的、连贯的小学和中学教育基础上建立的，即使在精英家庭也是如此，更不用说普通民众了"。或如鲁道夫（1962，48）所说，美国教育的一个早期法则是："即便没有小学或中学，你也可能发现一所大学。"

在最初三所大学的创立过程中，我们可以透过语言的使用进一步看到这一点。在每一种情况下，"学校"（school）一词都出现在"大学"（college）的前面或取而代之。1636 年，马萨诸塞殖民地政府拨款"400 英镑给一所学校（schoale）或大学（colledge）"。在 17 世纪 90 年代，弗吉尼亚议会指示威廉与玛丽学院的未来的校长："你一定要仔细研读英国最好的大学章程，那里建立了自由的学校和大学。" 1701 年，康涅狄格议会讨论了"在国王的殖民地康涅狄格内因地制宜地捐赠和组建一所大学学院（Collegiate school）"。[60]

本书下编将讨论殖民者在这些段落中提到学校是有其法律和政治原因的。然而，另一种可能是，他们之所以使用模棱两可的语言，是因为他们意识到，鉴于殖民地的教育条件，他们像需要大学一样需要学校。与此相一致的是，威廉与玛丽学院的章程允许创建四所学校："一所给印第安孩子的普通学校"，一所专注教授希腊语和拉丁语的语法学校，一所神学院和一所大学。这些学校在大学开始运营之前已经运营了几十年。

此外，学校和大学的同时建设意味着，在很长一段时间里，它们之间的界限是不明确的。例如，1773年，亚历山大·汉密尔顿（Alexander Hamilton）来到纽约，他曾考虑进入普林斯顿大学，但最终选择了哥伦比亚大学，因为后者愿意为他提供高级课程。他如此迫切的一个原因是他已经18岁了，而大多数学生进入大学的年龄是13或14岁。[61] 近一个世纪后的1849年，15岁的查尔斯·艾略特进入了哈佛大学。[62]

考虑到战前大学经常招收如今高中年龄段的学生，许多大学实际上提供水平不高的教学也就不足为奇了。例如，霍夫施塔特（1955）注意到"大学"一词被随意地使用，但事实上，对一些机构来说，称之为"高中"可能更合适。詹克斯和瑞斯曼（1968，20）进一步解释道：

> 直到20世纪末，公立高中仍然相对稀少，想要继续完成小学以上学业的学生通常必须在离家很远的地方注册。一些人进入了私立院校，但另一些人直接进入了自称大学的"预备部门"（preparatory departments）。在某些情况下，这些机构实际上是彻头彻尾的预备机构。在其他情况下，它们只提供入门水平的大学课程。还有一些学校虽提供常规的大学课程，但让大部分学生参加大学预科项目。鉴于各机构参差不齐的教学水平和年龄群体，很难区分中学和大学的教学。[63]

此外，提供预科课程也有助于学校招生。例如，1865年威斯康星大学共有331名学生，但其中只有41人属于"普通"大学班级，其余的人都参加了预科项目。在最初的几年里，乔治城大学只招收8到14岁的学生。[64] 格雷厄姆（Graham，2005）补充说，这种模式有时会得到地方当局的青睐，因为它们缓解了当地"普通"学校资金紧张的压力。此外，这种模式也解释了为什么有些年轻学生无法支付全额学费。

整个情况与伯克（1982，35）的陈述是一致的："除非把战前大学的发展视为美国的教育普遍扩张的斗争和成功的一个组成部分，否则就不能理解它……"它还有助于解释内战前的900所大学是如何开办的，以及为什么其中有那么多又关闭了。这些学校中可能只有一部分是真正达到大学教学水平的，而那些提供中学水平教学的学校举步维艰，因为价格更低的公立高中出现了。[65] 与之相应地，伯克（1982）提出了不同于特斯贝瑞（1932）统计的大学数据，他得出的关闭率要低得多。之所以存在这种差异，主要是因为伯克没有把那些似乎只提供中学水平教育的机构算作大学。

就本书的目的而言，决定哪些机构应否被称为大学并不重要。首先，正如一些大学提供中学水平的教学，反之亦然。例如，在1795年担任耶鲁大学校长之前，蒂莫西·德怀特创办了一所私立学校（academy），让学生"一路完成大学学业"，在某种程度上，很多人将其视为耶鲁的竞争对手。[66] 其次，这种模糊标签的存在也说明了大规模且混乱的学校创设阻碍了大学教学服务的发展。

综上所述，这意味着美国大学的四年很可能与欧洲大学的四年不一样。上述讨论表明，在极端情况下，美国大学生学习的人文课程

## 第二章 战前大学

是欧洲大学生在中学学习的。尽管这种推测可能走得太远，但熟悉这两种体系的当代观察者对这种想法很感兴趣。时任耶鲁大学校长的耶利米·戴（1817—1846年在任）说，德国最接近美国大学的机构是文理高中。[67] 盖格（1986，4）指出，19世纪50年代，时任密歇根大学校长的亨利·塔潘（Henry Tappan）"认识到美国大学提供的课程在很大程度上与德国的文理高中或法国的公立中学的课程设置相一致。他似乎很清楚，像德国大学的那种高级学习，应该在完成美国学士学位之后进行"。尽管这对我们的论证并非至关重要，但这增加了一种可能性，即图表1.1中左侧的图表夸大了美国教育的历史优势。这可能不是通过技能而是通过受教育年限来衡量的。[68] 事实上，这种考量某种程度上在今天仍然适用。霍克斯比（Hoxby，2014，1）讨论了排名较为靠后的美国非择优录取的大学目前的教学，指出"相当一部分的课程涵盖了中学课程中所包含的相同内容。大多数（此类）课程都是为那些刚刚准备上大学的学生设计的"。

### 训练需求

本章已经表明，美国战前大学的教学状况取决于市场条件。为了生存，学校必须招收资质不足的学生，因为他们要求在离家近的地方接受以宗派为导向的教育。这催生了资金不足、人员不足的大学，它们别无选择，只能提供一套死板的课程，主要由不专业的教授通过让学生死记硬背的方式授课。

然而在最后，我们注意到，许多战前大学的校长和教授并没有将事态归咎于外部力量。相反，他们对战前大学的教学作出了肯定。不管资源的限制是否使追求其他目标变得困难，他们都认为这是恰当的。当然，这似乎是一种事后合理化的心态。尽管如此，它仍然值得重视，因为这一观点颇具影响力，并将与之后的教学改革讨论有关。

为这一观点进行积极辩护的突出案例是所谓的《1828年耶鲁报告》（Yale Report of 1828）。这份文件是由一个委员会撰写的，不过历史学家认为，这份文件的主要作者实为时任耶鲁大学校长的耶利米·戴和詹姆斯·金斯利（James Kingsley）教授。[69] 正如我们在下面回顾的那样，当时已经出现了对课程的批评。该报告则为战前大学的课程进行了辩护，其中使用了与现代的神经可塑性概念相关的论点，认为学习可以塑造大脑。用该报告的术语来说，大学教育拓展了思维能力，如毅力、注意力、记忆力、自律能力和抽象思维能力。这种观点很有影响力，时任普林斯顿大学校长的詹姆斯·麦考什1868年的声明就是例证："我确实认为大学的最高目标在于教育，即汲取和提高上帝所赋予的能力。"[70]

斯托尔（Storr，1953）用一个类比解释了该报告的立场。他指出，大学训练学生思维的目的类似十项全能的运动，大学教育起到的是类似教练的作用，确保运动员为所有项目做好准备。这种观点认为，如果因为喜欢一件事而只专注于一件事，那是错误的，因为这会让一个人准备得不充分。本着这种精神，固定的传统四年制课程能够确保学生接触到所有必要的实践形式，也由此导致了对选修课和专业化的抵制。此外，在每个领域，一定程度的记忆背诵是必不可少的。例如，该报告反对对现代授课形式的渴求，称这些"并不总是给学生带来紧迫和明确的责任。因为他可以靠在自己的座位上，被动地倾听……从来没有调动过他自己思维的积极力量"。[71] 事实上，希腊语和拉丁语很难，而且在某种意义上与现代生活无关，这使它们成为智力锻炼的理想材料。

根据这种观点，大学的作用是拓展思维能力，而不是填补它的空白，后者应当是毕业之后的事情。例如，如果一个人练习拉丁语动词的变化，他的头脑就会准备好面临处理法律问题，或处理经营企业的挑战。但教授此类事务的细节并不是大学的职责，这才有了对实用学科的拒斥。总而言之，可以引用报告来进行说明：

> 我们将获得极为重要的两点，即训练头脑和武装头脑，拓展它的能力，并用知识来武装它。不过，前者可能更为重要。因此，一个重要的任务应在于号召学生每天进行有力的锻炼。应该对这些学习的分支，以及采用哪些教学模式进行规定，以便最好地教授集中注意力、引导思维的训练、分析研究对象的技术。我们怀疑思维的能力是否能通过单独学习语言、数学、自然或政治科学被开发出来。因为我们的教学课程不是为了完成某项教育……它也不包括商业、机械或农业的所有细节。除非是在特定的实践环境中，否则它们永远难以被有效地习得。[72]

换言之，大学教育适合精英，但凡屈尊做任何别的事都是对社会的伤害。

无论是否合理，报告的建议都与大学面临的资源限制密切相关。用鲁道夫（1962，135）的话来说：

> 有特权的人们很高兴看到耶鲁大学顶住了对更受欢迎和更实用教育的要求的压力。而这些人——宗教人士、非常虔诚的人、有特权的人，他们才是管理大学的人，他们也知道美国大学是靠小本经营的，也知道旧课程虽然是最好的，但也是最便宜的。

一般而言，报告强调对学术活动的控制与学校应该控制学生行为的观念相吻合，也就是说，大学应该代替父母行动，这是在美国高等教育中盛行的家长主义思潮。甚至在内战之后，许多大学对学生行为都有长达数页的规定。例如，1885年普林斯顿大学规定，"任何学生若要在镇上洗衣服①……必须在学院行政的监督下进行"。[73]麦考什校长采取措施，限制学生赌博、喝酒和去特伦顿，他把特伦顿称为"纯洁的坟场"。[74]19世纪70年代，时任斯沃斯莫尔学院校长的爱德华·麦吉尔（Edward McGill）颁布了许多规定，包括"除兄弟姐妹外，异性学生不得在校园同行，不能结伴往返火车站或滑冰场，也不能同乘雪橇"。[75]如今，这种家长主义的冲动依然得到了继承和发扬。对此只需看看现代美国大学为一年级学生制定的日程安排，还有那些详细阐述学生之间可接受和不可接受的身体接触的微妙之处的研讨会。

在结束本章前，请读者注意，历史学家们一直在争论战前大学是否得到了公平的对待。阿克斯特尔（Axtell，1971）认为它们的状态并不像霍夫施塔特（1955）和其他人所描述的那样令人沮丧。一方面，本章采取了接近霍夫施塔特的观点，认为大规模的建校导致资源匮乏，并明显影响了大学在研究方面的表现。另一方面，他还认为，大学通过向学生提供与同宗派的圈层和离家较近的相对基础的教学，为学生创造了价值。换句话说，虽然大规模的建校阻碍了教学，但满足了人们的分类需求。也就是说，市场条件导致了科研可能会受阻的

---

① 在当时，人们可能会认为，长途跋涉到洗衣妇那里去，是被用来从事其他一些不体面的活动的借口。

代价，但只关注学校表现的一个方面是不公平的。[76] 这种评价符合伯克（1982，51）观点的要义："假设每一个冠以'大学'头衔的教育机构都旨在与历史学家所认为的合法高等教育机构竞争，那他们就误解了这些机构成立的原因。"换句话说，我们的观点与布莱克本（Blackburn）和康拉德（Conrad，1986）将战前大学定性为失败并归因于"传统主义"的观点并不一致。

无论你是打算为战前大学进行辩护还是批判，归根结底，由于缺乏人才和资金，它们几乎没有进行过科研。那么，这个体制是如何在20世纪初赶上欧洲，并很快实现反超的呢？这是接下来三章的主题，分别包括：教学改革、分类改革和提高科研产出的因素。

## 第三章
## 教学改革

尽管"自由进入"使战前大学能够满足顾客的分类需求,但这也使它们提供的教学与许多潜在顾客的需求之间产生了差距。随着工业化的发展,市场对专业和科学训练的需求剧增,这一差距进一步扩大。例如,戈尔丁和卡茨(1998)指出,在19世纪,钢铁、橡胶和制药业等行业开始需要受过化学、生物和物理专业训练的人才。同样地,与工业和城市发展有关的社会问题增加了对社会科学家的需求。农业和商业也有类似的需求。[1]

到了19世纪晚期,许多观察者开始批评大学未能满足教育的各种需求。例如,1889年,安德鲁·卡耐基(Andrew Carnegie)表明:"当大学生还在试图掌握那些业已消亡的语言时,……未来的工业领袖正积极投身于经验世界,……既有的大学教育对于在这一领域取得成功毫无用处。"[2] 学者们认为大学未能提供高级训练,并指出了类似伦斯勒理工学院的非大学机构增长的现象。密歇根大学的教授、后来的康奈尔大学校长查尔斯·亚当斯(Charles Adams)总结了他们的心情:"一个悲哀的事实摆在我们的面前,长期以来,被认为是完成学业必要条件的训练正在让位于民众的喜好。"[3]

如果将时间快进到现在,我们会看到什么?首先,是更为宽松的

第三章　教学改革

进入机制。美国现在大约有4700所高等教育机构，是1860年的20多倍。按照前一章的逻辑，人们可能会认为这将进一步阻碍科研的产出。然而，在这4700所学校中，大约有100所——它们通常被称为"一类研究型大学"（Research I）——使该国在大学科研方面跻身世界前列。[4] 有趣的是，在这些机构中，本科学院——它们是战前大学的直系后代——占据了最重要的位置。

简言之，在某种程度上，战前大学时代的民众无法想象，他们的一些学校日后会成为拥有大量人才和资金的大学。接下来的三章将描述这种转变是如何发生的。

本章描述了这一过程如何始于一些学校开展的教学改革。这些改革旨在表明，大学的生机可能在于在广泛的领域提供高级的、专门的教学，而非提供宗派分类。这一改革相当于对流行"商业模式"的彻底转变，而且并不容易实施。这方面的努力早在内战之前就开始了，它们的失败为后来的尝试提供了经验教训。最后，取得成功的学校意识到，提供新的高级/专业教学需要一种新型的教师，即在一个领域前沿的深耕者，并且取决于教授的研究能力。随着学术体系为这种能力提供了越来越复杂的衡量标准，一种分类动力开始使得这些学校能够垄断更多的研究人才。

## 内战前的失败尝试

教学改革并非一日之功。战前时期，教学改革的尝试几乎都是失败的，有的失败甚至是惨痛的。但这些失败仍然值得讨论，一方面是因为它们本身就很有趣，另一方面是因为它们阐明了后来的改革者取得成功的必备要素。因此，本章的第一部分将回顾一个失败的案例。[5] 第二部分则总结了经验教训，其中也包括了战后的成功改革。

我的讨论将聚焦于特定学校的特定尝试。但为免以偏概全，需要先总体说明三类改革及其带来的经验教训。

第一类是后世不存在争议的教学改革。这类改革的主要特征后来得到广泛的应用，而且成本也不高。即便如此，它们在当时也遭到了激烈反对，这表明改革者必须对抗保守派的抵制。

第二类是其特征最终得到普遍适用的教学改革。但这类改革的成本十分高昂，因此面临资源限制的困境。这表明，成功的改革需要具备雄厚的财力支持。

第三类是自身存在缺陷的教学改革。这类改革没有充分考虑到学校教学的变化将会如何影响分类功能。这表明，成功的改革需要大学关注分类这一重要产品。

最后要说明的是，由于本章关注的是个人主导的改革，因此也会简单地介绍这些改革者的生平背景。这一进路表明，在某种程度上，由于自治、自由进入以及董事会和校长的巨大权力，个体可以对美国学校产生巨大影响。[6] 当然，有些时候，大学校长、院长和教授并没有改变学校的抱负。这里提到的这些人则截然不同，他们寻求重大的改变，不管结果是成功还是失败。

### 乔治·蒂克诺（哈佛大学）

乔治·蒂克诺（George Ticknor）毕业于达特茅斯学院，是第一批到德国深造的美国人之一，从1815年开始，他便在哥廷根大学求学。回到美国后，蒂克诺在哈佛大学教授法语、西班牙语和文学，并开始强调改革的必要性。1821年，他写道，哈佛既不是一所"我们自以为的大学，也不是一所我们本应成为的优秀的高中……"。[7] 他开始

第三章 教学改革

提出许多教学改革的想法。第一，他有意引入追踪机制，按能力对学生进行区分。他反对"无视年龄、天赋、成就和习惯的差异，将60或者80个年轻人聚在一起，让他们在生命中极其宝贵的四年里接受毫无差别的教育（*pari passu*），即便是最勤劳、最聪明的人，得到的也不过是与最懒惰、最迟钝的人一样的教导"[8]。他认为，最好将学生按能力区分，根据能力的不同定制课程。[9]第二，他呼吁增加选修课，允许学生脱离必修课程，选择专门的课程。他问："为什么学生不能……或多或少地自主决定他应该学什么……？这样一来，大学可以与生活的其余部分更紧密地联系在一起，并能够有益于生活。"[10]第三，蒂克诺希望给教授们更多的时间从事研究，并逐渐自由地以"评论、解释和说明性材料"来取代课堂上的背诵。[11]第四，他想要通过院系的形式组织大学，并将这种组织架构贯彻到研究生教学中。第五，他希望哈佛能够拓宽教学领域，进入像伦斯勒理工学院这样的学校所涵盖的领域，而这也意味着，需要"为成立农学院、法学院，以及其他服务于特殊目的的学院提供一些额外的资源"。[12]

哈佛大学时任校长约翰·柯克兰（John Kirkland）对蒂克诺的观点表示赞同，但也提醒他，哈佛"比你想象的要穷"。[13]1826年，委员会的言论支持了柯克兰的说法：

> 我们并非不知道，如果我们的教授可以把每个院系的教学范围限定在那些掌握特定专业基本原理的学生，如果他们能立刻将各国其他学者的研究发现告诉大家，并以他们自己的发现拓展科学的边界，那将为我们的社会带来多大的益处，并给我们学校带来多大的荣耀。但如此一来，学校的收入就减少了，这也会导致前述目标无法实现。[14]

也许是为了回应这些反对意见，蒂克诺最终把精力集中在他的提议中成本最低的追踪机制上，这也是唯一一项付诸实践的提议。在柯克兰的支持下，他身体力行，把学法语的新生按水平分成四个小组。

但这个想法未能在学校得到推广。鲁道夫（1977，77）指出，持怀疑态度的教授在同事中找到了一个范例，这位同事"把班级分成几个小组，然后给所有人指定相同的课程"。他补充说，甚至柯克兰也表达了怀疑，指出改革者希望强求"教授应该和蔼可亲，助教应该受欢迎，学生应该有爱心"。蒂克诺于1835年辞职。

简而言之，蒂克诺致力于推行的改革最终在保守利益相关者的抵制下夭折。也许，正是哈佛的悠久历史使改革举步维艰。最后，我们注意到，蒂克诺的改革理念是有先见之明的，这种先见之明不仅在于他提出了哈佛最终将采取的改革措施，同样在于他认识到自由进入对改革有效性的重要作用。1821年，他写道："在坎布里奇的每一天都使我愈发明白……除非我们被对手引导或驱使，否则我们永远不会轻易成为我们可能成为的人。"[15]

### 塞缪尔·鲁格斯（哥伦比亚大学）

1853年，哥伦比亚大学的自然哲学教授詹姆斯·伦威克（James Renwick）宣布退休。董事会立即开始寻找继任者，特别综合考虑了伦威克的观察——在哥伦比亚大学，只有他一个人教授物理科学，而哈佛大学、普林斯顿大学和耶鲁大学却分别有物理、化学和地质学教授。

当时，董事会由24人组成，其中6人是神职人员，他们都是圣公会和荷兰归正会的成员，这两个教会在历史上都是纽约的精英群体。该董事会以保守著称，尤其是因为它的一些席位实际上是世袭的。[16] 就本书的研究目的而言，最重要的董事会成员是塞缪尔·鲁格斯（Samuel Ruggles），他是一位房地产投资者和政治家，后来成为哥伦比亚大学转型的倡导者。[17] 鲁格斯是最早意识到需要改革教学和人事政策的人之一。

沃尔科特·吉布斯（Wolcott Gibbs）是被考虑的候选人之一，他是一名优秀的化学家。然而，一些董事很快注意到了一个缺陷：吉布斯从小就是一神论者。鲁格斯尝试先发制人，他提出：

> 在组建国王学院时，学校最初的章程就已经规定：不得"排斥任何宗教派别的任何人享有平等的自由和受教育的权利"。董事会在决定教职人选时，同样应当遵循这一法律和道德义务，只考虑他是否适合这个职位，而不考虑他的宗教信仰。[18]

每个人都意识到，这一动议的影响已经超出了吉布斯的宗派信仰——如果专业知识成为学术任命的关键标准，董事会将失去对人事的话语权。鲁格斯的女婿，也是鲁格斯在董事会的盟友之一，看到了这一利害关系，他表示愿意"为了清除一些反对者"而牺牲吉布斯。[19]

当争论蔓延到新闻界时，鲁格斯出版了一本名为《哥伦比亚大学对社区的义务》的小册子。这本小册子对比了哥伦比亚大学和哥廷根大学，指出二者都是由乔治二世创立，年岁相当。然而，哥伦比亚大学仅有 6 位教授和 150 个学生，哥廷根大学却有 89 位教授和 1545 个学生。鲁格斯（1854，17）重申了蒂克诺的议题：

> 大众已然深刻意识到，我们需要的是真正的大学，而绝非仅仅是高级中学或文法学校，我们需要的不是六个教授重复同

样的基础知识，而是一个学习广泛全面知识的场所，在那里，学生可以选择自己的发展路径，并尽其所能。最重要的是，世界上最能干的人可以在这里做研究，为人类知识的增量做贡献。

此外，他还暗示，他的同事违背了信托义务："因为我明确地认为，我们与社区之间存在特定的关联，并对其负有明确的义务……我们的董事会不是兄弟会，也不是宗教组织，它应当与社区分离，保持自身的独立性……"（13）然而，鲁格斯做得过火了，导致大多数人放弃考虑吉布斯（吉布斯继续留在城市学院和哈佛大学任教）。

总而言之，鲁格斯的努力与蒂克诺的努力有很多共同之处：一是都试图提升教学质量，强调专业化；二是都有先见之明，通过遴选教授填补职位空缺；三是都为低成本，因为事实上仅涉及教职人员的更替；四是其失败均是由于保守派的反对。

接下来，我们将讨论另外一类改革，这类改革的成果最终得到广泛应用，但代价不菲。

### 研究生教学

在一些学校，教学改革的建议集中在增加研究生教学上，对于那些财政状况不稳定的学校来说，这是一个雄心勃勃的举措，尤其是在这个国家几乎没有工作需要硕士学位的时候。

当纽约大学创建时，阿尔伯特·加拉廷（Albert Gallatin）等人提出一项倡议（加拉廷是瑞士移民，后来成为任职时间最长的财务主管）。这群人认为大学适合开在城市，1832年，纽约大学创建后，除了授予文学士学位，还授予文学硕士学位。但由于需求低迷，加之资金困难，学校取消了文学硕士学位。

另一项改革在奥尔巴尼进行，由塞缪尔·鲁格斯和路易斯·阿加西斯（Louis Agassiz）等人远程领导，后者也是瑞士移民，也是哈佛大学授予博士学位的地质学教授。这些人的参与很大程度上反映了他们对在本国机构接受研究生教育的前景的评估。他们指出"在我们国家，人们对本科以上的教学有着巨大的需求，并且这一需求会不断增长。一所优秀的大学，如果能够得到妥善的管理，就会茁壮成长……我们有足够的人力来建设这样一所出色的大学……"。[20] 然而，他们所预测的需求不足以募集到所需的私人捐款或公共补贴，因而放弃了这个项目。阿加西斯同样支持了宾夕法尼亚大学的改革倡议，但立即遭到了对市场需求和财务可行性的质疑。一位持怀疑态度的教授表示："我并不认为，我国目前存在对研究生教育的广泛需求。"[21] 其他人则以阿加西斯是外国人为由提出了反对。

这些事件表明，一所学校只有在得到持续的外部支持，或者能够利用其他活动的利润弥补损失的情况下，才能维持研究生教学。某种程度上也正因如此，战前时期唯一一所在研究生教学改革中取得持久胜利的学校是耶鲁大学，这多少有些讽刺意味。大约在1850年，这所学校拥有极好的声誉和数量庞大的校友；因此，可以说它得以产生了对研究生教学的需求，并有能力承担相应的经济损失。

关键的转折发生在西奥多·伍尔西（Theodore Woolsey）校长任内，他可能意识到了改革的阻力，并自称为"进步的保守派"。[22] 他在就职演说中指出，耶鲁既不是一所高中，也不是一所大学，并呼吁采取措施向后者迈进。不久之后，他建立了哲学系，它最终发展成为耶鲁大学的研究生院。该尝试取得了成功，1861年，耶鲁大学授予了美国第一个哲学博士学位。

另一方面，这一改革并没有从根本上改变这一机构的重点，正如我们看到的，接下来的很多年它仍以本科学院为中心。也许这就是为什么 1869 年查尔斯·艾略特宣称耶鲁在研究生教学方面的尝试取得了成功，"虽然规模不大，但水平确实很高"。[23]

上述改革虽然有所成效，但都遇到了麻烦。接下来，我们将讨论一些改革举措，这些举措都存在与分类功能相关的设计缺陷。

**弗朗西斯·韦兰德（布朗大学），平行项目与科学学院**

弗朗西斯·韦兰德（Francis Wayland）在 19 世纪 40 年代担任布朗大学的校长，当时该校反复面临着入学率下降的问题。[24] 韦兰德（1850，34）声称，需求停滞是大学市场的普遍问题，他有一个著名的论断："市场对我们生产的商品需求正在减少。我们以低于成本的价格出售，亏损部分则由慈善机构弥补。就算我们白白赠送这些商品，市场需求仍然在减少。现在是不是该问问自己，我们能不能提供一种满足市场需求的商品，至少能带来更高的回报呢？"换言之，韦兰德认为，如果设计得当，教学改革可能会增加市场需求，缓解而非加剧资源限制。

1850 年，他提出增加应用科学和农业课程，他认为这些课程将吸引有志于成为农民、商人、机械师和制造商的人。布朗大学会提供这些课程作为选修课，而选修这些课程的学生将获得特定的学位——理学学士学位和文学学士学位（Bachelor of Literature）——从而将他们的轨迹与通往文学士学位（Bachelor of Arts）的经典课程区分开来。在大多数情况下，此类新学位可以在三年内获得，而不需要四年。

这项改革的关键要素并不是原创的。1850 年，其他学校已经注意到工程学等学科可以吸引学生，许多人希望学习法语和德语，因为

## 第三章 教学改革

它们在商业、数学和军事科学等领域很有用。作为回应，大学开设了平行课程和科学学院。

平行课程是由韦兰德提出的既有课程的变体，其本质是替代（因而称为平行）可获得类似传统理学学士学位的课程序列。与布朗大学一样，在许多情况下，这些课程可以在不到四年的时间内完成。例如，迈阿密大学开设了一门英语科学课程，以填补拉丁语和希腊语课程取消后腾出的空间，专门用于应用数学、政治经济学、法语和德语；类似的课程也出现在密歇根、普林斯顿、罗彻斯特和西点军校等学校。

科学学院在此基础上更进一步，将这种平行课程置于完全独立的机构中，有自己的录取程序和教学人员。例如，在达特茅斯、哈佛和耶鲁，这样的改革各自通过钱德勒、劳伦斯和谢菲尔德科学学院来完成。丹尼森大学、伊利诺伊大学、密苏里大学等学校也建立了类似的科学学院。[25]

创设新的学位类型，甚至完全独立的学院，这些改革尝试主要体现了人们打破传统课程束缚的愿望。例如，一位教授说："科学的精神，虽然在适当的范围内是积极正面的。但即使不是有意亵渎和嘲弄，一旦超越了适当的界限，也会变得消极和矛盾。"[26]

但由于学校还需要满足分类需求，所以区隔和界限很重要。例如，如果有学生对这种平行项目感兴趣，她或他可能会问，他们与学校其他主流课程的学生有何区别？换言之，尽管与传统课程的内容不同，但其分类的功用是否一致？

大量的轶闻证据表明，情况往往并非如此。例如，在耶鲁大学，谢菲尔德科学学院的学生不仅要分开上课，他们在教堂做礼拜时也要分开坐，并被大学同学称为"书呆子"。布鲁巴克与鲁迪（Brubacher and Rudy, 1958）指出，拉斐特学院和卫斯理大学也有类似的情况。

在布朗大学，韦兰德的新项目吸引了一些资质一般的学生，这使其继任者巴纳斯·西尔斯（Barnas Sears）担忧，这些项目可能会因给"失败者而非精英"授予学位而闻名。[27] 辛克莱（Sinclair, 2012, 41）指出，哈佛大学劳伦斯科学学院的录取标准并不高。另外，哈佛大学的艾略特补充道，一个人"无论多么无知"，都可以进入耶鲁大学谢菲尔德学院。

同样地，那些深知大学所蕴含的身份信息的学生可能会想知道一个理学学士学位意味着什么。面向农民和机械师的学位，较之于传统的文学士学位（历史上是授予精英阶层的学位），是否会传递同样的形象？它会让学位获得者走上职业晋升的道路吗？还是说雇主只会在某些类型的职位上考虑平行课程的毕业生？一名学生更直白地表达了这种担忧："怎么会有人想成为一个更优秀的乡巴佬？"[28]

最重要的是，一些早期的教学改革一开始就走错了路，因为它们威胁到了大学的分类服务。与之相应，韦兰德的改革只是暂时稳定了布朗大学的入学人数，但并未带来足够的收入以支付增加的成本。1856年，学校财政再次陷入困境，韦兰德辞职。很快地，他的大部分改革尝试都停摆了。这一结果并非特例——其他类似的尝试都遭遇了相似的命运。例如1806年在普林斯顿大学与1829年在阿默斯特学院的改革尝试。[29]

总而言之，以教学为目标的改革需要考虑它们如何影响分类的设计。此外，也不能保证教学改革会立即产生净收入，这就需要保障过渡时期的财政经费。

### 伊利法莱特·诺特（联合学院）

让我们以联合学院来为战前时期的改革尝试作结。联合学院的改革几乎注意到了上面提到的各种因素。它引入了上面讨论的几个创新举措，并取得了显著的成功（虽然只是暂时的）。这些改革都是在伊利法莱特·诺特（Eliphalet Nott）的主导下发生的，他从1804年开始领导联合学院，执事长达六十多年。诺特是奥尔巴尼的一位牧师和企业家，他对将科学运用于解决实际问题很感兴趣。他希望能为教堂和宿舍供暖，为此他申请了25项专利，其中一项是无烟煤炉。[30]

毫不意外地，联合学院开始实行上文提到的平行课程。与其他学校相比，联合学院推行的平行课程吸引到了更多的学生。1830年，联合学院有96名学生毕业，而耶鲁大学、哈佛大学和普林斯顿大学的毕业生数目分别为71名、48名和20名。直到1861年，联合学院还是美国最大的三所大学之一，和伦斯勒理工学院一样，它也因在铁路建设领域的高就业率而闻名。[31]

联合学院之所以能取得暂时的成功，主要源于四点。首先，它对所有学生一视同仁，均授予传统的文学士学位。其次，由于诺特担任的是一所新成立学校的校长，保守派对他的想法的阻碍就少了。再次，雄厚的财力能允许其改革策略日臻完善。诺特获得了纽约州议会的大力支持，后者主要为奥尔巴尼附近的学校提供经费。加上私人捐赠和诺特从自己的发明中获得的收益，联合学院在19世纪的多个时期都拥有数额最高的大学捐赠。最后，联合学院反复宣传它将从事研究生教学和研究。尽管在诺特的领导下，它并没有兑现这些承诺，但这种宣传可能暂时有助于招生。[32]

总而言之，联合学院是较早可能转型为美国一流大学的学校之一。尽管这并没有最终实现，但它的暂时成功，和上述的失败一并为后来的改革者提供了教训。约翰·霍普金斯大学的创始校长丹尼尔·吉尔曼（Daniel Gilman）表示，人们可以从这样的经历中受益："我们在前人经历了代价高昂的冒险之后开始行动,我们从他们的失败中吸取教训,而损失由他们一力承担了。"[33]

## 内战后的成功实践

美国内战结束后,一些学校的教学改革取得了巨大的成功,因为它们能够:(1)克服保守派的阻力,(2)设计出极具吸引力的教学和分类服务方案,(3)为向新商业模式过渡提供资金。本节将讨论率先取得成功的学校如何整合改革经验中的关键要素。

我们将聚焦于4所最早取得改革成功的学校。这4所学校足以阐明关键的主题,即便它们后来有了更多的追随者,并使它们自己取得的成功黯然失色。具体来说,我首先要从两个对改变美国高等教育至关重要的新成员着手:康奈尔大学和约翰·霍普金斯大学。继而,我会讨论两所最迅速、最果断地做出回应的大学:哈佛大学和哥伦比亚大学。后面的章节还会反复提到表格1.3中排名靠前的其他学校,例如加州大学伯克利分校、芝加哥大学、伊利诺伊大学、麻省理工学院、密歇根大学、斯坦福大学、普林斯顿大学和耶鲁大学。

总而言之,在上编接下来的章节中,我将讨论的重点从整个大学体系转移到最积极参与改革的学校上,这些学校的改革为美国一类研究型大学的建设提供了诸多参考。

### 康奈尔大学

康奈尔大学是第一所坚持上述各项教学改革的美国大学。作为一所新建的学校,它也得益于此,因为这使其没有利益深厚的保守派反对者。但与此同时,这也对合理的设计和资金的需求提出了更高的要求,因为改革实验开始时,康奈尔大学并没有很多潜在的捐赠者,也没有良好的社会声誉。

三位行动者的通力合作使得改革的关键要素一应俱全。第一位是安德鲁·怀特（Andrew White），康奈尔大学的第一任校长，他曾就读于耶鲁大学，后来在柏林大学度过了一段时间。他后来说，正是在那里，他看到了大学的理想"不仅得到了实现，而且得到了提升和美化"。[34] 怀特曾在密歇根大学教历史，后来回到家乡锡拉丘兹，当选为纽约州参议员。在奥尔巴尼，他遇到了来自伊萨卡的富有的参议员埃兹拉·康奈尔（Ezra Cornell），康奈尔曾与塞缪尔·莫尔斯（Samuel Morse）合作，将电报商业化，赚了一大笔钱。[35] 怀特和康奈尔逐渐熟稔，怀特回忆说，有一次康奈尔不经意地问："我有大约50万美元的闲钱，我用这笔钱能为国家做的最好的事是什么？"[36]

两人很快引入了第三方并达成合作，那就是栖身于《莫里尔法案》（Morrill Act）背后的联邦政府。由亚伯拉罕·林肯签署的《莫里尔法案》规定，出售联邦土地以资助高等教育。该法案将大部分西部土地的份额转让给各州，并对赠予土地的地点和销售拥有一定的控制权。所得收益用于资助旨在"不排除其他科学或古典研究的情况下，教授与农业和机械技术相关技艺"的机构。[37] 不过，该法案在诸多事项上都保持沉默，例如，资助的对象是否必须是公共性质的。

埃兹拉·康奈尔宣布，如果纽约承认莫里尔法案的收益可用于资助这个项目，他将捐赠50万美元以及卡尤加湖上的山顶农场作为场地，用以创建新学校。这项提议面临着一场艰苦的战斗，因为包括哥伦比亚大学和联合学院在内的20家高校也有意争取这一资助。[38]

在康奈尔和怀特的游说下，纽约州政府承诺他们的学校可以得到约莫一半的土地收益赠款。埃兹拉·康奈尔认为土地市场已进入供大于求的阶段，于是他采取了一些措施，这些措施后来引发了立法机构的调查。他买下了州政府的土地份额,并选定了威斯康星的土地位置,在高价时卖出,然后才把收益捐给学校。柯蒂和纳什(1965)计算后发现,土地的售价大约是原价的8倍。简而言之,康奈尔和怀特确保的第一个要素就是相当充裕的资金。

接下来的问题就是考虑新学校提供的教学类型。怀特主张兼采众长,既提供耶鲁大学的教学类型,也提供伦斯特理工学院的教学类型。具体来说,他将学校教学分为两个板块:一个以技术为导向,设有农业、机械工艺、土木工程、商业、采矿、医学、法律、教育和公共服务等专业;另一个以学术为导向,提供一门古典课程,注重法语、德语或自然科学的若干传统课程,以及一门选修课。怀特设想所有课程在"地位和特权"上都是平等的,所有课程都统一授予文学士学位;此外,他还计划增加选修课的比重。[39] 最后,这所学校从一开始就是男女同校,不分宗派。

这个方案完全符合埃兹拉·康奈尔的说法:"我要建立一所任何人在任何专业学习中都能得到指导的学校。"[40] 这句话后来成为康奈尔大学的校训,怀特可能做了一些改动。毕肖普(Bishop, 1962, 74)指出,原话可能更接近于"我想创办一所学校,在那里任何人都可以学习他想学的任何东西"。不管怎样,该声明很好地抓住了一点,即尽管这一方案的任一举措都并非首创,但它系统性地解决了上述实践中的缺陷——例如,它改革了教学,却没有创造"二等公民",而且具备为多样性的课程提供资金的雄厚财力。[41] 此外,这个项目也许只是选对了时机。

无论如何,康奈尔大学在1869年一经建立,几乎立刻获得了成功。仅仅三年后,它就拥有了全国最大的新生规模。几年后,《哈珀周刊》(*Harper's Weekly*)写道:"掌握了最好的教育方法,这几乎是任何一所囿于传统的学校无法企及的成就……康奈尔大学即便不是美国教育机构的领头羊，也是其中的佼佼者。"[42] 康奈尔大学也很快建立了自己的校友会和人脉圈。鲁道夫（1977，127）观察到："康奈尔大学很快站稳了脚跟，以至于学校因埃兹拉·康奈尔处理大学捐赠的方式被诟病时，反而因此收到了大量的校友捐赠……"[43]

后来，康奈尔大学参与创建了常春藤联盟，这是一个由8所学校组成的联盟，被认为是美国高等教育传统的守护者。这些学校中有7所属于最初的9所殖民地大学。因此，如果只是论校龄，它们算是某种重要事物的守护者。而康奈尔大学是后起之秀，单从校龄来看，其他数百所学校更有资格成为会员。关键在于，当常春藤联盟以体育赛事联盟的面目出现时，那些老牌学校也将康奈尔视为同侪。

简而言之，康奈尔大学的创始人利用了市场的自由进入和自治特质，提供了一种创新的教学产品。这所学校得益于精心的筹谋，它的特点是资金充足，并且避免了分类服务的相关缺陷。最后，如前所述，康奈尔大学的故事很少涉及研究生教学或科研。而约翰·霍普金斯大学的情况则完全不同。

## 约翰·霍普金斯大学

约翰·霍普金斯大学的成立比康奈尔大学晚十年，并采取了不同的策略。康奈尔大学的特点在于提供各种各样的课程（"有教无类"[any person, any study]），而霍普金斯大学的重点是研究生教学。其中，两个关键人物是安德鲁·吉尔曼（Andrew Gilman）和约翰·霍普金斯（Johns Hopkins）。

吉尔曼是安德鲁·怀特在耶鲁大学时的朋友，曾陪同后者参观欧洲的大学，在那里，他做了大量关于高校建设的笔记。后来，他担任了耶鲁大学谢菲尔德科学学院的筹款人,在那里他曾指出,学院缺乏对那些希望投身于科学研究的个体的关注,这将不利于国家经济的发展。[44]1872年,耶鲁大学考虑让吉尔曼担任校长,但最终选择了诺亚·波特(Noah Porter),后者被普遍认为是更为保守的人选。不久之后,吉尔曼接受了加州大学校长的职位,但他的愿景始终未能与校董会的许多成员和州政界人士的观点保持一致,他很快就打算离开伯克利。[45]

1874年,一个董事会联系了他,该董事会从刚去世的约翰·霍普金斯那里得到了700万美元。霍普金斯的父母没有能力供他上大学,17岁时,他便开始帮叔叔打理巴尔的摩杂货店的批发生意。很快地,他想要与堂妹伊丽莎白·霍普金斯(Elizabeth Hopkins)结婚,但遭到了家里的强烈反对。最终,他们既没有结婚,也没有孩子。霍普金斯后来通过提前购买巴尔的摩和俄亥俄铁路公司的股票发了大财。多年后,他说希望自己的钱能留给"我的两个孩子——一所大学和一所医院"。[46]其结果是,这是美国高校有史以来收到的最大一笔慈善捐赠,可能超过了哈佛当时收到的捐赠总额。[47]

从一开始,一些董事会成员就意识到,这笔巨额资金可能最终会让一所美国学校开展全面的研究生教学改革成为现实。但他们也意识到,这也许是一次冒险的尝试,因为它可能会影响巴尔的摩学生的入学率。

董事会向时任密歇根大学校长的詹姆斯·安吉尔(James Angell)、哈佛大学校长的查尔斯·艾略特和康奈尔大学校长的安德鲁·怀特寻求建议,普林斯顿大学的詹姆斯·麦考什和耶鲁大学的诺亚·波特并未予以回应。[48]艾略特怀疑这种专注于研究生教学的进路是否可取:

我相信……培养某个领域的专业人才是符合国家利益的。我们现有的教育机构……过于局限在培养一个普通人才……我们想要……更注重个体专业能力的培养……从而使其在专业上达到更高的水平。然而，大学并非凭空出现的，而是一个循序渐进的过程。我很怀疑……无论是老的学校还是新的学校，能够脱离社区的教育基础……我们哈佛不比全国其他地方更富裕……但即便我们从零开始，也无法仅为少数人提供高等教育……[49]

简言之，艾略特提倡循序渐进，这样霍普金斯大学就可以在很长一段时间内效仿现有的大学。这一建议符合艾略特早期对教学改革的抵制立场，因为教学改革会扩大大学的影响范围。他表示："在我们这一代，我几乎不指望看到在美国建立起像欧洲那样产生如此成果的机构……清教徒认为他们必须训练牧师……因而支持哈佛大学；当美国人民确信他们需要更多有能力的化学家、工程师、艺术家、建筑师时……他们将以某种方式建立相应的培训机构。"[50] 怀特的建议与艾略特的基本一致。安吉尔说，在密歇根大学，研究生工作正在增加，但仍不具有普遍性。简单来说，校长们对研究生教学的态度虽然称不上反对，但至少是较为矛盾的。[51]

但他们都十分看好任命丹尼尔·吉尔曼为校长。在与吉尔曼面谈后，董事会被他更为大胆的设想所折服。他曾说过，这个国家不需要又一所学院或科学学校，而是需要一所大学，"年轻人可以去那里接受最高水平的学术训练，除非他们在低年级时或预备学校中受过良好的训练，否则不应该被录取"。[52]

吉尔曼深知，建设这样的一所大学需要一些具有科研禀赋的教

65 授。一经上任，他便表现出对科研活动的深刻认知，尽管他自己从未成为过一个研究者。例如，他曾说道：

> 如果你坚持功利主义的观点，问我格莱舍先生（Mr. Glaisher）确定900万个数字中缺失的3个最小因数有何意义……或者如果你提出一个更全面的问题，问我阿贝尔函数的用途是什么，我将不得不承认我不知道……但我知道，你也知道，每一个愿意孜孜不倦地追问的人都会知道，数学的进步是一切确切知识进步的基础和支撑。[53]

他补充说，科研将造福社会，并指出应用数学为蒸汽机、电报和电话的发明做出了贡献。吉尔曼不希望把一个领域的研究置于另一个领域之上，也不希望只推进那些能迅速见效的项目。他说："所有的科学都值得推进，争论文学和科学哪个应该受到更多的重视是没有用的。长远利益与短期利益同等重要。那些期望明天就有回报的投资并不总是最明智的……因此应当一直推进科学的发展。"[54] 同样地，他向研究生和教职员工明确表示，他重视他们的价值。一位教授提到，离开吉尔曼的办公室时，自己"带着一种温暖的感觉，他很感激我的工作"。[55] 需要指出的是，这种观点在当时是极为罕见的。例如，吉尔曼的朋友、时任康奈尔大学校长的安德鲁·怀特说，他在耶鲁读书时，"对我在谢菲尔德科学学院的同龄人的研究抱有一种轻蔑，对拥有不朽灵魂的人类把时间浪费在玻璃吹管和试管上感到奇怪"。[56]

此外，吉尔曼强调科研成果的出版，并为此创建了约翰·霍普金斯出版社。在他担任校长之初，他聘用了詹姆斯·西尔维斯特（James Sylvester），一位英国数学家，后者在1878年创办了《美国数学杂志》

(*American Journal of Mathematics*)。多年以后，西尔维斯特在他的退休演说中对此做出了解释：

> 你提到了我们的数学杂志……吉尔曼先生不断地告诉人们是我创立了它……但我不得不说，其实他才是创始人。几乎在我抵达巴尔的摩的第一天，他就开始缠着我，要我在这边创办一本数学杂志……我说那是没用的，因为没有材料。他一次又一次地提出要求，我也一次又一次地对他的想法泼冷水。在他百折不挠的坚持下，他的计划终于得以实施。[57]

不出所料，吉尔曼意识到他希望约翰·霍普金斯大学提供的教学是只根据专业能力来选择教授的。他同意鲁格斯的说法：

> 我们即将成立的机构，如果不是致力于发现和传播真理，就配不上大学的称号。创始人提供的资源无论是被用于维持宗教分歧，还是加剧政治冲突，都将是不光彩的。宗派和党派的偏好不应该影响对教师的选择……[58]

吉尔曼开始大力招揽教职员工，他写信给艾略特，为即将去哈佛挖人道歉。艾略特得体地回应，表示"如果哈佛没有你感兴趣的人才"，他反而会觉得奇怪。[59] 到1884年，约翰·霍普金斯大学有50多名教授。绝大多数人都在德国待过一段时间，其中许多人积极践行德国研讨会的一项关键内容——展示研究成果，听取教师和研究生的反馈。一些人称这所学校为"巴尔的摩的哥廷根大学"。[60] 这所学校培养的博士比哈佛和耶鲁加起来还多，并且控制了约翰·霍普金斯医院和医学院。后者开启了将专业学院纳入大学的趋势，从根本上提升了医疗训练的水平和医疗专业的地位。[61]

最后有两点与霍普金斯大学相关的观察。首先，尽管最初人们期望它成为一个文理研究生院，但它也建立了一个本科学院。因为一些董事认为，本科学院可以为研究生院输送生源，而且这不仅会使这个项目更受巴尔的摩人欢迎，还意味着巴尔的摩的年轻人可以对霍普金斯大学所获的捐赠主张权利。[62] 其次，在接下来的几十年里，财政困难使学校失去了一些动力。因为约翰·霍普金斯的捐赠附带了一个限制条件：他指示董事保留巴尔的摩和俄亥俄铁路公司的股票。而在19世纪80年代末，该公司停止支付股息。[63] 这所学校向马里兰州求助，后者提供了实质性但并非持续性的帮助。到20世纪初，约翰·霍普金斯大学稳定了下来，尽管正如泰林（2004）指出的那样，它不再那么重要了。这引发的一种可能性是，吉尔曼把重点放在研究生而不是本科教学上，且没有像安德鲁·怀特在伊萨卡那样建立起稳定的收入来源。我们将在下面讨论这个问题。

康奈尔大学和约翰·霍普金斯大学的改革表明，市场的自由进入机制对改变美国高等教育至关重要。吉尔曼和怀特意识到，国家的需求已经发生了变化。虽然在19世纪早期，提供宗派分类可能是维持学校生存的最佳方式，但到19世纪末期，专门和高级的教学可能起到了作用。这甚至为科研创造了空间——学生和捐赠者愿意资助这样的活动。在这一节骨眼上，同时期的大学也必须决定是否要进行教学改革。现在让我们来看看回应最迅速、最积极的两所大学：哈佛大学和哥伦比亚大学。

## 哈佛大学

在哈佛，改革的关键人物是查尔斯·艾略特。他毕业于哈佛大学，也在那里开始了他的学术生涯。他先是在劳伦斯科学学院担任助教，然后担任数学和化学专业的助理教授。后来，劳伦斯科学学院没有与他续约，他便去了麻省理工学院，在那里，他因管理和教育改革的思想声名鹊起。1868年，他被选为哈佛监事会成员；1869年，39岁的他被任命为校长。

此时，艾略特面临的情况与吉尔曼或怀特所面临的情况完全不同。作为历史最悠久、从许多方面来看也是最富有的学校的掌舵人，他不需要制定一个总体规划来让一所新成立的学校顺利运转。尽管如此，他还是希望全面提高哈佛医学院的医学专业和专业训练水平。他还想提高大学实力，招收更多东北地区以外的学生，这是该校长期落后于普林斯顿和耶鲁的一个方面。在某种程度上，艾略特专注于实现后者的关键要素就是选修课，他希望允许本科生自由选课。他说："选修课制度能够促进学术研究，因为它使自然的偏好和天生的才能得以自由发挥，使人们有可能对自己选择的工作充满热情，同时减轻了教授的负担，热切的学生也不再被迫完成一项不受欢迎的任务，并扩大了教学的范围。"[64] 简而言之，选修课将有助于教师和学生专注于学术和专业教学。选修课也与艾略特对选择自由的信仰相吻合——在这一点上，他主张打破大学的家长主义传统。维赛（1965，88）对艾略特课堂之外坚持的自由主义进行了阐述："（他）差一点就反对免费公立初等教育了……不喜欢工会，对贫穷表现得十分冷漠，对社会科学的新世界基本上一无所知……"

当然，选修课并不是一个新概念，至少从蒂克诺时代起，哈佛就开始讨论这些问题了。艾略特自己也提到，托马斯·杰斐逊在弗吉尼亚大学就曾提出过这些问题。[65] 从这个意义上说，艾略特面临的挑战不是设计一条新的道路，而是克服那些阻碍了其他改革者的阻力。选修课在哈佛董事会中得到了不同程度的支持，也遭到了许多校友和教职员工的强烈反对。考虑到哈佛大学在全国的重要性，外界也提出了反对意见：8位新英格兰大学校长致信监事会，要求哈佛大学把希腊语作为必修课。[66]

面对这种情况，艾略特表现出坚定的决心和强势的个性。一位很有影响力的教授公开质问艾略特为什么会有这么多突如其来的改革，艾略特沉默了一会儿，答道："我可以很容易地回答……因为哈佛有了新校长。"[67]

1869年，哈佛的全部课程都是必修的，但从那之后，每年都有一些课程成为选修课，而新的课程也自动成为选修课。到1886年，学生可以通过选修任意18门课程获得文学士学位。[68] 在此期间，教学改革不断遭到反对。特别是在这一时期的末期，莫里森（Morison, 1936, 358）写道，"只要有一次决策失误，艾略特就可能下台，大学教职员工和管理委员会都随之沸腾。据说，如果两个人中有一个能被说服担任校长，学校就会要求他辞职"。外界的反对也没有减弱，就在那几年，时任普林斯顿大学校长的詹姆斯·麦考什告诫观察人士：

> 不要在柏林说……美国曾经最著名的大学不再要求其毕业生掌握最完美的语言、最伟大的文学……不要在巴黎说，不要在剑桥说……美国的剑桥大学不把数学作为必修课……不要让英国的清教徒知道，一个学生即使不上一门宗教学的课，也可以在曾经的美国清教学院毕业……[69]

# 第三章 教学改革

艾略特还引入了新的教学方法。1880年，据他记录，背诵课几乎消失了，取而代之的是讲座和讨论。他说："以前，老师唯一的工作就是听学生背诵……现在，他有了教学的机会。这是现代最伟大的教育发现之一，教师的职责就是教学。"[70]

艾略特还重组了哈佛大学，扩大了教学范围。在19世纪80年代，他监管了文理学院各分支和部门的创建。[71]1889年至1891年期间，劳伦斯科学学院被拆分后分别并入文理学院和新成立的研究生院中。1908年，艾略特支持建立商学院，并加强了医学院的建设。市场对这些改革的反馈十分积极：该校入学率在19世纪80年代增长了66%，在19世纪90年代增长了89%，增长率高于除康奈尔和普林斯顿以外的所有大学。[72]在艾略特担任校长的四十年里，教职员工从大约60人增加到600人，有学者（Keller and Keller, 2001, 13）补充说，"大学者的出现不再是偶然的侥幸"。

最后，有必要将艾略特的进路、康奈尔大学的怀特的进路和霍普金斯大学的吉尔曼的进路进行比较。和怀特一样，艾略特在没有培养二等公民的情况下，扩大了学校的教学范围。事实上，他们的进路有相当多的共同点，这可能也是他们之间产生了一些竞争的原因。例如，怀特声称他在艾略特之前就提出了支持理科学生和其他学生一起接受教育的观点。[73]然而，艾略特在选修课的应用上走得更远更快。尽管两所大学都强调回应学生的需求，但它们在市场上的定位略有不同，康奈尔大学更强调技术性，而哈佛大学更注重学术性。正如莫里森（1936，121）所说："被康奈尔吸引的学生都是以职业为导向的，他们的选课模式将康奈尔推向了一个不断扩大的技术课程的方向，而非更广泛的文科和理科课程。在哈佛，需求不同的学生则利用选修课制度把哈佛推向了相反的发展方向。"[74]

艾略特和吉尔曼之间的差异更大。艾略特不像吉尔曼那样注重研究生教育。直到1904年，他还写道："大学的服务能力和声望都不是由文理研究生院的工作决定的。"[75]

因此，艾略特较少强调研究才能。在他担任校长之初，他曾说："经验告诉我们，最出色的……教授会为知识的传承做出贡献……然而，这一代美国教授的主要任务必须是定期和勤奋的课堂教学。"[76]这种差异延伸到了他们对研究的态度上。19世纪70年代，一位年轻的化学教授向艾略特申请了一门课程，以便开展研究。艾略特问最终结果会是什么，当教授说出一本德国期刊的名字时，艾略特回答："我看不出那会有什么用。"[77]艾略特也不太愿意只根据专业知识来招聘人才，他否决了一位原本很有希望的候选人，只因该候选人的妻子被认为"没有教养"。[78]事实上，从某种程度上说，对于最终将哈佛推向研究领域的成就，艾略特承认功劳来自约翰·霍普金斯大学的榜样，也许最重要的是来自约翰·霍普金斯大学的压力。在吉尔曼的告别会上，艾略特说：

> 吉尔曼校长，你在这里的第一个成就就是创立了一所研究生院，这一举措不仅增强了学校本身的实力，还提升了本国其他所有大学的水平……我想作证，哈佛大学的研究生院……在1870年和1871年刚创建之时，学院的发展并不活跃，直到约翰·霍普金斯大学做出表率，迫使我们的教师把他们的力量投入到对研究生的指导中去。[79]

## 哥伦比亚大学

哥伦比亚大学将成为美国第一批成功的研究型大学之一（表格

1.4），这一事实会让1850年左右的许多观察者感到惊讶，因为这所学校的命运确实发生了巨大的转折。[80]在1754年建校后的最初几十年里，哥伦比亚大学是一所富裕但规模较小的学校。1774年，它拥有最高额的大学捐赠基金，但只有36名学生，而哈佛和耶鲁的学生人数是它的四到五倍。[81]此外，在某种程度上，霍夫施塔特（1955）所说的"大倒退"确实发生了，哥伦比亚大学是其受害者之一：1797年，学院有8名教师，而在19世纪的大部分时间里，它只有4名教师。1809年，一份调查报告警告说，当时的哥伦比亚学院（Columbia College）"如果还不是一所文法学校，那么它也正在迅速朝这个方向发展"。1800年至1850年间，尽管纽约市在发展，学校的入学人数却丝毫未见起色，在1850年，该校学生的平均入学年龄甚至只有15岁。[82]

有几个因素促成了这种情况。第一，哥伦比亚大学历史上主要为该市的圣公会精英提供服务。它收取高昂的学费，并对此心安理得——1753年，一位发言人表示，该校旨在服务那些有钱就读的人。[83]第二，进入19世纪，许多医学和法律培训都是通过学徒制完成的，不需要大学学位。因此，这个城市众多的法律和医疗实践反而构成了竞争的来源，而不是需求的来源。[84]第三，该市有大量新成立的大学。到19世纪70年代，城市学院、库珀联盟学院、纽约大学、福特汉姆大学和圣约翰大学都提供了成本更低的选择。第四，从历史上看，许多美国人认为最好让学生远离诱惑，因此要远离城市。对他们来说，纽约显然没有吸引力。例如，托马斯·杰斐逊称纽约为"所有人性堕落"的粪坑。[85]因此，即使是富有的圣公会家庭也往往更偏爱普林斯顿和耶鲁。

最重要的是，这所学校的学费收入很少，收到的捐款也很少，而且经常向议会求助。然而，在议会搬迁到奥尔巴尼之后，它开始青睐联合学院。到 1851 年，利息支付占据了哥伦比亚大学预算的五分之一。当需要回应康奈尔大学和约翰·霍普金斯大学的改革实践时，哥伦比亚大学的地位远不及哈佛大学、普林斯顿大学、耶鲁大学以及包括阿默斯特学院和达特茅斯学院在内的许多历史上实力更强的学校。那么，它早期是如何在科研表现中脱颖而出的呢？

哥伦比亚大学的改革实践有诸多参与者，其中较为突出的一位是弗雷德里克·巴纳德。从耶鲁大学毕业后，巴纳德留校担任助教，彼时他开始出现听力受损的问题，后来病情变得严重。1832 年，他搬到纽约，在聋哑人教育学院任教，后来担任密西西比大学校长。1864 年，他出任哥伦比亚大学校长。

巴纳德以一种出人意料的方式受益于公共的帮助。五十年前，立法机关拨款给联合学院。作为安慰，它给了哥伦比亚大学一块被称作霍萨克地产（Hosack property）的土地，供医生种植药用植物使用。学校的董事感觉受到了欺骗：联合学院收到的拨款将帮助其成为最大的大学，而哥伦比亚大学得到的却是如一位观察者所说的"破旧的香草园和情侣小径"。[86]然而，霍萨克地产包含了我们现在熟知的洛克菲勒中心。

到 19 世纪 50 年代末，曼哈顿的发展使董事们能够出售哥伦比亚大学原来的校区，并将收益用于建设新校区。由此带来的土地租赁产生了巨大的影响。麦考伊（McCaughey, 2003, 133）指出："在二十年内，哥伦比亚大学在财政上从十几个预算拮据的大学之一转变为……全国最富有的学术机构之一。"整个 19 世纪 70 年代，即便是哈佛大学都经常出现赤字，但哥伦比亚大学仍有盈余；到 1899 年，它再次成为接受捐赠基金最多的大学。

巴纳德用这笔收入增设了新的学院。第一个增加的是矿业学院，

## 第三章 教学改革

本质上是一所工程学院,到 19 世纪 70 年代,它的毕业生人数是哥伦比亚学院的两倍。[87]

在社会科学领域,哥伦比亚大学的崛起始于塞缪尔·鲁格斯招募来自阿默斯特学院的政治学家约翰·伯吉斯(John Burgess)。伯吉斯最初拒绝了邀约,因为阿默斯特学院的实力更强,而且伯吉斯更喜欢乡村生活。此外,他在那里是一位受欢迎的老师。1876 年,在毕业典礼前一个月,几名学生要求多留一年跟随他学习。阿默斯特学院的领导层意识到,这不过是一份要求阿默斯特学院提供研究生训练的请愿书。[88] 当阿默斯特学院拒绝这一请求后,伯吉斯便去了哥伦比亚大学。不过,他对自己的新东家评价并不高:

> 我发现这个机构是由这样几个学院组成的:一个小型的旧式学院,或者更确切地说,教授拉丁语、希腊语和数学的学院;一个很小的文学院,教授一点点自然科学;一个矿业学院,教授稍微多一点的自然科学,培养采矿工程师和土木工程师;以及一个法学院,但与学校的联系并不紧密。前两个学院的入学门槛很低,法学院则没有任何门槛。[89]

他还说,哥伦比亚大学的一位资深教授对教育体系了解甚少,另一位教授则比前者"还要迂腐"。[90]

鲁格斯告诉伯吉斯,哥伦比亚大学的"收入比支出多出 10 万美元,希望你告诉我们,为了学院的发展,扩大收入的最佳途径是什么"。[91] 伯吉斯提议建立一个研究生院,类似于巴黎政治学院,为学生的公共生活做准备。鲁格斯帮伯吉斯争取到休假时间,前往巴黎进行实地调研。他还试图说服董事会创建研究生院,并授权伯吉斯招募教职员工。

在巴黎的时候，伯吉斯早上 5 点收到鲁格斯发来的电报："感谢上帝，这座大学诞生了。放手去干吧。"[92] 到 1900 年，哥伦比亚大学的每个社会科学专业都会提供某种形式的研究生教学，其水平被认为可位居美国前三。[93]

巴纳德还成功地倡导增加选修课，他认为这是与康奈尔和哈佛竞争的必要条件。相比之下，他没能说服董事会和教职员工效仿康奈尔大学招收女性学生。例如，伯吉斯担心女孩的父母对就近入学的需求会更强烈，考虑到纽约不断增长的犹太人口，实行男女同校将把哥伦比亚大学变成"一所女子神学院，以及一所希伯来女子神学院……"。[94] 另一位教授看似从教学考量出发："如果教室里有一个女孩，你就不能教一个男人数学，如果你能，他就不值得教。"[95] 最终结果是建立了一个拥有独立董事会的学院。1889 年，该学院获得批准之时，巴纳德已经病入膏肓。

哥伦比亚大学在塞斯·劳（Seth Low）的领导下继续发展，塞斯·劳接管了内科和外科医学院，效仿哈佛大学和约翰·霍普金斯大学创设了医学院。哥伦比亚大学还巩固了法学院，并创建了文理研究生院。该校也开始收到道奇、哈夫迈耶、普利策和范德比尔特等人的捐赠。塞斯·劳用这笔收入将学校搬离中城，落址于晨边高地的一片开阔地。在那里，他亲自出资建了一座巨大的图书馆。[96]

在 1889 年之后的十年里，该校教职工的规模增加了五倍。在 20 世纪初的一些年份里，哥伦比亚大学的期刊发表量和学生的人均教学支出都高居首位。[97] 为了表明其学校规模和范围的变化，哥伦比亚大学与同时期的许多学校一样，将其全称由学院改为大学，并保留学院一词用于指称其本科学院。

总之，哥伦比亚大学比哈佛大学经历了更彻底的转变，有人指

## 第三章 教学改革

出,从这个意义上说,巴纳德的贡献可能比艾略特更大。例如,麦考伊(2003,146)写道:

> 艾略特接管了美国最大、最富有、最受认可的大学,包括法学院、神学院、医学院和科学学院。四十一年后,他将自己创立的一切与美国两三所世界级大学之一都交给了继任者。巴纳德接管的是一所规模不大、存在富有的可能、在全国范围内无足轻重的学校(和法学院),二十五年后,他把一所不到十年就跻身美国两三所世界级大学之列的大学交给了他的继任者。

但另一方面,艾略特可能要比巴纳德面对更强烈的反对,后者可能得益于哥伦比亚大学历史上的相对弱势。麦考伊(2003,175)补充道:"哥伦比亚大学如此迅速而彻底地跻身于世界名校之列,原因在于它并未被巴纳德视为累赘的大学历史所拖累。哥伦比亚大学比战前的成功大学更自由,从而能使自己转型为一所大学。与其说哥伦比亚大学是逐渐发展为一所大学的,不如说它是一所新生的大学。"

总之,内战之后,一些美国学校终于能够进行成功的教学改革。除却上述基本步骤,之后还有其他步骤(我们将在后面的章节中介绍其中的一部分)。本章的最后一节讨论了这些改革如何产生动力,使这些大学开始垄断更多的(研究)人才。

## 人才

随着大学改革教学并响应市场需求,它们所涵盖的学术领域被细分为各种专业领域。例如,自然哲学被细分为天文学、化学和物理学等领域;政治经济学则被细分为经济学、政治学、社会学等等。大学开始在这些领域提供高级教学,最重要的是,文理研究生院所提供的博士项目,正如罗伯茨和特纳(Roberts and Turner,2002,7)所观察到的那样,"已成为现代美国大学的基本标志,其教学水平甚至可能超过了许多专业学校……"。

这些发展增加了对能够教授最高水平的专业课程的教职工的需求,同时也增加了对能够做科研的教职工的需求。换句话说,就像战前时期的课程需要特定类型的教师一样,新的教学同样需要特定类型的教授。这一需求带来了挑战,因为最初,这样的教职工并不容易找到。1872年,查尔斯·艾略特观察到:"在这个国家,有相当多的教师知道如何教授拉丁语和希腊语以及语言原理。但如果你想找教植物学、化学、物理等课程的教师,你是找不到的。他们根本不存在。"[98]

大学有充分的动机来解决这个问题,因为它们既是最高水平教学人才的供应端,也是此类人才的需求端。

文凭与科研成果衡量标准

为此,各大学采取了两项措施。首先,大学开始要求它们的教授拥有博士学位,该文凭主要用于证明其掌握了某个特定领域的前沿知识。这项改革立竿见影:直到1884年,只有10%的哈佛教职工拥有博士学位。到1900年,一些学校有超过50%的教职工拥有博士学位。到1910年,伊利诺伊大学要求所有教职工都要有博士学位。[99]在供给方面,学校扩大了博士项目的规模以满足需求。其次,大学开始更青睐做科研的教授,因为这是评估一个人专业水平的核心方式。

作为回应,学术体系开始提供更多衡量研究成果数量和质量的方法。不过,这些方法是以一种分散的方式被提出的。举例来说,随着教师与特定领域的联系增加,他们成立了专业协会。例如,美国化学会(1877)和美国历史学会(1884)。[100]这些团体也开始出版期刊(如《美国政治科学评论》[American Political Science Review]),通过同行评议来评估研究成果的质量。大学院系的期刊则是这些期刊的补充。例如,哈佛大学创办了《经济学季刊》(Quarterly Journal of Economics,1886)、克拉克大学创办了《美国心理学杂志》(American Journal of Psychology,1887)和芝加哥大学创办了《美国社会学杂志》(American Journal of Sociology,1895)。到1900年,芝加哥大学每年印刷超过15万页的期刊,哥伦比亚大学出版了35种期刊。[101]

随着时间的推移,一些期刊因发表较高质量的论文而获得了声誉。这一发展反映了期刊也具有分类功能。例如,它们传递有关论文质量的信息。如果一本期刊以标准严苛和专家评审而闻名,那么看到一篇论文出现在那里就表明了它的质量。[102]当更好的期刊收到更多的投稿时,它们的编辑会愈发精挑细选,使其更有声望,从而吸引更多的论文投稿。对这些期刊来说,这是一个良性循环,而在这种竞争中失利的期刊则相应受到损失。由此带来的结果就是,每个领域的期刊都有一个相对清晰的等级,并形成了一种共识:哪些期刊是最好的,哪些是第二梯队,哪些是第三梯队,等等。[103]这是我们将在下文中会反复看到的一种分类动力。

在此种情况下,促进分类的一点在于科研人员可以将他们的成果提交给任何期刊,因此,无论自己身处何处,他们通常倾向于将最好的论文发送给最负盛名的期刊。例如,虽然芝加哥大学或哈佛大学的教授最初可能在他们自己的期刊上发表论文,但他们很快就愿意将论文发到其他地方。事实上,在其他地方发表论文可能更有助于传达他们论文的质量。这种分类动力也得益于协会期刊的存在,这些期刊属于一个专业领域,而不是某个特定的学校。[104]

评估研究成果质量的另一个途径是，各院系举办研讨会，让参会学者在会上介绍他们的研究成果。同样地，专业协会也会举办年会，这些年会也扮演了招聘会的角色，各院校可以在会上物色和招揽人才。鲁道夫（1962，407）指出："这里的教授们……炫耀其最有前途的学生（以及其他学生），然后将他们送进学术市场之中……年会……将一群用自己的语言交流的专家聚集在一起，分享彼此的发现，不断带着崭新的归属感重回校园。"随着时间的推移，每个领域都发展出许多有组织的会议，在这些会议中，那些可能不太信任期刊的人也可以自己评估研究成果的质量。

多亏了所有这些正式和非正式的机构，到20世纪初，获得有效的——尽管并不完善的——（研究）人才衡量标准变得越来越可行。艾略特回顾了在他漫长的任期内这种情况是如何发生的：

> 我遇到的主要困难是找不到有能力进行高级教学的教师。实际上，没有任何指南用来指导如何发现和邀请所需要的人才。那时，为学者和科学家发展和互助而组织起来的学会都不存在。到了1885年，我可以从学者和科学家学会的活动中得到一些帮助。起初并没有这样的帮助。[105]

从那时起，科研人才的衡量标准变得更加容易获得。例如，今天人们不仅可以用手机查询教授发表的论文，还可以知道其论文被引用的次数。但必须指出的是（下文将与之相关），使这些标准可行的相关机制成本并不低。资深教授每个月要在相关活动上花费数日，包括写推荐人报告、终身聘用信和推荐信。

## 人才分类

这些发展也将教师招聘推向了鲁格斯这样的改革者在战前时期努力的方向：逐渐地，专业知识成为获得教授职位的关键标准，而这主要是通过研究成果来确定的。例如，盖格（1986，35）提到，虽然艾略特最初倾向于招聘与哈佛有联系的候选人，但到1880年，"（他）意识到来自风头正劲的约翰·霍普金斯大学的竞争，现在开始寻找具有杰出学术成就的教授"。

同样地，时任密歇根大学校长的詹姆斯·安吉尔说，在他担任校长期间，有才能的教授被挖走已经成为家常便饭。也许对此负有最大责任的人是威廉·哈珀（William Harper），他是芝加哥大学的第一任校长，也是一位严肃的学者。[106] 哈珀有一大笔钱可以支配：当时世界上最富有的人——约翰·洛克菲勒（John Rockefeller）的建校捐款。他还得到了海伦·卡尔弗（Helen Culver）、查尔斯·哈钦森（Charles Hutchinson）、马丁·瑞尔森（Martin Ryerson）和马歇尔·菲尔德（Marshall Field）等人的帮助，他们捐出了芝加哥海德公园附近的10英亩土地。[107] 哈珀的建校速度甚至超过了巴纳德建设哥伦比亚大学的速度，早在芝加哥大学建校前，他就"偷袭"了多个学校。克拉克大学就是受害者之一，该大学曾试图在研究生教学方面与约翰·霍普金斯大学一决高下，但苦于资金不足，哈珀借机挖走了15位教授。他也瞄准了富裕的院校，从耶鲁挖走了5名教师，从韦尔斯利学院挖走了爱丽丝·弗里曼·帕尔默（Alice Freeman Palmer）。结果是芝加哥大学甫一建校就拥有了大约120名杰出的教授。后来，哈珀也开始关注人文学科，并从密歇根大学聘请了约翰·杜威（John Dewey）。[108]

其他学校不得不倚赖金钱优势以外的策略。例如，时任伯克利校长的本杰明·惠勒（Benjamin Wheeler）从州政府和菲比·赫斯特

（Phoebe Hearst）等捐赠者那里获得了大量资金，使他得以创建二十个新院系和一个研究生部，开始了让该校跻身一流研究型大学之列的努力。[109] 然而，惠勒时常发现很难在与富裕的私立学校的公开竞争中招募到知名学者。

他的继任者威廉·坎贝尔（William Campbell）开始强调谨慎地聘用薪资较低但有才华的年轻教授，因为当时对他们的争抢不那么激烈。正如盖格（1986，212）所说："唯一的选择似乎是吸引最有前途的年轻学者……然后给他们提供最好的条件来推进他们的研究。"举例来说，1928年，坎贝尔招募了年轻的欧内斯特·劳伦斯（Ernest Lawrence），后者当时是耶鲁大学的助理教授，之后的校长罗伯特·斯普劳尔（Robert Sproul）确保留住了他。到了20世纪30年代，伯克利已经拥有了领先水平的化学系和物理系，1939年，劳伦斯获得了第一个颁发给加州大学在职教师的诺贝尔奖。[110]

随着学校的发展，加州大学伯克利分校开始反对近亲繁殖，即聘任本校学生的做法，尽管这种做法在其他学校仍旧流行。例如，卡拉贝（Karabel，2006）报告说，在1865年到1916年之间，耶鲁大学80%的教授都是该校的毕业生，并且都是该校一个秘密社团的成员。盖格（1986）补充说，这种做法在康奈尔大学和威斯康星大学也很明显。从这个意义上说，伯克利利用了一种早期普遍被接受的观点，即追求最好的科研人员的学校将不太能够确保其他方面的同质性。正如詹克斯和里斯曼（1968，21）所说：

> 教职工的专业化降低了学校内部的同质性。上流社会的大学招收祖上是工人阶级的文学评论家，南方大学招收更多在北方甚至欧洲长大的历史学家，女子学院招收男性心理学家，卫

理公会大学招收一神论哲学家……这让那些反对异质性的董事和家长们处于被动地位。

对研究人才的需求提高了教授的谈判地位。工资上涨了，大学开始为教师提供时间和金钱进行研究，主要是因为这将提高学校的声誉。到1920年，最激进的学校（如伯克利、芝加哥）每周只要求六到八小时的教学时间。[111] 在这方面，芝加哥大学的哈珀经常走在前面，这对研究水平较低的学校造成了影响。例如，波耶尔（2015，81）表示，他提出了"明示或暗示"的承诺，即教授不必教本科生。在斯沃斯莫尔学院，时任校长的约瑟夫·斯温（Joseph Swain）通知他意图招聘的一位天文学家，他将满足后者对二十四英寸望远镜的不可讨价还价的要求，并附加了一个警告："记住，这是一所友谊学院（Friend's College），你应该戒烟。"[112] 结果，斯温也不得不迁就这位候选人的吸烟习惯。与此类似，这些年来，大学开始提供学术休假（即让教授每七年都有一次自由安排科研工作的休假机会）。

请注意，薪酬和工作条件的改善并非普遍现象。它们仅使研究型学校中最注重研究的教授受益（我们将在下文回到教授与学校之间的不对等这一问题）。[113]

除了薪酬之外，研究型教授还获得了地位和权力。在每个院系内，他们获得了对招聘的控制权，并且集体获得了对大学重大决策的准否决权。教授们津津乐道的一件轶事就说明了这一发展，这件轶事有多种版本，其中一版来自哥伦比亚大学。在那里，时任校长的德怀特·艾森豪威尔（Dwight Eisenhower）曾经把一群教授描述为大学的雇员。诺贝尔物理学奖得主伊西多尔·拉比（Isidor Rabi）礼貌地打断了他，解释道："对不起，校长先生。我们不是大学的雇员，我们就是大学本身。"[114] 在战前时期的大学里,每个人都会觉得这件轶事匪夷所思。而到了 20 世纪 50 年代,教学改革的结果已经使它变得可以理解。

结果就是,除了看到论文开始根据质量分类到期刊之外,在这一时期还能看到教授开始根据(研究)才能分类到大学。每所大学的教职工,尤其是每个院系的教职工,在人才要求方面变得更加相似,每个领域也随之出现了相对清晰的学校排名。这种对人才的分类有几个原因。首先,有研究才能的教授变得更容易被找到,这使得最需要他们的学校(下一章将说明,这些学校往往是最能负担得起他们的学校)可以招募他们。其次,这种分类过程是由教授们自己促成的,因为他们中的许多人更喜欢在排名较高的院系工作——例如,许多人相信与聪明的同事共事可以提高他们的研究质量。[115] 此外,教授们可能有他们自己的身份信息考量:观察者可能会从一个教员所在院系的质量评估其研究能力。这也是院系倾向于从同类机构招聘的原因之一,一个出身于级别相近的院系的同事往往有质量保证,并且聘任他能够保持乃至提升院系的研究水平。这在说服院长或教务长时尤其有用,因为院长或教务长通常对候选人的工作不太熟悉。所有这些原因都意味着最优秀的人才乐于聚集在一小部分学校。

最后,需要注意的是,尽管是少数大学占据了大多数排名,但它们的优势并不完全相同。有些学校在人文学科或纯科学方面投入更多。而在其他情况下,公立大学会在其所在州的主要产业相关的领域内投入研究,例如科罗拉多大学对采矿相关的领域,得克萨斯大学对石油相关的领域,威斯康星大学对农业相关的领域。[116]

总而言之,虽然自由市场使战前的大学缺乏研究人才(见第二章),但它后来允许一些学校引领教学改革,并垄断了最优秀的人才。下一章讨论了接下来的改革,这些改革使这些学校吸引了大量资金。

# 第四章
# 分类改革

大学发现，尽管教学改革有积极的影响，但也造成了意想不到的后果，部分原因在于它使学生更加多样化。本章描述了大学如何通过分类改革来应对这些挑战。第二次改革最终带来了使资源集中在这些学校的动力。

简而言之，教学和分类改革一起为那些早早行动、大胆改革的学校创造了一个良性循环——它们受益于为其输送大量人才和资金的动力。这些发展有助于解释美国大学体制的一个关键特征：严重的不平等，塔尖只有几十所垄断了人才、财力雄厚的学校。

## 入学人数的增长和学生的多样性

美国的学校历来渴望更大的市场需求，用艾略特（1908，79）的话来说："美国大学无论何时何地都渴望增加学生人数，这是一个民主国家的大学管理者真正的本能。"这种态度加上教学改革对服务的改善，导致了入学人数的增长，私立大学也不例外。如今，私立大学的规模往往比公立大学小。例如，在20世纪10年代，哈佛大学和哥伦比亚大学是美国最大的大学，芝加哥大学的入学率高于威斯康星大学和密歇根大学。[1]中等教育系统的大规模扩张也促进了这一增长：

83 在1870年至1900年之间，高中毕业的学生人数大约翻了五倍。从那时起到1940年期间，高等学校运动又使毕业人数增加了十倍。[2]

新兴大学乐于接纳这些客户，原因有以下几点。首先，它们需要收入来资助那些增加其竞争力的改革，特别是在此期间，学费几乎没有增长。[3]例如，莫里森（1936）在报告中指出，在1900年前后的几十年里，当招生人数没有如预计中增长时，哈佛大学面临财政赤字的困境。此外，在此期间，学校的规模仍然被视为判断其质量的关键标志。罗森塔尔（Rosenthal，2006，146）指出，在哥伦比亚大学，时任校长尼古拉斯·巴特勒（Nicholas Butler）"发现，他雄心勃勃的学校建设计划需要同样雄心勃勃的扩招计划来支撑，只因为他需要学费的收入来支付建设成本。巴特勒意识到，公众将通过哥伦比亚大学的招生规模来评估大学的实力和影响力"。

在这种环境下，新兴大学基本都实行公开招生：任何超过最低标准的申请人都会受到欢迎。查尔斯·艾略特在1869年阐述了这一点，他说哈佛永远不会拒绝有能力完成大学学业的学生。[4]这一政策在全国各地的学校通行，不同之处在于它们衡量学生能力的标准不同。在中西部和西部，州立大学越来越多地认可高中，并接受从这些机构获得学位的学生，这种做法被称为"凭证书录取"。[5]在东部，"凭考试录取"是一种常见方式，对于普林斯顿这样的学校而言，考试是因学校而异。考试的科目大多与精英预科学校提供的预备课程相吻合，任何在这些学校表现不错的学生都可以通过考试。然而，这并不是必要条件。例如，在20世纪初，哈佛大学、普林斯顿大学和耶鲁大学有超过50%的学生是有条件录取的，也就是说，尽管他们在部分考试中不合格，最后仍然会被录取。类似的做法也蔓延到了学校的研究生院，这些研究生院经常接收没有大学学位的学生。[6]

## 第四章　分类改革

当然，我们必须对这种开放性的形象施加一个重要的限制。许多学校仍然不对女性开放，即便女性的入学率在欧柏林学院这样男女同校的学校也已大幅上升。还有些学校或对黑人关闭，或不接受移民群体。[7]查尔斯·艾略特说，哈佛不应该有太多黑人学生，而耶鲁只接受了为数不多的来自塔拉德加学院和塔斯基吉大学等学校的优等生的转学申请。然而，这两所学校还是比普林斯顿更开放，伍德罗·威尔逊（Woodrow Wilson）在回应一名黑人申请者的推荐信时写道："很遗憾，有色人种进入普林斯顿是完全不可取的。感谢他的选择，但强烈建议他在南方的机构接受教育……"[8]

尽管有这样的政策，入学人数的增长仍使得顶尖大学的学生群体更加多样化。换句话说，通过改革它们的教学，这些学校增加了自身的吸引力，同时通过放宽招生政策，它们招收了以往从未见过的学生。出现这种情况的部分原因是，学校吸引的仍主要是附近地区的学生，但为了满足人数的增长，则需要招收不那么富裕、准备上大学的学生。

这种变化在哥伦比亚大学、哈佛大学和宾夕法尼亚大学等城市学校尤为明显，这些学校所在城市的人口构成相对多样化，到19世纪末，这些城市已经成为来自东欧和南欧的天主教和犹太移民的聚集中心。与之相应，维赛（1965，283）提供了1900年左右大学的多样性分类：

> 根据各学校的本科形态，可以区分出三种类型：一是内部同质化的东部院校，该类型的院校内部有凝聚力，与周围的美国社会完全隔绝。普林斯顿大学、耶鲁大学、早期的哥伦比亚大学和大多数新英格兰大学都属于这种模式。二是具有异质性的东部大学，该类型的大学包含着多种不统一的因素，并大致

反映了整个地区的社会范围构成。宾夕法尼亚大学,后来的哥伦比亚大学,尤其是哈佛大学,都带有这种特质。三是具有异质性的西部大学,该类型的大学更能反映所处社会的构成。但是,由于西部社会的多样性程度较低,实际上其内部差异较小。

除却社会经济地位,其他方面的多样性也有所提升。例如,到19世纪末,许多美国人对神学分歧变得不那么敏感了。也就是说,他们更愿意与其他教派交往,而不是创办院校来避免交往。莱曼(Lemann, 1999)指出,在1860年至1900年间,美国圣公会的成员增加了大约两倍。这种变化不是由于移民,而是由于精英的融合。卫理公会教徒和浸信会教徒(其中许多是新富),以及公理会教徒和一神论教徒(其中许多是老牌富户)都转而加入了英国圣公会的美国分支。莱曼(1999,13)观察到:"圣公会主要有两个吸引人的特点:对新贵资本家来说,它提供了丰富的仪规和环境;对老派的重商主义者来说,它提供了与英国的联系——在那个时候……来自其他地方的不受控制的移民正在改变美国的特征——对他们来说,英国已经从其祖先逃离的地方变成了他们的祖国。"[9] 更大的宗派融合也与许多学校取消强制性礼拜有关。

学生数量的增长和招生政策的放宽也意味着,在20世纪初,学校在学生能力方面的差别比现在要小得多(我们将在下面回到这个问题)。虽然这很难精确地量化,但詹克斯和瑞斯曼(1968, 280)指出:"例如,据说纽约城市学院在20世纪20年代和30年代的学生平均智商与哈佛大学差不多,我们倾向于相信这一点。伯克利大学的平均水平很可能高于斯坦福大学,密歇根大学的平均水平可能与芝加哥大学相差不大。"

## 挑战

多样性的增加给大学的分类带来了挑战，尤其是本科学院。本节回顾了由日益增长的多样性带来的一些后果：（1）学生通过俱乐部进行自我分类；（2）学习成绩差的学生变多了；（3）这些后果部分源于犹太学生数量的增长。

为了了解这些挑战是如何形成的，首先不妨回想一下，战前大学尽管存在诸多问题，但它们提供了客户所希望的分类：提供迎合宗派同质化的地区精英的教育场所。这反映出在战前时期，大学入学率很低：约为1%。[10] 因此，一个人一旦在战前时期的布朗大学或宾夕法尼亚大学入学，便立即获得了与富裕的普洛威顿斯家庭或者费城家庭的孩子们交往的机会。许多学校非但没有为迎合精英而感到抱歉，反而将其视为自己的使命。1772年，普林斯顿大学校长约翰·威瑟斯彭观察到：

> 社会地位较高的人的孩子，特别是那些靠自己的活动和勤奋而致富的人的孩子，最需要早期的、审慎的、良好的教育。他们与生俱来的财富往往是一种致命的诱惑，他们生活中所处的地位要求他们承担起这样的责任，而那些最优秀的人才，除非经过极其悉心的培养和教育，否则几乎不可能承担起这样的责任。[11]

这并不意味着战前大学中不存在社会经济地位的差异。一些没有多少钱的学生确实入学了，亚历山大·汉密尔顿就是一个很好的例子。早在哈佛建校之初，该校就认为应该效仿剑桥大学对"普通学生"和"工读生"的区分——前者指的是负担得起所有费用并在食堂用餐的学生，后者则指负担不起费用并在食堂工作的学生。[12] 但是，尽管有这样的例外，精英还是占据了主导地位。例如，鲁道夫（1962）指出，当纽约大学于1832年成立时，尽管它宣扬民主的理念，但学生名册上满是纽约著名家庭的名字，如科伊特、道奇和利文斯顿。

最重要的可能是，许多家长对战前大学的分类感到满意。当然，我们也看到，与此同时，许多观察者对大学教学提出了批评（第三章）。事实上，这两个方面可能是相关的：战前大学的社会经济地位的排他性和教学缺陷相互巩固。因为，如果上大学像一些人所说那般毫无用处的话，那将进一步使它们的服务成为只适合富人的奢侈消费品。

换言之，战前大学可能提供了一种经济学家称之为斯宾塞信号（Spencian signaling）的形式。在其获得诺贝尔奖的著作中，斯宾塞（1973）认为，如果上学这一行为能传达某种信号，那么即使一个人在那里什么也没学到，上学这一行为本身也是有意义的。为了理解其中的逻辑，我们假设，每个人的能力有高低之分。雇主们想要雇用那些能力出众的人，但又无法甄别每个个体的能力。可以这么说，个人不会把自己的能力程度印在额头上。为此，只需要对两个因素进行判断：一是雇主可以知晓某人是否上过学，二是对于高能力的人来说，完成学业更容易（例如，他们可能会发现做作业更容易）。斯宾塞认为，这可能导致只有高能力的人才会去上学（低能力的人会觉得成本太高），这样一来，他们就向雇主展示了自己的能力。在这种情况下，学校的意义在于识别有能力的人，而不是教他们。这个例子说明教育是关乎分类——对人进行区分——而不是关乎教学的。[13]

不过，斯宾塞所设定的背景是更有能力的人才能上学。战前大学是有钱人上学的地方,因此大学代表的是经济精英,而不是能力精英。当然,许多人可能仍然发现上述信息是有用的,因为财富和能力呈正相关。[14] 总而言之,战前大学为它们的客户提供有价值的分类,部分原因可能是它们的教学乏善可陈。

有了这样的背景,我们就可以明白为什么不断增加的多样性对学校构成了挑战:它们不能再像战前那样提供排他的学生群体了。对于那些从未体验过这一服务的家庭来说,这种发展可能不是一个问题。在他们看来,大学已经改善了教学,而且它们仍然提供了有价值的分类——那1%的人在校园里的比例仍然很高。然而,对于那1%来说,事情就复杂多了:他们可能觉得自己的教育"俱乐部"变得不那么排外了。

具体而言,经济模型表明,当学生关心分类时,他们会更喜欢那些拥有在能力或财富等方面与自己接近,或在理想情况下比自己更好的学生的学校。例如,麦克劳德与乌奎拉(MacLeod and Urquiola, 2015)考虑了雇主不容易判断学生能力的情况。相比之下,雇主可以看每个人的毕业院校,被择优录取的学校录取可以说明学生的能力。[15] 耶鲁大学是美国最难进的学校,如果你遇到一位律师毕业于耶鲁大学,你会立刻觉得她的能力非常强(至少能满足严苛的入校条件)。这也意味着,耶鲁出身的律师们更愿意保持他们学校的排他性,他们不希望能力差的人"入侵"自己的俱乐部。这一点被格劳乔·马克斯(Groucho Marx)诙谐地捕捉到了,据说他在被招纳进修士俱乐部(Friars Club)时,给俱乐部发了一封电报,上面写着:"请接受我的退出。我不想加入任何会接纳我为会员的俱乐部。"[16]

简而言之,人们往往希望尽可能地加入最排他的俱乐部,并且会反对威胁到排他性的改革。

麦克劳德与乌奎拉（2015）还表明，如果创立和经营学校的成本低廉，那么在存在与分类相关需求的情况下，将会有大量的学校迎合特定类型的分类需求。当然，在现实生活中，从来没有一所学校适合所有类型的学生，对于那些觉得自己的学校被入侵的学生来说，他们也很难卷铺盖走人。这基本上就是1900年前后一流大学的情况：它们的传统客户仍然想选择它们，但许多人对它们的分类服务越来越不满意。有必要做点什么。

### 俱乐部

做法之一，就是学生们开始创设自己的分类机制：由学生自己设定进入标准的俱乐部。换句话说，由于无法创建全新的学校，学生们发明了"校中校"。这些俱乐部不提供教学——俱乐部里没有学术指导。但它们提供分类：俱乐部挑选特定类型的学生，并提供让成员相互联系的环境，以此与其他学生群体相区隔。一些俱乐部变得很有名，并以某些精英成员为标志，就像以前大学所做的一样。

此外，一些俱乐部还解决了入学人数快速增长带来的另一个后果：宿舍和食堂空间的短缺。具体而言，历史上的美国大学有一种亲英派的愿望，以牛津和剑桥的方式为本科生提供住宿和餐饮设施。然而，它们很少能实现这一理想，甚至像普林斯顿和耶鲁这样财力雄厚的学校有时也无法容纳大量的学生。[17]内战结束后的几十年里，宿舍短缺进一步加剧，在这一过程中，伯克利和密歇根等大学的政策完全放弃提供宿舍。另外，俱乐部——专注于分类的机构——会对提供食物和住宿感兴趣也不足为奇：形成个人友谊的一种关键方式是同吃同住。这种情况不仅发生在大学里，也发生在军队和夏令营中。

## 第四章　分类改革

大学里涌现出了各种各样的俱乐部，但它们有三个共同特点。首先，它们只挑选某种类型的学生。泰林（2004，6）指出，俱乐部想要的是男大学生（college men），那些"完美的'圈内人'，他们主宰着有声望的团体，无论是文学社团还是以希腊字母命名的兄弟会。与这类男大学生和他们的课外活动轨迹形成鲜明对比的是'局外人'——通常来自中等经济背景的学生……这些低收入家庭的学生被嘲笑为'蓝皮肤'——经常被怀疑巴结老师和官员的虔诚乡巴佬"。正如查尔斯·艾略特（1908，221）所言，俱乐部在其成员和其他人之间制造了一种区隔，后者"被视为不成功的人"。其次，同其他提供分类服务的机构一样（如期刊或学校），俱乐部制定了录取程序。再次，在大多数情况下，这些俱乐部比其所在的大学更加挑剔。[18] 我们将通过依次描述以下四所学校的俱乐部来说明上述三个特征：哈佛、普林斯顿、耶鲁和密歇根。

19世纪90年代，哈佛大学率先出现了一种俱乐部：被称为"黄金海岸"（Gold Coast）的豪华私人宿舍。这些以盈利为目的的宿舍集中在坎布里奇的奥本山街附近，为那些不使用学院宿舍的富裕学生提供服务。在许多大学宿舍的管道有限时，它们就提供了蒸汽供暖和私人浴室，其中的克拉弗利宿舍还在一楼设有游泳池。当然，这些便利设施是有成本的。不过也正因为如此，在黄金海岸租一间房，就能立刻与经济精英混在一起。

关于这些便利设施如何推动分类的最近一个例子——也涉及游泳池——可以看看蒙大拿大学的前校长詹姆斯·科赫（James Koch）2018年写的一篇评论文章。他观察到，"为了吸引学生，公立大学……提供与教育无关的奢华设施"。[19] 他批评修建"懒人河"、蜿蜒的休闲泳池。如果认为学校只从事教学，那么很难不同意科赫的观点。坐拥一条懒人河几乎就意味着一个无需学习的地带。另一方面，如果认为学校应当提供分类服务，那么游泳池与教育就有很大关系——它们可以排除那些无法支付费用的人。正如科赫本人所暗示的那样，一流大学似乎意识到，如果想吸引足够富有的学生来支付这些设施的费用，就需要允许修建这些设施。[20]

当然，黄金海岸宿舍选择学生的标准除了收入外，几乎没有其他要求，部分原因在于它们是私人投资的。它们接纳了所有能付得起房租的学生，过剩的需求催生了更多的建筑。例如，克拉弗利宿舍的所有者还投资了韦斯特莫利、阿普利公寓和克雷基宿舍。[21]

这一事实给哈佛的毕业俱乐部（finishing clubs）留下了空间。这类俱乐部的起源可以追溯到威廉与玛丽学院，该校在18世纪70年代出现了秘密社团。两家主要的俱乐部以其首字母缩写FHC（Flat Hat Club）和ΦBK（Phi Beta Kappa，对应希腊格言"哲学是人生的指南"）而闻名。ΦBK提供了一套具有排他性和仪式性的模式，如年度晚宴。虽然独立战争基本上终结了这些在弗吉尼亚的团体，但一个访问学生把ΦBK的碎片带到哈佛大学，在坎布里奇创建了"马萨诸塞州的阿尔法俱乐部"（Alpha of Massachusetts）。[22]1791年左右，那里出现了"坡斯廉俱乐部"（Porcellian）或称"猪社"（Pig Club），其仪式主要是烤猪宴。正如其座右铭"人生在世，及时行乐"（*dum vivimus vivamus*）所表明的那样，该组织并没有过多的学术追求。[23]几年后，"速食布丁俱乐部"（Hasty Pudding Club）也在类似的定位下诞生，其仪式主要为享用玉米为主料的"速食布丁"（类似于玉米粥）在内的晚餐。当艾略特成为校长时，哈佛有大约10个毕业俱乐部，吸纳了15%左右的大三、大四学生。所有俱乐部都收取会费，

## 第四章 分类改革

一些俱乐部还租了场地并提供伙食。

19世纪晚期，俱乐部形成了正式的准入机制。彼时，俱乐部从1770学会（Institute of 1770）挑选会员，该学会是一个"对大二学生进行社会初筛"的组织。[24] 大约有100名被1770学会选中的学生有资格成为各俱乐部的考虑人选。似乎是为了最大限度地增加悬念并进行分类，入选学会的成员名单以10人为一组，在波士顿的报刊上予以公布。第一组是排名最高的10人，第二组则次之，依此类推。进入第九或第十组仍然能获得一定的社会地位，但也基本上被排除了进入像坡斯廉这样最有声望的俱乐部的资格。

有助于学生最终进入俱乐部的因素包括住在黄金海岸，上过精英预科学校。不利的因素则包括"过于谨慎的着装，长头发，成绩堪堪在C以上"。[25] 用莫里森（1934，422）的话来说："你必须说、做、穿正确的东西，避免与不合格的人为伍，最重要的是不能特立独行。运动上的成功，除了可能在新生队里有一席之地之外，并没有多大帮助。只要巧妙地加以掩饰，并遵守一切社会禁忌，智力就不是一种缺陷。唯有在创立俱乐部时，你可以主张自己的个性，但那也同时意味着你即将丧失这种个性。"在下文中可以看到，这些俱乐部还根据种族进行选择。

富兰克林·罗斯福的经历可以让我们一窥俱乐部对学生的潜在影响。从抵达黄金海岸的那一刻起，罗斯福就立志加入坡斯廉俱乐部。然而，作为一名大二学生，他仅被1770学会排在了第六组。卡拉贝（2006，16）认为，这可能与罗斯福的绰号有关，这些绰号反映了他缺乏男子气概，包括"'南希小姐'，因为据说他在网球场上'蹦蹦跳跳'，还有'鸡毛掸子'，一个双关语，因为人们认为他长得像某知名品牌手帕盒上的'漂亮男孩'"。罗斯福没能成功加入坡斯廉俱乐部,他后来形容这是他一生中最失望的时刻。埃莉诺·罗斯福补充说,正是这段经历帮助罗斯福"体认生活的弃儿"。[26] 这种反应或许会被认为过于剧烈了,在今天,一些年轻学生只有在无法进入某所精英大学时,才会有这种失望的感觉。因此,这也表明,在当时是俱乐部而不是学校提供了最重要的分类。

普林斯顿大学则发展了饮食俱乐部。从本质上讲,这些俱乐部对学生群体进行了分类,但顾名思义,它们最明显的功能是为继续住在宿舍的学生提供餐食。斯洛松(Slosson, 1910, 103)让一名学生解释饮食俱乐部与其他学校的俱乐部有何不同。他写道:"(受访者)向我解释了本质上的区别,我将引用他的话,因为他对语言的使用令人钦佩:'你看,兄弟会吃你,睡你;普林斯顿俱乐部吃你,但不睡你;哈佛俱乐部既不吃你,也不睡你。'"具体而言,较之其他学校,虽然普林斯顿大学更成功地为学生提供了住宿,但内战后,其领导人意识到,学生人数的增加使校外住房的需求也在增加。为了防止黄金海岸这样的地方出现,时任校长的詹姆斯·麦考什允许在学校的设施内做出一些区隔。例如,他监督建造了爱德华宿舍和威瑟斯彭宿舍,前者是一个"为经济拮据的学生提供的普通住所",后者是全国最大的学生宿舍。[27] 麦考什还成功地阻止了兄弟会和秘密社团的发展。

然而,由于缺乏足够的餐厅,他允许发展非正式的校外餐厅,这就是饮食俱乐部的起源。到 1902 年,共有 11 家饮食俱乐部成立,其中最古老的是常春藤(Ivy, 1879)、小屋(Cottage, 1886)、殖民地(Colonial, 1891)、长袍帽(Cap and Gown, 1892)和老虎旅馆(Tiger Inn, 1892)。部分由于俱乐部的服务成本,它们迎合了较富裕的学生。例如,在 1920 年左右,老虎旅馆和常春藤分别有 70%

和100%的会员是私立学校的毕业生。[28]

一般来说，普林斯顿大学的饮食俱乐部比哈佛大学的同类俱乐部更容易进入，这可能是因为普林斯顿大学的规模较小，同质化程度更高。然而，它们仍然同样引发了学生对俱乐部准入门槛的压力。一名学生在回忆得知自己没有被选中时说道："这个消息就像晴天霹雳。伴随着沮丧、恶心之感，我觉得自己的大学生活跌入了谷底。"这表明，被拒之门外的人会被看作是"穷鬼""讨厌鬼""怪人"或三者的结合。[29]

耶鲁大学的俱乐部类型是高年级俱乐部，其中最负盛名的是骷髅会（Skull and Bones）。学生们会在"入会日"（Tap Day）当天得知他们入选了这些俱乐部，卡拉贝（2006，20）说，"入选一个俱乐部是如此巨大的公共荣誉，以至于谁被（或没有被）选中的问题成了《纽约时报》定期报道的主题"。新闻界的关注反映出，这些俱乐部被普遍视为有用的商业和社会联系的来源。这再次表明，这些俱乐部已经部分取代了其所在大学的分类功能。

在目前讨论过的俱乐部中，耶鲁大学的俱乐部可以说是最挑剔的，也是最强烈主张采用精英标准的。它们不仅看重社会地位，还看重运动和课外成绩。这个国家最富有的家族之一的成员埃夫里尔·哈里曼（Averell Harriman）说，入会制度"给了我目标，我看不起哈佛的坡斯廉俱乐部，那些人太自以为是了。但要进骷髅会，你必须得为耶鲁做点什么"。[30]不过，所做的事不一定要与学术相关：在大多数时候，秘密社团的成员所取得的学术荣誉并不比普通学生多，很多时候甚至更少。[31]

在密歇根大学，许多排他性的情况都集中在兄弟会中，例如，很多学生都知道，1860 年，兄弟会成员占据了狼獾队（wolverines）的三分之一。[32] 这些俱乐部之所以兴起，是由于学生宿舍短缺，这有时是由大学政策明确设计导致的，比如亨利·塔潘校长主政时期。1870 年，密歇根大学开始招收女性，不久之后，由 KAT（Kappa Alpha Theta）为首的姐妹会也加入了这一行列。

随着大学入学人数的增长，新老兄弟会之间的区别也越来越明显。老的兄弟会曾经出版过一本详细介绍兄弟会和秘密社团成员的年鉴《帕拉迪姆》（*Palladium*）。该年鉴将 1879 年后成立的兄弟会排除在外，因此较老的社团被称为帕拉迪姆兄弟会。新的兄弟会对此感到不满，也出版了自己的年鉴《卡斯塔利亚》（*Castalian*）。[33]

老的兄弟会逐渐主导了社交舞台。例如，他们组织了"青少年舞会"，这是一年中主要的社交活动，并利用其控制权将一些学生排除在外。1897 年，当大学规定在学校建筑中举行的活动必须对所有人开放时，帕拉迪姆兄弟会在托莱多组织了自己的聚会，参与者只能乘坐专列前往。简而言之，正如维赛（1965，101）所指出的那样，这些兄弟会获得的声望和权力"几乎可以与耶鲁的秘密社团相媲美"。[34]

最后，应该指出的是，在其他地方出现私人宿舍、兄弟会和饮食协会也不足为奇。例如，格雷厄姆（1974，220）指出，在威斯康星大学，少数几个兄弟会主导了社会舞台，并引起了被排除在外的学生的愤恨，前者将后者称为"野蛮人"（barbs）。同样地，斯洛松（1910）讨论了康奈尔大学的兄弟会，莱斯利（Leslie，1992）讨论了富兰克林大学和马歇尔大学的饮食俱乐部，布鲁巴克与鲁迪（1958）讨论了卫斯理大学的秘密社团，伯吉斯（1934）讨论了阿默斯学院的寄宿公寓。[35]

## 第四章 分类改革

自我分类并非一个天然的问题。事实上，一开始许多大学的领导根本没有把这些俱乐部看作挑战。1892年，查尔斯·艾略特写道，虽然有些人可能希望大学不要如生活世界一般呈现出明显的贫富差距，但这是不可避免的。俱乐部反映了这样一个事实："富人无法和穷人和睦相处，穷人也无法与富人和睦相处。他们必然以不同的方式生活，任何一方以本来的面目出现时，另外一方都会感到不舒服。他们的共同兴趣有别，他们的乐趣就像他们更为严肃的职业一样不同。"[36] 他后来补充说，这些俱乐部的存在只是说明了物以类聚，"这是一个在人类和鸟类社会中存在的普遍原则"。[37]

然而，随着时间的推移，像莫里森（1935，419）这样的观察者意识到，这种态度构成了"有害的忽视"。这有几个原因，都与这样一个事实有关：分类是学校提供的关键服务之一，像任何公司一样，学校希望控制其销售商品的属性。首先，这些俱乐部可以在某种程度上影响学生的体验，进而影响校友对学校的慷慨程度。如前所述，如果俱乐部提供了有价值的分类，那么被俱乐部吸纳的学生可能会感激俱乐部而不是大学。艾略特观察到俱乐部"如兄弟会，经常得到前成员的经济帮助，他们感激地回忆起俱乐部在大学时代给他们的快乐"。莫里森（1936）指出，哈佛大学的每一个毕业俱乐部都成功地"敲诈"了毕业生，以便有钱买房子。辛克（Zink，2017）提到了一些普林斯顿大学楼宇间的非凡建筑，这些建筑仍然属于普林斯顿饮食俱乐部，而不是普林斯顿大学。另一方面，被俱乐部拒绝的个人可能对母校不大抱有温暖的感情。一些校董担心，学生们在试图加入俱乐部的过程中会经历情绪低落的挣扎期，而在普林斯顿大学，伍德罗·威尔逊则担心，未能加入俱乐部的学生"失去了享有大学生活提供的最好的、最令人愉快的东西的机会——最好的同窗情谊、发挥个人影响力的最大自由、赢得社会认可的最佳机会，而这些都应该是靠天生的力量与性格来赢得的"。[38] 随着时间的推移，就连艾略特也意识到了这种风险，他写道，"各种类型的学生混在一起是有好处的"，他一改一贯的自由放任倾向，对学生入住商业宿舍进行了浮动监管。[39]

其次，失去对学生体验的控制可能会导致学校失去对招生的控制。如果俱乐部对某个群体不友好，那么这个群体可能会完全避开那所学校。可以肯定的是，这有时会对学校有利。例如（我们将在本章后面展开），1900年之后的几十年里，美国大学出现了严重的反犹主义。当一些大学想方设法排斥犹太申请者时，普林斯顿大学的一名官员指出，是俱乐部在这么做："我希望校友们能向我们推荐任何犹太候选人。然而，事实上，我们最大的障碍是我们的俱乐部制度。如果俱乐部允许犹太人进入，我不认为犹太人问题会变得严重。"[40] 但俱乐部对准入机制的影响不一定与学校的愿望一致，把控制权交给前者是一场冒险的游戏。例如，卡拉贝（2006）指出，在20世纪初，许多学生选择了普林斯顿或哈佛而不是耶鲁，因为进入耶鲁的俱乐部太难了。这可能让耶鲁的管理者感到不安，因为秘密社团决定了他们学校的相对吸引力。

再次，俱乐部会导致学生的不良行为。这反映出，当个人渴望成为某个群体的成员时，他们会以自认为对该群体的成员有吸引力的方式行事。[41] 斯洛松（1910，103）指出，一些普林斯顿大学的董事担心"高额奖学金无法激励大一和大二的学生，因为他们坚信奖学金毫无价值，课外活动才对入选俱乐部至关重要"。换言之，俱乐部和兄弟会可能会制造一种反学术的氛围。例如，在康奈尔大学，兄弟会参与组织了一年一度的焚书仪式。在耶鲁大学，1904届的毕业生对自己比其他学校"绅士多、学者少"引以为豪。[42] 简而言之，学校领导们意识到，这种吸引力可能会导致学校对学生的体验和态度失去控制。用伍德罗·威尔逊的话来说："如果你乐意看，就会发现这些小节目是如此之多、如此有趣、如此重要，以至于它们已经吞没了马戏团本身。"[43]

### 学术成果

多样性增加带来的挑战也适用于大学教学，这也表明分类和教学相互作用。学校开始招收一些学生，这些学生的家庭此前从未选择过它们，自然会有一些人来的时候准备不那么充分。

此外，不断增加的多样性可能会降低大学的教学效率：许多教师声称，那些在学前准备方面差异很大的学生群体更难教，有严格的证据支持这种观点。[44]不仅如此，霍克斯比（2012；2014）还提出了一种有趣的可能性，即随着大学招募到专业愈发精深的教授，这些教授与能力低下或能力参差不齐的学生越来越不匹配。[45]

与之相应，在20世纪初，许多学校的毕业率下降了。例如，阿默斯特学院在1885年至1905年间的毕业率从80%下降到50%，布朗大学、芝加哥大学和哈佛大学也有类似的现象。[46]

### 犹太学生

最后，不断增加的多样性还带来一个挑战，该挑战一定程度上源于反犹主义盛行时期犹太人入学人数的不断增加。举例来说，在哈佛大学，犹太本科生的比例从1909年的10%左右上升到20世纪20年代初的20%以上，那段时期哥伦比亚大学的犹太本科生比例接近30%。这些都是估算，因为最初大学保留的宗教信仰数据很少。在哈佛大学，时任校长的阿伯特·洛厄尔（Abbott Lowell）为当今的机器学习设计了一个实验，要求一个委员会分析大量的个人数据，以对应三种学生的类型：J3（"可能是犹太人，但可能性不大"）、J2（"很可能是犹太人"）和 J1（"肯定是犹太人"）。[47]

在哥伦比亚大学、哈佛大学、纽约大学和宾夕法尼亚大学，犹太人入学人数的增长尤为显著。这不仅反映了这些学校亲近犹太学生，更表明它们在宗教上自由化的速度更快，这一倾向使学校自己有意或无意地更亲近他们。例如，哈佛比耶鲁早四十年取消了强制性礼拜。它还开始免试招收成绩在学校排名前七的学生。哥伦比亚大学改善了与公立学校的关系，并更加重视学生在大学入学考试中的成绩。[48]

很快地，出于各种原因，这些学校的领导们表达了各自的担忧。第一，有些人本身就是明显的反犹主义者。哥伦比亚大学的一位校董抱怨说，法学院很快就会充斥着"学校从 B 大道的杂货店柜台提拔的小混混（主要是德国犹太男孩）"。[49]第二，一些人担心反犹的顾客可能会被疏远。时任哈佛大学校长的阿伯特·洛厄尔说："接纳犹太人的夏季酒店是注定要倒闭的，不是因为它接纳的犹太人人品不好，而是因为赶走了非犹太人，非犹太人离开后，犹太人也离开了。"[50]这在哥伦比亚大学也是一个敏感的问题，长期以来，哥伦比亚大学一直担心纽约精英的孩子会被哈佛、普林斯顿和耶鲁抢走。第三，像洛厄尔这样的一些领导人担心犹太学生助长了种族隔离。例如，哈佛黄金海岸出现的同一年，学生们把一间宿舍称为"小耶路撒冷"。[51]

总而言之，虽然教学改革给顶尖大学带来了可喜的招生增长，但也给它们的分类产品带来了挑战。现在我们来谈谈大学是如何通过实施分类改革来解决这些问题的。

## 分类改革

在列举具体的改革举措之前，有必要先指出，关于改革需要做什么并未形成共识。在一定程度上，这是由于类似自我分类的发展与大学的本科学院的运作密切相关。

部分大学领导的立场可称得上是"壮士断腕"[①]。他们提醒观察者，学院是教学改革首先要突破的教育桎梏。他们建议，至少有部分教学活动最好能转移到高中或者大专院校。芝加哥大学和斯坦福大学的第一任校长威廉·哈珀和大卫·乔丹（David Jordan）均是这一观点的主要支持者，甚至为此采取了行动。例如，哈珀将芝加哥的四年大学课程分为两部分——第一部分被称为初阶或基础学院，第二部分被称为高阶或大学学院。第一部分课程是预备课程，第二部分课程更高级，使学生们专注于主修和辅修课程。1892年，哈珀表示希望"当学院的基础课程授课转移到其他地方时，高阶课程的教学将增强我们的实力"。[52] 乔丹补充道："美国的大学还不是大学。尽管它们注定会转型，但直到这两年才迈出第一步，即将初阶学院降级为高中或基础学院。只要学校还想使用同一栋楼和同一批教职工承担学院和大学的双重功能，那么目前的困难就仍会持续。"[53] 其他有影响力的改革者也支持这些提议的精神，包括密歇根大学的詹姆斯·安吉尔和哥伦比亚大学的弗雷德里克·巴纳德。后者优先考虑研究生院，并表示，与研究生院相比，哥伦比亚大学"作为一所培养男孩的学校的原始功能，已经坍缩到相对而言微不足道的程度"。[54]

这带来的一个问题是，那些选择不转型为大学的学院（例如卡

---

[①] 原文为"if thy right hand offend thee"，引自《马太福音》，意为"若是右手叫你跌倒，就砍下来丢掉，宁可失去百体中的一体，也不叫全身下入地狱"。

尔顿或史密斯）会变得如何。乔丹预测，它们如果不在名义上转变为基础学院，就会在事实上消亡。在哥伦比亚大学，约翰·伯吉斯同意这一观点："我无法预测，如果学院最终不能转型为大学或文理高中，那么它们会如何自处。我看不出它们继续存在的理由，维持它们在很大程度上是浪费金钱，在那里求学很大程度上是浪费时间。"[55]

反对这些观点的人则认为学院不是负担，而是值得进一步投资的资产。哈佛大学的劳伦斯·洛厄尔是这一观点的杰出代表："难道我们不应觉得拯救学院最重要的措施不是缩短它的存续时间，而是确保它值得被拯救吗？"[56] 考虑到学院在其机构中的中心地位，那也就不奇怪，普林斯顿大学的伍德罗·威尔逊、耶鲁大学的诺亚·波特，当然还有文理学院的校长们，也持有类似立场。此外，在大多数学校，相当一部分教授、校董和校友都很重视这些学院。文化与历史发展似乎支持了这一观点。具体来说，取消学院的愿望往往与对德国大学的钦慕之情交织在一起，但在第一次世界大战后，人们对英式事物的偏好重新复苏。

支持学院的立场最终占了上风，其支持者实施了三项措施，可称之为分类改革。换言之，这三项措施可以改变学生在学校接触或交往的对象：

1. 从本科到研究生阶段实行择优录取；
2. 投资宿舍；
3. 加强对本科生体验的控制。

本节接下来将集中讨论这三项措施。

在讨论之前，需要指出，尽管这三项措施并不是作为一揽子方案被提出，但它们彼此之间呈现出连贯性。例如，择优录取允许学校更好地控制其招收的学生类型，与此同时也更容易预测入学人数，进而能更好地计划宿舍的提供。同样地，择优录取也提升了学生能力的同质性，从而促进了学生生活其他方面的改变。简言之，分类改革需要配套措施。似乎很少有人能像哈佛大学的洛厄尔校长那样理解这一点。莫里森（1936，445）在讨论改善学院时指出："洛厄尔先生最喜欢的一个比喻是，你无法仅通过掀起一角来抬起整张地毯。为了提高总体标准，必须在几个方面同时做出努力。"

### 择优录取

哥伦比亚大学率先实行了择优录取，很大程度上是因为它见证了犹太人入学人数的大量增长。在20世纪10年代，围绕着如何减少犹太学生涌现了大量讨论。为此，尼古拉斯·巴特勒校长提出了一个想法：要求新生住在宿舍里（考虑到许多犹太学生住在家里）。这一提议被认为过于低效而遭到拒绝，强调桑代克智力测试（Thorndike test）的建议也同样被驳回。美国加入第一次世界大战后，要求改革的呼声越来越高，巴特勒认为新生班级令人沮丧。他声称，那些理想的美国本土学生都去打仗了，而那些留下来入学的孩子是最近才来到这个国家的。[57]

1919年，招生办实施了三项举措。首先，它将新生班级的人数限制在550人以内。其次，它基于复合标准决定录取，包括面试成绩和学生背景。学生背景通过表格收集，该表格要求学生提供照片、宗教信仰、课外活动、父亲职业等信息。最后，它明确优先考虑来自纽约市以外的学生。[58]

在接下来的几年里，哥伦比亚大学犹太学生的比例下降了10到20个百分点。很快地，这所学校就被视为减少犹太学生的成功案例。

1922年，一位麻省理工学院的教授好奇，哥伦比亚大学的成功是否得益于考试。随后，他在报告中指出，情况并非如此，关键在于录取使用的复合标准，并且不告知学生拒绝录取的原因。他说，这让录取官们可以"随心所欲地歧视犹太人"。[59] 他进一步要求哥伦比亚本科学院院长提供一份描述录取程序的书面声明，并提出可以白纸黑字地写下来。院长回应说，哥伦比亚大学没有什么好隐瞒的，也不想排斥犹太学生。然而，他写下的东西很值得玩味：

> 我们收到了1200份申请，但只能录取550人。我们没有因为男孩是犹太人就拒绝录用他，也不打算这样做。我们只是诚实地试图淘汰成绩最差的申请人，结果很多成绩差的人都是纽约的犹太人。事实上，在许多情况下，毫无背景的外国裔男孩们总是试图接受超越自身智力的教育。由于他们巨大的精力和野心，他们的成就远远超过了他们按能力应得的一倍。我不相信一所大学会招收太多空有抱负却无头脑的低能人。[60]

此外，1928年，巴特勒在布鲁克林创建了塞斯·劳初级学院，打算在那里安置犹太和意大利学生。它最著名的校友可能是艾萨克·阿西莫夫（Isaac Asimov）。尽管得到了城市学院的全额奖学金，阿西莫夫还是希望进入哥伦比亚大学，但他担心自己无法通过面试。他担心自己的青春痘会暴露他的身份，因为他"太过犹太化，至少看起来不像个绅士"。[61] 面试官给了阿西莫夫塞斯·劳而非哥伦比亚大学的录取通知，后来他对阿西莫夫的评价被曝光："智商测试成绩很高。因为皮肤不好造成的外观不佳可能会使他无法获得A+奖学金。"[62]

尽管手段可能没有那么巧妙，哈佛大学在这些措施上基本效仿了哥伦比亚大学。洛厄尔最初想为犹太和黑人学生争取录取名额，但遭到了许多教授的公开反对。他放弃了这个想法，组建了委员会，试图提出一个更容易被接受的方法。1924年，哈佛非正式地将录取名额控制在1000人以内。1926年，学院建议由院长面试申请人，并收集申请人的照片。监事会提出，所有录取都要酌情决定，关闭了自动录取"前七名"的通道。到1930年，哈佛大学犹太学生的比例下降了大约10个百分点。[63]

在耶鲁，结果也大同小异。根据1923年"人数限制委员会"（Committee on Limitation of Numbers）的建议，该校将新生入学人数限制在850人以内，并制定了更冗长的申请表格和个人面试流程。1927年至1934年间，犹太学生的比例下降了约5个百分点。[64]一些观察者认为，耶鲁采用了最好的方法。它既没有像哥伦比亚大学那样行动得太晚，也没有像哈佛大学那样过于明显。他们认为，这提高了学校的竞争地位。例如，卡拉贝（2006）观察到，在20世纪初，哈佛大学和耶鲁大学招收的来自纽约市上层阶级（美国最大的上层阶级）的学生数量大致相当。到了20世纪20年代，耶鲁已经走在了前面。

简而言之，反犹主义是美国实行择优录取的关键驱动力，这也是如今广泛实施的择优录取的一种特定形式。这也意味着，反犹主义可能不是这种发展的必要条件。像洛厄尔这样的领导者意识到，无论有没有犹太学生的存在，诸如学生能力的差异都会成为一些挑战的根源。同样地，安排住宿需要可预测的入学人数，无论学生是否为犹太人。

与之相应，在20世纪20年代，芝加哥大学和康奈尔大学限制了它们的入学人数，却没有对录取犹太人的问题进行明显的讨论。[65]当然，如果这些学校想要拒绝那些不再选择它们竞争对手的犹太学生，这可能最终还是反映了反犹主义。更普遍的是，在某种程度上，分类的重要性使得学校将有动力对竞争对手的择优录取做出反应,以免不得不接收对手拒绝的学生。通过这种方式,择优录取也开始扩展到其他美国大学,基本上囊括了表格1.3中所有的大学。

同样值得强调的是,一些学校采取了不同的择优录取方式,包括在实施的时间节点上。一个突出的例子是斯坦福大学,它在某些方面效仿了东部学校。例如,它对录取名额的限制略晚于哥伦比亚大学,与哈佛大学类似。然而,由于历史原因,斯坦福大学在这个时候已经对女性进行了择优录取。特别值得一提的是,利兰·斯坦福和简·斯坦福(Leland and Jane Stanford)创建了小利兰·斯坦福大学,以纪念他们的儿子。根据章程,他们保留了对学校的实质性控制权。1893年,利兰·斯坦福去世,当时正值经济衰退。一项联邦调查使得学校从他的资产中获得的收入实际上被冻结。在接下来的十年里,这所大学勉强存活了下来,这在很大程度上要归功于简·斯坦福,她说服法院允许她从遗产中每月提取一笔收入,并允许她将教职员工视为自己的私人雇员。她一度前往伦敦,试图变卖可能会换来一笔财富的珠宝,但最后由于报价太低未能如愿。[66]

在那些年里,她也开始担心过多的女生入学可能会改变这所学校的性质,她认为这所学校是她儿子的纪念碑,为此,她设定了只录取500名女生的上限。到20世纪10年代,这造成了过度需求,父母们在女儿出生时就加入了等待名单。这所大学逐渐开始根据女性的"个性、体格和其他品质"[67]来挑选学生。到1925年,它还将高中成绩、入学考试成绩和推荐信纳入考量。简而言之,正如反犹主义对东部大学造成了影响,性别歧视也可能对斯坦福大学造成了同样的影响。

还有一些研究型大学实施择优录取的时间相对较晚。例如,宾夕法尼亚大学的推迟可能反映出，在20世纪20年代初，它的申请者数量仍然有限，而且由于该州继续提供资金支持，它也一如既往地对本州的学生保留了很强的开放性。伯克利、密歇根和威斯康星等学校也会有类似的考虑。

最终，择优录取也延伸到了研究生院。普林斯顿是这一领域的先行者，部分原因是它对哥特式建筑的投资限制了研究生院的空间。但到了20世纪30年代末，大多数研究型大学都效仿了这一做法。有趣的是，这一领域的改革没有那么剧烈。也许是由于年龄的原因，大学觉得不太需要管理研究生的校园体验。同样地，校方也不太愿意考虑种族或国籍等因素。就连洛厄尔都声称自己不希望"看到本科生院变成一个世界主义俱乐部"，却对"我们研究生院的国际化程度"感到自豪。[68]

### 宿舍

第二种分类改革针对的是基础设施，尤其是宿舍。改变住宿政策似乎比实行种族配额争议更小，但这两种干预都会影响分类，因此风险可能很高。伍德罗·威尔逊在试图取缔普林斯顿的饮食俱乐部时意识到了这一点。他提出了一个"四方庭计划"（Quadrangle Plan），将学生分成几个学院作为独立的单位，每个学院的学生在教师的监督下生活和用餐——这是一种明显的英国模式。威尔逊的计划显示了各措施之间的连贯性：如果择优录取产生了一个同质化程度更高的学生群体，那么将减少学生们对用来自我分类的机制的需求。用维赛（1965，246）更为诗意的说法，威尔逊希望废除饮食俱乐部，这样普林斯顿就可能成为一个"唯一的巨型饮食俱乐部"。

威尔逊的计划最初得到了大部分校董、教员和校友的支持，并得到了洛厄尔的鼓励，洛厄尔早在 1887 年就设想过住宿学院。[69] 但随着俱乐部意识到自身所面临的威胁，支持很快就消失了。尽管做出了让步，威尔逊仍旧无法改变现状。例如，如果俱乐部建造宿舍并允许未婚的指导教授住在里面，就可以允许俱乐部继续运作。这也是他离开普林斯顿的一个主要原因。尽管如此，在 20 世纪 20 年代，学校确实对宿舍进行了大规模的改进。在今天，这些宿舍基本上解决了所有学生的住宿问题。

在哈佛和耶鲁，只要它们的领导人从威尔逊的经验中吸取了教训，改革就会进行得更加顺利。在这两所学校，宿舍计划的主要提案和资金都来自同一个人，爱德华·哈克尼斯（Edward Harkness），他是美孚石油公司（Standard Oil）股票的继承人。毕业于耶鲁大学的哈克尼斯为这样一个事实感到困扰：像他这样的人没能组建兄弟会和秘密社团，错过了珍贵的体验。[70] 他的想法与威尔逊相差不远，他设想了荣誉学院，为学生提供住宿、饮食，并由一位英式导师进行监管。

莫里森（1936，477）报告说，最初，哈克尼斯的计划在耶鲁大学没有受到热烈欢迎，就连洛厄尔都花了一些时间才接受。很少有校长能像洛厄尔那样深谙分类，他为这个项目投入了大量精力，直接参与设计了学生休息室和宿舍布置。1930 年，他开设了两所宿舍；到 1945 年，哈佛大学为所有本科生提供了这样的设施。耶鲁开始建造的时间稍晚一些，但最终结果大同小异，只是名称上有所不同：那是 10 所住宿学院。[71]

虽然这些发展后来在其他地方也有所体现，特别是在芝加哥大学，哈珀校长也开始建立一套宿舍制度。但在今天的美国，只有少数私立大学为所有学生提供住宿。此外，达特茅斯和杜克等一些学校不仅要求所有新生住在宿舍，还将他们随机分配到不同的房间。在这样的学校里，私人宿舍和新生的自我分类已经成为过去。[72]

### 学生体验的控制

学校也开始控制以前被忽视的学生生活方面。例如，进入20世纪，许多学校将体育运动留给学生和校友自行组织。虽然由此产生的活动有助于激发学校的自豪感，但它通过校友们私下招募运动员并支付薪酬，由此创造了一个"狂野西部"——布鲁巴克和鲁迪（1958，132）指出，这种环境导致了"流浪汉运动员"与"冒名运动员"的出现。一个典型的例子就是，在1869年普林斯顿和罗格斯的一场比赛之后，足球运动迅速发展起来，并得到了威斯康星大学的查尔斯·亚当斯和俄克拉荷马大学的弗农·帕灵顿（Vernon Parrington）等学术领袖的扶持。[73] 暴力问题变得越来越严重，1905年的赛季更有多名球员死亡。同年，据称西奥多·罗斯福总统收到了一张受伤的斯沃斯莫尔球员罗伯特·"小个子"·麦斯威尔（Robert "Tiny" Maxwell）的照片。据报道，麦斯威尔有语言障碍，他的学费是由一位董事会成员支付的，为了毕业他经历了一场血腥的比赛。他摇摇晃晃地离开了球场，脸上淌着血，眼睛肿得睁不开了。不知那张照片是否成了最后一根稻草，那一年，罗斯福召集了一群大学校长，告诉他们要对此进行整顿。[74]

1906年，新的规则有效地改善了暴力现象，在随后的几年里，学校开始聘请教练，并更正式地招募运动员。这些发展说明了自由范围的一个方面：今天一些研究型大学——例如佛罗里达大学、佐治亚大学、伊利诺伊大学、西北大学、俄亥俄州立大学、宾夕法尼亚州立大学、普渡大学、南加州大学、斯坦福大学和得克萨斯大学——经营着规模庞大的体育活动，有些体育场馆的座位可容纳超过十万名球迷。

同样地，艺术活动也越来越多地受到大学的控制。正如无人监管的体育运动因暴力而受到批评一样，据报道，不受约束的戏剧表演存在"有损良好品味和得体修养的特征"。[75] 作为回应，在普林斯顿大学，麦考什承认，如果受到监管，戏剧的质量也能得到挽救。在巴克内尔大学，校长夫人帮助组织和保护了一个戏剧俱乐部。[76] 正如阿克斯特尔（Axtell, 1971, 345）所总结的那样，无论是应用于足球还是戏剧，这些改革都表明，在"经历了最初与德国理想的格格不入，即学校不关心学生的课外生活之后，新的大学又明显回到了对学生整个大学体验的美式关注"。

这种考量延伸到了教学领域。这里的灵感来自英国，剑桥大学和牛津大学以有明确的课程设置而闻名，并且通过导师对本科生给予大量关注。像布林莫尔和约翰·霍普金斯这样的学校开始远离艾略特的自由选课制度，最终威尔逊的普林斯顿将今天常见的课程集中和分配要求予以体系化。根据这些规定，学生通常在大三时选择一个专业方向，在此之前必须从不同专业领域中选择一些课程。芝加哥大学和圣母大学等学校走得更远，在大一学年就设置了核心课程。[77]

一些学校还开启了个性化教学。在普林斯顿大学，威尔逊引入了导师制，将课堂改为更亲密的小班教学。他还同其他学校一起，设立荣誉项目来培养更聪明的本科生。斯洛松（1910, 94）指出，在学生大二之后，他们可以进入"特殊课程……这是一般学生无法选择的，例如高级研讨课。前者有更大的选择范围，不受强制选课规则的约束等等"。[78]

有趣的是，这样的教学改革帮助那些没有选择成为大学，而是保持纯粹学院身份的学校重新焕发了活力。在斯沃斯莫尔学院，弗兰克·艾德洛特（Frank Aydelotte）校长创建了一个荣誉项目，让实力较强的学生参加小型研讨会，围绕每周的研讨会论文进行讨论。鲁道夫（1962，457）指出，这一体系"将密切的师生关系、小班授课、注重口头和书面交流等传统的大学价值观发扬得很好"。这导致的结果正如泰林（2004，295）所指出的那样，"大型研究型大学的许多教师和校长都羡慕达特茅斯、布朗、波莫纳、斯沃斯莫尔、卡尔顿、戴维森或里德学院所提供的教学和学习环境"。这些改革还反映出，部分由于同时实施了择优录取，学生的能力和积极性得到了提高。例如，当洛厄尔在1927年引入期末考试前的应考期制度时，他表示哈佛的学生会自主学习。他补充说，如果在十年前，情况就不会是这样了。[79]

### 学生分类与资源

这些改革措施，特别是择优录取的引入，为另一个与学生相关的大规模的分类进程奠定了基础。要看到这一点，首先要注意的是，此种情况下并未忽视对入学名额的限制。例如，耶鲁大学认为有必要公开向校友保证："名额的限制不会影响录取本校校友的儿子，只要他能够满足所有的录取要求。"[80] 抛开耶鲁最终违背这一承诺的事实不谈，这一承诺的提出表明，那些在历史上几乎将"被耶鲁大学录取"视作与生俱来的权利的家庭已经注意到了这一限制。被排除在外的学生也注意到了。麦考伊（2003，257）指出，耶鲁大学的印章上有一个希伯来语的铭文，他评论道："在20世纪30年代末布鲁克林准备上大学的犹太孩子中，（这个）希伯来语铭文……翻译过来就是'如果你能读懂这个，就不要申请'。"简而言之，客户意识到变化正在发生。

这些人大概在思考择优录取会对学校的分类产生什么影响。例如，假设在 1920 年，一位耶鲁校友希望他的儿子追随他的脚步，因为他认为耶鲁可以提供有价值的朋友和名牌大学的学位。但引入择优录取的措施之后，情况还会是这样吗？对这一问题的回答不容小觑，因为结果最终取决于众多家长和学校的决定，其中许多人很迟才做出选择。这也表明，人们通常只上一次大学，并且永远背负着母校提供的任何印记。简而言之，这位校友必须依据他对未来几年耶鲁学生人数和声誉的预期来采取行动。[81]

事后看来，很明显，像他这样的人一般都认为，如果有择优录取，像耶鲁这样的学校提供的分类服务只会更好。"入学人数的限制"非但没有让成功校友的子女失去兴趣，反而让他们更感兴趣。聪明的犹太学生非但没有逃避这种本质上的公开歧视，反而加倍渴望入学。

有必要探讨一下为何人们会预料到这种情况可能发生。首先，面临过多的申请者，学校通常会选择能力高的申请者，而我们衡量能力的第一道标准仅仅是一个人取得成就的可能性。例如，他们在艺术、商业或政治领域有良好的职业前景，或者他们会成为一个好丈夫或好妻子。学校希望自己的毕业生都能取得成就，因为这是其声誉的重要组成部分。例如，如果某所法学院的毕业生都能在好的律所工作，那么潜在的申请人可能会认为这所学校也能为他们带来这样的工作。

当然，这些成就是学生们多种特质的综合结果，能力是多维度的，不同的大学利益相关者对此有不同的偏好。例如，教授通常更喜欢那些在考试中取得好成绩并对某一学科表现出浓厚兴趣的学生。考虑到师资质量也会影响学校声誉，上述因素也会影响录取结果。此外，大学校长可能更喜欢那些富有并愿意捐款的学生。又例如，校友的子女——通常被称为传承生（legacy student）——有时来自富裕的、背景深厚的家庭，这些家庭对学校向来慷慨。这样的倾向也会影响录取结果。[82]

最重要的是，虽然能力是多维的，但那些期望择优录取将导致对学生能力进行分类的人如愿以偿。换言之，就如期刊上的论文之于大学学院的教授一般，最有能力的学生也会选择门槛最高、排名最靠前的学校。即便在最优秀的一群人之中，也产生了优劣排序的择优录取。

但这一进程有可能比早期观察者的预期更为彻底。这也反映出，在这种情况下，出现了衡量能力的进一步的标准，该标准可能有助于分类。一个早期的例子是1901年大学入学考试（CEEB）的出现。虽然这一测试至少在十年内没有被广泛应用，但警觉的观察者意识到它的出现事关重大。这些措施有助于精英学校识别有能力的学生，从而可以加强分类。但与此同时，它们还会使学校更难在录取中行使自由裁量权。认识到这一点的两位领导人是时任拉斐特学院校长的埃塞尔伯特·沃菲尔德（Ethelbert Warfield）和时任哈佛大学校长的查尔斯·艾略特。鲁道夫（1962，437）记录了二人对创建大学考试委员会的讨论：

> 沃菲尔德说道："拉斐特学院不打算被任何董事会左右谁可以被录取谁不可以被录取。如果我们想录取一个赞助人的儿子，或者一个校董的儿子，或者一个教职工的儿子，而且这样做有利于学校，那么没有人可以阻止我们。"哈佛大学校长对此的回应肯定会激怒很多人，这些人尽管知道他的话十分正确，却有何不食肉糜之感："拉斐特学院的校长误解了……按照这个计划，拉斐特学院完全可以这样说，它将只招收那些不能通过这些考试的学生。没有人打算剥夺拉斐特学院的那种特权。"

后来，在 1937 年，哥伦比亚大学、哈佛大学、普林斯顿大学和耶鲁大学合作推出了研究生入学考试（GRE）。

后来又出现了高中毕业生学术能力水平考试（SAT），毫不意外地，另一位哈佛校长詹姆斯·科南特（James Conant）也参与了这一考试的创制。[83] 科南特批评大学入学考试的"可信度"较低。也就是说，一个学生的分数在反复的考试中并不稳定，部分原因是它使用了必须人工打分的论述题。早期的迹象表明，像 SAT 这样都是选择题的测试在这方面表现更好。

在推动改革的过程中，科南特肯定考虑到了哈佛的利益。他希望他的学校成为最具全国影响力的大学，一个可靠的能力衡量标准将有助于招揽来自全国各地的学生。但种种迹象表明，科南特也有亲社会动机：他对自身察觉到的社会流动性的下降感到担忧，认为这正在把美国变成一个世袭贵族制国家。他希望看到像哈佛这样的学校招收低收入、高能力的学生，用丰厚的奖学金来吸引他们，从而朝着没有阶级差异的社会的方向发展。

到目前为止尚不存在争议。但科南特进一步指出，如果一项测试能够真正衡量能力或天赋，那么它将被证明与社会经济地位无关。也就是说，富裕的学生不会比低收入的同龄人表现得更好。针对这一立场，莱曼（1999，47）提出了一个合理但措辞尖锐的问题："这是令人感动的天真，故作姿态的天真，还是愚不可及的天真？"

在科南特的辩护中，他很早就观察到，当时鲜有证据能证明能力和父母背景之间存在很强的关联。[84] 另一方面，早在几十年前，艾略特就凭直觉说道："父母的经济能力是评估他们儿子或女儿能力的一个有价值的指标。"[85]

无论如何，1956 年，美国东北部的大约 8000 名高中生首次参加了 SAT 考试。它不仅在可靠性方面表现合理，且被发现十分有效。也就是说，它在评估学生未来的成就方面很有用，比如大学绩点。它的影响范围在 20 世纪 60 年代进一步扩大，特别是在克拉克·克尔（Clark Kerr）利用它对加州公立高等教育系统的三个层次的大学——加州大学、加州州立大学和社区大学——进行学生分类时。[86]

一旦如此，SAT 可能会强化分类进程，当然也会使其更容易被观察到。霍克斯比（2009）对这一点做了关键的说明，他指出，在过去的五十年里，美国高校在 SAT 平均分数方面的差距越来越大。[87]1962 年，要求最高的学校的平均分数在 90% 左右（即超过 90% 的考生），要求最低的学校平均分数则只需 50%。因此，它们的平均分数相差了约 40 个百分点。正如霍克斯比（2009）指出的那样，如果往回看，1940 年的差异会更小，大约为 20 个百分点。这说明了为什么（上文提到的）观察者指出，在 20 世纪初，哈佛大学和城市学院之间的能力差异可能很难被注意到。

在接下来的几十年里，排名靠前的学校要求更高，而排名靠后的学校要求更低。到 2007 年，排名前 1% 的学校（可能包括表格 1.3 中所有的美国研究型大学）的平均分数接近 99%。相比之下，排名靠后的学校的学生平均能力下降了，以至于顶尖水平和最低水平的学校之间的成绩差距扩大到了 70 个百分点以上。

这种学生分类并不完全是由于 SAT 等标准化措施的出现。奖学金的增加也发挥了作用，霍克斯比（2009）还强调了交通和通信成本的降低，使得学生更容易远离家乡上大学。此外，在这一时期，进入顶尖学校的好处正在增加。例如，在同侪质量和教师质量方面，后者是通过研究成果来衡量的。

重要的是，美国大学用来区分学生的措施或程序都远非完美。例如，任何单一的标准（如 SAT）都存在干扰，且可以被操纵。许多才华横溢的低收入家庭的孩子可能没有为 SAT 做准备或参加 SAT 考试，或者即使参加了 SAT 考试并取得了好成绩，他们也可能不会申请与他们的分数对应的大学。[88]这将剥夺学校本可提供给他们的任何优势。不仅如此，最近围绕入学的腐败丑闻强调了主观因素的重要性。这些都表明，美国招生的模糊性也可能是一个优势，因为招生程序可以调整和竞争。例如，如果腐败或偏见使得 X 学校把好学生拒之门外，那么排名相近的 Y 学校就有动力去招募他们（并在几年后接受他们的捐款）。此外，不像某些国家的高校和学生特别重视单一的国家考试，美国的教育体系避免过度关注单一的成绩衡量标准。

### 金钱

根据能力对学生进行筛选，帮助顶尖大学获得了充足的资源。首先，这些大学通常是为富裕的学生提供服务，市场需求过剩（以及越来越高额的奖学金）意味着它们可以提高学费。随着时间的推移，美国大学在这方面成为异类。如今，当富裕的美国父母透露自己向加州理工学院和凯斯西储大学等研究型大学支付的学费数额时，他们在加拿大和欧洲的朋友常会感到震惊。由于这些家长经常支付"全额学费"，这些学校得以筹集到可观的收入。[89]其次，至少同样重要的是，这些学校能够从越来越成功的校友那里获得捐款，尤其是在财富或不平等加剧的时期（Clotfelter，2017）。

关于这点，哈佛、普林斯顿和耶鲁开辟了一条后人纷纷效仿的道路。进入 20 世纪 20 年代，这些学校拥有大量富有的校友，通过衡量能力水平和满意度的标准，这一资产的数量进一步增加。耶鲁大学就是如此。1871 年，当学校要求校友为伍尔西校长的纪念碑捐款时，收效甚微。甚至在二十年后,蒂莫西·德怀特校长还说:"耶鲁大学,像我们所有的大学机构一样,它的成功在很大程度上必须依赖于那些非校友的慷慨。"[90]然而,同年,一群纽约的毕业生创建了耶鲁校友基金会,他们认为,尽管他们的倡议可能不会取得令人振奋的成功,但"也没什么坏处"。他们显然洞悉到了什么。十三年后,耶鲁大学报告说,近年来"几乎所有的捐赠要么来自校友……要么来自其直系亲属。"[91]到20世纪20年代,学校开始参与筹款活动,校友捐款占个人捐款的90%以上。这种捐款往往是不受限制和可预测的,事实证明,这些捐款对任何其他改革尝试都是极其重要的。后来,新学校与老学校就金钱展开了竞争。例如,近年来,斯坦福大学收到的校友捐款比东部任何一所学校都要多。

除了金钱,校友们还贡献了建议。例如,奥伯多弗(1995)报告称,普林斯顿大学的校友、投资银行家迪安·马蒂(Dean Mathey)曾帮助他的母校成功地把握了1929年股灾前后大规模进出股市的时机。这种帮助也反映出,富有和有影响力的校友在董事会中的代表性越来越强。[92]总体来说,校友作为一个群体也获得了权力。例如,耶鲁大学的诺亚·波特观察到,"校友保有并在某种程度上自由地行使所有孩子的传统特权,可以自由地批评母校的各种行径"。[93]

从更实际的角度来看,像普林斯顿和耶鲁这样历来对自己的学院给予大量关注的学校,可能从增长的校友捐赠中获得了超乎寻常的好处。[94]我自己的印象是,一般而言,校友们对自己的学校都抱有美好的情感。这可能是因为大学生在校园里生活了很长时间,或者因为此时正逢他们的人格塑造期。也可能表明他们住在宿舍,或许由于他们没办法迅速变得专业,因而对学校而非某个领域或职业产生了依恋。不管原因是什么,我的感觉是,大学毕业生经常表现出加夫列尔·加西亚·马尔克斯（Gabriel García Márquez）所说的心灵记忆："心灵的记忆消除了坏的，放大了好的。多亏了这种技巧，我们才能忍受过去的负担。"当毕业生说"我的（学生）生活是如此的幸福，我想在我的儿子身上重温它"时，这种记忆很可能就会出现。[95]

如果这是正确的，那么改善大学生体验的改革是一项明智的投资。霍克斯比（2012）明确指出了这一点，他考虑了本书中讨论的许多结果，包括将资源集中在少数强调研究的学校。霍克斯比的模型并不关注这些结果是如何产生的，而是关注这样一个事实，即这些结果与大学像风险资本家一样投资高能力学生的观点是一致的。为了生存，大学需要收到捐赠（或建议或政治影响）等形式的投资回报。因此，一个关键问题在于如何建立校友的忠诚度，霍克斯比（2014，20）强调，方法之一可以是"创设运动队、俱乐部、传统、歌曲、大型活动和特殊服饰"。同样地，克劳弗特（Clotfelter, 2011）指出，虽然运营一流的体育大学可能会产生经济损失，但也有助于产生忠诚度和获得捐款。

这也表明，那些广泛开展活动的大学——尤其是那些除了研究生院之外，还有一个受欢迎的本科学院的大学——可能已经处于有利地位，可以为研究整合资源。维赛（1965，171）指出了这一点，他认为具有讽刺意味的是，拥有本科学院的大学可能更有能力扩展到研究领域：

> 在19世纪90年代，研究生院在许多美国校园中发展成为一个重要的、自主的存在，最著名的是哈佛大学和哥伦比亚大学，在这些机构中培养研究生，比在约翰·霍普金斯大学和克拉克大学进行孤立的培养在未来更为重要。在这些规模较大的大学

里，研究终将以一种更加繁荣的方式发展起来，因为它们可以为其存在提供更广泛、更可靠的基础。一所大学如果保持了强健的本科生传统，就可以吸引富有校友的持续捐赠，或者获得州立法机构的支持。这样的捐赠，即便是它的零头，对于处境艰难的克拉克大学和约翰·霍普金斯大学来说也显得格外慷慨。正是由于哈佛和其他大学可以提供这种经济保障，所以它们的研究生院的创建和扩张故事显得有些平淡。因为没有风险。哈佛大学、芝加哥大学和哥伦比亚大学的领导们对发展研究设施感兴趣，主要是为了使他们的机构获得或保持与时俱进的声誉。但在这里，手段战胜了单一的动机。

在这篇文章中，维赛（1965）含蓄地暗示，对一些大学来说，未能积极地投资本科生学院可能是一个错误。詹克斯和瑞斯曼（1968，163）更有力地阐述了这一点：

> 面向当地的本科生项目为研究生院提供生源，为大学提供校友支持，为研究生提供教职，为科研人员提供经费，并与当地社区建立联系，这在政治上和经济上都是有益的。这种互惠甚至出现在天主教大学、克拉克大学和霍普金斯大学，这几所大学最初希望以国家研究生院的身份来抵制这种互惠型的大学。也许人们甚至可以把这三所大学在研究生水平上的相对衰落归咎于未能发展出强健的本科项目和自身声誉所导致的财务问题。[96]

当然，必须指出的是，校友的参与并不完全是一件好事。例如，心灵记忆可以造就保守的校友，这也许是为什么哈佛大学的洛厄尔曾经说过,"有时我希望我是监狱的负责人。那我与校友之间就没有瓜葛了"。[97] 尽管如此,校友忠诚度一直是美国大学的重要资源。

最后,我们注意到,随着20世纪的到来,入学名额限制这一举措开始产生后果,大多数顶尖研究型大学的入学人数大幅下降。换句话说,由于大学总体入学率持续增长,许多顶尖大学允许自己的市场份额下滑,尤其是私立大学。[98] 值得强调的是,这与非教育市场中许多优先考虑市场占有率的公司形成了鲜明对比。例如,智能手机市场由苹果、华为和三星等公司主导,这些公司每个季度都在努力超越竞争对手的占有率。

教育市场的特殊性再一次反映了分类。埃普尔和罗马诺(Epple and Romano, 1998)、麦克劳德和乌奎拉(2015)等模型表明,当客户关心其他客户的质量时,顶级学校因为规模较小,从而能够对学生进行更精细的区分。例如,如果存在同侪效应,那么一所规模较大的学校对优秀学生的吸引力可能不如一所规模较小的学校,而规模较小的学校由于学生人数较少,录取标准可能会更高。正如上文引用的格劳乔·马克斯的轶事所概括的那样,当这种机制是信息性的,就会出现类似的趋势。这些模型还预测了美国高等教育市场的一个关键特征:择优录取的学校可能与开放招生的学校共存。

还有一种可能,虽然有点违反直觉,但在获得捐赠方面,在其他条件相同的情况下,规模较小且因此更有声望的学校可能比规模较大的学校做得更好。例如,克劳弗特(2001)研究了14所私立学院和大学,发现捐款来源相当集中,其中一半以上来自最慷慨的1%的校友。

总而言之,那些积极推行教学改革的大学最终都进行了分类改

第四章 分类改革

革,引入了择优录取等措施。这些措施让最有能力的学生选择它们。它们对学生进行分类,以便学生就读的学校能越来越好地预测其能力。

而最终的结果是,这些学校可以出售一套引人注目的产品:它们提供的教师凭借其研究才能被认证为能够提供专业和高级的教学,它们提供最好的同学,并照顾学生的体验。这种产品往往会吸引满意的顾客,他们后来转而向母校捐款。

出售这套产品的学校享受着一个良性循环:改革带来了大量的人才和金钱,这些人才和金钱又帮助它们获得更多的人才和金钱。与此同时,一些学校失去了优秀的学生或研究人员,形成了恶性循环。简而言之,这些动力造成了不平等:几十所学校成了非常富有的研究型大学,而处于食物链下游的数百所学校未能得到充分的资助。[99]

这些发展也倾向于给予顶尖大学实质性的优势,使新进入者——即便是财力雄厚的大学——更难竞争领先地位。戈尔丁和卡茨(1998,1)指出了这一点:"1890年前后,某种东西深刻地改变了高等教育,以至于今天几乎所有值得注意的美国大学和学院都是在1900年之前成立的。"[100]换句话说,大量私人捐款流向了既有院校,而非新的院校,这可能反映了校友忠诚度和既有院校的声誉优势等因素。

第三章和第四章说明了教学和分类改革释放的分类动力将人才和资金集中在几十所学校。现在我们来看看为什么这种安排对促进科研很有效。

# 第五章
# 生产力

美国对高等教育投入巨大——图表 5.1 显示，在富裕国家中，美国在每个学生身上的花费是最高的。当然，向一个行业砸钱并不能保证它就会表现良好，这还要求这些钱得到有效的使用。例如，美国在医疗方面支出的领先地位甚至超过了高等教育，但美国的医疗体系在多个方面表现不佳，研究表明高达三分之一的支出遭到浪费，而这种情况也不足为奇。[1] 一般而言，任何行业的生产率都取决于其顶级企业的质量，以及它们是否占有经济活动的绝大部分市场份额。[2]

以美国大学为例，这带来了一个重大问题：自由市场带来的分类进程（第三章和第四章），意味着图表 5.1 大大低估了"一类研究型大学"的支出。例如，霍克斯比（2016）估计，录取门槛最高的美国大学在每个学生身上的花费约为 15 万美元，大约是图表 5.1 中所示的美国平均水平的六倍，大约是许多不那么富有的美国大学的十五倍。

因此，关键的问题是，美国的教育体系是否能将资金导向那些有效利用这些资金的大学。本章认为，当涉及科研时，答案可能是肯定的。[3] 不可否认，这一论断涉及推测，因为这是一个并不容易建立明确关联的领域。

# 第五章 生产力

本章首先指出，在美国，联邦研究基金的分配加剧了大学之间的不平等，这些资金大多流向了排名靠前、更为富裕的学校。本章认为，如果目标是提高科研产出，那么这一做法是有道理的：考虑到存在识别研究人才的机制，以及将人才集中在顶尖学校的分类过程，将资金直接投向这些学校是合理的。本章的第二部分为这种分配提供了进一步的理由：顶尖学校不仅拥有最优秀的人才，而且将绝大部分精力用于研究——在某种程度上，它们"辜负"了自己的教学使命。第三部分指出了提高美国大学科研生产力的另一个因素：人才的分类与终身教职制度的相互作用，为教授提供了从事科研的激励。最后，本章解释了目前的市场机制虽然促进了科研成果的产出，但并未促进其他的教育产出。

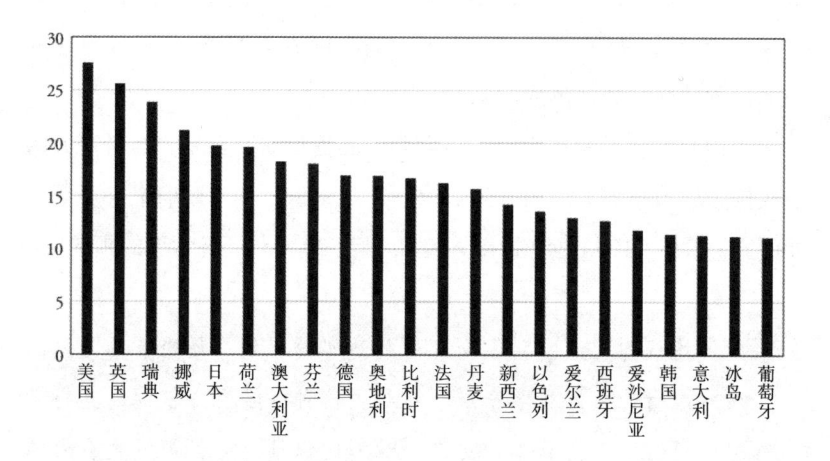

图表 5.1 本图表使用经合组织的数据来描述各国通过高等教育机构提供的教学和辅助服务的总支出（公共和私人）。它仅包括支出在 1.1 万美元以上的国家（最低低于 5000 美元）。（参见 https://data.oecd.org/eduresource/education-spending.htm, accessed October 2018。）

## 联邦基金：不平等的加剧

由于美国的大学体制主要是依据自由市场的规则运作，那么出现大学之间的不平等也就不足为奇了：前文所述的分类动力已然昭示了这一后果。另一个例子，霍克斯比（2016b，1）指出，学校的财富与学生的平均能力之间往往存在相关性。她补充道："此外，我的研究表明，市场力量越强大，这种相关性就越强。"

也许更令人惊讶的是，联邦政府通过其研究经费的支出，强化了这种趋势——有人可能会说，它加剧了不平等。这一点十分重要，因为联邦政府是研究经费的主要来源，特别是在卫生健康领域。它的分配与许多国家不同，其他国家的政府倾向于在大学之间维持平衡。事实上，它的分配也不同于美国其他类型教育机构的经费分配。例如，在 K-12 阶段，大多数州对资源较少的学区更为慷慨。[4] 有必要追溯一下这种情况是如何形成的。

美国政府在第一次世界大战期间开始提供研究经费，当时军方聘请教授为战事出力。战后，人们重新达成共识，认为政府最好不要干涉研究。盖格（1993，4）指出，在 20 世纪 20 年代，科学界的领导层：

> 均认为应当对科学研究进行适当的组织。最重要的是，必须对最有能力的科学家进行指导。这种科学自主权通过支持基础研究的私人慈善事业得到了最好的保证，并且最好是在大学里进行。允许政府介入大学研究只会带来政治考量的干扰和科学有效性的降低。

第二次世界大战通过不同的机制带来了新的资金。科学研究与发展办公室（Office of Scientific Research and Development，简称OSRD）与大学签订了购买教授时间的合同，以"日常开支"的名目支付费用。例如，这种方法在曼哈顿计划（Manhattan Project）中得到了应用，该计划被普遍认为是政府与大学合作的典范。[5]

战争已经结束，一个关键的问题随之而来：联邦政府接下来的拨款可能会以何种形式出现。大学应该接受公共资金用于研究吗？如果是，应该接受哪些？随后便是一场广泛的争论。一方是由参议员哈利·基尔戈（Harley Kilgore）非正式领导的一群奉行新政的民主党人，他们主张的进路包括三个要素。[6]第一，新的筹资机制的管理人员将接受政治任命，并对民选官员负责；国会将帮助制定研究重点的清单。第二，这一机制将把资金分配到全国大多数学校。在这一点上，基尔戈的团队援引了一个重要的先例：《莫里尔法案》，该法案获得了广泛的支持。第三，资金的数额将增加，以涵盖其他专题领域，包括社会科学。

另一方是由范内瓦·布什（Vannevar Bush）领导的亲共和党的团体，布什是科学研究与发展办公室的负责人，也是麻省理工学院的前工程系主任。[7]他们认为政府应该继续资助大学，因为大学为专注于长远利益的科学研究提供了最好的环境。资金将由一个机构统一分配，以避免部门利益不均。虽然该机构的理事会由总统任命，但该机构将通过支持由专家小组选出的项目来避免政治控制。后者对本章的观点至关重要，因为这样一个过程——考虑到各个学校对研究人才的分类——可能会导致资金分配不平等。

最终采取了一种折中方案。基尔戈一方的优势在于，资金被扩展到纯科学以外的领域（例如，区域研究、工程学、社会科学），并通过多个资助机构进行分配，包括美国国立卫生研究院（National Institutes of Health，简称NIH）、国防部（Department of Defense，简称DOD)、美国国家科学基金会(National Science Foundation,简称NSF)、原子能委员会(Atomic Energy Commission, 简称AEC)和美国国家航空航天局(National Aeronautics and Space Administration, 简称NASA)。[8] 对本章论证目的至关重要的是,布什一方占了上风,专家的意见在项目遴选中十分重要,而许多专家正是来自争夺资助的大学。

最终结果参见表格5.1,其中列出了1968年和2018年获得联邦研究基金最多的30所大学。由此产生了两个观察结果。首先,每年上榜的学校轻而易举地占有了一半以上的研究经费。也就是说,顶尖大学获得了大部分联邦研究基金。[9] 其次,即使在这些学校中,分布也不均衡,少数几所学校获得了大部分资助。例如,1968年,麻省理工学院明显领先,获得的基金是排名第四的密歇根大学的两倍多,是排名第二十五的密歇根州立大学的五倍多。

表格5.1 各大学的联邦研究基金,2018年美元

| | 1968 | | | 2018 | |
|---|---|---|---|---|---|
| 排名 | 机构 | 联邦经费(百万) | 排名 | 机构 | 联邦经费(百万) |
| 1 | 麻省理工学院 | 578 | 1 | 约翰·霍普金斯大学 | 1884 |
| 2 | 斯坦福大学 | 300 | 2 | 华盛顿大学 | 949 |
| 3 | 哈佛大学 | 284 | 3 | 密歇根大学 | 820 |
| 4 | 密歇根大学 | 274 | 4 | 哥伦比亚大学 | 707 |
| 5 | 加州大学洛杉矶分校 | 265 | 5 | 匹兹堡大学 | 662 |
| 6 | 哥伦比亚大学 | 252 | 6 | 宾夕法尼亚大学 | 656 |
| 7 | 加州大学伯克利分校 | 247 | 7 | 加州大学圣地亚哥分校 | 645 |
| 8 | 威斯康星大学 | 225 | 8 | 威斯康星大学 | 637 |
| 9 | 伊利诺伊大学 | 216 | 9 | 加州大学旧金山分校 | 594 |

第五章 生产力

续表

| 1968 | | | 2018 | | |
|---|---|---|---|---|---|
| 排名 | 机构 | 联邦经费（百万） | 排名 | 机构 | 联邦经费（百万） |
| 10 | 华盛顿大学 | 203 | 10 | 杜克大学 | 585 |
| 11 | 芝加哥大学 | 195 | 11 | 加州大学洛杉矶分校 | 570 |
| 12 | 明尼苏达大学 | 191 | 12 | 斯坦福大学 | 564 |
| 13 | 纽约大学 | 176 | 13 | 北卡罗来纳大学教堂山分校 | 562 |
| 14 | 加州大学圣地亚哥分校 | 174 | 14 | 得克萨斯大学安德森癌症中心 | 543 |
| 15 | 康奈尔大学 | 169 | 15 | 佛罗里达大学 | 520 |
| 16 | 约翰·霍普金斯大学 | 161 | 16 | 亚利桑那大学 | 493 |
| 17 | 耶鲁大学 | 142 | 17 | 明尼苏达大学 | 489 |
| 18 | 宾夕法尼亚大学 | 134 | 18 | 康奈尔大学 | 489 |
| 19 | 俄亥俄州立大学 | 119 | 19 | 哈佛大学 | 477 |
| 20 | 杜克大学 | 118 | 20 | 俄亥俄州立大学 | 469 |
| 21 | 圣路易斯华盛顿大学 | 108 | 21 | 得克萨斯大学奥斯汀分校 | 469 |
| 22 | 凯斯西储大学 | 107 | 22 | 宾夕法尼亚州立大学赫尔希医学中心 | 428 |
| 23 | 马里兰大学 | 103 | 23 | 西北大学 | 400 |
| 24 | 罗彻斯特大学 | 102 | 24 | 加州大学伯克利分校 | 363 |
| 25 | 密歇根州立大学 | 97 | 25 | 麻省理工学院 | 355 |
| 26 | 耶希瓦大学 | 97 | 26 | 耶鲁大学 | 336 |
| 27 | 加州理工学院 | 96 | 27 | 加州大学戴维斯分校 | 328 |
| 28 | 科罗拉多大学 | 95 | 28 | 圣路易斯华盛顿大学 | 306 |
| 29 | 迈阿密大学 | 95 | 29 | 得克萨斯农工大学 | 292 |
| 30 | 匹兹堡大学 | 94 | 30 | 佐治亚理工学院 | 236 |

该表列出了各大学的联邦研究经费。左栏为 1968 年的数据，来自 Graham and Diamond（1997）（基于美国国家科学基金会的数据）。右栏的数据来自国家科学与工程统计中心（https://www.nsf.gov/statistics/nsf13325/content.cfm?pub_id=4240&id=2, accessed November 2018）。这些数字是以 2018 年的美元计算的，并通过消费者价格指数进行调整。

我们有必要停下来对麻省理工学院和斯坦福大学在此领域的早期领先地位稍作讨论。正如康奈尔大学和哈佛大学等学校在教学和分类改革方面开辟了某些类型的道路一样,麻省理工学院和斯坦福大学的发展方式为其接受外部资助的研究做好了准备,成功地为其他主要的研究型大学提供了一种可供效仿的模式。

麻省理工学院的起源与伦斯特理工学院的创建动机是一样的。也就是说,随着19世纪的发展,新英格兰的实业家们希望有一所学校培训技术人员和工程师,他们觉得哈佛的劳伦斯学院没有实现这一目标。[10]威廉·罗杰斯(William Rogers)是弗吉尼亚大学的前自然哲学教授,他领导的组织讨论了创办一所"实用技术工艺学校"(Polytechnic School of the Useful Arts)的前景,其灵感来自巴黎中央工艺制造学院和法国国立工艺学院等法国大学。[11]1861年,州政府给该组织颁发了成立麻省理工学院的特许状,该学院由罗杰斯担任校长,栖身于波士顿后湾区的几栋建筑之中。在私人捐款和马萨诸塞州《莫里尔法案》三分之一收益的帮助下,到1897年,麻省理工学院拥有约1200名学生,并提供应用科学、工程和建筑等专业的本科教学。这使其跻身于成功学校之列,比肩伦斯特理工学院、凯斯应用科学学院、卡耐基理工学院和佐治亚理工学院。

大约在那时,麻省理工学院的一些利益相关者推动了相辅相成的教学和分类改革。一些人认为,在基金支持日益增长的背景下,应当更多地关注纯科学,而不是应用科学,因为这将使学校在争取基金支持时更具竞争力。其他人建议麻省理工学院进一步加强与工业企业的联系,这些企业可以资助研究并为学院的毕业生提供就业机会。也有人认为,学校需要提升教学和分类水平,以培养行业的"上校",而不是"下士"。[12]

## 第五章 生产力

麻省理工学院于 1903 年创建了一个工程研究生院，并于 1907 年授予了第一个博士学位。与哥伦比亚大学相似，它卖掉了后湾的地产，并将收益与来自乔治·伊士曼（George Eastman）、杜邦家族和马萨诸塞州的捐款一并用于在坎布里奇建造一片宏伟的建筑。到 20 世纪 30 年代，麻省理工学院已经转变为一所重要的研究型大学：它接受的捐赠基金排名前五，任命卡尔·康普顿（Karl Compton，一位实验物理学家）为校长，并加入了美国大学协会。[13]

这些年来，麻省理工学院还开创了大学可以改变环境以适应其目标的观念。表面上看，它帮助修建了查尔斯河的大坝，形成了一个盆地，消除了延伸到坎布里奇的"丑陋的泥滩"。[14] 更重要的是，它通过此举加深了与工业界的合作，这一过程最终导致一些合作者开始在靠近它的地方落户。当麻省理工学院的范内瓦·布什将大量联邦资金投入科学研究时，这所学校已受益于竞争性分配的科研经费。在 20 世纪 50 年代和 60 年代，该校接受赞助的研究占其运营预算的一半以上。[15]

表格 5.1 第一栏中排名第二的斯坦福大学也有类似的观感。正如上文（第四章）所讨论的，斯坦福大学的起步并不容易。例如，科尔（2009，117）指出："斯坦福大学在成立后的几十年里一直是一所优秀的大学。但对于好几代人而言，它更出名的是它的本科项目，以及它无法跻身于世界上著名的研究生教育中心之列。"不同寻常的是，斯坦福大学的崛起通常归功于教务长而不是校长的领导。例如，1949 年至 1968 年担任校长的华莱士·斯特林（Wallace Sterling）就有些不客气地表示："我任命的第一个教务长在教员中很受欢迎，但不幸的是，他无法承担责任，无法做出决定……他是一个令人愉快的伙伴，但他没有做我需要他做的事情。1955 年，弗雷德·特曼（Fred

Terman）成为教务长，然后我就开始走运了。"[16] 特曼毕业于斯坦福大学，在麻省理工学院获得博士学位后，他回到帕洛阿托，并最终成为电气工程系主任。他很快不客气地表示现在的局面必须结束了，斯坦福大学要么崛起，要么步达特茅斯等学校的后尘——"一所对国民生活的影响力大约只有哈佛大学 2% 的所谓声誉良好的学府"。[17]

当上教务长后，特曼参与实施了三项关键举措。首先，他鼓励教授们与工业界密切合作，特别是在项目得到资助并契合自身研究主题的情况下。特曼自己的学生包括威廉·休利特（William Hewlett）和大卫·帕卡德（David Packard），特曼鼓励他们从商并与大学合作。最终圣克拉拉谷的部分地区被称为硅谷，休利特经常将这一进程的开创归功于特曼。换言之，特曼也明白，大学可以有效地利用外部资金塑造自己的环境。他说道：

> 大学正迅速成为国家工业生活中主要的经济影响因素，影响着工业的选址、人口的增长和社区的特征。简而言之，大学就像原材料一样，是一种天然资源。工业界发现，对于涉及高水平创造力的活动，靠近人才中心比靠近市场、原材料、交通或工厂劳动力更为重要。[18]

其次，特曼致力于将斯坦福大学医学院从旧金山搬到帕洛阿托，在那里它可以更好地与基础科学建立联系，并使自己处于接受美国国立卫生研究院资助的位置。再次，由于斯坦福大学同时向各地扩张的压力很大，他把重点放在逐步建立"卓越尖塔"（steeples of excellence）上，即让该大学的某些领域能与伯克利或哈佛大学等同行相媲美。[19] 最重要的是，这样一来，斯坦福大学也将处于竞争联邦资金的有利地位。

其他地方也出现了类似的做法，因为各所学校都试图利用它们的地理位置来投资研究。例如，在北卡罗来纳州的三角研究园，杜克大学、北卡罗来纳州立大学和北卡罗来纳大学教堂山分校合作建立了与工业界的联系。同样地，在某些情况下，资源限制和战略考虑导致各大学校纷纷效仿特曼，将竞争的精力集中在少数几个领域。

表格 5.1 的第二栏显示，这些发展以及日益重要的与卫生健康相关的资助，改变了大学在获得联邦基金方面的排名。例如，目前约翰·霍普金斯大学、华盛顿大学和密歇根大学占据了麻省理工学院、斯坦福大学和哈佛大学以前占据的位置。然而，情况依旧是大部分联邦基金流向了不到 1% 的机构。

如果目标是最大限度地提升高质量科研成果的产出，那么这种不平衡的分配是有道理的。具体而言，在任何市场中，客户都希望从提供最高质量或物有所值的公司购买商品，这些公司通常能招揽到有才能的员工。例如，苹果和宝马等公司分别生产优质的手机和汽车，可能是因为它们聘用了擅长专业工作的工人（例如设计师、工程师、组装员）。当一个人从这样的公司购买商品时，他可以确信自己间接雇用了这样的人。当美国国立卫生研究院与约翰·霍普金斯大学、密歇根大学或麻省理工学院等学校签订合同时，也会发生类似的情况——它可以确信自己正在与一些最优秀的研究人员打交道。这要归功于识别研究人才的机制，以及将人才集中在顶尖学校的分类过程（第三章）。

换言之，将资金集中在少数大学是有道理的，前提是这些大学聘请的教授比其他人做得更好，而且一个一流的洞见（例如，一个能获得诺贝尔奖的洞见）比多个低质量的想法更有价值。霍克斯比（2012，14）通过将天赋定义为一个人从事研究等活动所需的一系列能力来说明这些假设，然后补充说："在给定的投资数额下，一个天赋超越99%的人与一个天赋超越90%的人相比，前者可能会产生高出一个数量级的回报……"[20]虽然顶级研究人员拥有的确切优势无法量化，但他们拥有优势是一个合理的假设。哈佛大学的詹姆斯·科南特支持这种假设及其推论，他说："在科学的进步中……一流的人才无可替代。十个二流的科学家或工程师也无法承担起一个一流人才的工作。"[21]

总而言之，本节认为美国大学体制在科研产出方面是富有成效的，因为它将人才和资金相匹配。具体而言：

1. 该体制已经建立了识别研究人才的机制；
2. 市场动力（分类）将人才和资源集中在部分学校；
3. 买家（如美国国立卫生研究院）可以很容易地识别出这些学校，并愿意使用它们；
4. 科研的本质在于其最高质量成果的极端重要性。

请注意，我们将顶级学校的质量归因于它们的研究人才，而不是管理人才。经济学家经常认为，后者是影响企业生产率的关键决定因素。[22]美国顶尖大学可能比其他大学管理得更好（尽管我认识的许多顶尖大学的教授对此持不同意见），但这不是论点的关键所在。

## 将精力转向科研

如果假设科研产出是目标,那么将资源直接投向顶尖大学的另一个原因就是这些学校可以由此将精力转移到科研活动上。换句话说,它们能够"逃避"其他的一些任务以支持科研。

为了说明这一点,我们先撇开美国国立卫生研究院,想想大学的另一类客户:购买教学服务和分类服务的学生。说到教学,学生们能相信顶尖的研究型大学拥有最优秀的员工吗?答案可能是否定的,本节探讨了四个理由:(1)教学才能可能不同于研究才能;(2)教学才能比研究才能更难识别;(3)顶尖大学的教授有专注于研究的强烈动机;(4)顶尖大学有时可以逃脱优先考虑研究而不是教学的惩罚。[23] 我们首先来看看这些理由,然后再关注它们对科研生产力的影响。

### 教学才能 vs. 研究才能

高水平的教学需要专业知识,从这个意义上说,研究人员是天然的大学教师。事实上,在某些情况下,研究才能是做好教学所需要的全部。例如,博士研究生通过接受训练拓宽自己的知识边界,而较好的办法往往是通过观察从事这项工作的其他人来学习。[24] 同样地,对于一个对化学十分感兴趣的聪明的大学生来说,可能没有比进入大学实验室更好的方式了。重要的是,要清楚在这种情况下,顶尖大学显然提供了优秀的教师和环境。正如霍克斯比(2012)所强调的那样,最具天赋的研究者可能从大学提供的可用的专业知识和基础设施中获益最多。

但并不是所有的学生都属于这种类型，有些人上的是他们并不感兴趣的课程，还有一些人刚刚开始学习一门学科。服务好他们不仅需要专业知识，还需要努力和教学技巧。一个好的老师必须是有条理的，有吸引力的，并且能够简化概念。并不是所有优秀的研究人员都有这些才能。为了说明这一点，让我们回到詹姆斯·西尔维斯特的例子，他是安德鲁·吉尔曼在约翰·霍普金斯大学聘用的顶尖数学家。吉尔曼发现，西尔维斯特的教学才能并没有得到与研究才能同等的尊重。哈佛大学教授本杰明·皮尔斯写道："如果你问起西尔维斯特，你会听到他的天才是举世公认的，但他的教学能力可能会被认为相当不足。"[25] 有趣的是，尽管如此，皮尔斯还是强烈建议吉尔曼聘请西尔维斯特，理由是他适合教最优秀的学生："在你的学生中，迟早会有一个人具有几何学的天赋。他将是西尔维斯特的特别学生，一个能从导师的知识和热情中获益的学生——而这一个学生将比一万个抱怨西尔维斯特讲课晦涩的学生给你们学校带来更大的声誉。"[26] 另一个例子是，吉尔曼收到时任普林斯顿大学校长的麦考什的一封信，信中说，虽然他确信某个候选人有学者的品质，但他不知道他是否"也是一个讲课生动的老师"。[27] 还有更极端的例子，那是一件关于艾萨克·牛顿的演讲很少有人参加的轶事："去听他演讲的人很少，理解他的人更少，有时他会因为没有听众而对着墙演讲。"[28] 目前的关键问题是，不能保证优秀的研究人员一定是优秀的教师——研究才能和教学才能是截然不同的。

### 教学才能难以识别

既然吉尔曼聘请了西尔维斯特，人们可能会得出结论，大学并没有优先考虑教学才能。大学方面的辩解是，教学才能难以识别：即

## 第五章 生产力

使提供最好的教学是它们的唯一目标，大学也很难确切地知道该聘用谁。为了说明这一点，可以假设，有人要求某院系的教授列出十个人，聘用他们能最大程度地提高本院系的研究水平。根据我的经验，如果几个小时不够用，他们也可以在几天内给出一个名单。这个名单肯定会有些争议，但它也会包含有用的信息，只要学者们不断地投入足够的精力评估同事们的研究表现（通过阅读和评审论文，观看研讨会和会议演讲等）。

现在如果假设有人让他们列出最能提高本科教学水平的十名教师，我怀疑他们会发现这要困难得多，因为可供参考的信息很少。但这并不意味着没有。例如，一些教授赢得了教学奖项，有时也会有传言说这个或那个教授的表现太差了。但在大多数情况下，几乎没有什么可供参考的信息。

有人可能会认为这反映了教授们的疏忽，但这种困难并非高等教育所独有。大量关于 K-12 教育系统的文献都在努力应对一个关键事实，正是这个事实使得识别教学人才很困难，即学生并不是随机分配给老师的。具体来说，假设我们对两位英语老师进行对比，并注意到在学年结束时，A 老师的学生的阅读能力比 B 老师的学生好得多。这可能表明 A 老师更好，但也可能仅仅意味着 A 老师的学生更好。例如，A 可能被分配给父母提供良好读写环境的富裕学生，而 B 老师被分配给来自低收入家庭的学生。

解决这个问题的唯一可靠方法是将学生随机分配给学校和教师。抽签可以用来确保所有老师的学生都来自相似的环境。如果 A 老师的学生在学年结束时仍然表现出比 B 老师的学生更好的读写能力，我们就能知道这肯定是由于 A 的教学能力更强。

但这样的随机分配几乎是不可能实现的。因为这需要把孩子送到很远的地方,并消除家长参与学校分配的可能,而这两项政策都不会被接受。[29] 另一种说法就是家庭关心分类,分类是对随机分配学生的否定。举个例子,曼哈顿上西区有很多父母,他们坚定地认为自己重视多样性。然而,实际上,他们社区的许多学校都具有相当的区隔性。有些学校的学生家长教育水平和收入水平都很高,而且往往是白人。有些学校就在几个街区之外,为住在公共住房里的低收入家庭提供服务,这些家庭主要是黑人和西班牙裔。2016 年,该市实施了昂贵的改革(包括将学校迁往新建筑),以减少一些最为极端的种族区隔情形。但这种改革只取得了有限的成功。一些有钱的家长发现他们不再处在想要的学区,于是搬走了。一些低收入家庭的父母,他们的孩子现在可以去一所更富裕的学校,但他们选择不去——有些人说,他们不希望自己的孩子成为教室里为数不多的非白人学生之一。因此,市政府正在考虑其他选择,这可能不会是这个故事的最后一章:试图控制分类就像试图减肥一样——战斗永远不会结束。[30]

无处不在的分类可能表明,衡量 K-12 教师的才能是不可能的。然而,近年来,经济学家通过观察每年年初和年底分配给 A 和 B 等教师的学生的阅读能力,努力得出了"教师增值"(teacher value added)的衡量标准。学生表现的变化,也就是学生进步了多少,提供了衡量教师效率的标准。人们发现,这种方法可以合理地趋近在极少数情况下发现的效果,在这种情况下,人们可以认为学生几乎是随机分配给老师的。[31]

这项工作得出了三个关键结论。第一,教学才能存在多种差异:一些教师在提高分数方面比其他教师更有效。第二,也许更令人惊讶的是,很难预测哪些教师更好。即使给研究人员或教育工作者提供了大量关于 A 老师和 B 老师的数据——例如年龄、经验、受教育程度、上过的大学、录像采访——也很难预测哪一个具有更高的增值。[32] 第三，综上所述，不用感到奇怪的是，少数学校并没有网罗所有的好老师。基本上所有的学校都有好老师和坏老师，不管他们是为富裕的孩子服务还是为贫穷的孩子服务。[33]

在大学层面，识别教学人才可能更不容易。为教授制定类似的增值标准将是困难的：他们试图教授的内容很难通过在学期开始和结束时进行的标准化测试来评估。此外，大学应该实现的结果，实际上也是家长和学生希望它们实现的结果，并非考试成绩，而是为未来的职业和生活做好准备。这些结果直到学生毕业几年后才能观察到，而且对这些结果并不存在所谓年初和年底的观察。[34]

最重要的是，虽然学生可以确信顶尖大学拥有优秀的研究人员，但他们不能确定这些大学是否拥有优秀的教师；大学将很难保证这一点。本-大卫（Ben-David, 1977, 22）对大学体制也提出了类似的观点，可以肯定的是，有些大学在研究方面做得更好，但在教学方面就很难确定了：

> 直到19世纪70年代左右，德国大学实际上是世界上唯一可以让学生在其中获得如何进行科学或学术研究的训练的机构。众所周知，这种研究方面的优势并不伴随着专业实践培训或为那些无意成为科学家或专业人士的人提供教育方面的同等优势，但专业实践或教育本身的卓越性要比研究方面的优秀更难衡量。

### 教授面临专注于科研的激励

有一件事是研究型大学的学生可以肯定的：他们的许多教授更有动力去关注研究而不是教学。毕竟，正是研究为教授赢得了终身教职（将在下文讨论）和加薪。他们一心一意地关注科研必然会以牺牲某些东西为代价，而教学——尤其是对本科生的教学——往往就是牺牲品。

为了说明这一点，一位主要院系的教授曾经告诉我，作为一名年轻的教师，他曾从一位资深同事兼导师那里得到了关于他教学表现的建议。那位同事对他说，如果他的研究出色，就可以说服其他资深教授给他终身教职。良好的教学评价并非必要；特别是他的教学评价分数水平并不需要很高。他说，用数学术语来说，分数在某个地方显示出相关的正导数就足够了。例如，只要大家都在进步，那么即使水平欠佳也无所谓。但即使这样也没有必要，大家的分数可能都是差的，而且越来越差，那他只要变差的速度慢一些就行了。如此一来，任何改善的迹象无论多么细微，都将使一份出色的研究记录占据上风。

虽然那位同事可能是在夸大其词，甚至是开玩笑，但他抓住了一个真理。在多年的从教生涯中，我从未听说过一位优秀的教师能在顶尖研究型大学获得终身教职，除非此人同时也是一名优秀的研究者。相比之下，优秀的成果发表可以弥补明显薄弱的教学。这种态度的受害者往往是大学生。用加州大学的克拉克·克尔的话来说："优秀的师资导致了对本科教学的不重视。"[35]

### 大学可以免受惩罚

到目前为止，我们认为，顶尖大学逃避了教学方面的责任：它们并不总是聘请具有最佳教学才能的教授（部分原因是难以识别），而且它们鼓励所聘请的教授专注于研究而不是教学。如果像苹果这样的公司也有类似的行为，比如，如果它鼓励工程师专注于设计产品以外的事情，那会发生什么呢？它很快就会为此付出代价：它的客户会逐

第五章　生产力

渐流失。苹果深知这一点：它之所以能主导智能手机市场，是因为它取代了诺基亚、黑莓和奔迈等之前的领导者，而后者不知何故失策了。

然而，顶尖研究型大学的本科生院仍然非常受欢迎。美国录取门槛最高的学院通常包括加州理工学院、芝加哥大学、哥伦比亚大学、哈佛大学、麻省理工学院、普林斯顿大学、斯坦福大学和耶鲁大学的本科生院。诚然，一些注重教学的文理学院（如哈维穆德学院、波莫纳学院、韦尔斯利学院）的录取率也很低，但它们并没有取代研究型大学。事实上，有证据表明，像哈佛这样的学校很少会流失一个被文理学院录取的学生。[36]

因此，顶尖的研究型大学享有一种不同寻常的特权：它们几乎可以明目张胆地逃避对一大群客户的责任，这些客户却仍然顽固地保持忠诚。这种情况使这些学校能够优先考虑研究，从而在研究活动中有效地利用人才和资源。为何它们能"逍遥法外"呢？

到目前为止，读者会毫不惊讶地发现答案与分类有关。也就是说，学生愿意从提供良好分类的学校购买服务，即便该学校没有提供最好的教学。这源于三个观察结果（在麦克劳德和乌奎拉［2018］的研究中正式确定）。首先，教育不像手机那样是一种消费品，它更像是一种投资品：当家庭使用学校时，他们购买了一项资产——贝克尔（1964）使用了"人力资本"一词。该资产只有在学生毕业并进入后续领域时才会被赋予价值。例如，如果她接受的是演员或银行家的专业训练，那么她以后才会发现自己能否获得试镜或华尔街面试的机会。同样地，父母选择高中是希望他们的孩子有一天能进入好的大学或改善孩子的婚姻前景。因此，个人选择学校是基于一种观点，即雇主等主体将如何评价他们的技能。[37]其次，学生毕业后的结果因他们所匹配的对象的质量而异。例如，尽管具有相似的特征，一些毕业生可能会在薪酬高于其他人的公司找到工作。[38]最后，特别是在分类的时候，并不是所有的主体，如公司、大学或未来的配偶，都会考虑所有学校的毕业生。例如，温斯坦（Weinstein, 2017a；2017b）表明，许多公司只在顶尖大学或附近的校园进行面试。同样地，霍克斯比和埃弗里（2013）指出，大学招生人员只访问了一小部分高中，主要是那些大学录取率高的学校。无独有偶，一些婚恋服务只面向特定学校的毕业生。

这些观察结果表明，当学校提供分类时，它们也可以提供相匹配的质量。如果一些学校在为学生安排工作、大学或婚姻方面做得更好，那么学生就会愿意去这些学校，即使它们的教学服务很弱。[39]换句话说，学生们意识到，学校在提供教学的同时，也提供了通往就业等结果的途径。因为他们关心这样的结果，所以他们愿意牺牲一个方面的表现来换取另一个方面的表现。此外，像雇主这样的主体希望雇用熟练的工人，他们最终并不关心工人的技能是来自他们天生的能力还是来自他们在学校学到的东西。因此，他们也愿意从提供良好分类的学校招聘，即便它没有提供最好的教学。大法官安东宁·斯卡利亚（Antonin Scalia）抓住了这一点，当被问及他是如何挑选自己的书记员时，他回答说："总的来说，我将从那些基本上最难进入的法学院中挑选。它们可能教得不好，但一个人如果资质差，再培养也很难成为精英。如果他们来的时候是最优秀、最聪明的，他们离开的时候也可能是最优秀、最聪明的，对吧？"[40]

换言之，名牌学校之所以可以摆脱弱教学的责任，原因在于分类给它们的客户带来了平衡的困难。假设某所大学招收能力强的学生，这些学生对学校提供的工作机会感到满意——优质雇主会在这所学校招聘。现在假设学生们意识到学校的教学质量很差。她们中的任何一个人都可以去一所有更好老师的学校,但如果只有她去,她可能会发现,她不再容易得到优质雇主的青睐。事实上,即使她们都去了,也会产生一个令人担忧的问题:雇主们或许迟早会注意到能力强的学生已经流失,但如果她们因此错过了找到最好工作的机会,那么对这些先走的学生来说,这种滞后的代价可能是非常高昂的。[41] 同样的问题也适用于那些将孩子输送到大学的高中。

这有助于解释为什么在位者的好处在教育领域如此显著。例如,为什么在大学或高中,很少看到老牌劲旅被新兴势力淘汰。一旦一所学校将自己确立为某些类型学生的目的地,它就会表现出惰性,停留在这个位置上。换言之,这使它们具有很强的"先发"优势。例如,像哥伦比亚大学这样最早引入择优录取的学校获得了持久的优势,即使后来遇到困难,这种优势也会持续得到回报。同样地,像普林斯顿和耶鲁这样历史上为精英服务的学校,它们可以更从容地转型为研究型大学,而不是像康奈尔大学或约翰·霍普金斯大学这样的新进入者,因为别无选择而只能采取激进的举措。

最重要的是,顶尖大学的择优录取进一步解释了为什么——如果目标是增加科研产出——将绝大部分资源投向它们是有意义的:它们的择优性使得它们可以不受干扰地将教授的精力转移到研究上。

所有这一切带来了一个独立但重要的暗示:以市场为导向的教育体系不一定总是表现良好。首先,我们已经看到,市场力量在战前时期阻碍了科研成果的产出,但后来又促进了科研成果的产出。更一般地说,在教育领域,市场力量可以在不同方面产生不同的影响。为了说明这一点,有必要重申前文给出的美国大学体制目前在研究方面做得很好的理由:

1. 该体制已经建立了识别研究人才的机制；

2. 市场动力（分类）将人才和资源集中在部分学校；

3. 买家（如美国国立卫生研究院）可以很容易地识别出这些学校，并愿意使用它们；

4. 科研的本质在于其最高质量成果的极端重要性。

在某些领域，市场无法产生这些条件。例如，考虑一下在K-12教育的背景下是否每个条件都能得到满足。其一，如前所述，市场还没有发展出确定教学才能的可靠方法：好老师既可能出现在多数人想选择的学校，也可能出现在少数家长想选择的那些学校。其二，分类动力加剧了这一问题——所有关于教师增值的文献都是对这一问题的默认。如果市场能轻易地识别出教学才能，经济学家就不会去评估它了。相反，没有什么关于"研究人员增值"的文献——大学可以在没有经济学家帮助的情况下识别和招募研究人才，即使它们有时会犯错误。其三，即使家长能够完美地观测到学校的教学质量，他们也可能决定选择提供良好分类的学校，而不是选择提供良好教学的学校。[42] 这削弱了所有学校投资优质教学的动力。其四，K-12教育的本质是，基本上每所学校的表现都很重要。例如，一个拥有数千所学校的国家，如果只有100所学校教得好，就不太可能在国际考试中表现良好。但这种情况可能发生在大学，因为在研究中，高质量的产出非常重要。最重要的是，在教育方面，自由市场有时可以非常好地发挥作用，但它并不是灵丹妙药。目前，它让美国在研究方面表现良好，但不能保证将促进其他方面的表现（或者它将永远有助于研究，这个问题我们将在第八章中继续讨论）。

在某种意义上，这一结论与弗里德曼颇具影响力的研究（1955；1962）相冲突，他认为在教育中引入市场力量——特别是给予家长更多选择学校的自由——或多或少会自动改善教育。[43] 具体而言，弗里德曼认为，教育券可以让家长摆脱功能失调和表现不佳的公立学校。这是一个合理的立场，因为在许多国家，公立学校至少看起来很难解雇表现明显糟糕的教师，缓解严重的缺勤现象，或引入有意义的课程实验。[44]

但在弗里德曼提出观点的五十年后，我们知道，教育券的影响喜忧参半。例如，严谨的论文表明，哥伦比亚的教育券计划对学生非常有益。但另一项研究表明，其成本远超自身价值。[45] 与此形成鲜明对比的是，阿卜杜尔卡迪罗格鲁等人（Abdulkadiroglu et al., 2018）认为，路易斯安那州的教育券计划大大减少了学生的学习。[46] 这一证据与前文所述一致：在选择学校时，家长有多方面的考虑，并不能保证他们总是选择教学最好的学校。[47]

智利也是如此，该国自 1981 年以来一直是弗里德曼教育券提案的实验室。那一年，智利开始以营利或非营利的方式，向所有学生提供可在私立学校使用的教育券，这些学校可以自由选择学生并收取额外的学费。这导致了私立学校的大量创立，并占据了大部分市场：今天，超过 60% 的孩子在私立学校上学。随着干预措施的评估数据的出现，谢和乌奎拉（Hsieh and Urquiola, 2006）认为，这种改革的首要结果是产生了大规模的分类，而平均教育成绩几乎没有变化。[48] 有证据表明，市场让人们按照社会经济、地理或其他因素进行分类，由此造成了这样一种局面：驱使人们选择学校的不是教学增值，而是其他因素。换句话说，就像战前大学一样，智利的学校为他们的客户创造了价值，但未必符合政策制定者的设想。

在当时，这是一个令人惊讶的结果，因为人们仍然主要期望市场力量会显著提高教育表现。如果是这样的话，智利的教育改革早就结束了。事实上，在过去的二十年里，尽管智利的国际考试成绩有所提高，但智利一直在进行广泛的改革实验以减少分类，并使学校的生产力更显著，从而可能推动家长的选择。[49] 美国的特许学校在这方面提供了一个有趣的模式。它允许选择，但需采取抽签的录取方式，更接近于迫使学校在教学质量上竞争，而不是在分类质量上竞争。[50]

最重要的是，市场对教育表现的不同维度的综合影响有助于解释一些问题，例如，为什么美国的大学在科研产出方面引领世界，而K-12学校却在国际学生评估项目测试（PISA）成绩等方面落后。

### 分类与终身教职

在本章的最后，我们将要讨论提高美国大学体制研究生产力的第三个因素：人才分类与终身教职制度相互作用，一并为教授提供激励。最后一节将首先介绍终身教职制度产生的背景及其基本特征。[51]

#### 终身教职：起源和规则

人们可以将终身教职的出现视为两类相互关联的需求导致的结果。第一类需求是美国教授渴望学术自由和免受任意解雇的保护，他们中的许多人认为这在战前时期是相对罕见的（第二章）。随着研究型大学的发展，教职工日益专业化并获得权力，这种愿望变得更加强烈。与此相关的几个事件均涉及经济学家，部分原因是在经济学领域发展的早期，他们中的许多人除了把自己视为研究人员之外，还将自己视为改革者或激进分子，他们的行动造成了与大学管理部门之间的紧张关系。

一个著名的例子是理查德·伊利（Richard Ely），安德鲁·吉尔曼聘请他在约翰·霍普金斯大学任教。伊利积极参与进步运动，支持

第五章　生产力

工会，并参与了美国经济协会的创立。后来，在威斯康星州工业领域劳资关系紧张的时候，他跳槽去了威斯康星大学。这给伊利带来了冲突，部分原因是威斯康星州历来期望其大学积极参与本州的生活——所谓的"威斯康星理念"。不久，校长查尔斯·亚当斯和董事会成员就收到了投诉，大意是伊利支持罢工、教授社会主义相关内容，并"在家中招待工会组织者"，产生了极大影响。[52] 呼吁开除他的要求得到了媒体的报道，董事会还任命了一个委员会进行调查。最后，董事会不仅支持伊利，还发表了公开的声明：

> 作为一所拥有一百多名教师的大学的董事会，这些教师拥有将近两百万的拥趸，他们持有各种各样的观点……我们从未想过要建议解雇甚至批评一位教师，即使他的某些观点在某些方面被认为是不切实际的。此种控告将意味着任何教授都不应教授任何不被每个人接受为真理的东西。我们从不相信知识已经实现了它的最终目的，或者认为目前的社会状况是完美的。因此，我们必须欢迎老师们的讨论，这些讨论将为拓展知识的边界，祛除既有的偏见，并为防患于未然提供智识上的手段与储备。[53]

然而，伊利的学生之一——爱德华·罗斯（Edward Ross）的案例表明，结果可能会有所不同。罗斯在斯坦福大学教授经济学和社会学，在那里他倡导市政公用事业所有权，公开为社会主义者尤金·德布斯（Eugene Debs）辩护，并像其同时代的许多进步派人士一样，反对亚洲移民。[54] 简·斯坦福注意到了这些立场，她的财富部分来自她已故丈夫对中国劳工修建的铁路的投资。她在大场合中指责罗斯为

"社会主义中最低级、最卑鄙的分子"服务,并向校长戴维·乔丹施压,要求辞退他。[55] 乔丹促成了罗斯的辞职,但代价是负面报道和另外 8 名教职员工的离职。

这一事件促成了美国大学教授协会(American Association of University Professors,简称 AAUP)的建立,该协会表示希望制定"尊重专业职位的终身制和解雇教授的合法理由"的一般原则。[56] 简而言之,教授协会正式确立了对职位永久性和学术自由的渴望。

第二种需求之所以出现,是因为历史上的管理者和教授们都希望建立一种机制,鼓励有能力的个人进入学术界并努力工作,且允许那些不愿意这样做的人被解雇。[57] 哈佛大学早期的招聘实践揭示了一些相关的挑战。早些时候,哈佛聘用导师时使用的是可续签的定期合同,这种做法可能反映出,如果教师立即获得无固定期限合同,效率较低的人可能会留下来,而更有才华的同事会离开。例如,1716 年哈佛大学声明,永久性合同增加了弱者可能"终身被固定在学院"的风险。[58] 此外,可续期的合同可以提供激励。用哈佛大学章程的话说,它们可以"不时地激励导师,使他们在工作中更加勤勉和忠诚"。[59] 固定期限的另一个好处是,如果一位教授没有履行义务,学校不必说明解雇他的理由,而可以简单地让他的合同悄悄结束。

与此同时,固定期限合同也不是灵丹妙药。任何经理都知道,解雇员工即使在合同上可行,也是代价高昂的。当续约的问题出现时,人们很容易"踢皮球",不断拖延问题的解决。梅茨格(Metzger,1973,119)指出,1760 年哈佛大学的一项规定将某个级别的教师合同聘期限制为八年:"是为了防止因疏忽或同情随意延长聘期,它的目的是在评估人员的严肃事务中减少善意的成分。"

这两种需求——对永久／自由的需求和对表现／激励的需求——可能会交织在一起，这并不奇怪。在詹姆斯·科南特担任校长期间（1933—1953），哈佛提供了一个例证。科南特希望加强学校的社会科学，当时人们普遍认为，由于"近亲繁殖"和其他招聘失误，该校的社会科学落后于芝加哥大学和哥伦比亚大学。[60] 换句话说，科南特强调，组建一支强大的师资队伍需要时刻保持警惕，这是一个经常被忽略的真理。一些校长、院长和教授想知道，为什么有的同事会仔细审查每一个招聘决定——他们就不能让种种情况顺其自然吗？相比之下，科南特认为教师的职位是宝贵的，"用一个二流人物来填补职位空缺是对信任的背叛——几乎是刑事犯罪性质的疏忽"。[61]

正是在这种背景下，1937年，两位发表成果有限的教职工艾伦·斯威齐（Alan Sweezy）和雷蒙德·沃尔什（Raymond Walsh）申请续约。与以往不同的是，两人都是与工会有联系的经济学家。[62] 当他们被解雇时，一些同事怀疑这是因为他们的政治立场。科南特坚称情况并非如此，他甚至不认为二人的政治立场特别引人注目。教职工委员会后来没有发现政治偏见的证据，但指出这两位经济学家没有得到公平的对待，并对他们的审查时间提出了质疑。[63] 像这样的案例清楚地表明，很难将对永久／自由的渴望与提供激励的渴望分开。终身教职制度则可能被视为解决这两种需求的不完美手段。

终身制的主要特点是有一个固定期限的试用期，然后是"非升即走"的决定。在这一点上，候选人要么被要求离开学校，要么被允许留下，在后一种情况下，除了严重的不当行为外，他们将不会被解雇。有必要简要地阐述一下这些安排，注意，我们描述的是一般情况——细节因学校而异。

首先，终身教职基本上只适用于研究型教师。这种类型的年轻人以助理教授的身份进入终身教职。她最初的合同是三到四年的,可以续签一次,试用期总共持续六到八年。在做出非升即走的决定时,审查委员会必须确定候选人的研究是否达到要求的标准。在顶级学校,她必须在顶级期刊上发表多篇文章,或者在最好的大学出版社出书。但是没有明确的、机械的要求清单,更普遍的期望是候选人已经有很出色的科研表现。

评议的一个关键环节是各同行机构的终身教授们撰写的五到二十封"外审"信件。在某些情况下,这些终身教授被要求自己随意发挥;他们也可能被要求回答一些具体的问题,比如:你熟悉候选人吗?她的主要贡献是什么?她们与所附名单中的其他人相比如何?你赞成让她在你们学校终身任教吗?长篇大论的回复并不罕见。这些信对候选人的评价褒贬不一。当然,最糟糕的结果可能是一封明确反对授予终身教职的信。在十几封这样的信中,只要反对信多于一封,就会导致候选人不被录用。第二糟糕的情况是推荐人拒绝回复——这可能意味着推荐人希望避免做出负面评价,或者更糟的是,她根本没有注意到候选人的成果。接下来是推荐授予终身教职的信件,即使在这种情况下,文本也会被仔细审查,以寻找微妙的负面信息。

根据这些信件和委员会自己的评估,委员会会出具一份建议报告。这份报告内容全面,并会明确提出与推荐人之间的分歧。该报告随后由该院系的终身教授投票表决。如果投票结果是肯定的,那么会再经过至少一个由教务长召集的委员会讨论,这个委员会包括其他学科的成员。事实上,最终决定权掌握在教务长手中,但在法律上,该决定权仍然属于校长和董事。如果结果是肯定的,候选人将从此获得终身职位,如果结果是否定的,她将在离职前获得一年宽限期。

我们并不完全清楚这些政策是在何处形成的,因为正如美国大学体制的许多特点一样,它们是逐渐出现的,没有经过集中的计划。20世纪20年代的普林斯顿大学和30年代的几所学校都出现了这一方案的关键特征;到1950年,完整的方案已经开始普及。[64] 同样重要的是,终身教职制度往往是一种规范,而非一种法律合同。尤其是私立大学,几乎没有任何法律义务尊重任何人的终身教职。[65] 最后,同样值得注意的是,多年以来终身制已变得不那么常见了,它越来越多地只提供给排名更高、更富有的大学的研究型教授。[66]

终身教职可能会对科研生产力产生复杂的影响。从积极的一面看,这促使年轻教授努力工作。我的感觉是,与世界其他地方的同行相比,美国的年轻教授更有可能优先考虑研究,并表现出专注。当然,这也可能反映了选择:如今,有前途的年轻博士在世界各地都有机会。那些签下了艰苦的美国终身教职合同的人可能更愿意冒险,牺牲他们生活中非研究的方面。[67] 此外,终身教职可能会让学校在教师任命方面做出更好的决策。首先,由于终身教职意味着长期的承诺,它迫使教职员工认真对待"非升即走"的决定。其次,通过保护在职人员,它可以提升招聘的质量。为了说明这一点,让我们假设化学教授最善于发现他们领域的人才。但如果这可能会让他们中的至少一个人失去工作,他们可能不愿意帮助所在的大学聘任比自己更优秀的人,而终身教职为他们提供了恰到好处的激励。[68]

从消极的方面来说,终身教职可能会降低高级教员的努力程度。[69] 然而,出于两个考量因素,这种阻碍美国研究表现的可能性有所降低。首先,平均而言,年长的教授可能有工作保障,在这一点上,美国与其他国家并没有什么不同。此外,正如第一章所讨论的,高级教授面临的激励不会仅仅因为他们获得了终身教职就归零,薪酬、晋升和声望仍然取决于其科研产出。

### 与分类的相互作用

在某种程度上,终身教职有积极的影响,这些影响可能会被它与按研究人才分类的相互作用这一事实所加强(第三章)。[70] 分类意味着,每位助理教授很可能与她所在的院系相匹配,在预期产出方面,她与同事的差距不大;再加上终身教职的目标,这往往会使她更加努力。

为了说明这一点,请考虑这样一种情况,其中每个人的研究成果取决于她固有的能力和努力,在这种情况下,根据产出排名,只有前一半的候选人能获得终身教职。[71] 现在再考虑两种情况下的努力。在第一种情况下,每个人都被"放在同一个口袋里"——你可以把这想象成每个人都想在一所规模庞大的大学里获得终身教职。在这种情况下,固有能力很低的人会意识到,他们的努力不太可能让他们进入前半部分。在极端情况下,他们会选择放弃。[72] 类似的事情也可能发生在优秀的人中间:如果能力最强的人确信自己最终会处于前半部分,他们可能会付出更少的努力。努力工作的动力在中间段是最强的。现在考虑第二种情况,人们根据固有能力被分类到许多学校。这将更有可能引起各个层次的人的努力,因为在这种情况下,每个人都将与水平相近的人竞争。特别是如果分类是精细化的(不排除在结果中有一些干扰因素),那么激励将扩展到更广的范围。

上编已经论述了美国大学体制的自由市场取向如何解释其研究表现的不同寻常的演变。这种取向造就了内战前资金匮乏的大学体制,虽然可以满足分类需求,但教学薄弱,科研产出也很少。同样的取向

## 第五章 生产力

允许少数进入者和在位者引入专门和高级的教学，从而自然地将其活动扩展到研究领域。它也允许分类改革，这将导致不平等，产生了一些非常富有的学校。其结果是在几十所大学中形成了一个将人才与金钱相匹配的系统，由于分类，这些大学可以将巨大的精力投入到研究中。

简而言之，上编提供了一个满足第一章要求的叙事：它解释了19世纪美国学校的弱点，第二次世界大战前几十年开始的改善，少数学校在引领这种改善方面起到的巨大作用，以及最高质量的研究成果何以集中在一小部分机构中。换句话说，当欧洲各国主张通过政府激励大学寻找人才，并为大学提供资源时，在美国，是自由市场提供了动力，最终催生了更为成功的研究机器。

当然，上编并没有解释为什么美国的大学体制是作为一个自由市场运作的，而欧洲的大学体制则基本上不是。下编将转向这个问题。

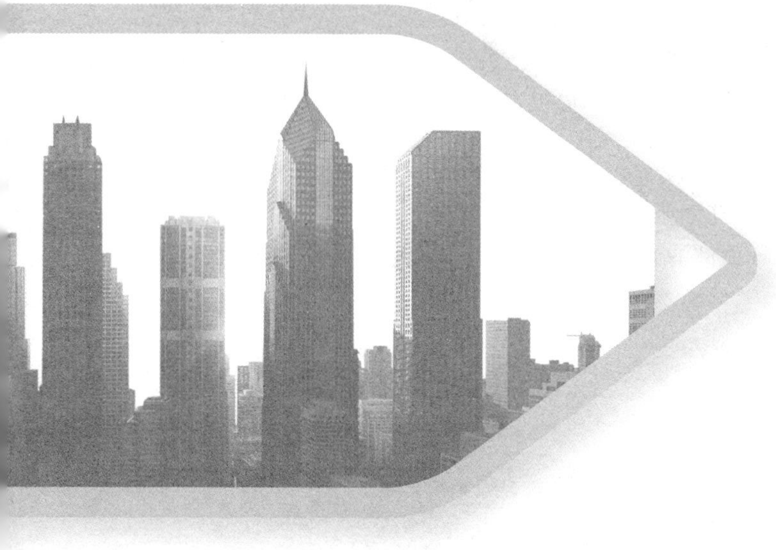

# 下编

# 自治、自由进入、自由范围

# 第六章
# 欧洲

在富裕国家中,像美国这样让其大学系统按自由市场的规律运作是不同寻常的。自治、自由进入和自由范围在欧洲的大学系统中并不常见。在法国、德国和英国,开办新大学向来都更困难。此外,在法国和德国,绝大多数大学是由政府资助和控制的。总的来说,它们无法单方面设置新的高级教授职位或决定教师工资。教育部对这些决定施加了实质性的控制,部分原因是大多数教师本质上是公务员。[1]

在某些情况下,欧洲大学甚至无法控制自己的身份。例如,1789年之后,法国政府曾多次拆分和重组高等教育机构。最近,耿贝尔(Gumbel,2013,149)要读者试着想象:

> 如果美国政府宣布一项计划,将哈佛大学、麻省理工学院、波士顿大学、新英格兰法学院和马萨诸塞州的其他十几所高等教育机构合并,目的是创建一所庞大的大学。人们可能会觉得很可笑,因为其中一些机构已经处于世界前列,并对自己的独立性引以为傲。但在法国,这种情况不仅是可以想象的,而且它就是一种官方政策。

欧洲各国政府也更有可能限制大学的经营范围。例如,在法国,一些精英学院(*grandes écoles*)被赋予了范围相对狭窄的任务(比如提供某些类型的工程专业指导),而负责培养科学家和学者的高等实践研究院(*École Pratique des Hautes Études*)最初是不允许授予学位的。[2] 最重要的是,在我们关注的国家中,就自由市场导向而言,美国处于一个极端,法国和德国处于另一个极端,英国介于两者之间。[3]

本书认为,这一导向影响深远。首先,它允许美国在少数机构内更好地匹配人才和金钱。例如,德国大学在学生人均支出和声望方面比美国大学平等得多,但与此同时,没有一所德国大学能像斯坦福大学那样富有。同样地,戈阿斯泰勒克(Goastellec,2012)提到了一种法国学说,它假装所有的大学都是平等的。除此之外,在欧洲,人才和金钱可能不太匹配,因为联邦研究基金通常的流向并非大学的机构,如德国的马克斯普朗克学会和法国的国家科学研究委员会(CNRS)。[4] 同样的道理,本‐大卫(1977)指出,法国的精英学院吸引了最优秀的学生,但并不一定将他们与最优秀的研究人员相匹配。

当然,目前的讨论还没有回答为什么自由市场规则在美国盛行,却在欧洲式微。

本书的下编认为,具有讽刺意味的是,正是欧洲发明了广阔的、不受约束的大学市场。这是因为当大学在欧洲出现时,宗教和政治因素决定了它们是在一个单一的大学市场中出现,而这个市场没有一个能够控制它们的单一权威。新教改革结束了这一局面,然而,随着市场的分裂,国家变得愿意并且有能力统治仍然以宗教为导向的教育系统。

# 第六章 欧洲

同样具有讽刺意味的是，最早创建大学的美国殖民地——马萨诸塞、康涅狄格、弗吉尼亚——普遍采用了欧洲式的管理方式。换句话说，如果美国只由这样的殖民地组成，它的大学系统可能也不会表现出自治或自由进入的特质。然而，一旦大学建校迁至中大西洋地区——新泽西、纽约和宾夕法尼亚，这个系统就呈现出了今天的市场导向。

要理解这一叙事的欧洲面向，就需要回顾历史最悠久的大学的崛起过程。少数像博洛尼亚大学、牛津大学和巴黎大学这些出现在中世纪鼎盛时期的学校，并没有确切的建立日期，因为它们是自发出现的。在这些学校中，我们将重点关注巴黎大学，并非因为它是最古老的——再说一次，它是否古老尚无定论——而是因为它是法国、德国、英国和美国大学的核心制度模式。例如，巴黎大学的发展直接影响了牛津，进而影响了剑桥，最终影响了哈佛。类似地，当普法尔茨选帝侯鲁普莱西特（Ruprecht）在海德堡建立第一所德国大学时，他规定该大学应当"按照巴黎大学的模式进行控制、处置和监管……我们希望它作为巴黎大学的一个使女，并能像一个值得尊敬的使女一般，尽可能地跟上巴黎大学的步伐"。[5]因此，我们关注的所有国家的大学都可以直接追溯至巴黎大学。然而，它们现在存在于市场导向差异巨大的国家体制中。这一章和下一章试图解释的正是这种差异的发展过程。

这一章主要描述欧洲的发展（第七章主要阐述美国的发展）。第一部分主要描述了自治、自由进入和自由范围是如何产生的，第二部分则阐述了宗教改革如何将它们扫地出门。

## 自由市场的兴起

大学产生的背景如下。罗马帝国的衰落分裂了欧洲，扰乱了贸易，降低了生活水平和城市化率。世界的宗教和政治重心东移至君士坦丁堡。尽管如此，基督教仍在地区主教的领导下继续扩张，学术活动在他们控制的农村修道院中得到庇护。

在公元 1000 年左右，大约是中世纪鼎盛时期开始的时候，上述情况开始发生变化。贸易再次增长，城市经济随着商人队伍的壮大和行会组织的形成而加强。君士坦丁堡的衰落使教皇将注意力转向北方，转向一个或多或少基督教化的欧洲。教育活动从修道院转移到城镇地区，许多城镇的学校数量有所增加。[6] 这一增长反映出城市化和经济增长提高了教育回报，导致更多家庭产生了为子女提供正规教育的需求。[7] 此外，由于贸易发展和十字军东征，欧洲人得以与保有亚里士多德等学者的经典著作的地区建立联系，学校因此拥有了更丰富的教学内容。[8]

每一所学校都由一位拉丁文头衔为"*magister scholarum*"① 的教师管理，拉丁语在那时也是通用的教学语言。本笃会修士吉伯特·德·诺金特（Guibert de Nogent）在 1117 年评论这些变化时说："以前，包括我年轻的时候，教师（master）并不多，在城镇里没有，在城市里也几乎找不到。即便有时存在，他们的科学素养是如此薄弱，以至于很难与今天的神职人员相比。"[9] 他提到了神职人员，表明这些学校具有鲜明的宗教特征，这在当时是很常见的。由于教会的存在，

---

① *magister scholarum*，它最接近 "schoolmaster" 一词。*magister*，最早指管理一所学校的人，兼有教学和教育管理双重身份。12 世纪，学校规模比较小，一般由一位教师管理，教师也像其他手工工匠一样是个师傅。最初主教就是执教者，后来因事务繁忙，他们便委任下属牧师团成员兼做教学工作。这些教学者或者是学校的创建者，或者是经本地区主教为代表的官方许可的从教者。在更广泛的意义上，这个头衔也用于经过一段充分时间学习，或是留校任教的优秀学生，标志着该教师在教学活动中的作用。但到 14 世纪，这个头衔逐渐成为荣誉头衔，类似 *dominus*，有主人的意味。大学生甚至称呼他们喜爱的教师为"我的主人"（*dominus meus*）。

学术活动得以幸存，而当时的识字率非常低，神职人员是少数能读会写的群体之一。事实上，在中世纪早期，"神职人员"一词本质上意味着拥有读写能力。相比之下，一个非神职人员很可能是文盲。[10]此外，神学主要是对上帝和宗教信仰进行研究，这也是任何教育事业的终极目标。

在某些情况下，教会官员直接管理城镇学校。例如，主教经常通过允许其雇用的神职人员任教来支持主教座堂学校（catheral school）。在这方面，他们遵循的是罗马的指示，比如教皇格列高利七世（Pope Gregory VII）在1079年训诫："每个大教堂都应当留出足够的有俸圣职（benefice），提供给免费教导神职人员和贫穷学者的教师。"有俸圣职指的是教师的薪金从教会的收入中支付。[11]

此外，在许多城镇有独立经营的学校，这也是私立学校的前身。当地的主教对这些学校亦有很大的控制权，因为他掌握着授予学校教师执教资格的权力，即"教师许可证"（licentia docendi）。在更大、更富裕的教区，主教将学校的监管权委托给一位被称为教长（chancellor）的官员。

这些学校并不复杂。一个老师可能会独自在一个租来的房间里提供指导，靠学生的学费维持生计。尤其在较小的城镇，老师会将重点放在基础教学上，教授适合做礼拜任务的拉丁语读写能力。有些学校会走得更远，教授的内容涵盖三学科（trivium，即语法、逻辑和修辞学）和四学科（quadrivium，即算术、几何、音乐和天文学）的一部分，这七门学科是从罗马的博雅教育传承下来的。这套课程虽然主要服务于宗教事业，但也吸引了商人和贵族的儿子，他们希望从事法律和医学工作。

这类学校在欧洲的分布并不均匀：在现代的德国相对较少，主要集中在意大利北部的博洛尼亚和萨莱诺等地。但它们在现代的法国也很常见：到 11 世纪，巴黎圣母院附近便有许多。[12] 拥有更多学校的城镇自然有更多的教师，也更有可能提供更高级的教育：法律、神学和医学方面的授课。这些学校通常被定位为高等学院，因为学生在接受它们提供的课程前需要完成人文类的通识课程。[13]

随着学校数量的增长，它们开始被称为 studia。这是一个非正式的称呼：一个学校（studium）仅仅是指老师和学生聚集的地方。根据这些地方吸引学生的能力，出现了两种类型的学校。一类是专门服务于特定地区的学校（studium particulare），主要吸引附近的学生和学者；相比之下，另一类学校（studium generale）① 吸引的学生来自更大、更广泛的区域。后者更有声望，当时人们认为可以通过师生是否不远千里而来以判断一个学校的质量。[14]

这只有在中世纪的学生行动相对自如的情况下才有意义，也许令人惊讶的是，他们确实曾经行动自如。具体而言，我们一般会认为旅行从来没有如今这般容易。例如，今天从布鲁塞尔乘坐高铁到巴黎只需不到两小时，中世纪的教师们却可能要花上几天的时间——他们需要花很大力气才能理解如今这种便利。但与此同时，我们也很难理

---

① 这里的 "studium generale" 是指 "有组织的学校"，此处的 "generale" 和学科没有关系。说一个学校是 "studium generale"，就意味着该学校拥有吸引国外学生的能力。一个学校来自国外的师生越多，就越具有 generale。最初的两所大学 "博洛尼亚大学" 和 "巴黎大学" 就被称为 studium generale，不过，这个名称并不是一个专有名词，其他学校也可以使用这个词。到了 12 世纪末期，大学（studium generale）的含义变得丰富起来。一个能被称为 "大学" 的学校，必须拥有一个艺学部和三个高级学部——法学部、医学部和神学部——中的至少一个或者两个；而且每个学部都必须拥有一定数量的正式教师。到了 13 世纪，studium generale 又被赋予了新的含义，即从该类机构获得的执教资格具有普遍的效力，也就是通行执教资格（ius ubique docendi）。

解他们在某些方面是多么轻松。例如，作为一名大学生，我在法国格勒诺布尔大学度过了一个学期。我去往那里的第一步确实会让中世纪的学生感到困惑：纽约和里昂之间的直飞航班。但是，我面临着其他困难。我的法语说得不好，上课时很难听懂。法国经济学家的教学方法也与美国大不相同。为了获得必要的签证和文件，我花了很多时间。而这些都不会困扰我的中世纪同行。当时所有学校的教学都是用拉丁语进行，基本上教授相同的课程；实际上，每个人都是基督教世界的公民。

最重要的是，到了11世纪晚期，一些有组织的学校（*studia generalia*）[8]通过吸引来自欧洲各个角落的学者，践行了它们的使命。[15]有些学校甚至建立了专门的机构，以满足它们招揽的各种各样的学生。在巴黎大学，出现了四个学生族群或协会：法兰西族群的学生大致来自法国中部、意大利和西班牙；英格兰族群的学生来自英格兰、威尔士、苏格兰、爱尔兰、诺曼底、德国、斯堪的纳维亚、芬兰和匈牙利；皮卡德族群的学生来自低地国家和法国北部；诺曼族群的学生来自布列塔尼。[16]从某些方面来看，像巴黎大学这样的学校比当今我们许多引以为豪的"全球性"大学更具多样性。

随着时间的推移，这些地方的导师和学生形成了团体精神（*esprit de corps*），开始像行会一样行事。所谓行会，就像控制特定地区商业的商人协会那样。中世纪行会的主要活动之一是向镇议员和国王请愿，要求特权和保护。那么，学校教师们对什么特权感兴趣？他们希望通过获得它们来应对哪些挑战？

虽然他们的要求不尽相同，但在现代人看来都是清晰可辨的。第一次声讨被称作"镇袍之争"（towns vs. gowns），因为学校需要为学生提供食宿，但作为几乎没有物质财产的非正式机构，它们没有能力做到这一点。因此，教师和学生一般都是自己安排租房和伙食。在某些情况下，他们的数量相对于收容他们的城镇来说是庞大的，因此带来的经济效益也很大。例如，中世纪牛津的一位工作人员观察到，该镇的人口由"靠年轻绅士生活的人和靠那些靠年轻绅士生活的人生活的人组成"。[17]

不出所料，这些地方的食宿价格都有所上涨。此外，因为这些学生很容易被认出来，当地人可以针对他们开出更高的价格。这不可避免地导致了对价格欺诈的指控，以及对商品和服务质量的不满。例如，学生们抱怨啤酒变质、肉品腐烂。尽管这些情况比较极端，但类似的冲突仍然延续了下来。富裕的美国大学通过经营自己的餐厅来控制学生体验的相关部分，但与食物有关的投诉并没有消失，只是标准改变了。2013年，《纽约时报》报道称，哥伦比亚大学食堂的本科生消耗了大量的花生酱，考虑到费用问题，校方将其下架。正如《纽约时报》所说，这一举动引起了轩然大波，哥伦比亚大学食堂很快恢复供应这一商品。一位大学生对这场争议给出了解释，说它结合了学生们喜欢的两样东西："花生酱和抱怨食堂。"[18]

对学校而言，安全性可能是一个更严重的问题，而且从某种意义上说，问题的根源并没有改变。2016年，《纽约时报》报道称，哈佛大学有50名员工专门处理与性侵犯有关的问题。[19]这样的开销会让中世纪的学者们大吃一惊。另一方面，他们也会完全理解这种需求。由于没有校园，也就没有校园娱乐活动，中世纪的学生经常光顾镇上的小酒馆，在那里，使用和滥用酒精往往会引发性侵犯事件。由于几乎所有的学生都是男性，性侵犯的对象主要是镇上的女性，这就造成了严重的后果。例如，在1209年，一名牛津大学的学者卷入了一名当地妇女的死亡事件，镇上的人袭击了他的宿舍，斗争持续了几天，并造成了几名学者死亡。1200 年，在巴黎，一名富有的德国学生的仆人被一家酒馆驱逐，之后这名学生的朋友袭击了酒馆老板，斗殴导致几名学生死亡。[20]

这样的挑战导致学者们寻求特权和保护。例如，在巴黎，他们要求国王和主教将对其成员的攻击定性为刑事犯罪，并在他们自己被指控攻击时给予某种形式的豁免权。关于食品和饮料，他们基本上要求对价格和质量进行控制。[21]

为了回应这些要求，当局开始用"*universitas*"来称呼这些学者。这个词只是用来指代一个群体，即"整个领域的"或"所有的"学者。这就是"大学"（university）一词的起源，值得强调的是，最初这个词并不是专门针对学者的。例如，*universitas vestra*（你们所有人）被用来称呼其他法人和行会。与此相一致的是，在这个词被使用多年后，它被改用以专指后来被如此称呼的对象——例如，教皇称巴黎团体为"所有的巴黎教师和学者"（University of Masters and Scholars of Paris）。[22]

### 自治

除了上述世俗的诉求外，学者们还提出了一个要求，七百年后的达特茅斯还为此进行了一场载入史册的斗争（见下一章）：自治。通过自治，我们已经理解了学校控制其事务的能力，中世纪的教师们会在很大程度上同意这个定义。确切地说，学者们希望起草他们自己的章程，选举他们自己的领袖，并让成员对他们的团体宣誓（宣誓在中世纪很重要，违背誓言可能会危及进入天堂的机会）。

重要的是，他们也反对主教对教学许可证的控制。首先，这就提出了一个原则性的问题，该问题与许可证（*licentia*）是最初的大学学位这一事实相关。[23] 教师觉得只有他们才有资格决定谁应该得到它。毕竟，"*magister*"这个头衔意味着掌握了一套知识体系，就像一个行会的成员被期望了解该行业一样。其次，许可证的授权同样引出了利益的问题，因为毕业时收取的费用是学校收入的主要来源。不出所料，有人指控腐败的主教将许可证授予了不合格的个人。[24] 更普遍的是，像任何行会一样，每个地方的教师都希望对他们的行业施加一些控制，包括保护自己免受竞争的威胁。

当然，如果主教或他们的教长愿意放弃对其管辖范围内许可证的控制，人们也会感到意外。然而，在这种情况下，教师们可以向教皇投诉，教皇至少在原则上控制着主教。

是什么让教师们期望当局会同意他们的要求呢？大学有三个筹码。第一个与其流动性有关。如果学者们表现得很有凝聚力——如果他们精诚合作——那他们的事业就可以是高度流动的。大多数学生都很年轻，而且已经远离故乡，许多老师都是单身，因为他们是神职人员。[25] 无论他们去哪里，课程和教学语言都是一样的，最终的正式权威仍然掌握在教皇手中。此外，早期的大学几乎没有任何有形资产：没有建筑或图书馆，因此搬迁也不需要放弃什么。这是一个学者们真正成为大学的时代。[26] 因此，学者们可以威胁要集体离开，这种行为被称为迁移、流散或停工。当这种情况发生时，教学在特定的地方停止，待商议达成共识后，再在学者同意的一些地方恢复教学。这可能看起来很极端，但在中世纪，停工和协调行动并非闻所未闻，例如，一场流行病可能导致大量学者离开城镇。大学的迁移对于所在城镇来说，代价是昂贵的，因为它失去了与学者活动相关的收入。这种情况虽然不一定常见，但确实发生过。举三个例子，由于一些离开的学者再也没有回来，牛津大学的迁移导致了 1208 年剑桥大学的建立。

1228年，来自巴黎的学者迁移带动了奥尔良、牛津和图卢兹的发展。1409年，来自布拉格的学者迁移促成了莱比锡大学的建立。[27]

大学的第二个筹码则反映了教皇和国王支持、控制和监管大学的意图。毕竟，文学院培养了牧师，神学院培养了未来的教会领袖，而法学院培养了日益重要的世俗官僚。[28] 此外，在大学里教授的内容可能是举足轻重的。我们会看到，任何不符合天主教教义的异端邪说，都可能产生重大的政治和军事后果。更进一步地，大学可以游移在高层的权力博弈之间。例如，在14世纪早期，国王菲利普和教皇博尼法斯八世（Pope Boniface VIII）之间的关系紧张，双方都召集了神学和教会法博士来谴责对方。同样地，亨利八世无法说服教皇取消他的婚姻，便询问大学学者对这个问题的意见。

第三，中世纪的大学利用了一个我们很容易理解的筹码：地位显赫的校友。到了12世纪，许多教皇都曾在巴黎或博洛尼亚大学学习，有些教皇自己也成了教师。1286年，布尔日大主教对巴黎大学的学生们说："我们今天是什么样子，你们明天就是什么样子。事实上，我不相信今天我们中间有哪个高级教士不是从这所大学出来的。"[29] 因此，教师们知道，至少有一些听到他们祷告的人知道他们是从哪里来的。

在某些情况下，这些筹码不一定有效，但中世纪晚期为大学追求自治提供了一个有利的环境。关键的一点是，它们面对的权威远非铁板一块。虽然大学最直接地依赖于地方当局——国王和主教——但它们也在教皇的管辖之下。这反映出，按照今天的标准，在教会周围存在一种强烈的文化共识。正如爱尔（Eire, 2016, viii）所述：

> 在当时，宗教不仅仅是一种社会黏合剂：因为它把每个村庄和王国的［所有个体］联系在一起，它……让他们超越了看似不可逾越的社会、政治、文化、语言和种族界限。从西南部的葡萄牙到东北部的立陶宛，从最南部的西西里岛到最北部的斯堪的纳维亚半岛，一套共同的神话、仪式、符号和……规范把所有西方人联系在一起，一个叫天主教会的古老机构也促成了这种宗教的联结……

与此同时，教皇的权力受到限制。首先，他几乎没有办法对周围环境进行直接的控制。为此，他需要依赖管理者，不仅包括国王，还包括公爵、亲王等等。然而，按照现代标准，这些管理者也很软弱，他们有时甚至无法控制其名义上的领土。缺乏单一权威的事实表明，任何一方都不能总是在不受干扰的情况下进行任命。例如，在这一时期，主教不仅由教皇选择，地方统治者也进行了大量干预。另一方面，国王和皇帝需要从教会获得正当性，教皇为皇帝加冕就说明了这一点。最重要的是，没有一个单一的权威机构能够随时随地控制教育，如果操作得当，大学也可以利用一种权威对抗另一种权威。

在这种条件下，大学获得了各种特权。第一种与人身保护有关。例如，1194年，教皇塞莱斯廷三世（Pope Celestine III）威胁所有攻击巴黎学者的人将被逐出教会。1200年，国王菲利普二世规定，所有公民都要保护巴黎学者，伤害他们的人将由他的军队处置。[30] 教师和学生不会被世俗当局逮捕，他们只会受到教会法庭的审判——这些特权通常是为受命牧师保留的。一想到醉酒的学生有这样的豁免权，邻居们一定会不寒而栗。意大利北部也发生了类似的事件。1158年，在一份名为《学术特权》（*Privilegium Scholasticum*）的文件中，神

## 第六章 欧洲

圣罗马帝国皇帝将他的保护范围扩大到任何以学习为目的进出意大利的人。[31]

第二种特权包括物质产品。例如，在牛津大学1209年的一次流散之后，教皇英诺森三世（Pope Innocent III）向城镇当局发布了一份指示宪章。在接下来的十年里，学者被收取的租金是流散前的一半，再之后的十年则是全额。镇民不得在食品上要价过高。[32]1217年，博洛尼亚的学生也获得了类似的特权。当然，人们会怀疑这些指示被遵守的程度如何，但其意图是显而易见的。

就本书的目的而言，最重要的特权与自治有关，它们只有在重大的冲突和逆转之后才会出现。例如，1215年，教皇英诺森三世的使节颁布了一套大学章程，大大削弱了教长对巴黎大学教师的权力。[33]然后，学者们单方面修改了这些章程，并使之生效，这是建立自治法人的重大举措。主教及其教长强烈反对这些措施，他们说道：

> 在过去，当每个教师都独自授课，且大学仍名目未定的时候，演讲更为频繁，学生对学习也更有热情。但是现在，你们被整合进了一所大学，却很少演讲，事情都变得匆忙，学生学到的东西很少，因为上课的时间都花在开会和讨论上了。在这些会议上，当元老们在认真研讨时……年轻人却把时间花在策划最可憎的组织方案和夜间突击检查计划上。[34]

1219年，主教将整个大学逐出教会。教皇霍诺留斯三世（Pope Honorius III）扭转了这一局面，但大学与教长之间的紧张关系仍然存在。1228年，随着进一步的混乱，大学陷入了大规模的流散。[35]1229年，教皇格列高利九世和国王路易九世基本上批准了大学的自治。由于教皇的一系列通信，教长们回到了巴黎，其中最重要的是1231年的"科学之母"教谕（*Parens scientiarum*），这使得教长成为名义上的大学校长。用鲁迪（Rudy，1984，25）的话来说，此时的巴黎大学是"一个在教皇保护下的完全特许的法人实体，不受地方教会当局或民间政府的各种干预"。[36]就牛津和剑桥而言，它们获得自治权的过程总体上更容易，我们将在后面看到，这最终也被证明更持久。其中一个原因可能是这些大学离主教和教长更远。[37]

总而言之，到12世纪，多所大学已经能够确保相当程度的自治，这是自由市场大学体制的一个关键要素。我们现在要讨论另外两个要素的出现：自由进入和自由范围。

## 自由进入

如果创办新的大学很容易，那么该大学体制就具备了自由进入的特点。要确定这是否成立，首先需要明确经济学家所说的市场范围是什么：例如，从地理角度来看，这个市场是什么？[38]在此期间，大学市场扩展到了整个欧洲。有几个因素指向了这一宽泛的定义：教师和学生可以在这片区域活动，以及教皇至少在形式上拥有对该区域的权威。这一点在教皇授予一些大学毕业生的另一项特权中得到了强调：通行执教资格（*ius ubique docendi*），即在基督教世界的任何地方教书，而无需得到主教的进一步许可的权利。[39]教皇尼古拉四世（Pope Nicholas IV）于1292年授予博洛尼亚大学和巴黎大学这一特权，从而几乎宣告了一个遍及欧洲的大学市场的诞生。

在如此界定的市场中，肯定会有人想要提升创办大学的门槛。首先，在寻求控制许可证和作为行会行动的过程中，大学在某种程度上追求地方垄断。国王可能也希望控制在他们领地创办大学的门槛。

但是，所有这些主体的影响范围都很有限。例如，巴黎大学或法国国王不能阻止选帝侯在海德堡开办一所大学，特别是如果教皇愿意用特许状来支持这一举动。

在这种环境下，欧洲经历了自己版本的大规模建校。首先，在最早的大学出现后的几十年里，迁移导致了像剑桥这样的学校的建立。后来，国王、贵族和市政当局从乐于接收大学转变为积极创办大学。这反映出，随着各国逐渐强大，它们对训练有素的官员的需求也在增加，它们对大学所能带来的声望和经济活动的渴望也在增加。此外，一些人还提到了就近办学的可取之处，就像几个世纪后美国战前大学的创始人所做的那样。

第一波办学浪潮主要发生在14世纪左右。[40]1290年，葡萄牙国王迪尼兹以距离萨拉曼卡和巴黎太远为由，最终选址在科英布拉建立了学校。同样的道理，阿拉贡的国王们在拉西达（1300）、佩皮尼昂（1350）和韦斯卡（1354）创办了大学。意大利的其他城市也提供了博洛尼亚大学的替代品，创办了佩鲁贾大学（1308）、佛罗伦萨大学（1349）和帕维亚大学（1361）。波希米亚国王和神圣罗马帝国皇帝查理四世（1347）创建了布拉格大学，鲁道夫二世（1365）创建了维也纳大学。波兰国王和匈牙利国王分别创建了克拉科夫工业大学（1364）和佩奇大学（1367）。

教皇本可以在一定程度上限制大学的创建，但有时他们自己也在其基地附近创建大学，如阿维尼翁（1303）和卡奥尔（1332）。此外，在这一时期，教会大分裂削弱了教皇的权威。具体来说，在14世纪早期，由于缺乏安全感和法国参与教皇选举等因素，教皇从罗马搬到了法国南部的阿维尼翁。1377年，最后一位法国教皇格列高利十一世（Gregory XI）回到罗马。他去世后，主要由法国人组成的枢机主教团任命意大利人乌尔班六世（Urban VI）为他的继任者。然而，乌尔班很快疏远了他们。作为回应，他们选举了另一位法国教皇克莱门特七世（Clement VII），后者回到了阿维尼翁。于是出现了两位教皇，他们各自任命枢机主教，这些枢机主教在1378年至1417年间轮流选举教皇。由于不同的统治者各执一端，这场教会分裂使欧洲也开始分裂。在一些大学，由此造成的紧张局势导致学生大批离开。例如，苏格兰学生离开牛津，德国学生离开巴黎，法国学生离开博洛尼亚。[41] 这些动向增加了对地方教育的需求，促成了神圣罗马帝国的海德堡大学（1385）、科隆大学（1388）和埃尔福特大学（1389），以及苏格兰的圣安德鲁斯大学（1410）的创建。不仅如此，由于两位教皇在争夺影响力，获得教皇的批准变得更加容易。

另一波更大的办学浪潮出现在15世纪，在市政府和富有的城镇居民的帮助下，伯爵、公爵和王储都加入了这一行动。这一时期又诞生了大约30所学校。[42]

总而言之，在这个时期，欧洲广阔的大学市场开始显示出自由进入的特质，部分原因是没有一个单一的权威机构可以限制大学的创办。事实上，与霍夫施塔特对美国战前大学市场的评价（1955，41）相呼应，他写道，这导致了这个系统的"过度建设"，"以至于巴黎大学恳求教皇不要再授权创办任何大学"。在15世纪末，大学的创建速度确实放缓了，但直到18世纪，大学的数量才有了明显的变化。

大规模的办学对大学体制产生了几个影响。例如，它使入学更加地方化和民主化。在12世纪，只有较富有的年轻人才能负担得起离开德国前往博洛尼亚或巴黎大学的费用，而到了15世纪，收入较低的人可以在当地入学。在组织和管理方面也发生了相关的变化：由于外国学生人数减少，巴黎和其他大学的学生族群体系有所缩减，它

第六章 欧洲

存在的理由基本上已经消失了。[43]

### 自由范围

当教育机构可以自由地提供各种产品，特别是各种教学时，大学市场便具备了自由范围的特征。例如，许多美国大学提供博士学位和专业学位，同时也提供相对基础和非专业的教学。早期的欧洲大学也显示出类似的特征。我们可以通过描述一个假想的学生的轨迹来说明这一点，假设这个学生在大学里待了足够长的时间，经历了大学提供的所有类型的教学。

尤其是在这段时期的早期，他可能很小就上学了，因为 14 岁入学很常见。[44] 他会师从一名文学院教师，并被贴上学生（scholarius）的标签。尽管他年纪很小，但他会立即被认为是大学的正式成员，并被期望承担起责任。举例来说，这所大学在面对城镇市民时主要的底气来自这些学生。简而言之，我们的学生会觉得他也是大学本身。[45] 顺便说一句，今天许多美国研究生要求被承认为雇员——自己大学的雇员！他们想以这种身份，由像美国汽车工人联合会这样的机构组织起来，而这些机构与教育几乎没有关系。不管这有什么好处，对那些极力维护自己在一个自治的学者团体中正式成员资格的中世纪学生们来说，这个消息会让他们死不瞑目。

大约学习三年人文学科后，这位学生将被认定为 bacalarius（我们学士学位的起源）。此时，在类似中世纪行会的大学里，他实际上成了他导师的学徒。韦尔格（Verger，1973）估计只有四分之一的新生能走到这一步。这在一定程度上是因为尽管这个第一学历很有用，但它对几乎所有的职业都不是必需的。即使在 15 世纪后期，很大一部分神职人员也从未上过大学。[46] 然而，大学文凭逐渐变得重要起来，特别是对于更高的神职职位或政府职位而言。

大约再过三年,我们的学生就会获得文学硕士学位(*magister artium*)和教学许可证。[47]在这段时期的大部分时间里,只有不到十分之一的新生能达到这一水平。如果我们的学生成为一名教学的老师,他也不太可能一直做下去。就像美国战前大学里的助教职位一样,这些职位并不是特别吸引人。因为来自学费的收入可能很低,特别是在北欧,如果教师获得了一份主座教堂学校的有俸圣职,他们往往被期望是独身。[48]此外,文科教师并没有专业化,只是用不同的术语讲授不同的书籍。

然后我们的学生就会升入更高等的学院:法学院、医学院或神学院。由于很少有人能达到这个阶段,这些学院规模较小,而且通常是为富裕的学生提供服务。再过六年,他就可以完成博士学位了。[49]这个学位可以让他在更高等的学院任教,也为其创造了服务于国王或教会的机会。

这表明,在欧洲大学出现后不久,它们就实现了自由范围的一个标志:同时提供基础和高级/专业教学。最后需要说明的是,这种发展似乎没有引起当局的太多干预,他们可能没有把大学的经营范围看作是突出的问题。结果就像战前大学一样,学校和大学之间并不总是泾渭分明。

简而言之,到15世纪,欧洲已经发展出一种以自治、自由进入和自由范围为特色的大学体制。这反映出,由于宗教、文化和政治因素,欧洲存在一个单一的大学市场,却没有出现一个有能力控制它的单一权威。在本节结束时,我们将讨论这一时期出现的一项制度创新,它与自由范围有关,并将与下文相关:学院(college)。

第六章 欧洲

在早期的大学中，各院系学生的经济背景差异很大。一个极端是法学院，其学生通常是租得起房子和可以雇用仆人的富家子弟。[50] 他们的安排相当于中世纪版哈佛大学黄金海岸。另一个极端是神学院和文学院——尤其是阿尔卑斯山脉以北的神学院和文学院——它们接纳了家境清寒的学生。即便在那些后来拥有一流宗教事业的毕业生中，也可以看到这种多样性的证据。托马斯·阿奎那（Thomas Aquinas，中世纪鼎盛时期杰出的神学家）出生在西西里岛最有权势的家庭之一；但也有出身于农民家庭的罗伯特·格罗斯提斯特（Robert Grossteste，林肯主教，英国受人尊敬的宗教和学术领袖）。

经济条件一般的学生往往难以获得食物和住宿，于是学院应运而生。它们最初的目的不是提供教学，而是为学生提供食宿。典型的模式是，一位富有的人提供由一栋建筑和一块土地组成的捐赠，其收益用于学院运营。这个人也往往有助于吸引有影响力的朋友的进一步支持。这些捐助者的动机是多方面的。他们可能想要支持包括他们的亲属在内的学生：捐赠条款可以规定优先考虑捐赠者的血亲，这是美国"传承生"的早期版本。[51] 还有宗教方面的动机。在中世纪，灵魂救赎（salvation）是人们关心的核心问题，创办一所大学不仅仅是一件好事，还可以帮助打开天堂的大门。它可以成为死后祈祷的来源：大学捐赠基金可以规定学生每天为捐赠者的灵魂祈祷。[52] 当然，捐赠者也有对声望的考虑。

如今，学院几乎只与英国和美国联系在一起。但考虑到它们解决了普遍的挑战和动机，它们出现在其他地方也就不足为奇了。事实上，第一个学院出现在巴黎，直到1500年，巴黎的学院数量比剑桥和牛津加起来还多。[53] 早期的学院包括：迪克斯-惠特学院（1180），因其容纳了18名学生而得名；索邦学院（1257），由路易九世的告解神父罗伯特·德·索邦（Robert de Sorbon）创立；以及纳瓦拉王后让娜（Queen Jeanne of Navarre）创立的纳瓦拉学院（1304）。在其他地方，牛津在学院制度发展方面接近巴黎。那里的早期学院包括约翰·德·贝利奥尔（John de Balliol）创立的贝利奥尔学院（1263），由他富有的遗孀哈洛韦的德沃吉拉（Devorguila of Halloway）资助；以及默顿学院（1264），最初主要是为罗彻斯特的主教和教长沃尔特·德·默顿（Walter de Merton）的侄子服务。[54] 在巴黎和牛津（最后是剑桥）以外的地区，并没有增加那么多学院，尽管到 1500 年图卢兹已经有了 12 所学院。意大利的大学很少有这样的学院，部分原因是它们通常招收更富有、年龄更大的学生。

15 世纪，学院又有了两方面的发展，二者均在英国最为明显。第一，基础设施得到了大幅改善。正是在剑桥和牛津，大学的形象首次从资金匮乏的学者集合体转变为坐落在纪念性建筑中的富裕学校。第二，虽然最初学院的学生的唯一职责是学习，但随着时间的推移，一些人开始提供指导。起初，年纪较大的学院成员在晚上举行朗诵会，但最终，其中一些人声名鹊起，吸引了住在学院以外的学生。在巴黎，索邦学院和纳瓦拉学院逐渐接管了神学教学。在英国，一些专注于神学的学院（它们也因此专注于年长的学生）开始接纳和指导年轻人，并向他们收取住宿和教学费用。[55] 这加强了英国学院的实力，并使其在某种意义上取代了大学。具体来说，虽然这些学院是大学的一部分，且大学仍然是学位的唯一来源，但这些学院成了资金充足且独立的机构。

最后，学院在管理方面也进行了创新。许多成熟的领导人通常是从寄宿生中选举出来的毕业生。此外，许多学院还任命了一位督察员，通常是一位不参与日常管理，但对学院福祉负责的教会显要。例如，

第六章 欧洲

督察员通常被授权罢免行为不端的教师，或解决成员之间的纠纷。[56]

## 自由市场的衰落

允许自由的欧洲大学市场兴起的各种条件被宗教改革的一系列事件所颠覆。虽然这个过程长达几个世纪，但它们基本产生了两个影响。首先，通过打破宗教和语言的统一性，它们分割了大学市场。例如，它们把本土语言带到了前台，逐渐使多元教育市场成为可能。其次，在市场内部，出现了愿意并且有能力控制大学的强大国家，部分原因是国家与宗教的持续关联性。

一种概括的方式是，宗教改革创造了历史学家所说的忏悔（confessional）大学和领地（terrioritial）大学。随着宗教共识的瓦解，统治者要求他们的学校接受被称为"忏悔录"的教义，这导致了忏悔大学的出现。随着市场的分割，实力强大的国家开始资助和控制自己的学校，这使得大学变得具有领地性。总之，这些发展结束了自治和自由进入。最后，各国还开始控制整个教育系统的配置。例如，它们将基础/普通教育从大学转移至正规的中学之中。在其他情况下，它们只将特定的教学形式指定给特定的高等教育机构。这些限制终结了自由范围。

在回顾这些发展之前，有两点很重要。首先，这些变化花了几个世纪的时间，但在1517年开始加速，彼时马丁·路德的加入使宗教改革变得严肃起来。[57] 用梅茨格（1973，104）的话来说：

> 制度的历史，虽然避开了完美无瑕的时代和彻底的崩溃，

但有时确实告诉我们存在一个决定性的时刻……对于中世纪的大学来说，宗教改革是一个分水岭式的事件。这并不是对教师豁免权和自主权的第一次打击……早在路德写下他的宣言之前，就有迹象表明中欧的大学正在走向一个依赖国家的新时代……但宗教改革确实给了它致命的一击。

其次，从我们的角度来看，宗教发展可能会影响大学市场结构这一点似乎很奇怪。但是，宗教在这一时期的重要性再怎么估计也不为过。回想一下爱尔（2016，viii）的说法，即在中世纪鼎盛时期，教会是一种社会黏合剂。他补充了一个推论："与教会决裂就是把它从黏合剂变成一种炸药，变成社会炸药。"

有鉴于此，本节从一些简短的宗教历史开始，这也将与第七章所述的美国大学的创建有关。这种背景可能派得上用场，因为对现代观察者来说，很难理解大学和宗教曾经是如何纠缠在一起的。

到大学完全形成的时候，天主教会已经将其使命界定为信徒和上帝间的一个中介。它用于庆祝的基本仪式被称为圣礼，在这些仪式中，弥撒是突出的，因为它具有圣餐变体的特点：面包和酒成为基督的身体和血，即使它们保留了自己的外观——这也成了部分在大学发展起来的教义中所讨论的现象。[58] 只有受命牧师才能主持弥撒，尽管许多受命牧师对弥撒缺乏充分的准备。例如，他们的拉丁文水平可能不足以参与翻译官方的5世纪《圣经》。在他们的中介任务中，神职人员得到了一群圣徒的帮助，这些圣徒是其居住或出现的地方中表现最出色的人。他们所在的地方变成了朝圣的地点，造访这些地点是获得赦免的一种方式：减少一个人的灵魂在炼狱中等待可能进入天堂的时间。

虽然这些观念在中世纪鼎盛时期被广泛接受，但也出现了对神职人员的问题行为进行改革的呼声。他们的一些过错被赋予了特定的名称：当主教不在其教区所在地居住时，就会出现旷工（absenteeism）的问题；同时担任两个或两个以上的职务，就会出现身兼多职（pluralism）的问题；任命侄子或其他亲属担任神职人员，就会出现任人唯亲（nepotism）的问题；当他们出售主教这样的职位时（通常伴随着教会所有土地的收入），就会出现买卖圣职（simony）的问题；除了这些特定的罪行之外，许多牧师酗酒并违背了他们的独身誓言。还存在一种处于灰色地带的争议性做法，即一些主教出售赎罪券。

几个世纪以来，这样的行为引发了人们的抗议，而这些抗议通常被迅速而猛烈地镇压，并被排挤至边缘地带。但随着时间的推移，三个因素的存在使教会面临着更大的挑战。首先，教会的批评者受到了诸如人文主义与复兴古典文化等智识发展的支持。这些运动的座右铭是"回到本源"（ad fontes），爱尔（2016，65）阐述了其含义：

> 很少有口号能像"回到本源！"或"回到源头！"这样完美地抓住了一个时代的本质。这些话在15和16世纪不仅仅是时髦的口号，它们也是战斗口号，是真正改革的典范。"回到本源"成为一种思维方式，一种不容置疑的思维方式：古老的语言、古老的智慧、古老的艺术、古老的虔诚——所有这些都成为无可争议的榜样，成为更光明未来的蓝图。

在教育方面，人文主义者提倡以古代文本为中心的文科课程。从某种意义上说，这一切都不新鲜，毕竟大学是因为中世纪学校重新重视古代文本而诞生的。但是，这种冲动被带向了威胁教会和反对大学惯例的方向。例如，人文主义者认为，学习古代文本最好使用原始语言（如希腊语或希伯来语），而非现成的拉丁语译本。在15世纪，洛伦佐·瓦拉（Lorenzo Valla）用文献学的方法证明君士坦丁的捐赠——即皇帝将西罗马帝国的控制权交给教皇——是伪造的。1518年，鹿特丹的伊拉斯谟（Erasmus of Rotterdam）出版了《圣经》的新译本，批评大学神学对《圣经》的关注不足，他认为《圣经》比任何圣礼都包含了更多的启示。他补充说，朝圣被过分强调了。[59] 重要的是，像伊拉斯谟和瓦拉这样的人文主义者并没有与教会决裂——瓦拉系因为拥有多个神职和一个情妇才结束了其职业生涯。[60] 但他们的研究强化了一些论点，这些论点日后将推动宗教改革，并日益助长了对神职人员的蔑视。正如默勒（Moeller, 1972, 36）所言："人们可以明确地指出：没有人文主义，就没有宗教改革。"

其次，在宗教改革之前，各国的实力持续增强。产生大学的城市化进程也将经济活动从封建领主处转移到了城镇中。这增加了国王征税和资助军队的能力，加之军事技术的变化，他们的权力得到了巩固。大学为这些统治者培养了更专业的官僚，并通过重新发现罗马法，为他们的统治提供了更充分的正当化理由。这些趋势不仅适用于法国或西班牙这样的大王国，也适用于较小的辖区，如公爵领地和瑞士各州。它也与在中欧的神圣罗马帝国相关，这是一个由王国（如巴伐利亚、匈牙利）、公国（如萨克森）、自治的自由城市（如奥格斯堡）和由大主教统治的领土组成的松散联盟。

最后，德国活字印刷术的出现（1450年左右）使得新的文本和思想更容易传播。尽管人们对古典语言有着浓厚的兴趣，但印刷术有助于提升本土语言，如英语或法语的重要性。

# 第六章 欧洲

所有这些都为马丁·路德奠定了基础,这位维滕贝格大学的神学教授,反对他的大主教出售赎罪券以购买最新的宗教职位。[61] 在接下来的几年里,路德发展了新教的核心信条。正如格言"只有《圣经》"(*sola scriptura*)所表达的那样,他认为《圣经》是真理的最终来源。他相信救赎源于上帝的恩典和人的信心,而不是善行、朝圣或赦免:唯独恩典,唯独信心。他认为平信徒应该直接接触《圣经》,拒绝教会和圣徒的代祷。

路德显然比以前的改革者更成功。人文主义为他奠定了基础,印刷机适合他就像推特适合某些现代人一样。日益强大的统治者为他的运动提供保护。例如,他自己是萨克森选帝侯腓特烈(Elector Frederick of Saxony)的臣民,腓特烈喜欢这位"重要教授",并保护他不受皇帝的侵犯。[62]

如果路德的德国改革是唯一的改革,也许欧洲和它的大学市场会一分为二。但对于本书的目的来说,重要的是,还有几场改革紧随其后。乌尔里希·茨温利(Ulrich Zwingli)和约翰·加尔文(Jean Calvin)领导了瑞士的宗教改革,尽管他们的思想与路德有许多共同之处,但也有显著的不同。茨温利更加强调抵制偶像崇拜,加尔文强调宿命论,即相信只有上帝能决定谁得救。比起路德,茨温利和加尔文更强调教会和国家应该合作创造一个以宗教为中心的社会。根据他们的观点,他们的追随者把苏黎世和日内瓦变成了真正的基督教或真正阴郁的清教徒城镇,当局试图消灭宗教领袖谴责的任何行为。

这种教会与国家之间的合作为与路德和加尔文有关的运动赢得了"威权派宗教改革"的标签。这反映出,正如爱尔(2016, 251)所说,这种改革"依赖于地方长官或贵族和其他市民长官的存在,通过雇用教师（受过大学教育的导师或教员）……对居住在特定管辖范围内的所有人强制执行其教义和仪式"。默勒（1972）指出，认为世俗政权应该对宗教统一负责的观点，在德国和瑞士的市政当局中尤其强烈。

这样的政教合作创造了一个基督教城邦——一座圣城，该合作在下一章（讨论美国大学的建立时）中也将有重要作用。例如，爱尔（2016，246）指出："当约翰·温斯洛普（John Winthrop）告诫前往新英格兰的五月花号清教徒，'我们必须考虑到我们将建造一座山巅之城……'之时，茨温利的苏黎世就是他的典范，不管他自己是否意识到这一点。"

此外，亨利八世在1534年断绝了与教皇的关系后，英国国教圣公会应运而生。随后出现的清教徒抱持着净化教会的愿望，他们觉得教会保留了太多的天主教元素，如清晰的等级制度。1559年，约翰·诺克斯（John Knox）创立了苏格兰教会，虽然它也保留了一些圣公会的元素，但更偏向加尔文主义。

不仅如此，所谓的激进改革派也加入了行动。在瑞士，菲利克斯·曼茨（Felix Mantz）领导了再洗礼派（Anabaptists），这是一个实行成人洗礼的团体，理由是《圣经》中很少提到婴儿洗礼。曼茨最终被加尔文主义者处决，后者认为他是一个严重的威胁：成人洗礼意味着教会成员可以是自愿的，这一观念与教会和国家强加的统一宗教的观念不一致。激进的改革者也很快展示了他们制造混乱的能力。16世纪20年代早期，一些传教士在布道的同时，还呼吁财富再分配。到1524年，这导致了一场被称为农民战争的大规模起义，这场战争涉及了今天的奥地利、德国和瑞士的部分地区。贵族们以数万人的生命为代价镇压了这场起义。在英国和法国等国，新教徒和天主教徒为争夺控制权而斗争时，暴力成为一个主要问题。

## 第六章 欧洲

简而言之，这一时期见证了宗教多样性的出现，在这个时期，宗教是最重要的。与此同时，大学仍在宗教生活中发挥着重要作用。随着时间的推移，许多统治者试图通过规定每个国家——通常以国王为代表——可以选择一种宗教，进而要求管辖范围内所有人都必须信奉这种宗教来应对相关的挑战。这种观念体现在以下格言中："教随国定"（*cuius regio eius religio*），以及"一个国王、一种法律、一种信仰"（*un roi, une loi, une foi*）。其理由是政治和社会的稳定需要宗教的统一。1525 年，柏林根（一个德意志帝国自由城市）议会声明："为了使我们的城市没有分裂，没有不和，没有纠纷……相反，在未来我们应该永远和睦相处，就像我们现在所做的那样。"[63]

这样的推论终结了欧洲的自由大学市场，因为它说服了统治者控制那些仍然以培训神职人员为中心功能的学校。这种变化不仅受到重大事件的推动，也被宗教领袖认为是正当的。例如，在一封题为"致德国所有城市的议员，要求他们建立和维持基督教学校"的信中，马丁·路德强调了国家提供并控制学校的必要性，即便只是为了确保基于《圣经》而不是圣礼的信仰所必需的识字能力。具言之，1527 年，黑森州废除了天主教，在马尔堡建立了路德教会和一所大学来培养神职人员。同样地，天主教徒在 1535 年被驱逐出图宾根大学，1539 年，路德教教徒被驱逐出莱比锡大学。[64] 概括地说，农民战争后，国内政府颁布的法令决定了小学和中学教育的许多方面，包括从课程开发到教师的雇用和认证。[65]

简而言之，欧洲范围内的单一大学市场开始分裂成以国家控制为特色的地方大学和学校，从而结束了自治。正如霍夫施塔特（1955，71）所言，"在领地性、忏悔性的国家中……世俗国家蚕食大学的漫长过程达到了高潮"。不足为奇的是,在每个市场内部,自由进入也不复存在。

不久之后,各国的教育当局也开始规定大学的经营范围。文学院被迫停止教授很大一部分文科课程,这些课程被转移到改良后的由国家资助的中学之中。这项改革似乎表明了一种观点,即大学的文学院在15世纪衰落了,尤其是在规模较小的大学,基本上变成了许多学生希望完全跳过的文法学校。[66]此外,有一种观点认为,享有特权的孩子在上大学之前应该接受博雅教育。爱尔(2016,89)指出,到16世纪,这已成为一种风尚。

> 让欧洲的精英们把他们的孩子送到以学习人文主义课程为主的学校。这是整个欧洲人文主义者的终极胜利:学校的建立,让一代又一代的孩子接受人文主义和博雅教育,他们不一定要成为未来的学者,更不用说成为牧师,而是成为有文化、全面发展的普通人,可以从事任何职业或听从任何召唤……只有神职人员才具备读写能力和广博学识的日子一去不复返了。[67]

宗教改革对大学自治、自由进入和自由范围的不利影响可能在德国最为严重,鲁迪(1984,70)描述了一种"大学屈从于国家意志"的模式。一个关键方面是增加国家资助,这一特点在某种程度上一直存在,因为典型的德意志国家的大学并不是自发发展的。[68]一些历史学家还认为,德意志国家对控制的渴望更强烈,因为它们的平均国土面积较小。例如,包尔生(Paulsen,1906,72)指出:"德意志国家的狭小领土有利于一个'家长式'政府主导下的单一大家庭的国家观念的形成。"不管怎样,在历史学家所称的早期现代时期结束时(大约 1789 年），德意志国家的大学完全由国家控制，教授基本上是公务员。

就本书而言，法国的结果在性质上是相似的，关键的区别在于其控制更加集中。1500 年左右，路易十二限制了大学的特权，地方议会开始控制它们。到 1600 年，亨利四世将巴黎大学置于文官的控制之下。[69] 路易十四进一步加强了国家控制，而大革命完成了这个任务，大学被解散，大学的捐赠被没收。国民公会和拿破仑政权重组了这一体系，其要素包括限制经营范围。例如，它们创立以及/或者加强了使命受限的教育机构。举个例子，一些精英院校只专注于商业或工程专业，而像法兰西公学院（早期称为皇家学院）这样的独立机构则接受与研究相关的任务。以法兰西研究院为中心组织起来的学院继续在智识生活中发挥着重要作用。[70] 通过随后的多次改革，国家保持了控制权。

在我们关注的国家中，宗教改革对英国大学的影响是最小的，尤其是在减少自治方面。梅茨格（1973，108）认为，这并不一定是因为英国王室有不同的意图，而是因为制度的发展使英国学校能更好地进行抵抗：

> 如果说有什么不同的话，那就是英国国王的学术政策更加[严酷]，他们对学术机构的掠夺更加频繁，他们对学术自主权的攻击甚至比瓦卢瓦王朝、哈布斯堡王朝或德意志诸侯国的亲王们的所作所为影响都更加深远。然而，牛津和剑桥的老师们比他们的外国同行更成功地坚持了他们的共同体传统。对这些大学和它们所孕育的美国殖民学校来说，具有决定性意义的是，在这一时期发生了另一件事：学院之道的胜利。[71]

英国学院接受的捐赠使得国家的支持不那么重要或有吸引力，这也允许它们投资豪华的建筑和昂贵的指导教学。迎合富有的学生同样提供了一些保护，使它们能够保住自己的财富，并最终重新获得一些自治权。梅茨格（1973，110）补充说："学院的繁荣状况保证了它们可以与狂暴的君主共处，安然度过宗教改革的风暴。"[72] 莫里森（1936，42）同样补充说，有一段时间，英国学院似乎会像许多修道院一样失去土地，但最终国王宣布，在他的王国里，他没有看到过"这么多的人如此诚实地以如此少的土地和租金来谋生"。这些学院的实力还源于它们实际上从大学手中接过了教育的任务。

相比之下，在欧洲大陆，宗教改革结束了学院的存在。这一方面是由于教育改革，另一方面是由于中学的加强，这意味着进入大学的学生年龄更大，更不需要监管。巴茨（Butts，1939，46）总结了德国的情况：

> 随着新教在大学中摧毁了独身生活和修道院生活的旧教会秩序，提供宿舍生活和修道院隐居的公共学院开始消失。在德国的商业城镇……学生们开始像其他职业人士一样在城镇周围生活。许多人文课程都被塞进了中学，因此学生需要接受更长时间的中学教育，所以现在大多数学生比前几个世纪进入大学的学生年龄要大。由于学生们更成熟（十七八岁），作为一种机构的学院消失了。

韦尔格（1986）讨论了法国类似的发展。

最重要的是，到17世纪，欧洲大学市场表现出的自由市场取向比13世纪或今天的美国低得多。下一章描述了美国如何遵循相反的

# 第六章 欧洲

轨迹：从低市场取向到高市场取向。

在讨论这个问题之前，尽管本书的重点是美国，但值得注意的是，国家控制确实对欧洲大学的科研产出产生了积极影响。例如，在 1700 年到 1850 年间，许多美国大学正处于低谷，欧洲国家鼓励（并提供资金给）大学提供专业和高级的教学。它们帮助大学整合了以前在非大学场所（如学术协会）进行的科研工作。这种发展在德国最为显著，在那里，像哈勒大学、哥廷根大学和后来的柏林大学这样的学校成为学术活动的中心。它们之间的竞争还有额外的好处，例如，有的学校试图聘请对方的教授。法国的情况则不太一样，因为中央集权程度更高，事实上，以研究为重点的机构（如法兰西公学院）以牺牲大学为代价，来维系自身更重要的地位。[73] 无论如何，它让欧洲的学校在科研方面处于领先地位，即使后来如上编所强调的那样，市场动力将帮助美国大学后来居上。

# 第七章
# 美国

独立时，美国有9所大学，表格7.1将它们一一列出（包括它们最初的名称——本章主要使用它们现在的名称）。本章讨论了其中7所大学的创建如何揭示了美国大学体制自由市场取向的起源，特别是自治和自由进入这两个要素的盛行。

最初的3所大学分别在马萨诸塞州、弗吉尼亚州和康涅狄格州创建。本章将论证这些殖民地并没有提供一个有利于孕育自由大学市场的环境。之所以如此，是因为当地的人口都信仰宗教，深受威权派宗教改革的影响（第六章）。因此，这些殖民地的领袖希望教会和国家共同规范社会。例如，在新英格兰建立一个加尔文主义的"山巅之城"。于是，他们创建了由行政当局和宗教权威共同控制和资助的领地－忏悔性质的大学。[1]

这一章的第二部分转向中大西洋地区，在那里，新泽西州、纽约州和宾夕法尼亚州的殖民地为大学的创建提供了一个截然不同的环境。那里表现出更多的宗教多样性，这是当局所不愿压制，在某些情况下甚至是鼓励的特质。这使得大学的创始人开始设想学校可以由他们自己控制。例如，在资金方面，这可以为自治的出现奠定基础。它还促使当局设想，每个宗派可能会创建并资助自己的大学，这为自由进入创造了条件。换句话说，虽然中大西洋地区仍继续产生忏悔性质的大学，但这些大学不再是领地性的，这为独立后的大规模办学铺平了道路（第二章）。

最后，本章的第三部分将讲述独立后在新罕布什尔州达特茅斯学院发生的事件，最高法院的裁决最终巩固了达特茅斯学院的自治。

表格 7.1 殖民地大学

| 创建年份 | 现在的名称 | 最初的名称 | 殖民地 |
| --- | --- | --- | --- |
| 1636 | 哈佛大学 | 新学院 | 马萨诸塞州 |
| 1693 | 威廉与玛丽学院 | | 弗吉尼亚州 |
| 1701 | 耶鲁大学 | 大学学院 | 康涅狄格州 |
| 1746 | 普林斯顿大学 | 新泽西学院 | 新泽西州 |
| 1754 | 纽约市哥伦比亚大学 | 国王学院 | 纽约州 |
| 1755 | 宾夕法尼亚大学 | 费城学院 | 宾夕法尼亚州 |
| 1764 | 布朗大学 | 罗得岛学院 | 罗得岛州 |
| 1766 | 罗格斯大学 | 皇后学院 | 新泽西州 |
| 1769 | 达特茅斯学院 | | 新罕布什尔州 |

表格按成立日期列出了9所殖民地大学，并列出了它们现在的名称和最初的名称。

## 新英格兰和南方

欧洲殖民者来到美洲后不久就将注意力转向了提供高等教育。这种愿望在马萨诸塞州和康涅狄格州可能尤为强烈，那里的清教徒——严格的加尔文主义者，他们以《圣经》而不是圣礼的方式对待宗教——强调受过教育的神职人员和有文化的教徒的重要性。[2] 这种愿望在弗吉尼亚州也很明显，在那里，英国国教成员是占主导地位的群体。

这三个殖民地的创始人面临着大体相当的经济和法律限制。他们的收入很低，管辖范围也是新的。他们最关心的不是新学院能否负担得起英式风格的豪华建筑，而是它们能否生存下去。从法律上讲，他们创建高等学府的能力不甚明晰。一些观察人士认为，王室的批准是必要的。也就是说，殖民者应该从欧洲获得特许状，就像西班牙殖民者向神圣罗马帝国皇帝请愿时所做的那样。[3] 这些顾虑在马萨诸塞州和康涅狄格州可能更为突出，当地殖民者的宗教异见者身份使他们对与英国当局接触持谨慎态度。然而，即便是在弗吉尼亚州，人们也需考虑以伦敦当局容忍的方式行事。

这些创始人还希望宗教统一。这种情绪也许在新英格兰地区最为强烈，在那里，用霍夫施塔特（1955，79）的话来说："清教徒认为……任何愿意容忍其他教派大肆传教的人都不是真心的。一个在宗教问题上认同良心自由（liberty of conscience）的国家也可能在道德律法上认同良心自由。"现在我们来描述这些条件是如何导向哈佛大学、威廉与玛丽学院和耶鲁大学的创建的。殖民者为这些学校设计的管理体系有两个关键特征。首先，创始人试图通过将大学交到由民政和宗教当局共同组成的外部委员会手中来实现国家/教会的联合控制。与此相关的是，人们期望殖民地政府在对学校的监管和财政支持方面发挥关键作用。其次，也许是出于必要，在学校内部，创始人将权力交给了校长而非教职员工，就像欧洲的做法一样。

### 哈佛大学

1636 年，马萨诸塞州议会拨出"400 英镑给一所学校"。[4] 这不是什么多余的零钱，根据莫里森（1935）的计算，这笔钱相当于 1635 年殖民地一半以上的税收收入。该法案还设立了一个委员会来"维护大学的秩序"。[5] 这个机构是第一个监事委员会，由同等数量的行政和宗教官员组成：殖民地的总督、副总督、财务主管、3名地方长官和6名牧师。他们都另有全职工作，因此都是外人。议会只隐晦地给予这个机构临时地位，因为其成员都不是依职权任命的，所以也没有相应的换届条款。[6]

我们要谈谈这一配置的三个方面。首先，委员会的成员设想学校由国家和教会共同控制。其次，它的设置与最初的欧洲大学形成了鲜明的对比。在那里，教师们获得了自治权，以英格兰为例，他们通过宗教改革成功地保留了相当一部分自治权。在哈佛，控制权从来都不掌握在教师手中。最后，在这一时期，将学校的最终控制权交给外部并不是什么新鲜事。在欧洲已经出现了英国学院的督察员、意大利的改革家和荷兰的保佐人（curatores）。[7] 在苏格兰，爱丁堡大学和新阿伯丁大学与镇政府有着密切的联系，而在英格兰，宗教改革之后兴起的非大学学院也有外部董事会。[8]

1636年，包括约翰·哈佛（John Harvard）和纳撒尼尔·伊顿（Nathaniel Eaton）在内的一群殖民者抵达波士顿。莫里森（1936，8）解释道，他们中的大多数人继续向南，因为"伦敦人和商人想要一个好的港口，在仔细视察了海岸线后，他们认为马萨诸塞州没有比昆尼皮亚克更好的地方了，他们从印第安人手中买下了昆尼皮亚克，并将其命名为纽黑文"。然而，伊顿和哈佛都留在了波士顿，监事委员会聘请了毕业于剑桥三一学院的伊顿担任新学校的第一位教师。约翰·哈佛曾对这所学校充满热情，但他在两年后死于肺结核，给学校留下了一半的遗产，议会以他的名字重新为学校命名。

伊顿的情况也不太好。学生和职工声称曾被他殴打，他的妻子提供的食物也很差。委员会的一名成员指出，伊顿更适合领导一所感化院而不是一所大学。该委员指的是伦敦的布莱德韦尔感化院（Bridewell

Residence），那里住着无家可归的孩子、少年犯和"精神失常的女人"。[9] 议会解雇了伊顿，并暂停了学院的运作。议会采取这一行动的事实直接表明，它并不认为自己创建了一个需要与之保持一定距离的自治机构。

1640 年，监事委员会聘请了另一位剑桥大学毕业生亨利·邓斯特（Henry Dunster），任命他为校长而不是教师。头衔的变化可能意味着承认大学在殖民地生存需要强有力的领导，并且笃信邓斯特可以胜任这一职位。这一切都得到了回报：在十四年的时间里，邓斯特稳定了学校，推行了剑桥风格的课程，并见证多个毕业班完成了这些课程。这在一定程度上要归功于议会持续的财政支持：它将波士顿-查尔斯顿渡轮公司的收入提供给哈佛，后来又用桥梁的通行费代替，并授予其大约 2000 英亩的土地。[10]

在这一时期，议会还重组了监事委员会，使其成为一个由 17 名成员而不是 6 名成员组成的常设机构：总督和副总督、议会的所有助理、邻近城镇的牧师和教师，以及大学校长。委员会有权起草章程和管理运营。包括邓斯特在内的一些观察者注意到该机构没有教职工参与，也许是因为在他的母校伊曼纽尔学院，控制权仍然掌握在一个自给自足的群体手中，而从他们中间选出的院长被视为发言人（*primus inter pares*）。[11]

人们可以看到随后的一些变化，这些改变很可能是由邓斯特提出的，他试图将哈佛推向这种英国模式。特别是在 1650 年，议会将哈佛的校长和教职工聚合于哈佛学院之中，将其变成一个类似法人的机构。这个实体的官方名称表明，邓斯特认为教师的角色更重要，监事们保留咨询和同意的权利，承担督察员的角色。[12] 然而梅茨格（1973，111）指出，"这份文件并非没有模棱两可的痕迹，或者应该说它是

# 第七章 美国

心怀二意的证据"。

具体来说，章程规定该大学由校长、财务主管和5位助教组成，这5位助教在当时组成了整个教师队伍。但这些条款并没有明确规定这些助教是否依职权任职，也就是说，是否为每一位被聘用的教师设置了这个职位，还是只为被指定的这5个人设置了这个职位。

这个问题是相关的，因为当时哈佛无法一直负担起聘请5名教师的经费，有时会任命邻近教会的牧师到学校任职。[13] 这开创了一个先例，学校的成员，就像监事委员会的成员一样，不需要是教职工。随着时间的推移，这两个群体在构成上变得越来越相似。此外，监事仍然比典型的英国监督员参与得更多，议会也继续进行监管。赫布斯特（Herbst, 1982, 12）总结了这种情况："在大学内部，监事作为没有法人地位的受托人与法人分享权力，并对法人的重大决策行使隐性否决权。作为受托人和共同管理者，他们可以被认为处于议会的巡察管辖权之下。"不管邓斯特的真实意图是什么，随着时间的推移，教师不再自动获得职位——有人抱怨说，他们"不是作为同事，而是作为雇员"。[14] 到18世纪晚期，监事们有效地将控制权移交给了学校，但正如梅茨格（1973, 113）指出的那样，"到那个时候，外部委员会在很大程度上将权力交给一个跟自己类似的机构"。事实上，最终的结果是学校由一个由殖民地和教会官员组成的单一外部委员会控制。

亨利·邓斯特校长任期的结束凸显了在马萨诸塞州创建的大学的领地/忏悔性质。17世纪50年代早期，邓斯特开始公开反对婴儿洗礼。对当局来说，这是一件严重的事情。如上所述，一个人们可以选择何时受洗的社会很难称得上是"山巅之城"。作为一个意义重大的表态，监事们提出如果邓斯特保证保持沉默就忽略这个问题，但他选择了辞职。具有讽刺意味的是，他的继任者查尔斯·昌西（Charles

Chauncy)也提出了相关的问题。他接受婴儿洗礼，但认为应该完全浸没，就像成人洗礼一样。总督下令殖民地可以接受这种做法，并补充说，这种做法可能"对婴儿死亡率的影响大于对婴儿灵魂不灭的益处"。[15]

归根结底，马萨诸塞州在大学设计方面进行了创新，但它最终的教育领域进路是欧洲许多加尔文主义的辖区的做法。这不是一个自治和自由进入可能出现的地方。

## 威廉与玛丽学院

弗吉尼亚比马萨诸塞州花了更长的时间来成就一所大学，这可能有点令人惊讶，因为在独立战争期间，南方殖民地比新英格兰的殖民地更为富裕。[16] 另一方面，赫布斯特（1982）指出，弗吉尼亚州以种植园经济为主，其特点是能够支撑学校发展的城市中心和大型教会较少。

第一次成功的尝试以詹姆斯·布莱尔（James Blair）为主导，他是伦敦主教的代表，也是弗吉尼亚圣公会的领袖。[17] 这项工作始于17世纪90年代，当时建立了一所文法学校。当弗吉尼亚议会寻求扩大这项投资时，它要求布莱尔前往伦敦，获取一张特许状并明确制度设计。它的具体指示是："把研读英国最好的章程作为你的工作，在这些章程中，自由的学校和学院的建立应当以这个国家和政府的宪法为依据。"[18] 赫布斯特（1982）指出，同时提及学校和学院可能反映了建立一所学校通常不需要特许状，因此，如果英国当局对创建学院持保留态度，那么创建学校可能会更容易。显然，这种保留意见是存在的。据说，当布莱尔告诉英国司法部长，一所学院可能有助于拯救殖民者的灵魂时，后者回答说："灵魂！该死的灵魂！种烟草去吧！"[19]

无论如何，布莱尔得到的建议是，皇家特许学院不太可能变成宗教异见的中心,而一个强有力的领导人可能会让教师们服从纪律。[20] 此外,弗吉尼亚州议会的一些成员认为,较之由教师与职工组成的法人,外部管理能够有更多的控制权,布莱尔曾在苏格兰学习,可能知道这样的模式。[21] 赫布斯特(1982,33)总结了出现的共识:"省议会可以防止学院变成持不同政见者的温床。此外,如果有一位受信任的校长,在一位伦敦教长的支持下,充当委员会和学术机构之间的联络人……世俗和教会联合政府将得到保证,王室和圣公会的利益都将得到充分代表。"最终的结果是美国第二所由外部委员会控制的领地-忏悔性质的大学诞生了。

具体而言,布莱尔带着一份特许状回到弗吉尼亚,授权18位绅士作为受托人起草和修改章程。他将是其中一员,殖民地的副总督也将是其中一员,其余成员则由议会选举产生。教师和学者被要求服从这个委员会,并向国王和圣公会宣誓。[22]

从这里开始,为了阐明我们的观点,我们将通过与哈佛大学对比的方式,呈现这所学校发展的几个重要方面。首先,和哈佛大学一样,它享有公共财政的支持。它被命名为威廉与玛丽学院,以向在位的君主致敬。它从威廉国王那里获得了2000英镑的拨款,以及来自殖民地的烟草、兽皮和毛皮的税收收入。[23] 在象征意义上,国会大厦和该学院最终分别位于威廉斯堡殖民地的主要街道两端。其次,和哈佛大学一样,这里有一位强有力的校长:布莱尔不仅参与了学校的设计,后来还担任了几个领导职务。再次,在弗吉尼亚,教师在管理中的角色也很模糊。根据章程的设想,一旦教师们就职,他们将与校长一起组成一个法人来管理大学,受托人以管理者和督察员的身份监督他们。这大概就是邓斯特在哈佛大学想要的模式,在弗吉尼亚也确实奏效了一段时间。但随着时间的推移,外部督察员重新确立了他们的权力,有效地终结了教师对美国大学的控制。[24]

最重要的是,人们可以看到弗吉尼亚州最终复制了坎布里奇的模式:通过一个以州政府官员积极参与为特征的外部委员会,加上一位强有力的校长,实现了对大学的领地/忏悔性质的控制。

### 耶鲁大学

康涅狄格州是美国第三个创建大学的地方。[25] 早在 1647 年,也就是哈佛大学创建六年之后,那里的清教徒就已经在尝试这样的冒险了。那一年,纽黑文市议会成立了一个委员会,"考虑并保留他们认为最适合创建大学的土地"。[26] 到 1700 年,这种渴望变得更加强烈,部分原因是康涅狄格州的清教徒认为哈佛不再足够正统。[27] 1701 年,康涅狄格州议会声明:

> 鉴于几位善良的、热心公益的人士真诚地关心且热诚拥护和宣传基督教新教——该教由一批博学的和正统的人组成——他们表达了诚挚的愿望,希望授予某些承办人充分的自由和特权,以便在殖民地康涅狄格建立并适当地捐赠和管理一所大学学院,年轻人可以在那里接受人文和科学的教育。[28]

议会也授予了董事会一份特许状。

在这种情况下,章程的设计直接提交给了一个没有教职工参与的委员会——这将成为以后建立殖民地大学的标准模式。[29] 虽然委员会由 12 名牧师组成,没有殖民地官员,但议会保留了审查学院内部章程的权力,1792 年,章程更新,规定委员会应当包括州选官员。此外,就像在马萨诸塞和弗吉尼亚一样,来自殖民地的财政支持是及时的和实质性的。凯利（Kelley，1974）指出，在18世纪，康涅狄格的议会贡献了耶鲁大学约一半的总资金，有时还免除学生的税负。在1701年至1740年间，沃奇（Warch，1973，137）写道："牧师们创造并塑造了大学学院，立法者则为此买单。"

同威廉与玛丽学院一样，耶鲁大学要求老师和学生都要进行宗教宣誓。正如这两所大学的前身，它也有赖于强有力的行政领导。[30]

总而言之，在这三种情况下，大学的创建大体上遵循了一种领地-忏悔模式，其特征是行政当局的参与、宗教宣誓和重要的官方支持。因此，这些殖民地没有提供一个自治和自由进入可能出现的环境。

事实上，康涅狄格州提供了限制办学的具体例子。最终成形的达特茅斯（表格7.1）最初选址于康涅狄格州，而不是新罕布什尔州。它是由清教徒埃勒萨·惠洛克（Eleazar Wheelock）创立的，目的是教育"信奉基督教的印第安男孩"。在18世纪60年代早期，惠洛克请求康涅狄格议会将他的学校改造成一所学院。议会拒绝了这一请求，部分原因是担心这所学校最终可能会与耶鲁大学争夺白人学生。[31]

## 中大西洋地区

大约在耶鲁大学成立五十年后，中大西洋地区开始创建大学。这一地区的殖民地提供了不同的环境，部分原因是它们的宗教多样性程度更高。芬克和斯塔克（Finke and Stark，2005）解释说，在1890年之前，这很难精确量化，但他们提供了基于教会数量而不是个人数量的估计。[32] 表格7.2用他们的数据描述了在1776年拥有大学的新英格兰和中大西洋地区殖民地的宗派流行程度。在每种情况下，第一列提供了整个地区的数据，其余列则提供了单个殖民地的数据。

每行则列明了每种宗派的占比，最后一行则依据赫芬达尔指数对这些信息进行了总结，该指数的范围在 0 到 1 之间。指数接近 1 的地区宗教同质化程度极高——实际上被单一教派垄断；指数接近 0 的地区宗教多样性程度很高，每种宗派会众只占人口的一小部分。

表格 7.2 显示，在 1776 年，中大西洋地区殖民地的宗教同质性远不如新英格兰地区（未列出的南方地区提供了一个温和的例子）。赫芬达尔指数表明（最后一行），马萨诸塞州处于一个极端，纽约处于另一个极端。也就是说，在马萨诸塞州，清教徒（芬克和斯塔克称其为公理会教徒，原因在后文中阐明）占会众的 72%，而第二大宗派浸信会只占 14%。在哈佛大学成立的时候，清教徒所占的比例可能更高，因为最初清教徒将浸信会教徒从马萨诸塞州驱逐出去（这也是后者在邻近的罗得岛州盛行的部分原因）。相比之下，在纽约州，占比最高的荷兰归正会只占会众的 26%。在新英格兰，三个宗派（公理会、圣公会、浸信会）至少占比 10%，而在中大西洋地区有六个宗派：圣公会（也被称为安立甘宗）、浸信会、路德会、贵格会、荷兰归正会和德国归正会。[33]

表格 7.2　各地区和各州宗派比例，1776

| 宗派 | 新英格兰 |||||  中大西洋地区 ||||  南部 ||
|---|---|---|---|---|---|---|---|---|---|---|---|
|  | 总计 | 康涅狄格州 | 马萨诸塞州 | 新罕布什尔州 | 罗得岛 | 总计 | 新泽西州 | 纽约州 | 宾夕法尼亚州 | 总计 | 弗吉尼亚州 |
| 公理会 | 63.0 | 64.2 | 71.6 | 63.2 | 17.2 | 0.5 | 0.4 | 1.8 |  | 0.1 |  |
| 长老教 | 5.5 | 1.3 | 3.0 | 21.6 | 1.1 | 24.6 | 30.5 | 15.9 | 27.9 | 24.9 | 22.2 |
| 浸信会 | 15.3 | 9.4 | 14.3 | 8.8 | 57.5 | 7.6 | 18.3 | 8.2 | 4.9 | 28.0 | 29.9 |
| 圣公会 | 8.4 | 17.7 | 3.7 | 1.6 | 6.9 | 12.9 | 11.5 | 15.5 | 6.0 | 27.8 | 34.6 |
| 贵格会 | 3.8 | 1.6 | 4.2 | 3.2 | 12.6 | 14.1 | 15.5 | 10.9 | 15.3 | 9.0 | 7.1 |

续表

| 宗派 | 新英格兰 ||||| 中大西洋地区 |||| 南部 ||
| --- | --- | --- | --- | --- | --- | --- | --- | --- | --- | --- | --- |
| | 总计 | 康涅狄格州 | 马萨诸塞州 | 新罕布什尔州 | 罗得岛 | 总计 | 新泽西州 | 纽约州 | 宾夕法尼亚州 | 总计 | 弗吉尼亚州 |
| 德国归正会 | | | | | | 9.8 | 2.4 | 4.5 | 17.6 | 2.8 | 1.6 |
| 路德会 | | | | | | 8.6 | 9.5 | 8.6 | 9.7 | 3.8 | 1.8 |
| 荷兰归正会 | | | | | | 8.9 | 3.2 | 26.4 | 8.6 | | |
| 卫理工会 | | | | | | 3.8 | 6.0 | 3.2 | 0.2 | 1.4 | 2.0 |
| 罗马天主教 | | | | | | 4.2 | 2.0 | 0.5 | 1.9 | 0.1 | 0.2 |
| 摩拉维亚教会 | | | | | 1.1 | 1.8 | 0.4 | 2.3 | 2.6 | 0.6 | |
| 其他 | 3.6 | 5.8 | 3.0 | 1.6 | 3.4 | 3.1 | | 2.3 | 5.4 | 1.2 | 0.6 |
| 赫芬达尔指数 | 0.43 | 0.46 | 0.54 | 0.46 | 0.38 | 0.13 | 0.18 | 0.15 | 0.16 | 0.23 | 0.26 |

该表格的统计基于芬克和斯塔克（2005）的数据。每一列标明了新英格兰和中大西洋地区拥有大学的殖民地区不同宗派的比例。"其他"包括：分离主义者和独立主义者、德美浸信会、门诺派、胡格诺派、桑德曼派和犹太人。最下面一行则是每个地区的赫芬达尔指数，反映了每个宗派的比例。

人们可以看到，每个地区的异质性是其开拓殖民地的目标和态度的综合结果。如前所述，欧洲移民之所以进入波士顿，主要在于英国清教徒希望创建一个宗教社会并净化英国的教会，且明确表示希望有类似目标的人加入他们。毫不意外地，历史学家认为早期的"新英格兰"这一名称恰如其分。例如，在1790年的人口普查中，82%的马萨诸塞州人口是英国血统。[34] 相比之下，欧洲人在纽约定居是在乔瓦尼·达·韦拉扎诺（Giovanni da Varrazzano）驶入纽约湾，并宣布周围的港口"并非没有一些有价值的财产"之后开始的。[35] 众所周知，到了17世纪，曼哈顿开始接纳荷兰、英国和法国（胡格诺派）的移民，这些移民来此的目的往往是赚钱，而不是建立一座山巅之城。[36] 阿奇迪肯（Archdeacon，1983）表明，早在1643年，一位法国耶稣会牧师就说，曼哈顿有18种语言。

这些态度自然促成了不同程度的宗教多样性。为了说明这一点，举个例子，波士顿和新阿姆斯特丹当局对贵格会教徒的到来做出了不同的反应。这个群体构成了挑战，因为它的成员抵制同质化，并倾向于公开展示他们的信仰。例如，邻居们说，他们很容易"战栗不安，陷入疯狂"。[37]在波士顿，当局经常拘留他们，要求他们搬到罗得岛，并动用了四次死刑，但他们仍然拒绝了搬离的要求。在新阿姆斯特丹，总督彼得·史岱文森特（Peter Stuyvesant）也希望将他们流放，但荷兰东印度公司指示当局"闭上眼睛"，以免这样做吓跑移民。[38]同样地，当一群犹太定居者在1654年到达时，史岱文森特写信给阿姆斯特丹，要求"这些不信神的流氓……应当被送走"，当局拒绝了这一要求，理由是"（荷兰犹太人）对这个公司投入了大量资金……"。[39]在某些方面，费城甚至走得更远。例如，威廉·佩恩（William Penn）1701年的特许状明确规定保护各种宗教团体，这导致了门诺派教徒和贵格会教徒的大量涌入。这种态度很可能是18世纪纽约和费城取代波士顿成为最大的殖民地城市的原因之一。

除此之外，在中大西洋地区，学院的创建开始得较晚，这也许更有利于这样一种观念的发展：当没有教会和国家努力巩固单一宗教时，一个成功的社会可能是可行的。[40]对这一原则的支持从荷兰和苏格兰等地蔓延至中大西洋地区，这些地区也是荷兰归正会和长老会移民进入中大西洋地区的来源。虽然荷兰官方仍然信奉加尔文主义，但到1648年，政府允许天主教徒、再洗礼派教徒和犹太人享有一些权利。同样地，到18世纪，苏格兰正在经历启蒙运动，大卫·休谟和亚当·斯密等学者影响了精英阶层的观点。[41]总体说来，到1650年左右，

第七章 美国

三十年战争结束,《威斯特伐利亚和约》(Peace of Westphalia)开启了一个时代,在这个时代,宗教不再是欧洲国家间冲突的主要驱动因素。[42]

然而,所有的这些并不意味着宗教问题在中大西洋地区不那么突出。虽然各宗派可能共存,但在宗派之间,甚至在宗派内部,都存在着巨大的张力。例如,在18世纪30年代和40年代,长老会内部出现了一场冲突,这对学院的创建至关重要。这些年见证了宗教的多次"觉醒",在大规模集会和皈依中表达宗教热情的现象增加了。[43] 富有魅力的巡回传教士数量激增,最著名的是乔治·怀特菲尔德(George Whitefield)。本杰明·富兰克林曾写过他的布道:

> 由于经常听他讲道,我很容易就能分辨出他新写的内容和他以前常讲的内容……由于频繁地重复,他后来的讲演水平有了很大的提高,每一个口音,每一个重音,每一个声调的变化都是那么完美,那么到位,以至于即使对这个主题不感兴趣,人们也会情不自禁地享受他的演讲,这种愉悦与欣赏一首优美的音乐的感受非常相似。[44]

最初,长老会(和清教徒)牧师支持怀特菲尔德这样的传教士。但最终出现了分裂:那些对他们友好的被称为"新光",而那些对新教义持怀疑态度的被称为"旧光"。要了解这种分裂的根源,不妨回想一下作为加尔文主义者,长老会相信宿命论:一个人得救或者不得救是由上帝决定的,在这个维度上,一个人无法影响自己的地位。凯利(1974, 15)指出,一个被选中的人被视为"显身圣者"(visible saint），会意识到他自身的状态，"通过皈依的经历，有那么一个瞬间，他感到绝对依赖上帝，顿悟上帝已经拯救了他"。一个人所能做的就是过一种高尚的生活，为这恩典的时刻做准备。此外，严格地说，只有显身圣者才能成为清教徒教会的成员。

随着时间的推移，一些巡回传教士开始暗示，旧光牧师不是显身圣者，因此不适合领导他们的会众准备皈依。这至少暗中给了人们离开这些牧师的许可。[45] 这场冲突还涉及教育问题。加尔文主义者历来强调学校教育，但许多巡回传教士几乎没有什么教育资质，也许正因为如此，他们开始声称恩典比学校教育更重要，在极端情况下，后者可能会阻碍前者。

大学不可避免地被卷入了这场争论之中。例如，在参观了哈佛和耶鲁之后，怀特菲尔德说这两个地方都是"光明变成黑暗的地方"。[46] 作为回应，1743年，哈佛大学的教职员工发表了一份"反对乔治·怀特菲尔德牧师先生及其行为的公告"，该公告称："我们在此声明，我们认为他是一个四处流浪的人，特别是他的热情是如此强烈，这与基督教会的和平与秩序是完全不相符的。"[47] 加尔文主义的其他机构也做出了回应。1742年，康涅狄格议会开始要求所有牧师都要有大学学位，并授予教区牧师禁止巡回牧师在其教区布道的权利。此外，它还重申，耶鲁大学的学生和教职员工必须进行学校要求的任何宣誓。[48]

在这样的背景下，我们继续探讨普林斯顿大学、哥伦比亚大学、宾夕法尼亚大学和罗格斯大学的出现。在讨论一些主题之前，我们会注意到，建校者们总体上保留了耶鲁大学出现的内部结构：控制权掌握在一个外部委员会手中，管理权归属于校长而不是教职工。不同的是，他们开始放弃领地-忏悔模式。虽然没有出现统一的配置，但在大多数情况下，殖民地官员不再在委员会中有代表，或者不再占多数，总体而言，对殖民地财政支持的期望减少了。正如鲁道夫（1962，13）所说，这些学校确实接受了官方的捐款，但一般而言，"没有什么比坎布里奇、威廉斯堡和纽黑文的资助更确定、更稳定、更慷慨的了……"。

伴随着这些变化，大学自治的观念开始出现。此外，即使在一个殖民地内，每个宗派也可能有一所学校的想法出现了，因为新泽西州最终有两所大学，每一所都迎合不同的宗教团体。伴随着这一发展，同样出现了可以自由进入的观念。

### 普林斯顿大学

在18世纪30年代，新泽西州的长老会教徒分属于三个长老会（presbytery）——具有监督当地会众、检查和调解冲突功能的监管机构。这三个长老会隶属于一个更高级别的机构——费城主教会。当围绕创建大学的讨论开始时，这三个团体的牧师们通常持不同的立场。

在伊丽莎白和纽瓦克（新泽西州）附近工作的一群新牧师属于纽约长老会（它覆盖了这两个殖民地的部分地区），他们赞成建立一所大学。位于更南边的新布伦瑞克省长老会的另一群人，他们更多地参与觉醒活动，而不太关心教育活动，他们认为当地的学校和学院已经足够了。第三个团体是更南边的费城长老会，明显属于老派，其成员对宗教热情持怀疑态度，并满足于选择耶鲁大学，他们认为耶鲁大学是培养牧师的正统教育来源。[49]

随着苏格兰人老威廉·坦纳特（William Tennent Sr.）在宾夕法尼亚州的巴克斯县经营起一所只有一间教室的校舍，这种紧张关系达到了顶峰。这所被称为"木屋学院"（Log College）的学校为牧师培养人才。新布伦瑞克长老会批准了一名木屋学院毕业生的牧师任命，这一举动引发了抗议，并传到了费城主教会。该机构否决了这一任命，理由是坦纳特和他的学生是"良好教育的破坏者"。[50]1738年，主教会议规定，从今往后新任命的牧师必须拥有哈佛、耶鲁或一所欧洲大学的学位。不出意外的是，新光因此受挫，怀特菲尔德的一篇名为"未归正教牧的危险"的布道进一步加剧了紧张局势，博诺米（Bonomi, 1986, 143）指出，他将"费城主教会议中体验式宗教的反对者和守法主义的法利赛人之间进行了类比，后者拒绝接受激进的耶稣教义"。到1745年，这种分歧走向了正式的分裂，纽约和新布伦瑞克的长老会合并为一个新的纽约主教会。[51]

费城主教会继续与耶鲁大学进行更正式的训练安排，新光继续考虑建立一所大学。后来有人说，最后一根稻草是耶鲁大学开除了一位年轻的福音传教士大卫·布雷纳德（David Brainerd），原因是他说耶鲁的一位导师"还没有我靠着的椅子优雅"。[52]

然而，新光意识到，这样一所学校将需要殖民地的批准，或许是以特许状的形式得到许可；如果他们的唯一目标是培养长老会牧师，这份许可将很难获得。此外，该团体还认为，一所新大学要想生存下去，就必须吸引不同宗派的学生。因此，他们提出了一个更普遍的目标，其中一人说："虽然我们的伟大意图是建立一所神学院来培养福音牧师，但我们希望它对其他学术职业也有帮助——同时为国家和教会增辉。"[53]

他们的倡议促成了新泽西学院的成立，其章程规定：学校"不得干涉任何宗教派别成员的自由，并保障其在受教育方面平等和自由的优势，不得因为他或他们对宗教的思辨情绪，以及他或他们属于不同于学院董事的其他宗教职业，而区别对待……"。[54]这些大学创始人效仿耶鲁,将控制权交给一个外部董事会,该董事会可以起草和修改章程,并有权任命校长和教职员工。

在最初的形态中,董事会只有7名成员以个人身份任命,而不是依职权任命。他们都是长老会教徒,没有一个是殖民地官员。3位住在新泽西,另外4位住在纽约。换句话说,学院的管理具有宗教性质而非政治性质。此外,虽然学院确实获得了经营彩票的授权,但它不应期望得到殖民地的直接财政支持。[55] 简而言之,尽管有相反的意见,但学院有明确的忏悔性质;重要的是,尽管它的名称带有地域性,但它不像其前辈们一样是一个领地学院。例如,大多数董事会成员都住在纽约。

后来,董事会确实见证了一些殖民地的介入。这是因为在章程被批准后不久,乔纳森·贝尔彻(Jonathan Belcher)被任命为新泽西的皇家总督。他对这所学院很感兴趣,说这是"为我女儿"选定的。[56] 贝尔彻要求董事们为他自己和他的4名议员提供成员资格。虽然董事们反对这个想法,但他们采纳了一个折中方案,即总督以其政治身份加入董事会,但4名议员需以个人身份加入。这些变化使董事会的人数从9名牧师和3名普通信徒增加到12名牧师,10名普通信徒和总督。新董事会保留了跨殖民地的特点,现有的成员分别来自新泽西州、纽约州和宾夕法尼亚州。

和它的前辈们一样,这所学院也有一个不起眼的开端。在校长乔纳森·狄金森(Jonathan Dickinson)的领导下,该校招收了10名学生,狄金森继续担任伊丽莎白第一长老会的牧师。奥伯多弗(1995,16)指出,在第一年,"导师是狄金森和他的一个神学学生,后者担任助教;宿舍是校长家或邻居家的空房间;演讲厅则是他的客厅"。

### 哥伦比亚大学

是英国圣公会教徒推动创建了一所纽约的大学，尽管他们在殖民地不占多数，但享有权力和声望，部分原因是他们效忠于官方的英国国教。领导这次行动的群体对宗教和教育的发展感到担忧，认为这些觉醒威胁到了殖民地的既有宗教；在它们的后院创建起来的普林斯顿大学，就已经表明其他宗派已占据了教育方面的领先地位。

1746年，总督授权通过彩票为一所大学筹集资金，并成立了一个委员会来监督这项活动。英国圣公会的个人和机构开始支持这一倡议。例如，曼哈顿的主要教会三一教堂用其在北边的财产为这所学校提供了一块场地。[57]

在某种程度上，由于纽约的宗教多样性，反对学校采取宗派配置的声音出现了。这是由威廉·利文斯顿（William Livingston）领导的，他是一位长老会政治家，对圣公会的倡议持怀疑态度。利文斯顿并不反对英国圣公会倡导者的观点，即大学有助于抑制宗教狂热，尽管他没有这么说，但他主张建立纯粹的领地性质的大学。也就是说，将董事会置于立法控制之下。他认为，正是在立法机构中，所有宗派团体才能都被代表。[58] 与此一致的是，利文斯顿也反对使用三一教堂的场地。

1753年，彩票委员会选择塞缪尔·约翰逊（Samuel Johnson）担任大学校长，他曾是耶鲁大学的助教，后来转投至英国国教，并在牛津大学获得博士学位。约翰逊已经表示，他对开办一所宗派学校不感兴趣，利文斯顿的团体也没有反对他的当选。[59]

同年，彩票委员会从总督和王室处获得了国王学院的特许状。章程要求董事会主席必须是圣公会教徒，但除此之外，董事会有多宗派代表。它由41名成员组成，24名（主要是圣公会和荷兰归正会）

普通信徒以个人身份被任命。其余 17 个依职权任命的人包括学校校长和伦敦第一贸易和种植园的勋爵专员，坎特伯雷大主教，三一教堂的牧师，荷兰归正会的高级牧师，以及该市路德教会、法国教会和长老会的牧师。[60] 此外，荷兰归正会被允许授予一个神职。就像在新泽西一样，章程明确规定任何人都不能因为宗教原因而被排除在外，也没有规定殖民地的财政支持（尽管后来哥伦比亚大学得到了充足的政府支持），学校还获得了三一教堂捐赠的土地。

利文斯顿的团体做了最后的努力，敦促议会不要发放彩票资金以阻止学校的成立。最终，他们达成妥协，同意将收益分配给学校和纽约市。就这样，利文斯顿放弃了阻止国王学院以宗派为主（圣公会和有限程度的荷兰归正会）进行改革的斗争。他说："关于国王学院的事情，只要我们的腿能支撑我们，我们就一直站立着，我还要补充一句，我们甚至拖着残肢战斗了一段时间。"[61]

### 罗格斯大学

正如英国圣公会教徒对普林斯顿大学的架构感到担忧一样，荷兰归正会教徒对哥伦比亚大学的架构也持保留态度，尽管他们在其董事会中有一些代表。特别值得一提的是，与哥伦比亚大学有关的荷兰归正会团体是由纽约市荷兰归正会大学教会的高级牧师约翰·里泽马（John Ritzema）领导的（里泽马是哥伦比亚大学第一届董事会成员）。

另一个在纽约州北部和新泽西州更为活跃的组织由西奥多·富瑞林怀森（Theodore Frelinghuysen）领导。它的成员认为，新泽西的学校是一所长老会大学，纽约的学校则是一所圣公会大学，这对他们来说是不公平的，因此他们应该尝试资助自己的学校。与此同时，他们也很清楚，得到殖民地财政支持的前景是渺茫的：到目前为止，新泽西和纽约都有大学，两个殖民地都没有承诺提供多少财政支持，即便是对自己拥有的那所大学。

考虑到这一点，他们开始争辩说，只要他们愿意资助，就应该允许他们再开办一所学校。富瑞林怀森用笔名在一本小册子中阐述了这一点，这本小册子旨在将美国自力更生的理念应用于高等教育。他不仅通过提倡在新泽西建立第二所大学打破了欧洲的领地-忏悔观念，而且认为还有更多的空间："让我们这些男人和兄弟们相信上帝，并在我们之间保持一致，不要听从那些试图分裂我们的专横宗派；我们与他们的大学没有任何关系，他们可以随心所欲地建立很多，而且必须自己维护它们。让每个人都供养自己的学校吧……"[62]

1766年，当新泽西殖民地授予女王学院特许状时，富瑞林怀森的愿望成为现实。学校的董事会是跨殖民地的，包括来自新泽西、纽约和宾夕法尼亚的董事。虽然三分之二的席位留给了荷兰归正会的成员，但董事会还包括新泽西的总督、理事会主席、首席大法官和总检察长。正如赫布斯特（1982）所指出的那样，结果有些矛盾：女王学院可以说比普林斯顿大学更适合单一宗派，但它的董事会却暗示了某种程度上更多的政府监管。赫布斯特推测这可能是某种保险策略：学校渴望获得当局的保护，特别是因为它服务于少数民族和宗教少数群体。

无论如何，从我们的角度来看，罗格斯大学的创立是具有重大意义的。它开创了一个先例，即一个殖民地或一个州可以有多所大学，这些学校可以为宗派目的而创建，它们可以自谋生路。这就是自治、自由进入，以及独立后出现的大量办学背后的原则（第二章）。

## 宾夕法尼亚大学

最后，在 1744 年，一群杰出的费城普通信徒开始为他们所谓的学院筹集资金。1749 年，他们签署了《费城公立学院章程》，并选举本杰明·富兰克林为校长。同年，学校开始在乔治·怀特菲尔德买下的大楼里运作，这栋大楼原本打算用于建立一所慈善学校，但这所学校从未成为现实。

学校董事会由 24 位捐款最多的人组成。其中 8 位是商人，4 位是医生，其余的是像富兰克林这样的知名人士。没有一个是政府官员。虽然大多数人是英国圣公会教徒，但对他们的任命是基于其财富和声望，而不是他们的宗教信仰。此外，与普林斯顿大学一样，他们对殖民地支持的期望相对较低。简而言之，宾夕法尼亚大学的架构不仅偏离了领地取向，而且偏离了忏悔取向。有人可能会说，在这里，自治和自由进入的原则正在成型。

总而言之，中大西洋地区见证了领地/忏悔大学模式的终结，自治和自由进入的基本要素得以落实。人们开始看到外部董事会减少了殖民地当局的参与，对官方支持的期望也降低了。此外，罗格斯大学的创立是对这一办学逻辑的含蓄接受，而这一逻辑后来催生了大量的学校。

## 达特茅斯学院事件

尽管在中大西洋地区有所发展，1776 年之后，法律上对谁最终控制大学这一问题仍十分模糊。自治原则会成为美国大学体制的决定性特征吗？举例来说，在授权创建普林斯顿大学后，新泽西州可以修改它已经授权的特许状吗？一个涉及达特茅斯学院的法律案件最终解决了这些问题。

顺便提一下背景，回想一下埃勒萨·惠洛克最初试图将康涅狄格州一所为"印第安男孩"服务的学校改建为达特茅斯学院。殖民地拒绝了他把学校改造成大学的请求。这一否决，加之边境线西移导致的入学率下降，最终促使惠洛克做出了搬迁的决定。1769年，他从新罕布什尔州总督约翰·温特沃斯（John Wentworth）那里获得了一所学院的特许状，以及用来建学院的土地。惠洛克在与总督的交流中提到："先生，如果您认为用大学（college）替代学院（academy）这个词合适的话，我会感到很高兴。"[63] 温特沃斯同意了，于是印第安慈善学校变成了新罕布什尔的达特茅斯学院。

特许状给了达特茅斯学院一个已经成为标准的配置：一个外部董事会。与其他新英格兰的清教徒学校的性质相一致，其整体设计与哈佛和耶鲁大致相似：董事会由6名地方长官和6名牧师组成。也就是领地－忏悔控制。此外，新罕布什尔为学校提供了大量资金：1773年的现金赠款，1784年和1787年的彩票授权，1791年进一步的土地赠款。

到1815年，达特茅斯交由埃勒萨·惠洛克的儿子约翰管理。在政治紧张的局势中，立法机构试图控制学校，排挤董事会。这一行动并非没有先例，独立后，州立法机构审查殖民时期授予的特许状并非闻所未闻。董事反驳说，对原始特许状的任何修改都是违法的，并将此事诉诸法院。用我们的现代术语来说，最重要的问题是达特茅斯学院属于公法人还是私法人，尽管赫布斯特（1982）和怀特黑德（Whitehead, 1986）强调，几十年后才会用这种术语进行标准的解释。

1817年，新罕布什尔州高等法院做出了有利于该州的裁决：它认为达特茅斯通过立法机关对新罕布什尔州的公民负责。该裁决驳回

## 第七章 美国

了最初的特许状赋予达特茅斯具有相对于州的自治权的说法。董事会提出上诉，案件于1818年到了美国最高法院。该案件是由当时尚不知名的达特茅斯校友丹尼尔·韦伯斯特（Daniel Webster）提交给首席大法官约翰·马歇尔（John Marshall）的法庭的。

韦伯斯特清楚地了解此案的意义，并将其总结为：

> 先生，这是我的案子。这不仅是那所不起眼的机构的案子，也是全国每一所大学的案子。它意味着更多。这是我国每一个慈善机构的案子……是每个财产可能被剥夺的人的案子，问题很简单：我们的州立法机构是否被允许基于自己的自由裁量权拿走不属于它们自己的东西，改变它原有的用途，用在它们认为合适的目的上？先生，你可能会毁掉这个小小的机构……如果你这么做了……你就必须一个接一个地熄灭那些伟大的科学之光，一个多世纪以来，它们一直照耀着大地！先生，正如我说过的，这是一所很小的学校，但还是有人爱它。[64]

法院做出了有利于董事会的判决，裁定最初的特许状本质上是一份合同：虽然达特茅斯的使命是为公众服务，但它不受公共控制。因此，它是由它的董事会管理的——只有他们对殖民地授予原始机构的土地和资金负责。简而言之，最高法院肯定了美国的私立大学有自治权。

这是一个重大的决定，它限制了各州按照法国的方式重新设定教育系统的能力。作为回应，各州创建的大学都开始在章程中规定相关条款，其中包括维持各州控制权的具体规定。从这个意义上说，达特茅斯的案例只适用于那些没有这样规定的大学。

总而言之，第六章和第七章表明，宗教与欧洲和美国大学体制的发展有很大关系，在这两种情况下，宗教都与政治发展等因素相互作用。然而，最终的结果却大相径庭。在欧洲，它促成了自由大学市场的出现，但也最终导致了自由大学市场的消亡。在美国，发展轨迹正好相反：在新英格兰和南方，这个国家希望发展一种领地-忏悔大学的架构，而在中大西洋地区，出现了自治、自由进入和自由范围。

最后，虽然这些因素与大学竞争的规则有关，但值得注意的是，历史也赋予了美国大学内部架构，使它们比欧洲大学更灵活。正如本章所解释的那样，尤其是在美国大学中，权力来自董事会，并被转移到校长手中，校长在决定学校方向方面拥有很大的自由度。这反映了法律上的设定和两个额外的因素：1.校长是负责获得资金的关键主体，因此能够将资源引导到其偏好的领域；2.校长任命院长，因此可以指定愿意实现其愿景的人。简而言之，尽管教授的权力在内战后增加了，尽管他们对院系施加了很大的控制，但美国大学的校长仍然保留了很大的自由裁量权。

相比之下，尤其是在德国，欧洲大学经历的行会式发展造就了强大的讲席教授，他们控制了研讨会，并最终控制了整个机构。[65]这些资深教员的数量通常比他们的美国同行（终身教授）少，但权力更大。例如，美国教授通过他们的院系行使学院权威，但最终还是要服从院长和校长。相比之下，德国讲席教授的资金通常直接来自教育部，在某种意义上绕过了大学管理人员。此外，学校的校长不是由董事会强加给他们的，而是由他们自己选出，且通常是从他们中间选出，任期通常相对较短。正如克拉克（1983, 112）所指出的那样，校长是"代表这个群体的临时领袖，他或她的晋升是他们的荣幸"。[66]这种基本结构与中世纪的模式相差不大，在中世纪的模式中，校长任期有限，只享有由教师大会授予的权力。[67]

虽然我知道许多美国教授更喜欢欧洲模式中教师更强有力地行使管理权的做法,但这将使大学更难改变发展方向。[68]例如,在欧洲,在一个新领域创建一个讲席可能很困难。在许多情况下,由于涉及公共资金,它必须得到部委和立法机关的批准。此外,即使是提议一个讲席职位,也可能需要与现有的讲席教授进行复杂的内部谈判。相比之下,美国校长在创建新院系时几乎不会遇到什么障碍,只受制于资金问题。

# 第八章
# 未来

本书认为,自由市场的进路解释了美国大学为什么在19世纪科研表现不佳,它们为什么在后来取得了进步,以及它们如何设法保持了领先地位。这一论点的含义之一是:在教育中,"过去的表现并不能保证未来的结果"。因此,最后一章提出了这样一个问题:美国大学体制未来的科研表现将会如何?

为了解决这个问题,不妨回想一下,我们已经把这一体制目前的优势归功于它的学校在竞争环境中提供教学和分类服务,这与大量人才和资源集中在几十所以科研为重的学校的局面契合。因此,未来的问题是,哪些事态发展可能改变这一局面。

首先,我们大胆断言,该体制的市场导向——自治、自由进入和自由范围——不太可能轻易改变。这些特征以难以改变的方式根植于规范和法律先例中。因此,本章考虑了即使在市场取向没有改变的情况下,也可能威胁到该体制研究表现的四个因素:

范围的破坏(大学聚合式地从事科研工作,由此将导致提供诸如教学和分类等服务的能力下降);

身份相关考量的过度复苏;

与不平等、资金和移民相关的政治风险;

失控的成本增加。

### 范围的破坏

在过去的一个世纪里,美国大学广泛的经营范围有助于它们的研究表现。这表明,一般来说,研究不是一项有利可图的工作,因此必须依靠一些补贴。在美国,这些资金来自大学活动,比如本科教学和体育运动,更重要的是由这些活动产生的捐款和政治支持(以及联邦基金,下文将讨论)。美国第一个博士项目出现在耶鲁大学——从历史上看,它先是公共资助的主要受益者,后来是私人资助的主要受益者——或者科研最终在有本科学院的大学里获得最大的成功,这都并非巧合。这意味着美国的研究表现可能会受到大学聚合式地开展科研工作,并据此输出教学和分类成果的能力下降的威胁,因为这可能会耗尽交叉资助研究的收入。

过去几年提出了一种可能性,即这种削弱可能源于技术变革,"慕课"(MOOCs,大规模开放在线课程)的出现就说明了这一点。这些课程最初的承诺是将高质量、低成本的教学送到世界各地学生的卧室里。事实上,最大的营利性在线课程供应商之一 Coursera 在其使命宣言中写道:"我们为全球提供最好的教育。"

最初,观察者设想这种教育将通过在线讲座的形式提供给学生。今天的期望则是通过人工智能将讲座和适应学生能力的个性化内容精密地结合起来。此外,讲座可能会有明星教师(如最成功的哈佛教师)以及其他类型的明星。例如,考恩和塔巴洛克(Cowen and Tabarrock,2014,521)提出"课程产品也许由一个有魅力的名人呈现,也许以动画形式呈现,以引起学生的兴趣和参与('勒布朗讲市场需求'[Lebron does Market Demand])"。虽然这些内容的制作成本很高,但大量学生的使用将使平均成本保持在较低水平。随着时间的推移,技术(例如面部和/或打字模式识别)将允许供应商验证个人是否掌握了内容,从而允许供应商授予"迷你"或完整的学位。[1]

从表面上看,用现在的说法,"慕课"确实可以"破坏"美国大学的研究能力。如果家庭可以基本上免费获得世界上最好的教育,他们很可能会拒绝支付超过 25 万美元的学杂费,从而限制大学获取研究资源的能力。换句话说,由于无法出售教学服务并培养校友,顶尖大学将发现越来越难以支付研究人才的费用。事实上,随着时间的推移,它们甚至可能不会去寻找这样的人才——它们会对具有伟大洞察力的头脑失去兴趣,而更愿意去寻找能够像动漫勒布朗一样讲课的人。

简而言之,尽管"慕课"经常作为一种改善和扩展教育以及降低教育成本的手段来出售,但它可能会迫使大学做出改变,从而折损后者在某些教育方面的表现。正如霍克斯比(2014,17)所说,一些在线教育爱好者"预见并期待着有朝一日""慕课"会摧毁高择优性高等教育(highly selective post-secondary,简称 HSPE)机构的财务良性循环:

> 这些狂热者显然想把高择优性高等教育的资源从高等教育(和研究)转向大众教育。然而,这个计划似乎考虑不周,因为这些机构在教育大众方面没有优势,而且它们的资源之于其所追求的狭隘目的,虽是可观的,但对大众高等教育的问题来说却是微不足道的。因此,以目前的形式摧毁它们,也会摧毁一种教育,但不会对另一种教育有明显的促进作用。

目前尚不清楚研究型大学的管理人员是否充分认识到这种威胁。

例如，霍克斯比补充说，大学免费提供"慕课"内容是一种冒险行为。此外，本书还提出，不应忽视研究型大学面对技术变革时的脆弱性。顶尖大学确实将资源和精力用于研究。例如，它们聘请的教授类型和提供的激励措施使其开设了一些乏味的课程（第五章）。因此，它们所面临的风险是真实的。

综上所述，"慕课"对研究型大学的影响可能仍然有限，理由有四个。第一，正如霍克斯比（2014）所强调的那样，在线教学的许多要素——例如，有限的师生互动和远程学习的使用——在非择优录取和营利性的大学中更为普遍，这使得"慕课"更接近于它们的服务，而不是研究型大学的服务（可能在一些入门课程中进行的教学除外）。与之相应，研究表明，"慕课"的影响主要集中在非择优录取的低端高等教育市场。[2]第二，到目前为止，几乎没有证据表明在线课程是教育的灵丹妙药。一些严谨的研究表明，上这些课的学生比上普通课的学生学得更多，但也有人认为他们学得更少。此外，大多数开始学习"慕课"的学生都没有完成课程。[3]第三，顶尖大学和学院的吸引力至少在很大程度上取决于它们的分类和教学服务，而"慕课"在分类的维度上几乎没有什么可提供的——它们的学生几乎不与任何人互动，又同时与所有人基本上都有联系。在某种程度上，教育与分类有关，"普及最好的教育"本质上是一个矛盾的术语。换句话说，试图在不提供分类产品的情况下摧毁顶尖学校，就像试图在没有空军的情况下进行大规模入侵一样。第四，正如霍克斯比（2014）等人所指出的，"慕课"的商业模式仍然存在问题。例如，一旦教学费用上涨，以及大学不再乐意提供人才，它们将如何应对？最重要的是，正如麦克弗森和巴科（McPherson and Bacow, 2015）指出的那样，在这一点上，"慕课"对顶尖大学的生存威胁并不会明显超过此前许多人预测会导致后者关闭的先前的技术，如印刷机、广播和电视。[4]

然而，"慕课"可能会有进一步的技术进化，或者其他市场参与者可能会从"慕课"的缺点中吸取教训，就像19世纪的大学改革者从以前的失败中吸取教训一样（第三章）。事实上，克里斯滕森和艾林（Christensen and Eyring, 2011）指出，颠覆性技术的本质是技术的迭代，且最初似乎只会影响市场中低质量的部分。[5]

企业尝试不同进路的一个例子是密涅瓦学校（Minerva Schools），这是一所由营利性的密涅瓦项目运营的大学。密涅瓦所有的课程都是在线提供的，但在其他方面与"慕课"非常不同。学生可获得大学学位，并被要求住在一起。课程是实时的，且班级人数不超过18人（密涅瓦在2018年招收了大约160名新生）。与"慕课"形成鲜明对比的是，密涅瓦大学非常注重分类，其首席执行官最近表示："首先,密涅瓦大学正在努力成为西方世界录取门槛最高的大学。"[6]

在这方面，它正在取得进展：2018年，它有1.6万名申请者，录取率低于3%。另一方面，这种低录取率可能反映了密涅瓦使申请变得容易：学生不需要提供推荐信、申请费或SAT分数。因此，很难确定密涅瓦的学生与它打算取代的常春藤盟校的学生相比如何。举个例子，在过去的一年里（因为我的女儿是一名高三学生），我观察了数十名来自纽约市顶尖学校的孩子申请大学。这些孩子是纽约教育精英的一部分，几个世纪以来，哈佛和耶鲁等学校一直在争夺这些精英。他们非常聪明，但他们的学校却谴责他们过度在意彼此的大学申请。我担心，如果能拿到斯坦福大学的录取通知书，他们中的一些人甚至可能会考虑活人献祭，但我从来没有听到一个人提及密涅瓦。部分原因可能是，像密涅瓦这样设计的学校无法为他们提供世界级的实验室、体育比赛和充满成千上万潜在高素质朋友的宏伟校园。这对密涅瓦来说很重要，因为一旦一所学校建立了吸引（或不吸引）某些类型学生的声誉，情况就很难改变了。

综上所述，密涅瓦大学显然在其产品上花了心思，而且其学费仅为研究型大学标价的四分之一到一半。像这样的学校可能会大量增加，最终至少会给许多大学和学院带来一些生源的激烈竞争。同样地，如果这种情况大规模发生，美国的研究可能会受到影响：密涅瓦大学由一家营利性组织控制，毫不意外地，它没有声称自己在做研究。例如，它的网站几乎没有宣传它的教职工有谁。如果这些学校有一天统治了市场，美国的研究优势可能会消失殆尽。

最重要的是，尽管"慕课"的影响相对于巨大的期望而言已经有所减弱，但范围的破坏或大学聚合式提供多种产出的能力变弱的情况仍然可能发生。这将阻碍美国在研究领域的领先地位，这也是研究型大学的管理者和政策制定者必须密切关注的问题。

## 身份

包括宗教和种族在内的多样性一直是美国历史上的一个中心主题，而如何处理多样性问题对国家的发展至关重要。例如，第七章认为，宗教多样性在一定程度上推动了美国大学自治和自由进入的出现，因此有助于解释今天美国大学在科研方面的卓越地位。

与此同时，身份的显著性并不总是有助于科研表现。例如，在19世纪早期，宗教多样性导致大学聘请教授时更看重他们的宗教信仰，而不是他们的专业知识。减少这种与身份相关的考量对于20世纪的教师和学生（以及因此带来的人才和金钱）分类是十分必要的。

如今，人们重新开始关注大学里的身份问题，尤其是当女性和少数族裔等群体出现在大学里那些传统中代表性不足的领域（比如教职工)时。一方面,这是一个非常积极的发展,它能帮助大学获得以前基本上未被开发的人才库。为了说明这种变化的影响,在我自己的学校,已经获得终身教职的教职工多样化程度较低,但流动的教职工(比如,新聘用的教授)却是多样化的。例如,在最近的一些研究中,所有被聘用并最终获得终身教职的助理教授中,大约有50%是女性。此外,有趣的是,我看到我认识的绝大多数职业生涯非常成功的人,都是被排名靠前的院系录用。在某种程度上,这种进步之所以成为可能,要归功于对身份的明确关注。例如,与大多数同行一样,哥伦比亚大学创建了正式的、有资金支持的项目,以实现招聘的多元化。[7]

另一方面,一些人认为,与身份相关的考量过度抬头,可能会削弱大学对人才和个人表现等方面的评估能力。

例如,沙利文(Sullivan, 2018)指出:

> 脱离群体身份而存在的个人概念正在走下坡路……与各种形式的不劳而获的特权相反,个人功绩的观念越来越受到质疑。不受约束的言论自由、正当法律程序、个人(而非群体)权利,这些构成"美国实验"[①]基石的启蒙原则,如今通常被理解为白人男性权力的面具,以及压迫女性和非白人的代名词。不同群体在结果上的任何差异都必然是仇恨的结果,而不是自然、选择、自由或个人能动性的结果。任何质疑这些断言的人显然都是白人至上主义者。

---

[①] 在政制史或文明史意义上,美国实验(American experiment)是指因启蒙运动的刺激,在美国发生的一系列政治和思想实验,尤其是建立大型联邦共和国的实验。

虽然这夸大了校园里的情况，但这个问题值得留意。如果与身份相关的考量主宰了招聘或晋升的决定，或者如果它们导致了对发表等标准的彻底质疑，它们将使顶尖大学识别、招聘和激励研究人才的能力变得混乱。

简而言之，美国在历史上找到了驾驭多样性并从中汲取力量的方法。确保在研究方面继续保持这一立场，是大学领导要牢记的另一项任务。

### 与不平等、资金和移民相关的政治风险

在富裕国家中，美国表现出高度的不平等（以及对不平等的容忍）。[8]因此，毫不意外地，美国的大学体制也表现出了不平等，既受到不平等的影响，也助长了不平等。这个体制以其1%的学校为主要特点，如果没有不平等所带来的馈赠，它就无法呈现出当下的格局，这体现在布隆伯格、鲍尔特、卡耐基、康奈尔、多恩塞夫、格芬、赫斯特、休利特、霍普金斯、保尔森、普利策、洛克菲勒、斯坦福、杜兰、范·伦斯勒和范德比尔特等人的名字上——这是一个可以长达数页的清单。此外，在研究经费方面，联邦政府加剧了学校之间的不平等（第五章）。不仅如此，顶尖的美国大学更加剧了不平等，以至于它们产生了巨大的劳动力市场回报，不成比例地惠及富裕的个人，包括传承生。[9]最重要的是，顶尖学校的人才和资金集中是美国整体经济和社会结构的重要组成部分。查尔斯·艾略特说过："教育机构是一面可靠的镜子，它鲜明地反映了国家的历史与品性。"[10]

然而，随着近年来不平等日益受到诟病，这种均衡可能会发生重大变化。奥巴马总统称不平等是我们这个时代的决定性挑战，托马斯·皮凯蒂（Thomas Picketty, 2014）的《21世纪资本论》（*Capital in the Twenty-First Century*）的成功，以及参议员伯纳德·桑德斯（Bernard Sanders）和众议员亚历山大里娅·奥卡西奥-科尔特斯（Alexandria Ocasio-Cortez）等左派政治家的立场，都清楚地表明了这一点。其中一些人提出的政策可能会严重损害大学吸引大额捐赠的能力。此外，这些政治家中的一些人公开表示对欧洲制度的向往，并可能寻求将美国推向一种对大学之间不平等更不宽容的模式，比如法国、德国，或者桑德斯钟爱的斯堪的纳维亚半岛。

这些举措可能会影响美国大学的科研产出。这只是表明这种根本性的变化可能会产生广泛的影响。参议员桑德斯和卫生与公众服务部部长汤姆·普莱斯（Tom Price）之间的一段对话就说明了这一点：

> 桑德斯：你认为医疗保健是所有美国人的权利吗，不管他们是富人还是穷人？所有人都应该因为他/她是美国人，就拥有在需要时去看医生的权利吗？
>
> 普莱斯：是的。我们是一个富有同情心的社会。
>
> 桑德斯：不，我们不是一个富有同情心的社会。就我们与穷人和劳动人民的关系而言，我们的记录比地球上任何其他国家都要糟糕。我们的儿童贫困率在世界主要国家中居于首位。而且有一半的老年工人没有退休金。所以我不认为，与其他国家相比，我们特别富有同情心……在加拿大和其他国家，所有人都有获得医疗保健的权利。你认为我们应该朝那个方向发展吗？
>
> 普莱斯：如果你想谈论其他国家的医疗保健系统，他们所做的决策产生了许多后果，就像我们所做的决策会产生后果一样。[11]

# 第八章 未来

桑德斯和普莱斯都有各自的洞见。很难说美国像其他富裕国家一样反对不平等；但朝着欧洲方向发展的重大举措也不太可能是免费的午餐。例如，如果一位教授的收入是另一位教授的十倍，或者一所大学在每个学生身上的花费是另一所大学的十倍，如果无法接受这种情形，那么在诸多学校之间进行人才和资金的匹配就会变得更加困难。

重要的是，由于科研在很大程度上是一种全球性公共产品，这种发展可能会伤害世界各地的人们。这与阿西莫格鲁、罗宾逊和韦迪耶（Acemoglu, Robinson and Verdier, 2012）在一篇名为《我们不能更像斯堪的纳维亚人吗？》（"Can't we all be more like Scandinavians?"）的论文中提出的观点有关。他们从一种流行观点开始：由于斯堪的纳维亚社会的不平等程度较低，斯堪的纳维亚人比美国人过得更好（例如，克鲁格曼［Krugman, 2018］的专栏文章《某些在丹麦没有腐败的东西》［"Something not rotten in Denmark"］）。因此，可以推测，如果美国人采用斯堪的纳维亚模式，平均福利将会增加——这本质上是桑德斯的立场。然而，阿西莫格鲁等人警告说，鉴于美国在扩大技术前沿方面的关键作用，这可能会降低美国对创新的激励。他们的模型关注的是企业而不是大学，但同样的逻辑也适用：不平等很可能与产生创新的机制有关。换句话说，如果帮助丹麦人保持健康的医学进步主要来自美国大学，那么猛烈攻击美国的不平等也会影响到他们。抱着同样的目的，越来越多的研究探讨了税收水平是否会影响创新。[12]

同样值得注意的是，对于大学来说，与不平等相关的政治风险既来自左翼，也来自右翼。例如，2017年，共和党人支持对付费学生超过500人、学生平均资产超过50万美元的学校征收捐赠税。[13]这类似于左翼提出的个人财富税。此外，唐纳德·特朗普总统在2019

年威胁要削减他声称的不允许保守派自由表达的大学的研究经费。最重要的是，顶尖大学可能会发现自己被夹在右翼政客和左翼政客之间，前者对他们认为的与左翼精英结盟的学校几乎没有同情，而后者认为这些学校是特权的混合体。

对大学科研表现的另一组威胁来自围绕公共资金和移民的政策。首先，联邦/州政府的资助对美国研究型大学的发展至关重要。例如，州和《莫里尔法案》的支持对包括伯克利、康奈尔、戴维斯、佐治亚、密歇根州立、麻省理工、宾夕法尼亚、普渡、得克萨斯农工、华盛顿、威斯康星和耶鲁在内的高校的发展至关重要。此外，自20世纪40年代以来，联邦政府的支持在研究活动的增长中发挥了重要作用。然而，人们对各州继续资助大学的承诺感到担忧，近年来，联邦研究经费停滞不前，尤其是相较于经费在经济中所占的比例而言。[14] 格鲁伯和约翰逊（Gruber and Johnson，2019）提供了突出的事实予以佐证：1938年至1964年间，联邦和州政府的研究支出从国民收入的0.08%上升到2.0%，随后又回落至0.07%。资金的持续减少可能会剥夺美国大学保持其研究领先地位所需的资源。在创新可能越来越困难、国家经济面临日益激烈的竞争之际，这种削减将是短视的。[15]

其次，尽管本书认为美国科研领导地位的根源在于本土的制度结构，但毫无疑问，一旦准备就绪，美国研究型大学的科研表现就会因其吸引世界各地人才的能力而得到提升。从某种意义上说，它们承担了德国学校以前所扮演的角色，包尔生（1906，55）在1906年写道："就像中世纪各国的学生去法国和意大利的大学求学一样，现在来自遥远西方和最遥远东方的陌生人来到德国大学接受科学训练。"因此，围绕移民的联邦政策可能会损害美国的科研表现。例如，如果外国教授和学生很难获得签证、永久居留权或公民身份,他们可能会转向申请其他国家的大学。值得补充的是,限制移民可能不仅会损害美国的科研产出,还会损害全球的科研产出。为了说明这一点,假设由于智力和金钱之间更好的匹配等因素,美国的大学会比其他国家有更多的研究成果。那么,允许顶尖人才进入,可能对整个世界都有利。与此相关的是,世界上一些最有才华的研究人员被美国大学吸引,部分原因是它们能支付的薪水;如果他们被迫留在自己的国家,他们可能会从事其他行业。

### 失控的成本

"慕课"背后的热情部分反映出这样一种观点,即它们可能有助于控制高等教育的成本。人们通常认为,高等教育的成本增长过快,已到了失控的地步。[16] 虽然研究型大学已经能够提高学费以匹配成本的增长,但不能排除这种方法可能在某种程度上不再可行。这种发展将直接威胁到它们从事研究的能力。

我个人可以举一个例子来说明学费上涨的影响:当我在为这本书做最后的编辑时,我收到了我女儿大学第一学期的账单,由此算来每年需支付7.5万美元。这一数额——私立研究型大学的学费——超过了任何国家中等水平家庭的可支配收入。此外,尽管公立研究型大学的学费较低,但它们的学费也在迅速上涨。

在某种程度上,这些增长并不令人惊讶,因为它们至少部分反映了鲍莫尔(Baumol)的"成本病":如果其他经济部门的生产率有所提高,那么生产率几乎没有提高的劳动密集型产业的相对成本就会上升。[17] 用一个常见的例子来说明,制作一部特定歌剧的技术变化很小。如果其他部门的生产率/工资上涨,演出的成本就会上升(参与其中的人必须得到更多的报酬）。在最近的研究中，赫兰德和塔巴洛克（Helland and Tabarrok, 2019）以高等教育为例说明了这一观点，他们表明，即使衡量大学产出的一项指标——大学毕业生的平均读写能力——几乎没有变化，大学的成本和价格也在上涨。

然而，研究型大学不断上涨的学费可能不像人们普遍认为的那样严重，理由有二。首先，尽管赫兰德和塔巴洛克有这样的发现，但在现实中这些学校提供的服务质量有所提高。为了说明这一点，让我们回到歌剧的例子，我和女儿都很喜欢歌剧。假设通过时间旅行，我们有机会看到1919年的《茶花女》（*Traviata*），而不是2019年大都会歌剧院的《茶花女》。我想，只要能看到20世纪初的明星，我们就会欣然接受这个机会。这说明歌剧并没有太大的变化，2019年的产品对一个世纪前产品的超越确实不明显。

现在，假设同样有人向我们提供了让我女儿就读1919年而不是2019年大学的机会（不考虑当时不招收女性的事实）。我非常怀疑我们是否会选择1919年的版本，即便价格要低得多。从分类的角度来看，今天的美国研究型大学提供了比一个世纪前更好的产品。更重要的是，我女儿对化学非常感兴趣，特别是在实验室里做有机金属化学实验。在1919年的学校中，前者较少，后者也没有——至少可以这么说，说服她选择1919年的学校将是一项艰巨的任务。简而言之，研究型大学的价格上涨部分反映了其产品的变化，因此可能不像人们通常认为的那样令人担忧。与此相一致的是，即便是每年7.5万美元的标价，这类学校也面临着巨大的过剩需求。

其次，正如赫兰德和塔巴洛克解释的那样，人们不能忘记，从社会的角度来看，学费上涨可以被视为一种福祉，而不是一种弊病：鲍莫尔效应只有在部分经济部门正在经历生产率提高的情况下才会出现。换句话说，价格最终是相对价格，如果一些商品（如电脑、手机）由于技术变革而变得便宜得多，其他商品（如大学）将变得相对更贵——这并非一个先天的问题。

但在这种情况下，还有一个更重要的问题。计算机和电话等领域生产率的提高在某种程度上要归功于大学本身。如前所述，大学研究直接有利于经济增长。在一个极端的例子中，像休利特这样的人认为斯坦福大学在硅谷的发展中发挥了重要作用。此外，许多基于大学的发现是技术密集型行业进步的幕后推手。换句话说，一些生产力的提升使斯坦福这样的学校看起来相对昂贵，可能正是它们成功的一个表征。并且择优录取的研究型大学可以通过挑选聪明的学生，将他们与有生产力的雇主相匹配，从而进一步提高生产率。例如，斯坦福大学可以帮助硅谷公司找到优秀的员工。[18]

最重要的是，尽管研究型大学和任何企业一样，都应该避免浪费，但成本上升不一定意味着它们的未来面临生存威胁，而且家庭和政府投资于大学的服务可能仍然意义重大。

马萨诸塞州的清教徒有一个独特的计划：建立一座宗教灯塔，一座令基督教世界羡慕的山巅之城。四个世纪过去了，很难说他们取得了成功。然而，从这本书的角度来看，他们确实启动了一个非凡的大学体制。新英格兰殖民地勾勒出了大学体制的轮廓，中大西洋殖民地则以自治和自由进入的方式对其加以扩展。这为数百所学校的崛起铺平了道路，这些学校渴望成为英式的大学，却难以提供高质量的教学或研究。内战后，改革者改变了其中一些学校，旨在创建德式的大学。虽然他们中的一些人希望摆脱学院，但这些学院通过分类改革得以幸存。其结果是真正意义上的美国大学，其独特之处在于其广泛的范围和欧洲元素的融合——正如梅茨格（1955，104）所说，这个机构"不仅是个大杂烩（motley），而且是个混血儿（mongrel）"。[19] 随着时间的推移，人才和资金集中在几十所学校，美国的大学体制在研究方面拔得头筹。尽管它取得了这样的成功，但未来并不确定。虽然美国大学体制的市场导向不太可能改变，但在教育自由市场中，它并不总能保证良好的表现。如果美国想要在研究领域保持领先地位，大学领导和政策制定者必须保持警惕。

附　录

## 1. 基于诺贝尔奖的衡量标准

我们衡量大学科研产出的指标来源于 1901—2016 年期间的诺贝尔化学、经济学、医学和物理学奖得主名单。我们将和平奖与文学奖排除在外，因为这些奖项通常颁发给在大学之外完成的工作。此外，我们注意到，经济学奖虽然与其他奖项一起颁发，却是最近才设立的：瑞典中央银行纪念阿尔弗雷德·诺贝尔经济学奖是在 1969 年设立的。

我们的数据库最初由获奖者的姓名、专业领域和获奖年份构成。然后，我们手动标记了每个获奖者（他或她中学后）所属机构的列表。对于每个隶属关系，我们都记录了该机构的名称、隶属关系的性质（教员、研究员、博士生、本科生等），以及获奖者隶属于该机构的年份。这些数据来源于多个渠道：诺贝尔奖网站的官方传记、科学传记词典、讣告，以及最近获奖者的个人简历，这些都可以在网上找到。

我们建立了一个独立的机构数据库，其中每个机构的正规名称和曾用名被分组在一个单一的规范名称下。在这些记录中，我们添加了每个机构当前所在国家的名称。此处用两个例子来予以说明。首先，在我们的数据中，耶鲁大学总是以同样的方式被提及，因此所有的引用都很容易被归类到规范的"耶鲁大学"之下。该机构又被分配给美国。其次，斯特拉斯堡大学、斯特拉伯格大学、路易斯·巴斯德大学、马克·布洛赫大学和罗伯特·舒曼大学都隶属于规范的"斯特拉斯堡大学"。我们记录的这个机构位于法国，尽管它有时位于德国。这也使它从在某些年份由独立机构组成的事实中抽象出来。这些规则的一个例外是巴黎大学，多年来，它一直被反复地分裂和重组成不同的单位。在这种情况下，我们使用原来的更具一般性的名称。

最重要的是，在许多情况下，对机构进行的分类涉及判断，我们的数据中肯定存在一定程度的模糊之处。然而，请注意，本书的重点是国家科研表现的一般趋势，这些数据很有可能构成对这些问题的有力解释。

大多数获奖者（约92%）提到的隶属关系都与授予学位的机构有关。我们将这些机构称为大学，尽管它们包括使用其他名称的学校（例如学院）。由于本书的重点是大学，我们几乎总是关注这一类隶属机构。为了完整起见，两个附录表给出了包括非大学隶属机构在内的结果。

总而言之，我们的评选标准产生了639名获奖者，他们的传记提到了446所大学3120次。此外，他们提到152个非学位授予机构286次。两类机构被提及的总次数是3406。

## 2. 历史报道

如果文章的信息（包括作者所属机构的信息）延续到19世纪，文献数据库就可以用来绘制类似于图表1.2中的数据。不幸的是，事实并非如此。图表A.1说明了科技文献检索数据库（Web of Science）的情况。虚线表示每年出现的文章数量，实线表示包括作者所属机构信息在内的文章比例，也即特定作者在特定大学的发表成果。自20世纪70年代初以来，80%到95%的文章都包含了这类信息。然而，在此之前，这一比例急剧下降，许多年里数据为零。这使得人们不可能将论文与大学联系起来。

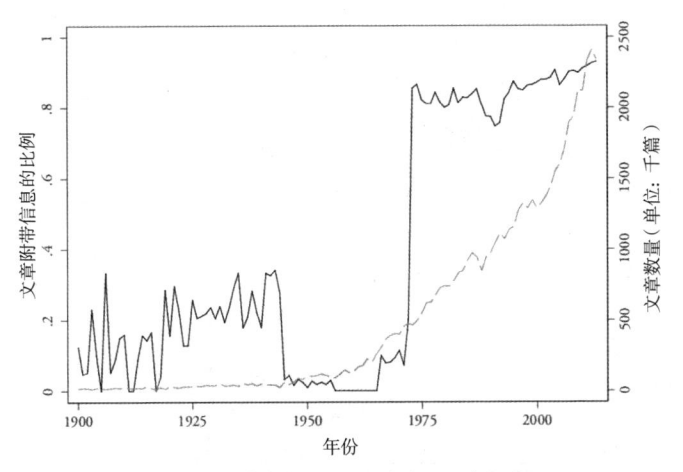

实线：附带信息的比例；虚线：文章数量

**图表 A.1** 该图描述了出现在科技文献检索数据库上的文章数量（虚线，右轴），以及包含作者所属机构的文章比例（实线，左轴）。这些计算是基于在这个文献数据库中出现的所有文章的 1/100 样本。

## 3. 非学位授予机构

图表 A.1 是对表格 1.1 的重复，但包括了非学位授予的机构。

## 4. 控制收入与人口

表格 A.2 和表格 A.3 是对表格 1.1 的重复，但分别按人均收入和人口对结果进行了标准化处理。在每种情况下，表格只列明了排名前十的国家的结果（按被提及次数计算）。

具体来说，表格 A.2 将表格 1.1 中的提及次数除以每个国家同期的人均收入（以千美元为单位）。因此，它提供了每个国家每1000

美元人均国内生产总值所产生的诺贝尔奖提及次数。关键的发现在于：美国在早期是该指标水平最低的国家之一，但后来成为领先者（改变的时机是本书后面讨论的一个重要问题）。

表格 A.1　各国大学被提及次数（包括非授予学位的机构）

| 排名 | 国家 | 提及总次数 | 1855—1900 | 1901—1940 | 1941—1980 | 1981—2016 |
|---|---|---|---|---|---|---|
| 1 | 美国 | 1675 | 13 | 308 | 941 | 413 |
| 2 | 英国 | 472 | 22 | 159 | 236 | 55 |
| 3 | 德国 | 421 | 90 | 198 | 107 | 26 |
| 4 | 法国 | 171 | 34 | 56 | 58 | 23 |
| 5 | 日本 | 83 |  | 7 | 41 | 35 |
| 6 | 瑞士 | 82 | 9 | 30 | 30 | 13 |
| 7 | 加拿大 | 58 |  | 10 | 39 | 9 |
| 8 | 瑞典 | 54 | 7 | 23 | 20 | 4 |
| 9 | 丹麦 | 39 | 6 | 19 | 12 | 2 |
| 10 | 荷兰 | 39 | 10 | 13 | 11 | 5 |
| 11 | 奥地利 | 36 | 9 | 25 | 2 |  |
| 12 | 俄罗斯 | 35 | 5 | 13 | 13 | 4 |
| 13 | 澳大利亚 | 32 |  | 7 | 20 | 5 |
| 14 | 意大利 | 28 | 1 | 13 | 10 | 4 |
| 15 | 以色列 | 24 |  |  | 17 | 7 |
| 16 | 比利时 | 17 | 2 | 7 | 7 | 1 |
| 17 | 挪威 | 17 |  | 4 | 7 | 6 |
| 18 | 中国 | 14 |  |  | 6 | 8 |
| 19 | 印度 | 13 | 1 | 5 | 6 | 1 |
| 20 | 匈牙利 | 12 |  | 4 | 8 |  |
| 21 | 芬兰 | 11 |  | 6 | 3 | 2 |
| 22 | 波兰 | 10 | 2 | 8 |  |  |
| 23 | 阿根廷 | 9 |  | 3 | 6 |  |

附录

续表

| 排名 | 国家 | 提及总次数 | 1855—1900 | 1901—1940 | 1941—1980 | 1981—2016 |
|---|---|---|---|---|---|---|
| 24 | 南非 | 8 | | | 8 | |
| 25 | 西班牙 | 7 | 4 | 3 | | |
| 26 | 爱尔兰 | 6 | | 3 | 2 | 1 |
| 27 | 捷克共和国 | 5 | | 5 | | |
| 28 | 新西兰 | 5 | 2 | | 3 | |

该表列出了诺贝尔奖获得者传记中提及不同国家研究机构的次数。该表格与表格1.1相似,但也包括了未授予学位的院校。该表只列出了机构被提及5次或5次以上的国家。被提及3次的国家有爱沙尼亚、巴基斯坦、葡萄牙和乌克兰。埃及被提及2次,另有9个国家和地区各被提及1次。有关数据的详细信息,请参见正文和附录1。

表格A.2　各国大学按人均收入被提及的次数

| 排名 | 国家 | 总提及次数(标准化) | 时间段 |||||||
|---|---|---|---|---|---|---|---|---|---|
| | | | 1855—1880 | 1881—1900 | 1901—1920 | 1921—1940 | 1941—1960 | 1961—1980 | 1981—2000 | 2000—2016 |
| 1 | 美国 | 112.76 | 0.54 | 2.05 | 9.03 | 24.43 | 26.26 | 18.19 | 6.64 | 2.62 |
| 2 | 英国 | 56.75 | 1.38 | 3.54 | 8.06 | 14.04 | 11.00 | 5.87 | 1.42 | 0.30 |
| 3 | 德国 | 33.60 | 11.87 | 16.76 | 17.11 | 20.80 | 6.60 | 2.93 | 0.49 | 0.07 |
| 4 | 法国 | 41.07 | 6.84 | 4.64 | 6.01 | 4.57 | 3.42 | 1.60 | 0.37 | 0.23 |
| 5 | 日本 | 7.84 | 0.00 | 0.00 | 0.00 | 2.52 | 4.86 | 1.81 | 0.68 | 0.37 |
| 6 | 瑞士 | 4.61 | 1.07 | 1.40 | 2.67 | 2.63 | 1.41 | 0.59 | 0.11 | 0.04 |
| 7 | 加拿大 | 3.53 | 0.00 | 0.00 | 0.80 | 0.68 | 2.08 | 0.46 | 0.17 | 0.07 |
| 8 | 瑞典 | 13.18 | 0.00 | 2.62 | 1.61 | 2.49 | 0.92 | 0.63 | 0.15 | 0.00 |
| 9 | 荷兰 | 3.53 | 1.81 | 1.26 | 1.00 | 1.48 | 0.56 | 0.34 | 0.15 | 0.02 |
| 10 | 丹麦 | 3.28 | 0.00 | 1.68 | 1.56 | 1.53 | 1.00 | 0.06 | 0.04 | 0.02 |

该表格列出了诺贝尔奖获得者传记中提及不同国家大学的次数,除以每个国家同期的人均收入(以美元计算)。有关诺贝尔奖数据的详细信息,请参见正文和附录1。人均收入数据来自安格斯·麦迪森历史数据(https://www.rug.nl/ggdc/historicaldevelopment/maddison/)。

表格 A.3 各国大学按人口平均被提及的次数

| 排名 | 国家 | 总提及次数（标准化） | 时间段 |||||||||
|---|---|---|---|---|---|---|---|---|---|---|
| | | | 1855—1880 | 1881—1900 | 1901—1920 | 1921—1940 | 1941—1960 | 1961—1980 | 1981—2000 | 2000—2016 |
| 1 | 美国 | 12.82 | 0.05 | 0.17 | 0.74 | 1.87 | 2.70 | 2.15 | 0.96 | 0.43 |
| 2 | 英国 | 10.02 | 0.16 | 0.45 | 1.10 | 2.21 | 2.23 | 1.68 | 0.61 | 0.18 |
| 3 | 德国 | 6.84 | 0.67 | 1.26 | 1.31 | 1.62 | 0.71 | 0.64 | 0.16 | 0.04 |
| 4 | 法国 | 3.48 | 0.45 | 0.40 | 0.67 | 0.58 | 0.54 | 0.52 | 0.15 | 0.12 |
| 5 | 日本 | 1.15 | 0.00 | 0.00 | 0.00 | 0.11 | 0.19 | 0.22 | 0.15 | 0.10 |
| 6 | 瑞士 | 16.96 | 1.14 | 1.99 | 3.79 | 3.71 | 2.95 | 2.11 | 0.58 | 0.25 |
| 7 | 加拿大 | 3.57 | 0.00 | 0.00 | 0.69 | 0.48 | 1.79 | 0.41 | 0.18 | 0.09 |
| 8 | 瑞典 | 8.66 | 0.00 | 1.46 | 1.27 | 2.11 | 1.15 | 1.38 | 0.47 | 0.00 |
| 9 | 荷兰 | 4.81 | 1.41 | 1.09 | 0.83 | 1.01 | 0.39 | 0.46 | 0.27 | 0.06 |
| 10 | 丹麦 | 11.22 | 0.00 | 2.60 | 2.76 | 2.80 | 2.11 | 0.20 | 0.19 | 0.18 |

该表格列出了诺贝尔奖获得者传记中提及不同国家大学的次数，除以每个国家同期的人口（以百万计算）。有关诺贝尔奖数据的详细信息，请参见正文和附录1。人均收入数据来自安格斯·麦迪森历史数据（https://www.rug.nl/ggdc/historicaldevelopment/maddison/）。

表格 A.3 重复了这项工作，但按人口（以百万计）而不是按人均收入进行了标准化。因此，它提供了一个衡量每个国家的大学每百万人产生的诺贝尔奖提及次数的指标。演变过程是一样的：美国从最初的最低水平之一到最后的最高水平。

第二种情况的一个方面是，美国并不是总体排名最高的——瑞士排名最高，因为它在早期的领先优势很大。这也说明了欧洲国家之间的表现存在差异，尽管这不是我们此处的重点。值得一提的是，这种差异在一定程度上反映了欧洲包含的国家数量相对较多，而其中一些国家的面积相对较小，并且具有独特的特征。特别是，瑞士只有大约800万人口，是欧洲最富有的国家之一，拥有高研究生产力的大学。也就是说，美国包含的部分辖区虽然不是国家，但也产生了很多科研成果。例如，马萨诸塞州有大约700万人口，是最富有的州之一，如果它是一个国家的话，它的科研成果产出甚至比瑞士还要高。

## 5. 关于美国转折时机的补充统计结果

本附录给出了表格1.2的两个变体。二者都探讨了美国大学的科研产出何时超过了其他国家。关键的一点是，在这两个表格中，美国到1930年都迈入了上升的轨道。在那时，美国是否已经超过了其他所有国家，这取决于所采用的衡量标准。表格A.4只考虑个人在博士生或本科生时所属学校的提及次数。这有助于识别"有前途的"大学体制，因为这些大学在培养未来的获奖者方面做得很好。按照这一标准，美国在1911年至1920年间超过了所有国家。

表格A.4 作为博士生和本科生被提及的次数

| 排名 | 国家 | 提及总次数所在时间段 |||||||
|---|---|---|---|---|---|---|---|---|
| | | 1855—1870 | 1871—1880 | 1881—1890 | 1891—1900 | 1901—1910 | 1911—1920 | 1921—1930 |
| 1 | 美国 | | 1 | 3 | 6 | 15 | 30 | 52 |
| 2 | 英国 | 1 | 3 | 5 | 8 | 11 | 14 | 18 |
| 3 | 德国 | 8 | 11 | 8 | 16 | 18 | 7 | 34 |
| 4 | 法国 | 2 | 11 | 4 | 9 | 3 | 3 | 8 |
| 5 | 日本 | | | | | | | 2 |
| 6 | 加拿大 | | | | | | 2 | |
| 7 | 瑞士 | 2 | | 3 | 2 | 2 | 2 | 5 |
| 8 | 瑞典 | | | 4 | 1 | 3 | 1 | 6 |
| 9 | 荷兰 | | 4 | 3 | | 1 | 1 | 1 |
| 10 | 俄罗斯 | 1 | 2 | | | | 1 | 5 |

该表格列出了诺贝尔奖获得者传记中提及不同国家大学的次数。该表只考虑获奖者在研究生或本科生时期就读的院校。有关数据的详细信息，请参见正文和附录1。

表格 A.5　根据获奖被提及的次数

| 排名 | 国家 | 提及总次数所在时间段 ||||||
|---|---|---|---|---|---|---|---|
| | | 1901—1910 | 1911—1920 | 1921—1930 | 1931—1940 | 1941—1950 | 1951—1960 | 1961—1970 |
| 1 | 美国 | 1 | 2 | 3 | 8 | 12 | 27 | 27 |
| 2 | 英国 | 3 | 2 | 8 | 6 | 6 | 4 | 9 |
| 3 | 德国 | 12 | 8 | 8 | 7 | 2 | 1 | 1 |
| 4 | 法国 | 8 | 4 | 2 | 3 | | 0 | 6 |
| 5 | 瑞典 | 1 | 1 | 3 | | 1 | 1 | 3 |
| 6 | 瑞士 | 0 | 2 | 0 | 2 | 2 | 0 | 0 |
| 7 | 日本 | | | | | | 1 | 1 |
| 8 | 丹麦 | 1 | | 2 | 0 | 1 | | |
| 9 | 加拿大 | 0 | | 2 | | 0 | | 0 |
| 10 | 奥地利 | | 0 | 2 | 2 | 0 | | 0 |

该表格列出了诺贝尔奖获得者传记中提及不同国家大学的次数。该表只考虑获奖者在获奖时所属的机构。有关数据的详细信息，请参见正文和附录1。

表格 A.6　被提及 2 到 6 次的大学

| 机构 | 提及次数 | 机构 | 提及次数 | 机构 | 提及次数 | 机构 | 提及次数 |
|---|---|---|---|---|---|---|---|
| 澳大利亚国立大学 | 6 | 莱斯大学 | 6 | 阿姆斯特丹大学 | 6 | 谢菲尔德大学 | 6 |
| 布朗大学 | 6 | 罗格斯大学 | 6 | 布达佩斯大学 | 6 | 圣安德鲁斯大学 | 6 |
| 巴黎高等物理化工学院 | 6 | 斯德哥尔摩大学 | 6 | 隆德大学 | 6 | 斯德哥尔摩学院 | 6 |
| 北海道大学 | 6 | 不列颠哥伦比亚大学 | 6 | 马里兰大学 | 6 | 范德比尔特大学 | 6 |
| 印第安纳大学 | 6 | 加州大学欧文分校 | 6 | 诺丁汉大学 | 6 | 亚琛大学 | 5 |
| 伦敦国王学院 | 6 | 加州大学旧金山分校 | 6 | 罗彻斯特大学 | 6 | 阿默斯特学院 | 5 |

续表

| 机构 | 提及次数 | 机构 | 提及次数 | 机构 | 提及次数 | 机构 | 提及次数 |
|---|---|---|---|---|---|---|---|
| 巴黎综合理工大学 | 5 | 俄亥俄州立大学 | 4 | 拉合尔政府学院大学 | 3 | 波尔多大学 | 3 |
| 伯尔尼大学 | 5 | 斯沃斯莫尔学院 | 4 | 列宁格勒国立大学 | 3 | 汉诺威大学 | 3 |
| 布里斯托尔大学 | 5 | 得克萨斯农工大学 | 4 | 密歇根州立大学 | 3 | 因斯布鲁克大学 | 3 |
| 开普敦大学 | 5 | 塔夫茨大学 | 4 | 莫斯科国立大学 | 3 | 堪萨斯大学 | 3 |
| 佛罗里达大学 | 5 | 南加州大学 | 4 | 挪威经济学院 | 3 | 卡尔斯鲁厄大学 | 3 |
| 格拉斯哥大学 | 5 | 阿伯丁大学 | 4 | 挪威科技大学 | 3 | 洛桑联邦综合工科学校 | 3 |
| 里昂大学 | 5 | 亚利桑那大学 | 4 | 大阪城市大学 | 3 | 帕维亚大学 | 3 |
| 萨诸塞大学 | 5 | 吉森大学 | 4 | 女王大学 | 3 | 昆士兰大学 | 3 |
| 墨尔本大学 | 5 | 格罗宁根大学 | 4 | 纽约州立大学 | 3 | 罗斯托克大学 | 3 |
| 北卡罗来纳大学 | 5 | 哈勒大学 | 4 | 史蒂文斯理工学院 | 3 | 萨斯喀彻温大学 | 3 |
| 匹兹堡大学 | 5 | 莱昂斯大学 | 4 | 斯德哥尔摩经济学院 | 3 | 苏塞克斯大学 | 3 |
| 悉尼大学 | 5 | 马德里大学 | 4 | 达姆施塔特工业大学 | 3 | 塔尔图大学 | 3 |
| 奥胡斯大学 | 4 | 密苏里大学 | 4 | 丹麦技术大学 | 3 | 田纳西大学 | 3 |
| 亚利桑那州立大学 | 4 | 内布拉斯加大学 | 4 | 斯图加特工业大学 | 3 | 弗吉尼亚理工学院 | 3 |
| 佛罗里达州立大学 | 4 | 都灵大学 | 4 | 东京工业大学 | 3 | 韦恩州立大学 | 3 |
| 乔治·华盛顿大学 | 4 | 香港中文大学 | 3 | 东京理科大学 | 3 | 惠特曼学院 | 3 |
| 爱荷华州立大学 | 4 | 达特茅斯学院 | 3 | 都柏林圣三一学院 | 3 | 贝勒大学 | 2 |
| 列别捷夫物理研究所 | 4 | 代尔夫特理工大学 | 3 | 威特沃特斯兰德大学 | 3 | 波士顿大学 | 2 |
| 奥柏林学院 | 4 | 巴黎高科路桥学院 | 3 | 阿德莱德大学 | 3 | 布达佩斯技术与经济大学 | 2 |

续表

| 机构 | 提及次数 | 机构 | 提及次数 | 机构 | 提及次数 | 机构 | 提及次数 |
|---|---|---|---|---|---|---|---|
| 查普曼大学 | 2 | 长崎大学 | 2 | 美国海军学院 | 2 | 蒙特利尔大学 | 2 |
| 布拉格查尔斯大学 | 2 | 台湾清华大学 | 2 | 西澳大利亚大学 | 2 | 明斯特大学 | 2 |
| 科罗拉多州立大学 | 2 | 敖德萨大学 | 2 | 阿尔伯塔大学 | 2 | 新西兰大学 | 2 |
| 捷克技术大学 | 2 | 大阪大学 | 2 | 亚历山大大学 | 2 | 俄勒冈大学 | 2 |
| 戴尔豪斯大学 | 2 | 北京大学 | 2 | 勃艮第大学 | 2 | 比萨大学 | 2 |
| 鹿特丹伊拉斯姆斯大学 | 2 | 宾夕法尼亚州立大学 | 2 | 科英布拉大学 | 2 | 鲁昂大学 | 2 |
| 乔治·梅森大学 | 2 | 德国联邦物理技术研究所 | 2 | 特拉华大学 | 2 | 圣彼得堡大学 | 2 |
| 根特大学 | 2 | 总统学院 | 2 | 杜塞尔多夫大学 | 2 | 德岛大学 | 2 |
| 哈弗福德学院 | 2 | 奈梅亨拉德堡德大学大学 | 2 | 东安格利亚大学 | 2 | 筑波大学 | 2 |
| 伊利诺伊理工学院 | 2 | 伦斯勒理工学院 | 2 | 埃尔兰根大学 | 2 | 犹他大学 | 2 |
| 印度科学研究所 | 2 | 皇家理工学院 | 2 | 埃塞克斯大学 | 2 | 华威大学 | 2 |
| 拉斐特学院 | 2 | 基洛夫军事医学院 | 2 | 哥德堡大学 | 2 | 旁遮普大学 | 2 |
| 国立巴黎高等矿业学院 | 2 | 圣彼得堡国立大学 | 2 | 格里夫斯瓦尔德大学 | 2 | 威灵顿维多利亚大学 | 2 |
| 纽芬兰纪念大学科技学院（曼彻斯特校区） | 2 | 比萨高等师范学院 | 2 | 耶拿大学 | 2 | 弗吉尼亚联邦大学 | 2 |
| 麦克马斯特大学 | 2 | 石溪大学 | 2 | 肯塔基大学 | 2 | 卫斯理大学 | 2 |
| 名城大学 | 2 | 清华大学 | 2 | 利兹大学 | 2 |  |  |
| 莫斯科工程物理学院 | 2 | 杜兰大学 | 2 | 迈阿密大学 | 2 |  |  |
| 莫斯科物理技术学院 | 2 | 联合学院 | 2 | 蒙大拿大学 | 2 |  |  |

该表列出了在我们的数据涵盖的时间内被提及2到6次的大学。有关数据的详细信息，请参见正文和附录1。

附　录

表格 A.7　被提及 2 次或以上的非大学机构

| 机构 | 提及次数 | 机构 | 提及次数 |
| --- | --- | --- | --- |
| 诺基亚贝尔实验室 | 18 | 维康信托基金会 | 3 |
| 弗朗西斯·克里克研究所 | 15 | 加拿大原子能公司 | 2 |
| 美国国立卫生研究院 | 14 | 华盛顿卡耐基研究所 | 2 |
| 马克斯·普朗克学会 | 12 | 鲸鱼公司 | 2 |
| 法兰西学院 | 10 | 杜邦公司 | 2 |
| 国际商业机器公司 | 8 | 霍夫曼-拉罗奇有限公司 | 2 |
| 欧洲核子研究组织 | 6 | 法本化学工业公司 | 2 |
| 普林斯顿高等研究院 | 6 | 国际电话电报公司 | 2 |
| 索尔克生物研究所 | 6 | 列别捷夫物理研究所 | 2 |
| 冷泉港实验室 | 5 | 李斯特预防医学研究所 | 2 |
| 葛兰素史克公司 | 5 | 妙佑医疗国际 | 2 |
| 曼哈顿计划 | 4 | 美国国家航空航天局 | 2 |
| 英国国防部 | 4 | 美国国家标准与技术研究院 | 2 |
| 波士顿儿童医院 | 3 | 美国国家经济研究所 | 2 |
| 布鲁克海文国家实验室 | 3 | 英国皇家学会 | 2 |
| 法国国家科学研究中心 | 3 | 皇家珀斯医院 | 2 |
| 英国癌症研究中心 | 3 | 美国退伍军人事务部 | 2 |
| 通用电气公司 | 3 | 沃尔特和伊丽莎·霍尔医学研究所 | 2 |
| 德国威廉皇家学会 | 3 | 羊毛工业研究会 | 2 |
| 诺华制药 | 3 | | |

　　该表列出了在诺贝尔奖获得者传记中被提及至少 2 次的非学位授予机构。有关数据的详细信息，请参见正文和附录 1。

　　另一方面，如果只考虑一个人在获奖时的隶属关系，那么美国大学的进步就不会被及早看到（这里每个获奖者只被计入一次）。表格 A.5 显示，在这种情况下，美国直到 20 世纪 30 年代才登上榜首。此外，表格 A.7 列出了诺贝尔奖获得者所提及的非大学机构。它只包括那些被提及 2 次或 2 次以上的机构。

## 6. 被提及不超过 3 次的机构

表格 A.6 列出了表格 1.3 的补充结果。该表列出了在我们的数据所涵盖的时期内被提及 2 到 6 次的大学。此外，表格 A.7 列出了诺贝尔奖获得者提及的非大学组织。该表仅包括那些被提及 2 次或 2 次以上的机构。

## 7. 领域划分的结果

表格 A.8 到 A.19 给出了按特定领域划分的结果，四个领域各有三个表格。这些表格遵循正文中的表格 1.1、表格 1.3 和表格 1.4 的结构。

### 化学

表格 A.8　化学领域各国大学被提及的次数

| 排名 | 国家 | 总计 | 1855—1880 | 1881—1900 | 1901—1920 | 1921—1940 | 1941—1960 | 1961—1980 | 1981—2000 | 2001—2016 |
|---|---|---|---|---|---|---|---|---|---|---|
| 1 | 美国 | 365 |  | 3 | 15 | 61 | 86 | 113 | 61 | 26 |
| 2 | 德国 | 157 | 9 | 28 | 37 | 36 | 20 | 19 | 6 | 2 |
| 3 | 英国 | 130 |  | 5 | 16 | 27 | 40 | 30 | 11 | 1 |
| 4 | 法国 | 39 | 6 | 3 | 12 | 7 | 5 | 4 |  | 2 |
| 5 | 瑞士 | 30 |  | 4 | 7 | 7 | 3 | 6 | 1 | 2 |
| 6 | 日本 | 23 |  |  |  |  | 7 | 9 | 5 | 2 |
| 7 | 以色列 | 19 |  |  |  |  |  | 14 | 2 | 3 |

续表

| 排名 | 国家 | 总计 | 年份 |||||||
|---|---|---|---|---|---|---|---|---|---|
| | | | 1855—1880 | 1881—1900 | 1901—1920 | 1921—1940 | 1941—1960 | 1961—1980 | 1981—2000 | 2001—2016 |
| 8 | 瑞典 | 17 | | 3 | 4 | 4 | 1 | 4 | 1 | |
| 9 | 加拿大 | 15 | | | 3 | 2 | 5 | 2 | 2 | 1 |
| 10 | 奥地利 | 11 | | 3 | 5 | 3 | | | | |
| 11 | 荷兰 | 8 | 3 | 1 | 1 | 1 | | 1 | 1 | |
| 12 | 丹麦 | 6 | | | | 2 | 3 | | 1 | |
| 13 | 比利时 | 4 | 1 | | | 1 | 1 | 1 | | |
| 14 | 中国 | 4 | | | | | | 2 | 1 | 1 |
| 15 | 芬兰 | 4 | | | 2 | | 1 | | 1 | |
| 16 | 新西兰 | 4 | | 2 | | | 2 | | | |
| 17 | 爱沙尼亚 | 3 | 2 | 1 | | | | | | |
| 18 | 匈牙利 | 3 | | | 1 | | 2 | | | |
| 19 | 挪威 | 3 | | | 1 | 1 | | 1 | | |
| 20 | 波兰 | 3 | | | 2 | 1 | | | | |
| 21 | 南非 | 3 | | | | | 3 | | | |
| 22 | 阿根廷 | 2 | | | | 1 | | 1 | | |
| 23 | 澳大利亚 | 2 | | | 1 | 1 | | | | |
| 24 | 捷克共和国 | 2 | | | | 2 | | | | |
| 25 | 埃及 | 2 | | | | | | 2 | | |
| | 总计 | 866 | 21 | 54 | 107 | 157 | 181 | 212 | 93 | 41 |

该表列出了诺贝尔化学奖获得者传记中提及不同国家大学的次数。有关数据的详细信息,请参见正文和附录1。

表格 A.9 化学领域各大学被提及次数累计情况

| 排名 | | 次数 | 排名 | | 次数 | 排名 | | 次数 |
|---|---|---|---|---|---|---|---|---|
| 1 | 剑桥大学 | 53 | | 加州理工学院 | 12 | 15 | 威斯康星大学 | 8 |
| 2 | 哈佛大学 | 47 | 11 | 康奈尔大学 | 12 | | 普林斯顿大学 | 7 |
| 3 | 加州大学伯克利分校 | 33 | | 巴黎大学 | 12 | | 宾夕法尼亚大学 | 7 |
| 4 | 柏林洪堡大学 | 24 | 12 | 斯特拉斯堡大学 | 11 | 16 | 苏黎世大学 | 7 |
| 5 | 慕尼黑大学 | 23 | | 加州大学洛杉矶分校 | 10 | | 魏茨曼科学研究所 | 7 |
| 6 | 牛津大学 | 20 | 13 | 乌普萨拉大学 | 10 | 17 | 海德堡大学 | 6 |
| | 苏黎世联邦理工学院 | 19 | | 耶鲁大学 | 10 | | 洛克菲勒大学 | 6 |
| 7 | 芝加哥大学 | 19 | 14 | 伊利诺伊大学 | 9 | | 卡耐基梅隆大学 | 5 |
| | 哥廷根大学 | 19 | | 马尔堡大学 | 9 | | 北海道大学 | 5 |
| 8 | 斯坦福大学 | 17 | | 帝国理工学院 | 8 | | 京都大学 | 5 |
| | 哥伦比亚大学 | 16 | | 约翰·霍普金斯大学 | 8 | 18 | 莱比锡大学 | 5 |
| 9 | 麻省理工学院 | 16 | 15 | 以色列理工学院 | 8 | | 麦吉尔大学 | 5 |
| | 曼彻斯特大学 | 16 | | 加州大学圣地亚哥分校 | 8 | | 爱丁堡大学 | 5 |
| 10 | 慕尼黑工业大学 | 15 | | 弗赖堡大学 | 8 | | 格拉茨大学 | 5 |

续表

| 排名 | | 次数 | 排名 | | 次数 | 排名 | | 次数 |
|---|---|---|---|---|---|---|---|---|
| 18 | 得克萨斯大学 | 5 | | 凯斯西储大学 | 3 | | 格拉斯哥大学 | 3 |
| | 乌尔兹堡大学 | 5 | | 杜克大学 | 3 | | 赫尔辛基大学 | 3 |
| | 耶路撒冷希伯来大学 | 4 | | 巴黎高等物理化工学院 | 3 | | 北卡罗来纳大学 | 3 |
| | 普渡大学 | 4 | | 布鲁塞尔自由大学 | 3 | | 萨斯喀彻温大学 | 3 |
| | 加州大学欧文分校 | 4 | | 卡罗林斯卡学院 | 3 | 20 | 谢菲尔德大学 | 3 |
| | 伯明翰大学 | 4 | | 名古屋大学 | 3 | | 圣安德鲁斯大学 | 3 |
| | 哥本哈根大学 | 4 | 20 | 纽约大学 | 3 | | 塔尔图大学 | 3 |
| | 基尔大学 | 4 | | 西北大学 | 3 | | 多伦多大学 | 3 |
| 19 | 伦敦大学 | 4 | | 莱斯大学 | 3 | | 亚琛工业大学 | 2 |
| | 里昂大学 | 4 | | 斯图加特工业大学 | 3 | | 奥胡斯大学 | 2 |
| | 密歇根大学 | 4 | | 东京工业大学 | 3 | | 布达佩斯技术与经济大学 | 2 |
| | 明尼苏达大学 | 4 | | 伦敦大学学院 | 3 | 21 | 纽约城市大学 | 2 |
| | 图宾根大学 | 4 | | 波恩大学 | 3 | | 捷克理工大学 | 2 |
| | 乌得勒支大学 | 4 | | 科罗拉多大学 | 3 | | 巴黎高等师范学院 | 2 |
| | 圣路易斯华盛顿大学 | 4 | | 法兰克福大学 | 3 | | 长崎大学 | 2 |

续表

| 排名 | | 次数 | 排名 | | 次数 | 排名 | | 次数 |
|---|---|---|---|---|---|---|---|---|
| 21 | 台湾清华大学 | 2 | 21 | 布宜诺斯艾利斯大学 | 2 | 21 | 内布拉斯加大学 | 2 |
| | 女王大学 | 2 | | 开普敦大学 | 2 | | 新西兰大学 | 2 |
| | 柏林工业大学 | 2 | | 埃尔朗根-纽伦堡大学 | 2 | | 奥斯陆大学 | 2 |
| | 达姆施塔特工业大学 | 2 | | 佛罗里达大学 | 2 | | 斯德哥尔摩大学 | 2 |
| | 得克萨斯农工大学 | 2 | | 哈勒大学 | 2 | | 悉尼大学 | 2 |
| | 塔夫茨大学 | 2 | | 因斯布鲁克大学 | 2 | | 维也纳大学 | 2 |
| | 加州大学圣塔芭芭拉分校 | 2 | | 堪萨斯大学 | 2 | | 弗罗茨瓦夫大学 | 2 |
| | 南加州大学 | 2 | | 卡尔斯鲁厄大学 | 2 | | 范德堡大学 | 2 |
| | 亚历山大大学 | 2 | | 洛桑大学 | 2 | | 惠灵顿维多利亚大学 | 2 |
| | 巴塞尔大学 | 2 | | 蒙大拿大学 | 2 | | | |

该表列出了诺贝尔化学奖获得者传记中提及的特定大学的次数。有关数据的详细信息，请参见正文和附表1。

表格 A.10 特定时间段内各国大学被提及的次数

各时间段内被提及次数

| 1855—1900 | | 1901—1940 | | 1941—1980 | | 1981—2016 | |
|---|---|---|---|---|---|---|---|
| 柏林洪堡大学 | 10 | 剑桥大学 | 15 | 哈佛大学 | 32 | 耶鲁大学 | 6 |
| 慕尼黑大学 | 6 | 柏林洪堡大学 | 13 | 剑桥大学 | 32 | 加州理工学院 | 5 |
| 波恩大学 | 3 | 慕尼黑大学 | 13 | 加州大学伯克利分校 | 22 | 哈佛大学 | 5 |
| 巴黎大学 | 3 | 哥廷根大学 | 12 | 芝加哥大学 | 14 | 斯坦福大学 | 5 |
| 塔尔图大学 | 3 | 苏黎世联邦理工学院 | 9 | 斯坦福大学 | 12 | 剑桥大学 | 4 |
| 乌普萨拉大学 | 3 | 曼彻斯特大学 | 9 | 牛津大学 | 12 | 康奈尔大学 | 4 |
| 苏黎世联邦理工学院 | 2 | 马尔堡大学 | 9 | 慕尼黑工业大学 | 11 | 约翰·霍普金斯大学 | 4 |
| 哈佛大学 | 2 | 哈佛大学 | 8 | 哥伦比亚大学 | 8 | 麻省理工学院 | 4 |
| 莱比锡大学 | 2 | 加州大学伯克利分校 | 8 | 麻省理工学院 | 8 | 加州大学圣地亚哥分校 | 4 |
| 埃尔朗根-纽伦堡大学 | 2 | 哥伦比亚大学 | 7 | 威斯康星大学 | 7 | 杜克大学 | 3 |
| 哥廷根大学 | 2 | 巴黎大学 | 7 | 康奈尔大学 | 6 | 西北大学 | 3 |
| 格拉茨大学 | 2 | 伊利诺伊大学 | 6 | 苏黎世联邦理工学院 | 6 | 以色列理工学院 | 3 |
| 曼彻斯特大学 | 2 | 乌普萨拉大学 | 6 | 帝国理工学院 | 6 | 加州大学伯克利分校 | 3 |

228

续表

各时间段内被提及次数

| 1855—1900 | | 1901—1940 | | 1941—1980 | | 1981—2016 | |
|---|---|---|---|---|---|---|---|
| 新西兰大学 | 2 | 苏黎世大学 | 5 | 加州大学洛杉矶分校 | 6 | 加州大学欧文分校 | 3 |
| 牛津大学 | 2 | 麻省理工学院 | 4 | 斯特拉斯堡大学 | 6 | 加州大学洛杉矶分校 | 3 |
| 斯特拉斯堡大学 | 2 | 芝加哥大学 | 4 | 普林斯顿大学 | 5 | 苏黎世联邦理工学院 | 2 |
| 乌尔兹堡大学 | 1 | 弗赖堡大学 | 4 | 以色列理工学院 | 5 | 海德堡大学 | 2 |
| 柏林农业大学 | 1 | 牛津大学 | 4 | 哥廷根大学 | 5 | 莱斯大学 | 2 |
| 代尔夫特理工大学 | 1 | 加州理工学院 | 3 | 曼彻斯特大学 | 5 | 洛克菲勒大学 | 2 |
| 巴黎高等师范学院 | 1 | 巴黎高等物理化工学院 | 3 | 魏茨曼科学研究所 | 5 | 慕尼黑工业大学 | 2 |
| 巴黎高等研究实践学院 | 1 | 莱比锡大学 | 3 | 加州理工学院 | 4 | 得克萨斯农工大学 | 2 |
| 哈弗福德学院 | 1 | 麦吉尔大学 | 3 | 卡耐基梅隆大学 | 4 | 塔夫茨大学 | 2 |
| 海德堡大学 | 1 | 伦敦大学学院 | 3 | 耶路撒冷希伯来大学 | 4 | 加州大学圣巴巴拉分校 | 2 |
| 莱顿大学 | 1 | 伯明翰大学 | 3 | 北海道大学 | 4 | 南加州大学 | 2 |
| 慕尼黑美术学院 | 1 | 格拉茨大学 | 3 | 京都大学 | 4 | 卡罗拉多大学 | 2 |
| 里加工业大学 | 1 | 里昂大学 | 3 | 洛克菲勒大学 | 4 | 北卡罗莱纳大学 | 2 |
| 皇家贸易学院 | 1 | 亚琛工业大学 | 2 | 加州大学圣地亚哥分校 | 4 | 牛津大学 | 2 |

续表

## 各时间段内被提及次数

| 1855—1900 | | 1901—1940 | | 1941—1980 | | 1981—2016 | |
|---|---|---|---|---|---|---|---|
| 维也纳工业大学 | 1 | 纽约城市大学 | 2 | 弗赖堡大学 | 4 | 宾夕法尼亚大学 | 2 |
| 柏林工业大学 | 1 | 康奈尔大学 | 2 | 华盛顿圣路易斯大学 | 4 | 斯特拉斯堡大学 | 2 |
| 斯图加特工业大学 | 1 | 捷克理工大学 | 2 | 凯斯西储大学 | 3 | 得克萨斯大学 | 2 |
| 阿姆斯特丹大学 | 1 | 海德堡大学 | 2 | 卡罗林斯卡研究所 | 3 | 魏茨曼科学研究所 | 2 |
| 波尔多大学 | 1 | 帝国理工学院 | 2 | 普渡大学 | 3 | 奥胡斯大学 | 1 |
| 剑桥大学 | 1 | 约翰·霍普金斯大学 | 2 | 东京工业大学 | 3 | "中央研究院" | 1 |
| 根特大学 | 1 | 达姆施塔特工业大学 | 2 | 爱丁堡大学 | 3 | 波士顿大学 | 1 |
| 耶拿大学 | 1 | 慕尼黑工业大学 | 2 | 伊利诺伊大学 | 3 | 卡耐基梅隆大学 | 1 |

该表列出了诺贝尔化学奖获得者在特定时期的传记中提到特定大学的次数。有关数据的详细信息,请参见正文和附录 1。

## 230  经济学

表格 A.11  经济学领域各国大学被提及的次数

| 排名 | 国家 | 总计 | 1917—1940 | 1941—1960 | 1961—1980 | 1981—2000 | 2001—2016 |
|---|---|---|---|---|---|---|---|
| 1 | 美国 | 347 | 25 | 82 | 129 | 66 | 45 |
| 2 | 英国 | 60 | 12 | 15 | 23 | 8 | 2 |
| 3 | 德国 | 13 | 5 | 1 | 5 | 2 | |
| 4 | 法国 | 11 | 2 | 1 | 3 | 4 | 1 |
| 5 | 挪威 | 7 | 2 | | 5 | | |
| 6 | 瑞典 | 5 | 3 | 1 | 1 | | |
| 7 | 奥地利 | 4 | 3 | | 1 | | |
| 8 | 加拿大 | 4 | | 1 | 1 | 2 | |
| 9 | 荷兰 | 4 | 3 | | 1 | | |
| 10 | 澳大利亚 | 3 | | 2 | 1 | | |
| 11 | 中国 | 3 | | | | | 3 |
| 12 | 丹麦 | 3 | 2 | | | | 1 |
| 13 | 芬兰 | 3 | | | 2 | 1 | |
| 14 | 匈牙利 | 3 | | 3 | | | |
| 15 | 印度 | 3 | | 2 | 1 | | |
| 16 | 以色列 | 3 | | 1 | 1 | | 1 |
| 17 | 俄罗斯 | 3 | 2 | 1 | | | |
| | 总计 | 484 | 61 | 111 | 174 | 83 | 55 |

该表列出了诺贝尔经济学奖获得者传记中提及不同国家大学的次数。有关数据的详细信息，请参见正文和附录1。

表格 A.12  经济学领域各大学被提及次数累计情况

| 排名 | 机构 | 次数 | 排名 | 机构 | 次数 |
|---|---|---|---|---|---|
| 1 | 芝加哥大学 | 43 | 16 | 莱顿大学 | 3 |
| 2 | 哈佛大学 | 36 | | 挪威经济学院 | 3 |
| 3 | 麻省理工学院 | 31 | | 斯德哥尔摩经济学院 | 3 |
| 4 | 加州大学伯克利分校 | 24 | | 加州大学圣地亚哥分校 | 3 |
| 5 | 斯坦福大学 | 22 | | 布达佩斯大学 | 3 |
| 6 | 哥伦比亚大学 | 21 | | 法兰克福大学 | 3 |
| 6 | 普林斯顿大学 | 21 | | 诺丁汉大学 | 3 |
| 6 | 耶鲁大学 | 21 | | 巴黎大学 | 3 |
| 7 | 剑桥大学 | 19 | | 弗吉尼亚大学 | 3 |
| 8 | 伦敦政治经济学院 | 17 | | 华盛顿大学 | 3 |
| 9 | 卡耐基梅隆大学 | 13 | 17 | 奥胡斯大学 | 2 |
| 10 | 牛津大学 | 10 | | 阿默斯特学院 | 2 |
| 10 | 宾夕法尼亚大学 | 10 | | 亚利桑那州立大学 | 2 |
| 11 | 明尼苏达大学 | 9 | | 布朗大学 | 2 |
| 12 | 加州大学洛杉矶分校 | 8 | | 乔治梅森大学 | 2 |
| 13 | 西北大学 | 6 | | 列宁格勒国立大学 | 2 |
| 14 | 纽约大学 | 5 | | 罗格斯大学 | 2 |
| 15 | 纽约城市大学 | 4 | | 英属哥伦比亚大学 | 2 |
| 15 | 约翰·霍普金斯大学 | 4 | | 埃塞克斯大学 | 2 |
| 15 | 斯德哥尔摩大学 | 4 | | 弗赖堡大学 | 2 |
| 15 | 奥斯陆大学 | 4 | | 伊利诺伊大学 | 2 |
| 16 | 加州理工学院 | 3 | | 曼彻斯特大学 | 2 |
| 16 | 康奈尔大学 | 3 | | 密歇根大学 | 2 |
| 16 | 巴黎综合理工学院 | 3 | | 匹兹堡大学 | 2 |
| 16 | 耶路撒冷希伯来大学 | 3 | | 田纳西大学 | 2 |
| 16 | 爱荷华州立大学 | 3 | | 维也纳大学 | 2 |

该表列出了诺贝尔经济学奖获得者传记中提及特定大学的次数。有关数据的详细信息，请参见正文和附录1。

表格 A.13 特定时间段内各国大学被提及的次数

| 1855—1900 | | 1901—1940 | | 1941—1980 | | 1981—2016 | |
|---|---|---|---|---|---|---|---|
| 哥伦比亚大学 | 5 | 芝加哥大学 | 13 | 哈佛大学 | 14 | 芝加哥大学 | 13 |
| 芝加哥大学 | 5 | 哥伦比亚大学 | 8 | 麻省理工学院 | 13 | 麻省理工学院 | 12 |
| 哈佛大学 | 4 | 哈佛大学 | 8 | 斯坦福大学 | 12 | 哈佛大学 | 10 |
| 伦敦政治经济学院 | 4 | 普林斯顿大学 | 7 | 芝加哥大学 | 12 | 加州大学伯克利分校 | 9 |
| 牛津大学 | 4 | 伦敦政治经济学院 | 6 | 剑桥大学 | 11 | 耶鲁大学 | 8 |
| 莱顿大学 | 3 | 麻省理工学院 | 6 | 卡耐基梅隆大学 | 10 | 普林斯顿大学 | 7 |
| 斯德哥尔摩大学 | 2 | 加州大学伯克利分校 | 5 | 加州大学伯克利分校 | 10 | 斯坦福大学 | 7 |
| 剑桥大学 | 2 | 耶鲁大学 | 5 | 普林斯顿大学 | 7 | 哥伦比亚大学 | 4 |
| 奥斯陆大学 | 2 | 斯坦福大学 | 3 | 耶鲁大学 | 7 | 西北大学 | 4 |
| 维也纳大学 | 2 | 加州大学洛杉矶分校 | 3 | 宾夕法尼亚大学 | 6 | 明尼苏达大学 | 4 |
| 奥胡斯大学 | 1 | 布达佩斯大学 | 3 | 哥伦比亚大学 | 4 | 伦敦政治经济学院 | 3 |
| 奥地利商业周期研究所 | 1 | 剑桥大学 | 2 | 伦敦政治经济学院 | 4 | 加州大学圣地亚哥分校 | 3 |
| 纽约城市大学 | 1 | 爱荷华州立大学 | 2 | 加州大学洛杉矶分校 | 4 | 剑桥大学 | 3 |

续表

被提及总次数

| 1855—1900 | | 1901—1940 | | 1941—1980 | | 1981—2016 | |
|---|---|---|---|---|---|---|---|
| 巴黎综合理工学院 | 1 | 约翰·霍普金斯大学 | 2 | 挪威经济学院 | 3 | 宾夕法尼亚大学 | 3 |
| 伊拉斯姆斯经济学院 | 1 | 曼彻斯特大学 | 2 | 明尼苏达大学 | 3 | 亚利桑那州立大学 | 2 |
| 柏林洪堡大学 | 1 | 明尼苏达大学 | 2 | 牛津大学 | 3 | 卡耐基梅隆大学 | 2 |
| 爱荷华州立大学 | 1 | 诺丁汉大学 | 2 | 加州理工学院 | 2 | 纽约城市大学 | 2 |
| 列宁格勒国立大学 | 1 | 田纳西大学 | 1 | 康奈尔大学 | 2 | 乔治梅森大学 | 2 |
| 隆德大学 | 1 | 阿默斯特学院 | 1 | 埃塞克斯大学 | 2 | 纽约大学 | 2 |
| 中田纳西州立大学 | 1 | 布朗大学 | 1 | 法兰克福大学 | 2 | 牛津大学 | 2 |
| 纽约大学 | 1 | 加州理工学院 | 1 | 弗赖堡大学 | 2 | 奥胡斯大学 | 1 |
| 西北大学 | 1 | 卡耐基梅隆大学 | 1 | 奥斯陆大学 | 2 | 查普曼大学 | 1 |
| 罗格斯大学 | 1 | 纽约城市大学 | 1 | 巴黎大学 | 2 | 香港中文大学 | 1 |
| 南达科他大学 | 1 | 康奈尔大学 | 1 | 法国社会科学高等研究院 | 2 |  |  |
| 斯德哥尔摩经济学院 | 1 | 巴黎高等师范学院 | 1 | 弗吉尼亚大学 | 2 | 巴黎综合理工学院 | 1 |
| 阿姆斯特丹大学 | 1 | 佛罗里达州立大学 | 1 | 阿默斯特学院 | 1 | 巴黎高等路桥学校 | 1 |
| 哥本哈根大学 | 1 | 耶路撒冷希伯来大学 | 1 | 澳大利亚国立大学 | 1 | 耶路撒冷希伯来大学 | 1 |
| 邓迪大学 | 1 | 伊利诺伊理工学院 | 1 | 布朗大学 | 1 | 赫尔辛基经济学院 | 1 |

续表

## 被提及总次数

| 1855—1900 | 1901—1940 | 1941—1980 | 1981—2016 | |
|---|---|---|---|---|
| 基尔大学 | 贾达普大学 | 凯斯西储大学 | 香港理工大学 | 1 |
| 列宁格勒国立大学 | 列宁格勒国立大学 | 科罗拉多学院 | 印第安纳大学 | 1 |
| 利物浦大学 | 斯德哥尔摩大学 | 德里经济学院 | 约翰·霍普金斯大学 | 1 |
| 里昂大学 | 新学院大学 | 巴黎综合理工学院 | 国立巴黎高等矿业学院 | 1 |
| 罗马大学 | 塔夫茨大学 | 鹿特丹伊拉斯姆斯大学 | 麦吉尔大学 | 1 |
| 华沙大学 | 英属哥伦比亚大学 | 柏林自由大学 | 北京大学 | 1 |
| 华盛顿大学 | 布法罗大学 | 汉肯经济学院 | 兰德公司 | 1 |

该表列出了诺贝尔经济学奖获得者传记中在特定时期提及特定大学的次数。有关数据的详细信息,请参见正文和附表1。

## 医学

表格 A.14 医学领域各国大学被提及的次数

| 排名 | 国家 | 总计 | 1855—1880 | 1881—1900 | 1901—1920 | 1921—1940 | 1941—1960 | 1961—1980 | 1981—2000 | 2001—2016 |
|---|---|---|---|---|---|---|---|---|---|---|
| 1 | 美国 | 426 | | 4 | 38 | 73 | 122 | 102 | 56 | 31 |
| 2 | 英国 | 118 | 1 | 4 | 13 | 26 | 31 | 27 | 12 | 4 |
| 3 | 德国 | 70 | 5 | 9 | 11 | 22 | 10 | 11 | 2 | |
| 4 | 法国 | 43 | 5 | 6 | 5 | 5 | 11 | 9 | | 2 |
| 5 | 瑞士 | 22 | | | 2 | 5 | 7 | 7 | 1 | |
| 6 | 瑞典 | 20 | | 3 | 2 | 4 | 4 | 5 | 2 | |
| 7 | 澳大利亚 | 17 | | | | 3 | 3 | 9 | 1 | 1 |
| 7 | 丹麦 | 17 | | 6 | 4 | 3 | 4 | | | |
| 8 | 加拿大 | 16 | | | 2 | 3 | 7 | 4 | | |
| 9 | 奥地利 | 12 | 1 | 5 | 2 | 3 | 1 | | | |
| 9 | 日本 | 12 | | | | | | 5 | 3 | 4 |
| 10 | 意大利 | 9 | 1 | | 1 | 4 | 1 | 2 | | |
| 11 | 比利时 | 8 | | 1 | 2 | 3 | | 2 | | |
| 12 | 西班牙 | 7 | 2 | 2 | 1 | 2 | | | | |
| 13 | 荷兰 | 6 | | 3 | | 3 | | | | |
| 13 | 挪威 | 6 | | | | | | | 4 | 2 |
| 14 | 阿根廷 | 5 | | | 1 | | 4 | | | |
| 14 | 俄罗斯 | 5 | 4 | 1 | | | | | | |
| 14 | 南非 | 5 | | | | | 5 | | | |
| 15 | 匈牙利 | 4 | | | 1 | 2 | 1 | | | |
| 16 | 芬兰 | 3 | | | | 3 | | | | |
| 16 | 葡萄牙 | 3 | | | 1 | 1 | | 1 | | |
| 16 | 乌克兰 | 3 | 2 | 1 | | | | | | |
| 17 | 印度 | 2 | | | | | 2 | | | |
| 17 | 波兰 | 2 | 1 | | | 1 | | | | |
| | 总计 | 846 | 22 | 47 | 87 | 165 | 217 | 183 | 81 | 44 |

该表格列出了诺贝尔医学奖获得者传记中提及不同国家大学的次数。有关数据的详细信息,请参见正文和附录1。

表格 A.15 医学领域各大学被提及次数累计情况

| 排名 | | 次数 | 排名 | | 次数 | 排名 | | 次数 |
|---|---|---|---|---|---|---|---|---|
| 1 | 哈佛大学 | 44 | 14 | 华盛顿大学 | 10 | 20 | 海德堡大学 | 4 |
| 2 | 剑桥大学 | 42 | 15 | 柏林洪堡大学 | 9 | | 印第安纳大学 | 4 |
| 3 | 哥伦比亚大学 | 28 | 16 | 纽约城市大学 | 8 | | 加州大学圣地亚哥分校 | 4 |
| 4 | 约翰·霍普金斯大学 | 25 | | 加州大学伯克利分校 | 8 | | 伯明翰大学 | 4 |
| 5 | 洛克菲勒大学 | 24 | | 慕尼黑大学 | 8 | | 哥廷根大学 | 4 |
| 6 | 牛津大学 | 21 | | 维也纳大学 | 8 | | 格拉茨大学 | 4 |
| 7 | 巴黎大学 | 20 | 17 | 麦吉尔大学 | 7 | | 里昂大学 | 4 |
| 8 | 加州理工学院 | 17 | | 巴斯德研究所 | 7 | | 马德里大学 | 4 |
| 9 | 康奈尔大学 | 16 | | 日内瓦大学 | 7 | | 马尔堡大学 | 4 |
| 10 | 哥本哈根大学 | 14 | | 伦敦大学 | 7 | | 奥斯陆大学 | 4 |
| 11 | 伦敦大学学院 | 13 | | 斯特拉斯堡大学 | 7 | | 多伦多大学 | 4 |
| | 威斯康星大学 | 13 | 18 | 凯斯西储大学 | 6 | | 都灵大学 | 4 |
| | 圣路易斯华盛顿大学 | 13 | | 加州大学洛杉矶分校 | 6 | | 乌尔兹堡大学 | 4 |
| | 耶鲁大学 | 13 | | 密歇根大学 | 6 | | 苏黎世大学 | 4 |
| 12 | 卡罗林斯卡研究所 | 12 | 19 | 苏黎世联邦理工学院 | 5 | | 乌得勒支大学 | 4 |
| | 宾夕法尼亚大学 | 12 | | 帝国理工学院 | 5 | | 范德比尔特大学 | 4 |
| | 得克萨斯大学 | 12 | | 巴塞尔大学 | 5 | 21 | 杜克大学 | 3 |
| 13 | 纽约大学 | 11 | | 布宜诺斯艾利斯大学 | 5 | | 布鲁塞尔自由大学 | 3 |
| | 斯坦福大学 | 11 | | 爱丁堡大学 | 5 | | 乔治·华盛顿大学 | 3 |
| 14 | 麻省理工学院 | 10 | | 弗赖堡大学 | 5 | | 伦敦国王学院 | 3 |
| | 芝加哥大学 | 10 | | 墨尔本大学 | 5 | | 欧柏林大学 | 3 |
| | 伊利诺伊大学 | 10 | 20 | 澳大利亚国立大学 | 4 | | 普林斯顿大学 | 3 |

续表

| 排名 | | 次数 | 排名 | | 次数 | 排名 | | 次数 |
|---|---|---|---|---|---|---|---|---|
| 21 | 罗格斯大学 | 3 | 22 | 根特大学 | 2 | 22 | 杜鲁塞多夫大学 | 2 |
| | 纽约州立大学 | 3 | | 京都大学 | 2 | | 佛罗里达大学 | 2 |
| | 丹麦技术大学 | 3 | | 拉斐特学院 | 2 | | 法兰克福大学 | 2 |
| | 东京理科大学 | 3 | | 莱顿大学 | 2 | | 格拉斯哥大学 | 2 |
| | 伯尔尼大学 | 3 | | 莱比锡大学 | 2 | | 汉堡大学 | 2 |
| | 开普敦大学 | 3 | | 密歇根州立大学 | 2 | | 利物浦大学 | 2 |
| | 赫尔辛基大学 | 3 | | 西北大学 | 2 | | 明尼苏达大学 | 2 |
| | 基尔大学 | 3 | | 挪威科技大学 | 2 | | 蒙特利尔大学 | 2 |
| | 隆德大学 | 3 | | 敖德萨大学 | 2 | | 内布拉斯卡大学 | 2 |
| | 密苏里大学 | 3 | | 大阪市立大学 | 2 | | 北卡罗来纳大学 | 2 |
| | 匹兹堡大学 | 3 | | 俄罗斯基洛夫军事医学院 | 2 | | 帕维亚大学 | 2 |
| | 罗彻斯特大学 | 3 | | 杜兰大学 | 2 | | 昆士兰大学 | 2 |
| | 谢菲尔德大学 | 3 | | 联合学院 | 2 | | 罗马大学 | 2 |
| | 圣安德鲁斯大学 | 3 | | 加州大学洛杉矶分校 | 2 | | 罗斯托克大学 | 2 |
| | 斯德哥尔摩大学 | 3 | | 西澳大利亚大学 | 2 | | 鲁昂大学 | 2 |
| | 图宾根大学 | 3 | | 威特沃特斯兰德大学 | 2 | | 圣彼得堡大学 | 2 |
| | 弗吉尼亚大学 | 3 | | 阿伯丁大学 | 2 | | 悉尼大学 | 2 |
| | 乌普萨拉大学 | 3 | | 布达佩斯大学 | 2 | | 弗罗茨瓦夫大学 | 2 |
| 22 | 阿默斯特学院 | 2 | | 勃艮第大学 | 2 | | 旁遮普大学 | 2 |
| | 贝勒大学 | 2 | | 科英布拉大学 | 2 | | 卫斯理大学 | 2 |
| | 布朗大学 | 2 | | 科罗拉多大学 | 2 | | | |

该表格列出了诺贝尔医学奖获得者传记中提及特定大学的次数。有关数据的详细信息,请参见正文和附录1。

表格 A.16 特定时间段内各国大学被提及的次数

| 1855—1900 | | 1901—1940 | | 1941—1980 | | 1981—2016 | |
|---|---|---|---|---|---|---|---|
| 哥本哈根大学 | 6 | 哈佛大学 | 15 | 哈佛大学 | 23 | 得克萨斯大学 | 8 |
| 柏林洪堡大学 | 5 | 剑桥大学 | 15 | 剑桥大学 | 20 | 洛克菲勒大学 | 7 |
| 维也纳大学 | 5 | 哥伦比亚大学 | 10 | 哥伦比亚大学 | 14 | 哈佛大学 | 6 |
| 斯特拉斯堡大学 | 4 | 约翰·霍普金斯大学 | 10 | 加州理工学院 | 12 | 剑桥大学 | 5 |
| 里昂大学 | 3 | 康奈尔大学 | 7 | 牛津大学 | 12 | 哥伦比亚大学 | 4 |
| 斯德哥尔摩大学 | 3 | 牛津大学 | 7 | 洛克菲勒大学 | 11 | 麻省理工学院 | 4 |
| 约翰·霍普金斯大学 | 2 | 巴黎大学 | 7 | 巴黎大学 | 11 | 斯坦福大学 | 4 |
| 敖德萨大学 | 2 | 洛克菲勒大学 | 6 | 约翰·霍普金斯大学 | 10 | 加州大学旧金山分校 | 4 |
| 俄罗斯基洛夫军事医学院 | 2 | 威斯康星大学 | 6 | 圣路易斯华盛顿大学 | 10 | 奥斯陆大学 | 4 |
| 剑桥大学 | 2 | 伦敦大学学院 | 5 | 康奈尔大学 | 8 | 华盛顿大学 | 4 |
| 哥本哈根大学 | 2 | 哥本哈根大学 | 5 | 卡罗林斯卡研究所 | 8 | 杜克大学 | 3 |
| 巴黎大学 | 2 | 慕尼黑大学 | 5 | 纽约大学 | 8 | 约翰·霍普金斯大学 | 3 |
| 圣彼得堡大学 | 2 | 柏林洪堡大学 | 4 | 耶鲁大学 | 8 | 加州大学伯克利分校 | 3 |

238

续表

## 被提及总次数

| 1855—1900 | | 1901—1940 | | 1941—1980 | | 1981—2016 | |
|---|---|---|---|---|---|---|---|
| 乌尔兹堡大学 | 2 | 加州理工学院 | 3 | 麦吉尔大学 | 7 | 弗吉尼亚大学 | 3 |
| 乌得勒支大学 | 2 | 纽约城市大学 | 3 | 斯坦福大学 | 7 | 加州理工学院 | 2 |
| 法国军医学院 | 1 | 苏黎世联邦理工学院 | 3 | 伊利诺伊大学 | 7 | 挪威科技大学 | 2 |
| 布鲁塞尔自由大学 | 1 | 海德堡大学 | 3 | 宾夕法尼亚大学 | 7 | 大阪市立大学 | 2 |
| 海德堡大学 | 1 | 帝国理工学院 | 3 | 麻省理工学院 | 6 | 巴斯德研究所 | 2 |
| 哈尔科夫大学 | 1 | 卡罗林斯卡研究所 | 3 | 伦敦大学学院 | 6 | 普林斯顿大学 | 2 |
| 莱比锡大学 | 1 | 纽约大学 | 3 | 芝加哥大学 | 6 | 纽约州立大学 | 2 |
| 圣彼得堡国立大学 | 1 | 芝加哥大学 | 3 | 威斯康星大学 | 6 | 爱丁堡大学 | 2 |
| 圣巴塞洛缪医学院 | 1 | 赫尔辛基大学 | 3 | 凯斯西储大学 | 5 | 牛津大学 | 2 |
| 加州大学伯克利分校 | 1 | 基尔大学 | 3 | 日内瓦大学 | 5 | 宾夕法尼亚大学 | 2 |
| 伦敦大学学院 | 1 | 乌德里大学 | 3 | 伦敦大学 | 5 | 耶鲁大学 | 2 |
| 阿伯丁大学 | 1 | 马尔堡大学 | 3 | 纽约城市大学 | 4 | 亚利桑那州立大学 | 1 |
| 阿姆斯特丹大学 | 1 | 密歇根大学 | 3 | 印第安纳大学 | 4 | 澳大利亚国立大学 | 1 |
| 巴塞罗那大学 | 1 | 宾夕法尼亚大学 | 3 | 巴斯德研究所 | 4 | 布朗大学 | 1 |
| 伯尔尼大学 | 1 | 多伦多大学 | 3 | 加州大学圣地亚哥分校 | 4 | 卡迪夫大学 | 1 |

续表

被提及总次数

| 1855—1900 | | 1901—1940 | | 1941—1980 | | 1981—2016 | |
|---|---|---|---|---|---|---|---|
| 科英布拉大学 | 1 | 都灵大学 | 3 | 巴塞尔大学 | 4 | 纽约城市大学 | 1 |
| 吉森大学 | 1 | 维也纳大学 | 3 | 伯明翰大学 | 4 | 康奈尔大学 | 1 |
| 格拉茨大学 | 1 | 乌普萨拉大学 | 3 | 布宜诺斯艾利斯大学 | 4 | 德鲁大学 | 1 |
| 哈雷大学 | 1 | 圣路易斯华盛顿大学 | 3 | 华盛顿大学 | 4 | 佛罗里达大学 | 1 |
| 印度尼西亚大学 | 1 | 根特大学 | 2 | 澳大利亚国立大学 | 3 | 乔治华盛顿大学 | 1 |
| 马德里大学 | 1 | 拉斐特学院 | 2 | 加州大学伯克利分校 | 3 | 卡罗林斯卡研究所 | 1 |
| 帕维亚大学 | 1 | 莱顿大学 | 2 | 开普敦大学 | 3 | 伦敦国王学院 | 1 |

该表列出了诺贝尔医学奖获奖者传记中在特定时期提及特定大学的次数。有关数据的详细信息，请参见正文布附录1。

## 物理学

表格 A.17　物理学领域各国大学被提及的次数

| 排名 | 国家 | 总计 | 1855—1880 | 1881—1900 | 1901—1920 | 1921—1940 | 1941—1960 | 1961—1980 | 1981—2000 | 2000—2016 |
|---|---|---|---|---|---|---|---|---|---|---|
| 1 | 美国 | 410 | 2 | 4 | 15 | 71 | 128 | 100 | 62 | 28 |
| 2 | 德国 | 148 | 12 | 24 | 33 | 43 | 18 | 14 | 3 | 1 |
| 3 | 英国 | 116 | 4 | 8 | 20 | 37 | 26 | 13 | 4 | 4 |
| 4 | 法国 | 58 | 6 | 7 | 10 | 10 | 6 | 11 | 5 | 3 |
| 5 | 日本 | 42 | | | | 7 | 9 | 9 | 10 | 7 |
| 6 | 俄罗斯 | 21 | | | 1 | 9 | 5 | 2 | 4 | |
| 7 | 荷兰 | 20 | 2 | 1 | 4 | 1 | 4 | 4 | 3 | 1 |
| 8 | 瑞士 | 19 | 3 | 2 | 5 | 3 | 4 | | 2 | |
| 9 | 加拿大 | 18 | | | | | 13 | 2 | 1 | 2 |
| 10 | 意大利 | 13 | | | | 7 | 3 | 1 | 2 | |
| 11 | 丹麦 | 10 | | | 4 | 3 | 2 | 1 | | |
| 12 | 奥地利 | 8 | | | 4 | 4 | | | | |
| 12 | 瑞典 | 8 | | 1 | | 3 | 2 | 1 | 1 | |
| 13 | 中国 | 6 | | | | | 2 | 1 | 2 | 1 |
| 13 | 印度 | 6 | | | 2 | 3 | | | 1 | |
| 14 | 比利时 | 4 | | | | | 3 | | | 1 |
| 14 | 波兰 | 4 | | 1 | 2 | 1 | | | | |
| 15 | 澳大利亚 | 3 | | | 2 | | | | | 1 |
| 15 | 爱尔兰 | 3 | | | | | 2 | 1 | | |
| 15 | 巴基斯坦 | 3 | | | | | 3 | | | |
| 16 | 以色列 | 2 | | | | | | 1 | | 1 |
| | 总计 | 924 | 29 | 48 | 103 | 204 | 230 | 160 | 100 | 50 |

该表格列出了诺贝尔物理学奖获得者传记中提及不同国家大学的次数。有关数据的详细信息，请参见正文和附录1。

表格 A.18 物理学领域各大学被提及次数累计情况

| 排名 | 机构 | 次数 | 排名 | 机构 | 次数 | 排名 | 机构 | 次数 |
|---|---|---|---|---|---|---|---|---|
| 1 | 剑桥大学 | 56 | 11 | 慕尼黑大学 | 13 | | 牛津大学 | 8 |
| 2 | 哈佛大学 | 43 | 12 | 苏黎世邦联理工学院 | 12 | 16 | 斯特拉斯堡大学 | 8 |
| 3 | 哥伦比亚大学 | 41 | | 莱顿大学 | 12 | | 威斯康星大学 | 8 |
| 4 | 加州大学伯克利分校 | 30 | | 名古屋大学 | 12 | | 法兰克福大学 | 7 |
| | 芝加哥大学 | 30 | 13 | 伊利诺伊大学 | 11 | 17 | 明尼苏达大学 | 7 |
| 5 | 普林斯顿大学 | 28 | | 康奈尔大学 | 10 | | 乌尔兹堡大学 | 7 |
| 6 | 麻省理工学院 | 24 | | 海德堡大学 | 10 | | 苏黎世大学 | 7 |
| | 斯坦福大学 | 24 | | 哥本哈根大学 | 10 | | 耶鲁大学 | 7 |
| 7 | 加州理工学院 | 21 | 15 | 东京大学 | 9 | 18 | 卡耐基梅隆大学 | 6 |
| | 哥廷根大学 | 21 | 16 | 乌得勒支大学 | 8 | | 加州大学圣巴巴拉分校 | 6 |
| 8 | 巴黎大学 | 19 | | 京都大学 | 8 | | 爱丁堡大学 | 6 |
| 9 | 巴黎高等师范学院 | 18 | | 柏林工业大学 | 8 | 19 | 帝国理工学院 | 5 |
| | 柏林洪堡大学 | 18 | | 慕尼黑工业大学 | 8 | | 麦吉尔大学 | 5 |
| 10 | 曼彻斯特大学 | 14 | | 密歇根大学 | 8 | | 格拉茨大学 | 5 |

241

续表

| 排名 | 机构 | 次数 | 排名 | 机构 | 次数 | 排名 | 机构 | 次数 |
|---|---|---|---|---|---|---|---|---|
| 19 | 罗马大学 | 5 | 20 | 宾夕法尼亚大学 | 4 | 21 | 波恩大学 | 3 |
|  | 乌普萨拉大学 | 5 |  | 多伦多大学 | 4 |  | 吉森大学 | 3 |
|  | 凯斯西储大学 | 4 |  | 弗罗茨瓦夫大学 | 4 |  | 隆德大学 | 3 |
|  | 纽约城市大学 | 4 |  | 亚琛理工大学 | 3 |  | 得克萨斯大学 | 3 |
|  | 约翰·霍普金斯大学 | 4 |  | 杜克大学 | 3 |  | 惠特曼学院 | 3 |
|  | 列别捷夫物理研究所 | 4 |  | 巴黎高等物理化工学院 | 3 |  | 香港中文大学 | 2 |
|  | 莱比锡大学 | 4 |  | 布鲁塞尔自由大学 | 3 |  | 达尔豪斯大学 | 2 |
|  | 伦敦大学学院 | 4 |  | 拉合尔政府学院大学 | 3 |  | 代尔夫特理工大学 | 2 |
|  | 布里斯托大学 | 4 |  | 莫斯科国立大学 | 3 |  | 巴黎综合理工学院 | 2 |
|  | 科罗拉多大学 | 4 | 21 | 纽约大学 | 3 |  | 巴黎高等师范学院 | 2 |
|  | 格罗宁根大学 | 4 |  | 俄亥俄州立大学 | 3 |  | 佛罗里达州立大学 | 2 |
|  | 汉堡大学 | 4 |  | 普渡大学 | 3 | 22 | 印度科学研究所 | 2 |
|  | 利物浦大学 | 4 |  | 都柏林圣三一大学 | 3 |  | 伦敦国王学院 | 2 |
|  | 伦敦大学 | 4 |  | 阿姆斯特丹大学 | 3 |  | 纽芬兰纪念大学科技学院（曼彻斯特校区） | 2 |
|  | 马里兰大学 | 4 |  | 亚利桑那大学 | 3 |  | 名城大学 | 2 |

续表

| 排名 | 机构 | 次数 | 排名 | 机构 | 次数 | 排名 | 机构 | 次数 |
|---|---|---|---|---|---|---|---|---|
| 22 | 莫斯科工程物理研究所 | 2 | 22 | 清华大学 | 2 | 22 | 马萨诸塞大学 | 2 |
|  | 大阪大学 | 2 |  | 美国海军学院 | 2 |  | 诺丁汉大学 | 2 |
|  | 联邦物理技术研究所 | 2 |  | 英属哥伦比亚大学 | 2 |  | 比萨大学 | 2 |
|  | 总统学院 | 2 |  | 加州大学圣地亚哥分校 | 2 |  | 罗彻斯特大学 | 2 |
|  | 拉德堡德奈梅亨大学 | 2 |  | 阿德莱德大学 | 2 |  | 德岛大学 | 2 |
|  | 伦斯特理工学院 | 2 |  | 阿尔伯塔大学 | 2 |  | 图宾根大学 | 2 |
|  | 皇家理工学院 | 2 |  | 波尔多大学 | 2 |  | 维也纳大学 | 2 |
|  | 比萨高等师范学校 | 2 |  | 汉诺威大学 | 2 |  | 华盛顿大学 | 2 |
|  | 史蒂文斯理工学院 | 2 |  | 基尔大学 | 2 |  | 弗吉尼亚理工大学 | 2 |
|  | 得克萨斯农工大学 | 2 |  | 马尔堡大学 | 2 |  | 圣路易斯华盛顿大学 | 2 |

该表格列出了诺贝尔物理学奖获得者传记中提及特定大学的次数。有关数据的详细信息,请参见正文和附表 1。

表格 A.19 特定时间段内各国大学被提及的次数

被提及总次数

| 1855—1900 | | 1901—1940 | | 1855—1900 | | 1901—1940 | |
|---|---|---|---|---|---|---|---|
| 剑桥大学 | 8 | 剑桥大学 | 31 | 哥伦比亚大学 | 30 | 斯坦福大学 | 12 |
| 莱顿大学 | 7 | 哥廷根大学 | 14 | 哈佛大学 | 24 | 哈佛大学 | 11 |
| 海德堡大学 | 4 | 柏林洪堡大学 | 13 | 加州大学伯克利分校 | 22 | 麻省理工学院 | 7 |
| 柏林洪堡大学 | 4 | 普林斯顿大学 | 10 | 芝加哥大学 | 19 | 名古屋大学 | 7 |
| 慕尼黑大学 | 4 | 加州理工学院 | 9 | 剑桥大学 | 17 | 普林斯顿大学 | 6 |
| 巴黎大学 | 4 | 哈佛大学 | 8 | 麻省理工学院 | 15 | 加州大学伯克利分校 | 5 |
| 斯特拉斯堡大学 | 4 | 芝加哥大学 | 8 | 普林斯顿大学 | 12 | 加州大学圣巴巴拉分校 | 4 |
| 苏黎世联邦工学院 | 3 | 曼彻斯特大学 | 8 | 斯坦福大学 | 12 | 哥伦比亚大学 | 3 |
| 巴黎高等师范学院 | 3 | 哥伦比亚大学 | 7 | 加州理工学院 | 10 | 康奈尔大学 | 3 |
| 乌尔兹堡大学 | 3 | 柏林工业大学 | 7 | 伊利诺伊大学 | 9 | 巴黎高等师范学院 | 3 |
| 亚琛理工大学 | 2 | 哥本哈根大学 | 7 | 巴黎高等师范学院 | 8 | 芝加哥大学 | 3 |
| 美国军事学院 | 2 | 慕尼黑大学 | 7 | 东京大学 | 7 | 科罗拉多大学 | 3 |
| 波恩大学 | 2 | 巴黎大学 | 7 | 康奈尔大学 | 6 | 曼彻斯特大学 | 3 |

243

续表

被提及总数

| 1855—1900 | | 1901—1940 | | 1855—1900 | | 1901—1940 | |
|---|---|---|---|---|---|---|---|
| 吉森大学 | 2 | 威斯康星大学 | 7 | 乌得勒支大学 | 6 | 密歇根大学 | 3 |
| 哥廷根大学 | 2 | 格拉茨大学 | 5 | 麦吉尔大学 | 5 | 巴黎大学 | 3 |
| 格罗宁根大学 | 2 | 明尼苏达大学 | 5 | 名古屋大学 | 5 | 加州理工学院 | 2 |
| 利物浦大学 | 2 | 苏黎世联邦理工学院 | 4 | 哥廷根大学 | 5 | 巴黎高等物理化工学院 | 2 |
| 曼彻斯特大学 | 2 | 巴黎高等师范学院 | 4 | 密歇根大学 | 5 | 约翰·霍普金斯大学 | 2 |
| 马尔堡大学 | 2 | 京都大学 | 4 | 牛津大学 | 5 | 名城大学 | 2 |
| 苏黎世大学 | 2 | 罗马大学 | 4 | 巴黎大学 | 5 | 莫斯科物理技术学院 | 2 |
| 凯斯西储大学 | 1 | 苏黎世大学 | 4 | 卡耐基梅隆大学 | 4 | 拉德堡德奈梅亨大学 | 2 |
| 查尔姆斯理工大学 | 1 | 莱顿大学 | 3 | 苏黎世联邦理工学院 | 4 | 慕尼黑工业大学 | 2 |
| 克拉克大学 | 1 | 莱比锡大学 | 3 | 海德堡大学 | 4 | 得克萨斯农工大学 | 2 |
| 哥伦比亚大学 | 1 | 加州大学伯克利分校 | 3 | 帝国理工学院 | 4 | 亚利桑那大学 | 2 |
| 代尔夫特理工大学 | 1 | 阿姆斯特丹大学 | 3 | 列别捷夫物理研究所 | 4 | 诺丁汉大学 | 2 |
| 巴黎综合理工学院 | 1 | 法兰克福大学 | 3 | 慕尼黑工业大学 | 4 | 得克萨斯大学 | 2 |
| 巴黎高科路桥学院 | 1 | 汉堡大学 | 3 | 法兰克福大学 | 4 | 东京大学 | 2 |
| 欧柏林学院 | 1 | 隆德大学 | 3 | 多伦多大学 | 4 | 乌得勒支大学 | 2 |

续表

| 被提及总次数 |||||| 
|---|---|---|---|---|---|
| 1855—1900 | | 1901—1940 | | 1855—1900 | | 1901—1940 | |
| 霍恩海姆大学 | 1 | 斯特拉斯堡大学 | 3 | 耶鲁大学 | 4 | 亚利桑那州立大学 | 1 |
| 卡尔斯鲁厄大学 | 1 | 弗罗茨瓦夫大学 | 3 | 拉合尔政府学院大学 | 4 | 澳大利亚国立大学 | 1 |
| 基尔大学 | 1 | 乌普萨拉大学 | 3 | 京都大学 | 4 | 波士顿大学 | 1 |
| 图宾根大学 | 1 | 卡耐基梅隆大学 | 3 | 纽约大学 | 4 | 查普曼大学 | 1 |
| 弗罗茨瓦夫大学 | 1 | 纽约城市大学 | 3 | 伦敦大学学院 | 4 | 香港中文大学 | 1 |
| | | 康奈尔大学 | 3 | 哥本哈根大学 | 4 | 科罗拉多州立大学 | 1 |
| | | 海德堡大学 | 3 | 爱丁堡大学 | 4 | 苏黎世联邦理工学院 | 1 |

该表列出了诺贝尔物理学奖获得者传记中在特定时期提及特定大学的次数。有关数据的详细信息，请参见正文和附录 1。

# 注 释

## 第一章 一个谜题

1 第一句出自 Hacker and Pierson（2016，14）。"江河日下"（endangering prosperity）亦为一书的标题，见 Hanushek et al.（2013）。测试分数描述见 Aghion et al.（2010，10）；这里的教育机构见 Acemoglu and Autor（2012，427）。

2 关于国际测试成绩比较如何影响美国教育绩效的讨论，见 Carnoy and Rothstein（2013），Carnoy et al.（2015）。关于 PISA 和国际测试的更多信息，见 Schmidt et al.（2019）。

3 见 Metzger（1955，101）。亦可参见 Shils（1978）和 Werner（2013）。

4 软科世界大学学术排名（简称 ARWU）于 2003 年由上海交通大学世界一流大学研究中心首次发布，是世界范围内首个综合性的全球大学排名，其评价标准主要基于科研相关指标。相关讨论可参见 Clotfelter（2010）。

5 关于技术支持的举证，部分可参见 Romer（1990），Cole（2009；2016），Gruber and Johnson（2019）。一般而言，创新刺激增长是创新理论的关键，可参见 Solow（1956），Romer（1986；1990），Aghion and Howitt（1997），Jones（2005），Lucas（2009）。近期实证研究可

参见 Dittmar（2011）。大学也能通过训练高技巧的人力资本为创新做贡献，具体可参见 Mokyr（2002；2005），Mokyr and Voth（2010），Squicciarini and Voigtlander（2015），Akcigit et al.（2017），以及 Bianchi and Giorcelli（2019）。当创新和培训这些渠道被同时激发时，研究结论同样保持一致。例如，瓦莱罗和范雷南（Valero and Van Reenen, 2016）建议通过增加国家层级的大学数量促进 GDP 增长，托伊瓦宁和瓦纳宁（Toivanen and Vaananen, 2016）则认为扩大工程培训可以增强创新。有关大学对经济体制质量的贡献亦可参见 Cantoni and Yuchiman（2014）。

6 关于生产创新已经愈发困难的讨论，可参见 Jones（2009），Cowen（2011），Gordon（2016），Bloom et al.（2017）。

7 科学网（Web of Science）与 Scopus 等数据库提供了大量出版物的相关信息，如作者姓名、工作机构等。类似信息使我们得以评估大学的研究表现，甚至是其研究领域（例如，Williams et al., 2014）或研究机构类型（例如，Ash and Urquiola, 2018）。人们同样可以基于这些数据绘制类似图表 1.2 的表格，前提是这些数据能够覆盖至 19 世纪并提供作者曾所属的所有机构。附录 2 表明情况并非如此。

8 阿祖莱等（Azoulay et al., 2010）曾对学术巨星的早夭与猝死进行过研究，发现他们的去世会降低其同时期的研究成果产出。进一步证据可表明这一点。伊拉里亚等（Ilaria et al., 2017）则考虑到第一次世界大战后科学交流的中断。他们通过比较主要依赖国外前沿研究的科学家的影响与依赖国内前沿研究的科学家的影响，发现前者较之后者更难在顶刊上发表论文。亦可参见 Moser et al.（2014），Waldinger（2016），Catalani et al.（2018），以及 Akcigit et al.（2018a）。并非所有研究都找到了这种溢出效应的证据。例如，瓦尔丁格（Waldinger, 2016）认为纳粹德国时期对科学家的解雇影响了博士生的生产力，但并未影响教授。博尔哈斯和多兰（Borjas and Doran，2012）则考虑了冷战后苏联数学家来到美国的情况。他们发现这降低了在职学生的产出，并增加了他们最终转到排名较低的学校的可能性。

9 诺贝尔奖官网，威廉·康拉德·伦琴的生平，未出版，2019。http://www.nobelprize.org/prizes/physics/1901/rontgen/biographical.

10 苏黎世联邦理工学院当时名为联邦理工学院（Federal Polytechnic Institute），我们将在后文详细说明。

11 这一情况有时被称为"第四十一席"。法国科学院成立早期，规定只设四十个院士席位，授予那些在科学和文化上做出过杰出贡献的"不朽者"。因此那些本来也有资格进入"不朽者"行列，但又没有入选的人就被称为"坐第四十一席者"。现在这个比喻被广泛用于其他领域的类似情况。"第四十一席"就成了"杰出的"遗憾者的代名词。参见Merton（1968），Zuckerman（1977）。

12 表格1.1是图表1.2数据的另一种呈现形式。需注意，图表1.2主要描述的是诺贝尔奖获得者传记中提及不同国家的大学各自所占的比例，而非具体次数。之所以如此，原因之一在于，数十年间各大学被提及的总次数略有不同。这可能反映了以下因素的变化：隶属机构的报告规范、共同获奖的普遍存在以及教师的流动。还需注意，对于大多数大学来说，在获奖者传记中被提及是很罕见的，这也造成了数据的"噪音"。图表1.2通过呈现计算后的拟合值来处理这一问题（图中显示了使用带宽为0.5的局部加权回归的拟合值）。这一方法可以掩盖具体数值的波动，不过，在表格1.1和后文中，我们依旧会使用具体的次数。最后，表格1.1仅列出了各大学被提及的次数，附录3的表格A.1还列出了大学所在国家被提及的总次数，这一结果中包括非学位授予机构出现的次数。

13 仅仅是物理学领域，就有超过100人于1933年到1941年间搬去了美国

注　释

（Cole, 2009）。其中有5位是诺贝尔奖获得者，还有数人也做出了根本性的贡献（Zuckerman, 1977; Fermi, 1968）。

14　其他认为美国科研发展转折点更早的论文，可参见 Hofstadter（1963）与 McCaughey（1974）。

15　Werner（2013）。

16　这也印证了戈尔丁和卡茨（1999b, 37）的观点，他们认为，美国大学体制的特征常被视为"二战后发展的产物"。他们的研究聚焦于1890年后的五十年。而本书将会涉及更早时的事件。

17　除却可能引发混淆的情况，我们会以简称来代替大学全称（例如，将耶鲁大学称为耶鲁）。

18　这一数字包括了两年制与四年制的院校（基于全国教育统计中心2017年的数据）。

19　表格1.3与附录6列出了我们统计数据中所有的大学。表格1.4与之后的表格则不是如此。在表格1.4中，我们仅列入了各阶段排名前三十五的院校，先根据其被提及的次数，之后再按首字母顺序进行了排序。

20　"自由进入"是经济学术语，"自由范围"不是。范围经济（economies of scope）指只要把两种或更多的产品合并在一起生产比分开来生产的成本要低，就会存在范围经济。我使用自由范围这一概念，意在将自由进入与范围经济结合起来。我所知道的最能说明这点的术语是（缺乏）"业务范围限制线"（line of business restrictions）。这些规定禁止贝尔运营公司提供除与当地交易所有关的服务以外的其他服务，例如，不允许它制造电信设备（Sappington, 1995）。

21　自由范围并不意味着院校都会从事多样化的活动（例如，美国许多文理学院就只授予学士学位）。关键在于在自由范围的大学体制中，院校拥有这么做的自由。需要说明的是，一个自治的大学体制并不一定会体现自由范围,因为其规则可能会限制自身参与某些活动。自治关乎大学做决定的自由;自由范围则关乎大学可以经营多种商品的市场自由。

22 国家对市场机制的依赖往往会超越某个特定的行业。例如,一个航空业不受监管的国家,更有可能拥有不受约束的零售业。不过,我们的讨论主要集中于大学领域,更多讨论可参见 Engerman and Sokoloff(2002)和 Acemoglu and Robinson(2012)。

## 第二章 战前大学

1 历史学家所指的战前时期通常为 1789 年至 1861 年,或者 1812 年至 1861 年。

2 Rudolph(1962,172),亦可参见 Handlin and Handlin(1970)和 Leslie(1992)。

3 Rudolph(1962)。莱斯利(Leslie,1992)指出,大部分教师有牧师背景这一事实,一定程度上反映了神学院是当时人们能够接受智识教育的为数不多的选择之一。

4 Hofstadter(1955)。

5 鲁道夫(Rudolph,1962)就指出,爱德华·维格斯沃斯(Edward Wigglesworth)是因为耳聋无法领导教会,才加入了哈佛。同样地,失声也让阿尔伯特·希普(Albert Shipp)进入了沃佛德学院。

6 Leslie(1992,66)。

7 Flexner(1946,14)。泰林(Thelin,2004,63)补充说,在 19 世纪 50 年代,哈佛的教师在波士顿地区享有声望,"但并没有特别高的工资"。维赛(1965)指出,教授经常需要额外的收入来补贴他们微薄的工资。当然,部分由于其自身或配偶继承的财富,教员们可以生活得很好。例如,莱斯利（1992）提出证据表明，许多教师都有住家仆人。

8　参见 Flener（1946），Storr（1953），以及 Leslie（1992）。

9　Rudolph（1962，196）。

10　伯克（1982）补充道，大部分西部和南部的大学都只有4到6位教职员工。亦可参见 Cohen and Kisker（2010）。

11　Hofstadter（1955）。

12　这些数据来自各个学校的研究中心和报告（2018年9月）。

13　参见 Paulsen（1906），Snow（1907），Butts（1939），以及 Rudolph（1977）。在中世纪鼎盛时期，其中一些科目被纳入三学科（文法、逻辑、修辞）与四学科（算术、几何、天文、音乐）之中。

14　Broome（1903，18）。

15　参见 Kelly（1974，156）。关于大学课程，亦可参见 Broome（1903），Hofstadter（1955），Rudolph（1977），Reuben（1996），Roberts and Turner（2000），以及 Cohen and Kisker（2010）。

16　Kelly（1974，157）。

17　此处我们暂时搁置中世纪另一种常见的教学形式——辩论。参见 Verger（1973）和 Clark（2006）。

18　Kelly（1974，159）。亦可参见 Brubacher and Rudy（1958），Bishop（1962），Rudolph（1977），以及 Cohen and Kisker（2010）。

19　Versey（1965，38）。鲁道夫（1977，89）补充道，1846年在普林斯顿大学，"埃弗雷特·托平（Everett Topping）教授认为，如果他在对希腊语言的教学中穿插对希腊文学的评论，可以极大提高学生兴趣。因为这一错误做法，他被校长叫去谈话，几天后，他的辞呈被接受了"。

20　Rudolph（1962，158）。

21　Brubacher and Rudy（1958）。

22 Veysey（1965，6）。

23 简言之，这一部分主要讨论法国、德国与英国的高等教育体制，它们存在某种同质性。我们暂时将它们之间的重大差异搁置一旁，稍后讨论。例如，我们在这里仅讨论大学。大学在德国教育中占据了核心地位，但在法国，其他类型的专业院校（如法国高等商学院系统）却更为重要（D'Irsay, 1935; Ben-David, 1977; Fox and Weisz, 1980; Clark, 1983; Verger, 1986; Clark, 2006）。

24 参见 Paulsen（1906），Morison（1935），Ringer（1979），以及 Frijhoff（1996）。

25 在17世纪，让大师轮流教授课程或讲解书本在欧洲艺术系很常见，但这种做法在18世纪结束了。例如，斯隆（Sloan, 1971）指出，苏格兰的大学在18世纪早期就已经抛弃了所谓的"轮换制"。克拉克（Clark, 2006, 171）补充，到1768年，普鲁士教育部要求黑尔大学按学科列出其课程。这有助于消除"抢椅游戏"的现象，即教师从一个领域跳到另一个领域。可参见 Porter（1996）。更多关于人文对大学影响的讨论，可参见 D'Irsay（1935），Butts（1939），Rudy（1984），Rüegg（1992）和 Clark（2006）。

26 这是当时十分常见的模式，不过也有例外。有些涉及整个国家，比如苏格兰，以及一些机构的下属机构。当学生选择一个专业时，经济学分析强调了以下两者之间的权衡：学生获得专业知识所必需的时间，以及如果过早选择专业可能会导致的不适应。参见 Clark（1983），Malamud（2010；2011）以及 Bordon and Fu（2015）。

27 Vandermeersch（1996），Clark（2006）。举例来说，本-大卫（Ben-David, 1971）强调在1800年到1830年间，法国对科学的资助显著增加。当然，这种增长在欧洲各地并不是同时开始的，也不总是持续一致的（Ringer, 1979）。此外，启蒙运动对英格兰和法国大学的影响要比德国、荷兰和苏格兰晚一些,法国的非大学学院和社团在科学活动中占高比例的时间更长(Rudy,1984;D'Irsay,1935)。

28 Morison(1936),Butts(1939),Hofstadter(1955),Curti and Nash(1965)。

29 Rudolph(1962)。

30 Kelly(1974,137)。

31 Butts(1939)。

32 Brubacher and Rudy(1958,17)。

33 Brubacher and Rudy(1958)。

34 Curti and Nash(1965,65)。

35 参见 Curti and Nash(1965),Rudolph(1977),Roberts and Turner(2000),以及 Thelin(2004)。随后,凯斯应用科学学院和卡耐基专门技术学校同样服务于这一市场。

36 Rudolph(1962,271)。

37 例如,一些特许学校规定,孩子们必须愿意在周六去学校,或者他们的父母必须参加与老师或家长协会的会议。参见 Angrist et al.(2010)。关于特许学校方面具有更明确选择的证据亦可参见 Bergman and McFarlin Jr.(2018)。

38 例如,雇主可能更喜欢在重点大学招人,因为他们推断被这些学校录取的人能力更强。这一观点被麦克劳德与乌奎拉(MacLeod and Urquiola,2015)在论文中正式提出,麦克劳德等(2017)对其进行了严密论证。事实证明,人际网络渠道很难被分离出来进行研究,但仍存在明确的证据。例如,Hoekstra(2009),Saavedra(2009),Oyer and Schaefer(2015)表明,进入一个更有竞争力的大学会提高工资收入,Zimmerman(2016)则表明,它提高了进入公司领导团队的可能性,亦可参见 Schmutte(2015)和 Ioannides and Loury(2004)。社会学家还讨论了学校对人际网络的影响,如参见 Kahn（2011）和 Rivera（2015）。此外，格兰诺维特（Granovetter, 1973）强调，一些网络可能是在学校或通过学校朋友形成的。

39 考夫曼等（Kaufmann et al., 2013）表明，在智利，对女性来说，进入一所排名较高的大学极大影响了其未来伴侣的质量。

40 例如，霍克斯比（2012；2014）提出了一个框架，在这个框架中，顶尖大学的教师更擅长教授高能力的学生，而不是低能力的学生，里尔（Riehl, 2018）提供了这种情况的因果证据。也有大量关于同侪效应的文献，包括由罗斯柴尔德和怀特（Rothschild and White, 1995）、埃普尔和罗马诺（Epple and Romano, 1998），以及埃普尔等（Epple et al., 2006）提供的模型。在实证方面，有证据表明，进入更好的学校（以同侪质量衡量）可以改善一个人的结果（Jackson, 2010；Pop-Eleches and Urquiola, 2013），但很难将这完全归因于同侪效应。此外，这种改善并不总是被注意到（例如，Cullen et al., 2006；Clark, 2010；Bui et al., 2014；Barrow et al., 2017）。也有证据表明，这种影响可能是复杂的，对圈层形成方式的改变并不稳定（Carrell et al., 2013）。相关评论，请参见 Epple and Romano（2011）。下面我们将回到同质性对学习的影响。

41 霍克斯比和艾弗里（Hoxby and Avery, 2013）和切蒂等（Chetty et al., 2017b）强调了在重点大学中低收入学生的相对缺席，马夏尔尼和辛格尔顿（Macartney and Singleton, 2017）考虑了学校董事会选举对 K-12 种族隔离的影响。这些考量当然也会影响政策。例如，纽约市学校校长表示希望建立更多种族融合的学校，2019 年民主党初选围绕强制校车展开了辩论。

42 在这份名单中未上榜的是宾夕法尼亚大学，它的宗教成分最少。我们将在下编展开讨论。

43 文献提供了充足的证据证明对附近学校的偏好。参见如 Card（1995）

和 Hoxby（2009）关于高等教育的讨论，以及一般讨论参见 Bayer et al.（2007），Gallego and Hernando（2009），Hasting et al.（2009），Abdulkadiroglu et al.（2017b），Neilson（2017），以及 Walters（2018）。

44 Curti and Nash（1965，51）。

45 Curti and Nash（1965），Dorn（2017）。

46 具体讨论可参见 Burke（1982），Naylor（1973），以及 Cohen and Kisker（2010）。我们将在后文继续讨论这个问题。

47 Ringer（1979）。

48 Tewksbury（1932，4）。亦可参见 Douglass（2000）和 Handlin and Handlin（1970）。

49 Thelin（2004，50）。伯克（1982，38）补充道，几乎每一种情况下，新学校都是当地宗派组织愿意帮助"一所大学"和城镇希望让其子女接受教育的愿望合谋的产物。类似地，莱斯利（1992，1）把 19 世纪晚期的大学描述为"民族、宗教亚文化和地方助推器的代理人"。这种说法道出了这样一个事实：在某些情况下，宗派关系和种族出身可能重叠；在这方面，他引用了支持富兰克林和马歇尔的德国改革派群体的例子。

50 Butts（1939，117）。

51 部分由于它的城市位置，哈佛从一开始就被认为走在自由化的轨道上。参见 Morison（1936），Butts（1939），Jencks and Riesman（1968），以及 Kelly（1974）。

52 Brubacher and Rudy（1958）。最初，从佐治亚州和北卡罗来纳州开始，州政府在大学创建中的作用在南方最强。后来，中西部和西部是州立大学创立的中心（例如，密歇根大学、明尼苏达-索塔大学、威斯康星大学和加利福尼亚大学最终在整个公共教育系统中占据了领导地位）。在美国，尽管乔治·华盛顿、托马斯·杰斐逊和詹姆斯·麦迪逊等有影响力的领导人提出了建议，但基本上没有任何大学创建活动与联邦政府有关。布鲁巴克和鲁迪认为这在一定程度上反映了宗派对一个全国性的世俗学校的怀疑，更普遍的是对中央集权政府权力的怀疑。不过，联邦政府确实创建了专门的机构，如西点军校和安纳波利斯海军学院。

53 亦可参见 Morison（1936），Burke（1982），以及 Potts（2000）。

54 Rudolph（1962, 198）。布鲁巴克和鲁迪（1958）补充道，1806 年，达特茅斯学院有超过五分之四的毕业生对学院有欠款。

55 罗格斯大学最初名为女王学院，详情参见下编。第二次重新建校时，改以亨利·罗格斯上校（Colonel Henry Rutgers）的名字命名。参见 Frusciano（2006）。

56 Rudolph（1962, 187）。

57 戈尔丁和卡茨（2011a）注意到，这些地区在扩大美国学校教育的进程中发挥了重要作用。随着时间的推移，这些地方实体合并成数以千计的学区。参见 Tiebout（1956）关于地区分类的开创性工作，相关实证研究可参见 Kenny and Schmidt（1992），Hoxby（2000），以及 Urquiola（2005）。有关教育扩张的动机，可参见 Godlin and Katza（2000），Golidin（2001），Graham（2005），以及 Bandiera et al.（2017）。

58 例如，戈尔丁和卡茨（2008, 28）指出，英国、法国和德国通常是在儿童 12 岁之前进行测试，看哪些人会升入中学。亦可参见 Goldin（1998）和 Clark（2006）。

59 Cole（2009, 22）。

60 第一句引言来自 Geiger（2015, 1）。威廉与玛丽学院的引言来自 Herbst（1982, 31），有关耶鲁的引言则来自 The President and Fellows of Yale University. 1976. The Yale Corportation: Charter and Legislation. New Haven: Yale University. https://www.yale.edu/sites/default/files/files/

University-Charter.pdf。

61 汉密尔顿进入国王学院时的确切年龄并不清楚。参见 Chernow（2004）和 McCaughey（2004）。我们在这里使用的是普林斯顿大学与哥伦比亚大学后来的名称，参见下编。

62 James（1930）。

63 为了进一步说明，莱斯利（1992）对比了巴克内尔大学、富兰克林大学、马歇尔大学、普林斯顿大学和斯沃斯莫尔学院的历史。他指出，在这些学校中，只有普林斯顿大学系统地避免了预科教育。亦可参见 Henderson（1912）。

64 参见 Brubacher and Rudy（1958）和 Dorn（2017）。亦可参见 Allmendinger Jr.（1975）。

65 例如，莱斯利（1992）指出，斯沃斯莫尔学院发现其预科服务很难与吸引贵格会教徒的低成本公立学校竞争；一旦斯沃斯莫尔取消了预科课程，就需要花费很多年才能使其入学人数增长到足以弥补损失的水平。格雷厄姆（1974）进一步说明了这两个类型的学校之间的相互作用，指出威斯康星州预科被废除是该州公立高中发展的一个诱因。

66 Kelly（1974, 115）。

67 Storr（1953），Brubacher and Rudy（1958），Werner（2013）。

68 相关讨论可参见 Hanushek and Zhang（2009），Goldin（2016），以及 Woessmann（2016），中国语境下的讨论可参见 Eble and Hu（2017）。进一步推测，如果在 1800 年进行类似图表 1.1 右面所示的国际考试，美国的排名可能已经相对落后。

69 报告全文参见 Committee of the Corporation, and the Academical Faculty（1828）。对于报告的解读亦可参见 Butts（1939），Storr（1953），Brubacher and Rudy（1958），Veysey（1965），Rudolph（1977），

Cohen and Kisker（2010），and Reuben（1996）。

70 Veysey（1965，23）。

71 Rudolph（1977，69）。

72 Butts（1930，120）。有趣的是，费米（Fermi，1968，34）指出，欧洲中学的古典课程也受到了类似的保护。那些"质疑如此多古典教育的智慧的人被告知，死去的语言是一种出色的脑力体操"。

73 Veysey（1965，34）。

74 Oberdorfer（1995，83）。

75 Walton（1986，7）。亦可参见 Clark（1970）。

76 这说明，建校的自由进入准则可以对福利产生反补贴效应。在经济学术语中，这类似于曼基和温斯顿（Mankiw and Whinston，1986）强调的"商业窃取"和"产品多样性"效应。在这种情况下，商业窃取效应的产生是由于新建立的高校抢占了其他高校的生源。产品多样性效应源于消费者偏好多样性，虽然一个公理会家庭可能愿意选择长老会主导的高校，但他们肯定还是会更倾向自己的教派主导的高校。亦可参见 Spence（1976），Dixit and Stiglitz（1977），以及 Hsieh and Moretti（2003）。

## 第三章　教学改革

1 亦可参见 Kevles（1979），Rossiter（1979），以及 Labaree（2017）。

2 Veysey（1965，13）。

3 Adams（1876，13）。维赛（1965）指出大学入学人数的增长低于总人口的增长。伯克（1982）指出，如果从一个非常低的基数开始，其增长将更加显著。

4 "一类研究型大学"是卡耐基高等教育委员会制定的美国学院和大学分

类中的一个类别。这一类别包含了研究最活跃的学校，其标准包括它们提供的博士学位数量和研究支出。类别名称从 2005 年开始改变，这一组现在被贴上了"博士大学：最高等的研究活动"的标签。排名最高的学校数量呈上升趋势。1994 年有 88 所，2018 年有 115 所。

5  关于其他的例子，参见 Butts（1939）和 Rudolph（1962）。

6  有关董事会和校长的制度性起源将在下编予以讨论。

7  Storr（1953，18）。

8  Butts（1939，105）。

9  有充分的证据（将在下一章讨论）证明这一方法可以提升学习能力。

10 Butts（1939，105）。

11 Butts（1939，105）。

12 Reuben（1996，24）。

13 Storr（1953，16）。

14 Storr（1953，23）。

15 Butts（1939，107）。蒂克诺是在给托马斯·杰斐逊的信中写下这句话的，后者彼时正致力于思考弗吉尼亚州高等教育的结构。

16 麦考伊（McCaughey，2003，117）指出，那些年"儿子在父亲退休或死亡后当选的情况十分常见"。

17 鲁格斯在进入法律界之前曾就读于耶鲁大学，师从本杰明·西利曼。他参与了克罗顿渡槽的建设和伊利运河的扩建。通过他的房地产投资，他主要负责创建了格拉梅西公园。哥伦比亚大学的信托人、著名国务卿汉密尔顿·费什（Hamilton Fish）曾说过："鲁格斯在某一特定时刻能想出比我所见过的任何人都多的绝妙主意。"（Burgess，1934，184）。

18 Thompson（1946，80）。

19 McCaughey（2003，123）。

20 Storr，转引自 Alexandar Bache（1953, 68）。

21 Storr（1953, 78）。

22 Storr（1953, 54）。

23 Storr（1953, 58）。

24 巴茨（Butts, 1939）指出，1835 年到 1849 年期间，布朗大学的录取率下降了 25%。

25 鲁道夫（1962）指出，这种情况在三十多所大学都存在。巴茨（1939）补充说，这两条道路——科学学院和平行项目——并不相互排斥，有些学校两者都尝试过。

26 Veysey（1965, 41）。

27 Butts（1939, 149）。莱斯利（1992）对巴克内尔大学和普林斯顿大学的学士学位项目进行了类似的观察。

28 Rudolph（1962, 258）。

29 Butts（1939）。

30 Storr（1953）。

31 Rudolph（1997），Cohen and Kisker（2010）。

32 斯托尔（1953）提到联合学院在 1852 年的目录公布了即将成立的应用化学、采矿和冶金、高等数学和天文学研究生系。它还宣称，学院将开始强调知识的进步，而不是知识的传播。

33 Storr（1953, 134）。

34 Cole（2009, 19）。

35 Becker（1943），Bishop（1962）。

36 Bishop（1962, 63）。

37 《莫里尔法案》第四节；参见 National Research Council（1995, 2）。

38 Curti and Nash（1965）。

# 注 释

39 Veysey（1965，85）。起初学生被要求选一门必修课，到了1896年，学生可以自由选择课程（Butts，1939）。

40 Bishop（1962，74）。

41 怀特深知自己的成功得益于前人的尝试。他特意提到了密歇根大学的校长亨利·塔潘（Henry Tappan），后者曾主导过失败的大学转型改革（Brubacher and Rudy，1958）。

42 Rudolph（1977，127）。

43 约翰·麦格劳(John McGraw)早期捐赠了大量基础设施，亨利·赛奇(Henry Sage)则为各种目的提供了大量捐赠。

44 Flexner（1946，9）。

45 参见Flexner（1946），Hawkins（1960），Douglass（2000），以及Pelfrey（2004）。

46 Flexner（1946，34）。

47 第一个结论来自泰林（2004），第二个结论来自柯蒂和纳什（Curti and Nash，1965）。

48 Hawkins（1960），Veysey（1965）。

49 Flexner（1946，40）。亦可参见James（1930）和Veysey（1965）。艾略特并不是唯一一个持这种观点的人。例如，1866年弗雷德里克·巴纳德（哥伦比亚大学未来的校长，下文将介绍）断言，大学不可能突然产生，而必须经过漫长的岁月逐步积累（Curti and Nash，1965，112）。

50 Flexner（1946，47）。

51 安吉尔表示，研究生的工作"得到了教授们的热情支持。我们组织了一个特定的研究生课程，一般有10到20人，并希望这个数字能够增加。我们的学生养成了留任的习惯，其中还有一两位年轻女士"（Flexner，1946，45）。

52 Hawkins（1960，65）。

53 Gilman（1885，31）。

54 引自吉尔曼的就职演说（Flexner，1946，58）。

55 Hawkins（1960，100）。

56 Veysey（1965，83）。

57 Flexner（1946，68）。

58 Hawkins（1960，22）。虽然吉尔曼认为学术能力应该是主要的标准，但他似乎并没有完全放弃对教师行为的其他考虑。例如，维赛（1965）在报告中指出，吉尔曼曾经斥责一位在公共场合吸烟的教授。

59 Hawkins（1960，77）。

60 Cole（2009，21）。

61 Starr（1982）。直到这一时期，在大多数情况下，专业学校（如法律和医学）在大学之外独立运作，且往往是为了营利，参见戈尔丁和卡茨（1998）以及泰林（2004）的讨论。此外，进入20世纪，职业学校很少要求学士学位。大学开始合并这些学校。例如，耶鲁大学接管了利奇菲尔德法学院，哥伦比亚大学接管了内科和外科医学院（Brubacher and Rudy，1958）。

62 Hawkins（1960）。

63 Hawkins（1960）。

64 Rudolph（1962，293）。

65 Kerr（1963），Werner（2013）。

66 Morison（1936）。

67 Starr（1982，114）。亦可参见Kerr（1963）。

68 Patton and Field（1927），Morison（1936），Butts（1939）。

69 Oberdorfer（1955，77）。这句话出自1885年纽约世纪俱乐部的一次会议，艾略特和麦考什在会上讨论了教育改革。值得一提的是，麦考什将

注 释

保守倾向与改革相结合，最终帮助普林斯顿大学跻身研究型大学的前列。参见 Graham（1974）。

70 Morison（1936，347）。

71 Morison（1936）。这在很大程度上实现了蒂克诺的另一个愿望。

72 Eliot（1908）。值得注意的是，并非所有学校的市场需求都会立即增加。例如，在医学院实施的改革最初导致了入学率的下降。

73 Veysey（1965，97）。

74 莫里森（1936，342）指出，与此同时，艾略特认为选修课应当局限于"具有文化特征的，非职业导向的，并因此能在19世纪的文理科定义下被恰当理解的"科目。

75 Veysey（1965，96）。

76 James（1930，18）。

77 James（1930，19）。

78 Veysey（1965，97）。

79 Flexner（1946，336）。

80 哥伦比亚大学的早期领先地位不仅出现在我们基于诺贝尔奖进行的排名中。科尔（2009，33）提到卡耐基基金会在1908年制作了一份大学排名。他说："它根据大学的总收入、教学资源的分配、学生总数、教学人员的规模、学生与教师的比例、学生的平均教学支出以及学生的平均教学支出超出学费的部分来评估大学。哥伦比亚大学排名第一，其次是哈佛大学、芝加哥大学……还有约翰·霍普金斯大学。"

81 McCaughey（2003）。

82 McCaughey（2003，67）。

83 Rudolph（1977，29）。

84 参见 Morison（1936），Rudolph（1977），以及 McCaughey（2003）。

85 McCaughey(2003,77)。更准确地说,杰斐逊称它为克罗阿西娜(Cloacina,罗马下水道女神)。(古罗马人相信万物有灵,尘世的每一个领域都有神掌管。自然,管理下水道和公共卫生的神职不会空缺,克罗阿西娜女神便是它的管理者。Cloacina本身就来自"下水道"[*cloaca*]一词。下水道干涸或泛滥之时便有人去膜拜她。——译者注)

86 Sovern(2014,141)。

87 关于哥伦比亚大学工程与应用科学学院的历史,参见McCaughey(2014)。

88 Burgess(1934,141)。亦可参见Rosenthal(2006)。

89 Burgess(1934,161)。

90 Burgess(1934,164)。

91 Burgess(1934,178)。

92 McCaughey(2003,161)。

93 McCaughey(2003)。

94 McCaughey(2003,164)。

95 McCaughey(2003,165)。

96 Curti and Nash(1965)。

97 Geiger(1986),McCaughey(2003)。

98 Flexner(1946,41)。这一观察出现在艾略特给霍普金斯大学董事会的说明中。

99 Rudolph(1962)。这种增长可能并非完全真实,因为有一段时间制造假博士学位是一个小产业。鲁道夫(1962,396)报告说:"一些机构……通过贩卖荣誉博士学位来掩盖自己和他人的尴尬。"亦可参见Leslie(1992)。

100 有关美国学术团体创建的进一步数据,可参见戈尔丁和卡茨(1998),以及克拉克(1983)进行的国际对比。

# 注 释

101 伯克利、康奈尔以及哈佛在这一维度同样表现突出，参见 Goldin and Katz（1999b）以及 Cole（2009）。

102 这一衡量标准当然并不完全准确，因为一些排名较低的期刊上的论文最终比一些排名较高的期刊上的论文更成功（基于引用率等衡量标准）。但一般而言，排名较高的期刊上发表的论文往往具有更高的影响力。

103 这表明了麦克劳德与乌奎拉（2015）探索的关于学生与院校的分类动力类型。我将在下文中详细讨论这一点。还要注意的是，像期刊这样严格的等级结构的出现，更有可能发生在有自由进入的市场条件下，就像在这个例子中呈现的一样。有关经济学顶级期刊的数据，请参见 Card and Della Vigna（2017）。还要注意的是，期刊质量的等级制度仍有批判的空间。

104 另外，由于科研活动在美国出现得更突然，专业协会和期刊等级制度的发展反而可能比欧洲更迅疾。在欧洲，教授们将自己的作品提交给所在学院或系的出版物的趋势持续了更长时间。正如盖格（1986，34）指出，"在美国，学院期刊一度发挥了重要作用……但是，如果这种期刊持续存在，很可能会对学科的有效发展有害。它很可能会产生一种分裂，这种分裂似乎是某些欧洲国家的讲席制度的产物。在每个拥有讲席的教授都有一个研究所、每个研究所出版自己的期刊的大学体制中，强大的学科组织很难存活"。亦可参见 Clark（2006）。

105 James（1930，12）。

106 在第一所芝加哥大学因财政问题被迫关闭后，约翰·洛克菲勒和其他浸信会教徒找来哈珀领导重建的芝加哥大学。后者14岁获得马斯金姆学院学士学位，19岁获得耶鲁大学博士学位。在回到耶鲁之前，他曾在芝加哥大学教授神学和闪米特语。在耶鲁，他凭借自己的奖学金和与校长的女儿结婚给人留下了深刻的印象。哈珀用语言学的方法研究《圣经》，终生都是一位活跃的学者。在芝加哥大学，他参与编辑了《希伯莱卡》杂志（Hebraica）（Thelin，2004；Boyer，2015）。

107 Boyer（2015）。

108 Rudolph（1962），Martin（2002）。

109 Douglass（2000）。

110 Pelfrey（2004）。

111 Geiger（1986）。

112 Leslie（1992，166）。

113 类似地，迪特玛（Dittmar，2019）指出印刷机对大学评估学术表现的能力产生了影响，进而影响了大学支付教授工资的方式。最近，这种不对等已被证明与科研表现有关。例如，德·弗拉哈等人（De Fraja et al., 2016）表明，在英国，与美国一样，教师工资并非统一规定的。这一发现与大学用薪水来招募学者以提高他们在研究领域的声誉这一观点相符。库兰特和特纳（Courant and Turner，2017）探讨了美国的类似问题，并找到了工资主要由科研产出以及因此产生的声誉决定的证据。

114 拉比后来成为艾森豪威尔的科学顾问。同样值得注意的是，拉比对这一权力的拟人化是事实上的，而不是法律上的。例如，从法律角度看，包括聘用教职工在内的所有决定都掌握在校长和受托人手中。从本质上讲，本章所描述的教师权力和薪酬的增加与克拉克（2006，16）所讨论的从学院型大学向教授型大学转变的各个方面相对应。

115 关于这一点已经有严格的证据，已在第一章指出。

116 例如，想想著名的巴氏测定法，它被用以确定威斯康星州牛奶中的脂肪含量（该测定法由斯蒂芬·巴布科克［Stephen Babcock］提出，他是威斯康星大学的教授，毕业于塔夫茨大学、康奈尔大学和哥廷根大学）。此外，戈尔丁和卡茨（2008）指出，最初公立大学在工程学方面也格外活跃。

注 释

## 第四章 分类改革

1. 这与戈尔丁和卡茨（1998）提供的数据一致，他们表明，1897年最大的20所大学中有14所是私立大学，而在1924年是10所。尽管如此，他们也注意到，一般而言，公立学校规模更大，数量更少：每4所私立学校才有1所公立学校（这可能反映了公立学校不太受教派的影响，而教派推动了19世纪私立大学的创建）。戈尔丁和卡茨还指出，大学入学人数在1890年至1910年间大幅增加，此后增长进一步加速。参见 Slosson（1910），Peckham（1967）和 Graham and Diamond（1997）。

2. 这反映出更高的入学率以及毕业率的提高。总的来说，高中毕业率从1870年的2%分别上升到1900年的7%和1940年的51%，女性数量在整个时期都超过了男性（国家教育统计中心，1993）。参见 Ayres（1909），Graham（1974）和 Goldin and Katz（1999）。

3. 换句话说，在这一时期，大学的规模经济进一步加剧（Goldin and Katz, 1998），由于价格上涨缓慢，资金不得不来自入学人数的增长。例如，泰林（2004）报告说，1880年到1920年间，学费相对稳定，真正的增长从20世纪30年代才开始。相关问题请参见 Gordon and Hedlund（2016）和 Hoxby（1997）。

4. Cohen and Kisker（2010）。

5. 参见 Slosson（1910），Jencks and Riesman（1968），以及 Graham（2005）。在某些情况下，这些表述的灵感似乎来自拿破仑时期法国的中央集权安排。参见 Henderson（1912）和 Peckham（1967）。

6. Eilot（1908），Karabel（2006）。

7. 到1900年左右，大约40%的大学生是女性。参见国家教育统计中心（1993）进一步的数据，以及 Goldin and Katz（2011）关于男女同校机构增长模式的讨论。

8　Oberdorfer（1995，174）。亦可参见 Synnott（1979）与 Thelin（2004）。

9　相关讨论参见 Leslie（1992）。

10　国家教育统计中心（1993）的报告显示，1869—1870 年间，18—24 岁的大学生入学率为 1.3%。这与伯克（1982）估计的 1860 年的 1.2% 相一致。

11　Miller（1990，103）。

12　Thelin（2004，23）。

13　对斯宾塞模型的深入讨论，参见 Caplan（2018）。

14　不太清楚的是为什么会出现这种相关性。这可能是因为富裕的孩子从父母那里继承了好的基因，或者他们享受到了更好的环境（例如良好的营养，良好的学校）。参见 Black et al.（2007）和 Black et al.（2017）。

15　因此，与斯宾塞（1973）相反，这里的问题是"哪个学校"而非"是否学校"。此外，在斯宾塞的模型中，不同的学生面临着不同的上学成本，有些人选择不去上学。据麦克劳德与乌奎拉（2015），每个人都有相同的成本和参加机会。在这种情况下，传递信息的是学校的身份。麦克劳德等（2017）提供了学校身份可以传递信息的因果证据。

16　这个故事有很多版本，见 https://quoteinvestigator.com/2011/04/18/groucho-resignes/。

17　Slosson（1910），Morison（1936），Kelley（1974）。莱斯利（1992）补充说，斯沃斯莫尔是非常不寻常的，因为它决定在有一个足够大的建筑容纳全部学生之前，绝不开始运营。在某种程度上，这反映了它作为家长的承诺，即对男女学生实行严格的监督。

18　这种对俱乐部的描述与俱乐部商品的经济定义是一致的。俱乐部商品是排他性和非竞争性的。正如我们将看到的，大学俱乐部显然提供了一种特殊的服务——这就是重点所在。在某种程度上，俱乐部有声誉的维度，

# 注 释

它们也有部分非竞争因素。此外，由于俱乐部对客户有选择性，它们也具有经济学家所说的象征地位商品的属性（Frank, 1985; 2005）。

19 Koch（2018）。

20 关于由竞争引发的大学对基础设施的投资，参见 Jacob et al.（2018）。

21 Morison（1936）。

22 Morison（1936, 180）。

23 Morison（1936, 181）。

24 Morison（1936, 423）。亦可参见 Karabel（2006）。

25 Synnott（1979, 23）。

26 Karabel（2006, 17）。

27 Oberdorfer（1995, 80）。

28 Synnott（1979）, Oberdorfer（1995）, Karabel（2006）。

29 Karabel（2006, 59）。

30 Karabel（2006, 54）。

31 这一结果亦反映了参与俱乐部的影响。例如，埃文和史密斯（Even and Smith, 2018）发现参与兄弟会会使成绩变差。亦可参见 Carrell et al.（2011）与 Lindo et al.（2013）。

32 Peckham（1967）。

33 Shaw（1942）。

34 亦可参见 Shaw（1942）和 Peckham（1967）。

35 伯吉斯（1934, 39）观察到，阿默斯特的寄宿公寓通常是由一个带着未婚女儿的寡妇经营的。关于管理房子的妇女，他写道："那位寡妇是一位慈祥的老妇人……她坐在轮椅上四处走动，她的女儿是一个最漂亮、最优雅、最和蔼可亲的女人。她刚满40岁，美丽的头发上开始出现花白。据说，她年轻时曾被一个学生残酷地对待，这让她非常失望，他一定是个没良心的畜生。我至今还记得,当她毫无怨言地履行自己的职责时,她那美丽的灰色眼睛里悲伤而动人的神情……她在一个女孩的帮助下,为十几个贪婪的、不体贴的年轻人做饭。二十年后她去世了……如果有人该进入天堂,她肯定是其中之一。"

36 Veysey(1965,91)。

37 Eilot(1908,222)。

38 Synnott(1979,166)。亦可参见 Slosson(1910)。

39 Eilot(1908,217)。艾略特补充说,这种监管使私人宿舍成为"不良投资"(第218页)。

40 Oberdorfer(1995,119)。此外,尽管有人声称耶鲁的秘密社团是相对精英化的,但几十年来它们一直排斥犹太学生(Karabel,2006)。

41 例如,在顶尖学校的录取只取决于考试的环境中,家庭需要花费精力和金钱来准备考试。参见 Dang and Rogers(2008)和 Jayachandran(2014)。

42 这段关于耶鲁的引文来自泰林(2004,189);维赛(1965)提供了关于康奈尔大学的信息。

43 Brubacher and Rudy(1958,121)。

44 这基本上是乔治·蒂克诺提出的观点(第三章)。杜弗洛等(Duflo et al.,2011)提供的证据表明,能力区隔会影响学习。其他的研究阐明了什么机制可以解释这一现象。例如,班纳吉等(Banerjee et al.,2017)和穆拉里达兰等(Muralidharan et al.,2017)提供的证据表明,根据学生的能力水平定制教学可以提高学习水平,而普里切特和比蒂(Pritchett and Beatty,2012)同样认为课程可能与学生的能力不匹配。

45 里尔(2018)为这种机制提供了严格的证据。他的发现与不同学院的教学风格适应不同类型的学生是一致的。他们认为,学生与大学匹配的重大变化可能会降低学校的效率。阿尔西迪亚科诺(Arcidiacono et al.,

注 释

2016）从加州大学提出了与此一致的证据，虽然更偏向于局部平衡。亦参见 Arcidiacono et al.（2011）以及 Arcidiacono and Lovenheim（2016）。此外，埃里森和斯旺森（Ellison and Swanson, 2016）提供的证据表明，一些 K-12 学校在帮助高能力儿童发挥数学潜力方面更有效。

46　Thelin（2004），Boyer（2015）。

47　Synnott（1979, 95）。

48　Synnott（1979）。

49　McCaughey（2003, 184）。B 大道沿着纽约东村（East Village）和下东区（Lower East Side）的一部分延伸，这些社区历史上有大量东欧人和犹太人。

50　Karabel（2006, 88）。这种说法指的是"引爆"（tipping）行为，在这种行为中，少数人的比重一旦超过一个阈值，就会导致大多数人放弃这个地点。最近的讨论见 Card et al.（2008）。

51　Karabel（2006, 51）。

52　Boyer（2015, 80）。在很长一段时间里，芝加哥大学的前途都不明朗。波耶尔（2015, 197）补充说，1925 年约翰·霍普金斯大学校长提出的一项建议，"废除巴尔的摩大学本科前两年的工作，为那些希望在芝加哥大学也这样做的人提供了动力"。

53　Slosson（1910, 118）。亦可参见 Rosenthal（2006）。

54　Rosenthal（2006, 79）。巴纳德补充说，因此，如果哥伦比亚学院不复存在，也不是什么不幸。麦考伊（McCaughey, 2003, 182）指出，塞斯·劳——巴纳德的继任者，大体上同意："学院是……这颗种子长成了大学，但这棵树，也就是大学，并不是为了种子而存在，而是种子为了树而存在。"

55　Rudolph（1962, 330）。

56　James（1930, 181）。亦可参见 Yeomans（1948）和 Kerr（1963）。

57 Rosenthal（2006，337）。

58 此外，对私立学校学生的隐性偏好仍在继续。更多细节参见 Synnott（1979），McCaughey（2003）和 Rosenthal（2006）。

59 Rosenthal（2006，342）。

60 Rosenthal（2006，343）。

61 Rosenthal（2006，349）。

62 Rosenthal（2006，350）。

63 Synnott（1979），Keller and Keller（2001），Karabel（2006）。

64 Synnott（1979），Karabel（2006）。

65 Synnott（1979），Oberdorfer（1995）。

66 Curti and Nash（1965）。亦可参见 Douglass（2000）。

67 Geiger（1986，136）。

68 Synnott（1979，68）。

69 威尔逊和洛厄尔在这一点和其他几点上达成了一致。威尔逊形容洛厄尔"与艾略特先生完全不同，他亲切、自然、友好、对所有想法都持开放态度，而且确实非常民主"（Synnott，1979，33）。

70 Synnott（1979），Kelley（1974）。

71 Yeomans（1948）。

72 杜克大学最近才开始实施随机分配，似乎是对学生入学前根据社交媒体交往进行自我分类的回应。参见 Bauer-Wolf（2018）。

73 Brubacher and Rudy（1958）。

74 Peckham（1967），Walton（1986），Leslie（1992）。参见克洛特费尔特（Clotfelter，2011）对美国大学"一流"体育运动的全面而有趣的分析。

75 Slosson（1910，196）。

76 Leslie（1992）。

77 Leslie（1992）。

78 霍克斯比（2014）讨论了择优录取导致美国顶尖大学的教授专门教授高级和相对同质的学生这一事实。另见里尔（2018）的研究，当这种平衡被打破时会发生什么。

79 Geiger（1986）。

80 Geiger（1986，136）。

81 预期在教育中很重要，因为人们不会重复购买像大学教育这样的商品。当一个人买了一个三明治当午餐时，他可以评价它，如果它不好，第二天就去别的地方买。相比之下，大学教育几乎总是只买一次，一个人必须长期背负学校的声誉。关于预期如何影响教育选择的讨论，参见 MacLeod and Urquiola（2013；2018）。

82 亨利·罗索夫斯基（Henry Rosovsky，1990）表示，他的学校对校友子女和教师子女给予了特殊待遇，并提到这是大学需要的两个群体。米尔和罗森（Meer and Rosen，2018）认为，在一所特定的私立名牌大学，大约一半的校友捐赠是出于对子女互惠的希望。米尔和罗森（2010）认为，校友和他们的家庭与一所特定的大学形成了联系，有子女、侄女或侄子的校友比没有年轻一代成员的校友捐赠得多得多。最后，米尔和罗森（2009）以及布彻等人（Butcher et al.，2013）发现，有孩子的校友比没有孩子的校友更有可能捐款，如果他们的孩子不申请，特别是如果他们的孩子被拒绝，捐款就会减少。亦可参见 Clotfelter（2003），Espenshade et al.（2004），Marr et al.（2005），以及 Holmes（2009）。

83 参见莱曼（1999）对 SAT 的历史进行的全面而有趣的讨论。

84 它可能反映了遗传因素，但也反映了条件，包括出生前的条件，这反映了父母的背景情况。参见 Almond and Currie（2011）。关于标准化考试成绩与社会经济地位的相关性的讨论，见 Riehl（2018）。

85 Veysey（1965，91）。

86 Lemann（1999），Hoxby（2009）。

87 亦可参见 Cook and Frank（1993）。

88 例如，参见 Goodman（2016）和 Goodman et al.（2018）。

89 近年来，支付全额学费的学生比例在哈佛大学约为 30%，在约翰·霍普金斯大学约为 50%（数据来自两所学校 2018 年的经济援助网站）。在迈克尔·布隆伯格（Michael Bloomberg）最近的大笔捐款之后，霍普金斯大学的这一比例可能会下降，该捐款中的一部分明确指定用于经济援助。参见 Ehrenberg（2000）。

90 Geiger（1986，49）。

91 Geiger（1986，49）。

92 参见 Metzger（1955），Curti and Nash（1965），Synnott（1979），以及 Leslie（1992）。关于大学捐赠的回报亦可参见 Lerner et al.（2008）。

93 Rudolph（1962，429）。

94 Curti and Nash（1965）。同样地，莱斯利（1992）指出，普林斯顿大学校长詹姆斯·麦考什也不遗余力地鼓励校友会的发展。

95 Rufus Choate，引自 Rudolph（1962，428）。

96 以天主教大学为例，拒绝提供本科教学似乎是因为不愿与早期的天主教基金会竞争，如乔治城大学和圣母大学（Brubacher and Rudy，1958）。

97 Yeomans（1948，328）。

98 戈尔丁和卡茨（1998）指出，在 1897 年，最大的 20 所大学中有 14 所是私立的。到 1924 年、1934 年和 1994 年，这一数字分别降至 10 所、8 所和 0 所。在全国范围内，公立大学的比例增加了。戈尔丁和卡茨指出，这一比例分别从 1897 年的 22% 上升到 1940 年的 45% 和 1990 年的 67%。这种差异的演变可能反映了公立大学的目标在更大程度上强调招生规模，而不是市场环境中出现的声誉问题，如 MacLeod and Urquiola（2015）。这也有助于解释为什么少数放弃顶级体育项目的学校往往是私立的，比如芝加哥大学在哈钦斯校长的领导下放弃了橄榄球，还有那些在 1954 年组建了常春藤联盟的学校（Clotfelter, 2011）。

99 这种动力在科学社会学中也得到了强调。默顿（Merton, 1968）提到了马太效应，即知名科学家因共同发现而得到不成比例的荣誉。换句话说，这是不平等加剧的趋势。祖克曼（Zuckerman, 1977, 63）指出："对于组织和个人来说，累积优势的过程是一样的。"关于经济学方面的工作，参见 Clotfelter（2017）。

100 他们指出，两个关键的例外是卡耐基梅隆大学（前身是成立于 1900 年的卡耐基理工学院）和布兰迪斯大学（成立于 1948 年）。后者的创建实际上与本章强调的分类动力有关，因为它部分是对教育体系中其他地方的犹太教授和学生所经历的排斥的回应。

## 第五章　生产力

1 多伊尔等（Doyle et al., 2015）指出，人们一致认为，美国医疗保健系统浪费了多达 30% 的支出，另见 Fisher et al.（2009）。也有与教育浪费相一致的证据。哈努谢克（Hanushek, 1986; 1997）表明，美国 K-12 学校系统可以增加支出，但在提高测试成绩方面却几乎没有改善。普里切特（2003）提出了其他经合组织国家的类似数据。最近一些衡量资源因果影响的研究得出了不同的结果。杰克逊等（Jackson et al., 2016）和拉富特等（Lafortune et al., 2018）发现，支出可以改善结果，而德·李等（de Ree et al., 2018）发现没有影响，另见 Hyman（2017）。

2 经济增长的一个核心问题是，资源是否流向了经济中生产率最高的部分。

关于企业背景下的讨论,请参见 Hsieh and Klenow(2009)、Syverson(2011),以及 Hsieh and Olken(2014),政策应用请参见 Levy(2018)。有关教育和健康背景下的讨论,请分别参见 Hoxby(2016)和 Chandra et al.(2016)。

3 在默顿和祖克曼(1977,60)的科学社会学术语中,假设了资源集中在"功能相关标准"上。也就是说,它们至少部分地与那些最有可能有效利用它们的人相匹配。

4 这在一定程度上反映了法院强制的平等,参见 Murray et al.(1998)。这种情况也与联邦财政援助支出形成鲜明对比,后者主要惠及低收入家庭。参见 McPherson and Schapiro(1991)、Dynarski and Scott-Clayton(2013),以及 Turner(2017)。

5 Graham and Diamond(1997)。

6 Cole(2009),Graham and Diamond(1997)。

7 布什在科学研究与发展办公室的顾问包括麻省理工学院校长卡尔·康普顿、贝尔电话实验室主任弗兰克·朱威特(Frank Jewett)和加州理工学院院长理查德·托尔曼(Richard Tolman)。布什(1945)在一篇名为《无尽的前沿科学》("Science the Endless Frontier")的论文中阐述了他们的立场。有关布什贡献的详细而有趣的讨论,请参见 Gruber and Johnson(2019)。

8 Graham and Diamond(1997)。这些机构是根据1963年的财务重要性列出的。

9 参见 Kerr(1963)、Geiger(1993),以及 Thelin(2004)的讨论。此外,格雷厄姆和戴蒙德(Graham and Diamond,1997)提到,特别是在肯尼迪和约翰逊政府期间,政府努力减少对数量减少的学校的集中拨款,但主要结果并没有根本改变。

# 注 释

10 顺便说一句，劳伦斯学院的活动似乎也与它的捐赠者设想不一致，后者设想的是一所培养化学家和工程师的学校，其学生"打算投入积极的生活，将他们的成就应用于实际目的"（Sinclair，2012，37）。辛克莱（2012，37）补充说："很难想象一系列更明确的方向，或者更彻底、更迅速地无视它们。"

11 Smith（2012）。罗杰斯曾访问过法国的这些学校，他对欧洲的科学培训和工作更感兴趣。

12 Geiger（1986）。

13 Lecuyer（2012），Sinclair（2012）。

14 Sinclair（2012，49）。

15 Kaiser（2012）。

16 Gillmor（2004，335）。

17 Gillmor（2004，254）。

18 Cole（2009，128）。亦可参见 Gruber and Johnson（2019）适用于当前美国背景的相关讨论。

19 Cole（2009，120）。亦可参见 Gillmor（2004）。

20 在霍克斯比（2012）的研究中，天资包括智力、原创或有发展研究和新产品的动力。最后，我们重申，将研究经费集中在顶尖学校是否有意义，归根结底是一个实证问题，很难确定与表格 5.1 对应的反事实是什么。佩恩和西奥（Payne and Siow，2003）提出了因果证据，表明增加资金会带来更多的研究，但不一定是更高质量的研究，瓦尔斯（Wahls，2018）认为，较少的集中可能是最佳的。其中一些结果涉及边缘的变化——很难对总体模式的可取性做出明确的陈述。

21 Graham and Diamond（1997，35）。

22 例如，参见 Bloom and Van Reenen（2007）以及 Bloom et al.（2013）。

23 这些要点将在谢和乌奎拉（Hsieh and Urquiola，2006），麦克劳德与乌奎拉（2009；2015；2018），里尔等（2016）以及乌奎拉（2016）的论文中正式表述和／或讨论。

24 例如，祖克曼（1977）指出，很大一部分诺贝尔奖获得者是在前获奖者的实验室或其他非常杰出的科学家中接受培训的。瓦尔丁格（2010）认为犹太数学教授被驱逐出德国，并表明这对博士生产生了不利影响。

25 Flexner（1946，68）。

26 Flexner（1946，68）。

27 Leslie（1992，67）。

28 Clark（2006，82）。

29 教育经济学的一个强有力的发现是，父母关心到学校的距离。这是从偏好分析和准实验工作中得出的。参见 Bayer et al.（2007），Gallego and Hernando（2009），Hastings et al.（2009），Abdulkadiroglu et al.（2017a），Herskovic（2017），Neilson（2017），以及 Walters（2018）。

30 参见 Taylor（2017）和 Hu（2018）。

31 Kane and Staiger（2008），Chetty et al.（2014），Araujo et al.（2016），Ainsworth et al.（2017）。还要注意的是，对这种方法还没有达成共识（Rothstein，2017；Chetty et al.，2017a）。

32 第二个结论的主要例外是，缺乏经验的教师表现不佳，但这一预测因素很快就会失效（Rocko，2004；Rivkin et al.，2005；Jackson et al.，2014）。在最近的工作中，阿劳霍等人（Araujo et al.，2016）表明，如果对课堂进行额外的录像并使用相当复杂的方法来分析教师的行为，那么在识别工作卓有成效的教师方面可能会取得更大的进展；另见 Bruns et al.（2016）。

33 用行话来说，教师增值的大部分差异是在学校内部而不是在学校之间

（Chetty et al., 2014）。

34 也就是说，大学确实会以学生评价的形式收集有关教学表现的信息。这些评价提供了有用的数据，而学生满意度就是一个相关的结果。然而，正如教授们经常指出的那样，评价远远不是衡量教学质量的完美标准。例如，一个想要得到好的评价的教职工可能会试图让这门课变得简单。参见 Carrell and West（2010）。

35 Kerr（1963，65）；参见 Ehrenberg（1997）。博克（Bok, 2013, 329）指出，从 1969 年到 1997 年，报告说如果没有良好的研究记录，很难在自己的大学获得任命或晋升的教师的总体比例从 40% 上升到 65%。

36 Abery et al.（2013）。

37 换句话说，对其他行为人评估的观念很重要；参见 Browning et al.（2014）。与此相关，尼尔森（Nelson, 1970）对"检验品"和"体验品"进行了区分。检验品的质量可以在购买前确定；像教育这样的体验品，只有在体验之后才能确定。此外，产业组织的研究发现，对于体验品，卖家的声誉会影响价格（Hubbard, 2002; Melnik and Alm, 2002; Jin and Leslie, 2003; Cabral and Hortacsu, 2010; Dranove and Jin, 2010）。麦克劳德等（2017）表明，在教育领域也出现了类似的效应：雇主对大学声誉很敏感，当信息变得充分时，这种敏感性会降低。

38 劳动经济学家长期以来一直认为，一些公司可能为同等技能的工人支付比其他公司更高的工资。例如，卡德等（Card et al., 2013）在阿博德等（Abowd et al., 1999）的基础上提出，员工匹配对薪酬很重要。其他作者也强调了效率工资和租金分担等机制（Krueger and Summers, 1988; Van Reenen, 1996; Card et al., 2014）。

39 更普遍的是，只要学校提供一种以上的服务，人们就愿意做出权衡。例如，参见 Riehl et al.（2016），Beuermann and Jackson（2018）以及 Kraft（2018）。

40 参见 Liptak（2009）。顺便说一句，斯卡利亚也可以代表他在最高法院的所有同事说话，因为其他法官也同样给予顶尖学校特权。

41 所有这些都与经济学家所说的劳动力市场摩擦有关。例如，冯·沃希特和本德（von Wachter and Bender，2006）以及奥雷奥普洛斯（Oreopoulos et al.，2012）表明，起薪会产生长期影响。招聘决策的滞后可能反映出企业对反映经济活动地理分布的特定地点的依恋。参见 Moretti（2004；2012）和 Davis and Dingel（2014）。亦可参见关于雇主学习的文献，例如，Farber and Gibbons（1996），Altonji and Pierret（2001），Lange（2007）。

42 多年来，人们一直注意到驱动父母选择的因素的重要性（Hanushek，1981；Rothstein，2006；Abdulkadiroglu et al.，2017）。

43 这在学术和大众讨论中都是一个有影响力的观点（Hoxby，2002；Chubb and Moe，1990）。

44 例如，可参见 Chaudhury et al.（2005），Duflo et al.（2012），以及 Urquiola（2016）。

45 参见 Angrist et al.（2002），Angrist et al.（2006），Bettinger et al.（2010），以及 Bettinger et al.（2017）。

46 大量研究介于这两者之间，大多数研究表明，教育券的影响不大。参见穆拉里达兰和桑达拉拉曼（Muralidharan and Sundararaman，2015）的例子和埃普尔等（2017）的回顾。这一结论也普遍适用于特许学校，其中一些学校的表现被发现远远优于公立学校，而另一些则更差。参见 Epple et al.（2016）和 Cohodes（2018）。

47 最近的研究为这一点提供了两个明确的例证。阿卜杜尔卡迪格鲁等（Abdulkadiroglu et al.，2017b）发现，在纽约市，同学质量而不是教学增值是家长对公立高中偏好的关键驱动因素。安斯沃思等人（Ainsworth et al.，2017）关注了罗马尼亚的高中，那里的家庭可以自由选择任何

注 释

公立学校。他们发现,虽然家长们总体上更喜欢择优录取的学校,但这些学校的教学增值往往低于其他学校。同样值得注意的是,在进入许多家庭梦寐以求的精英公立学校方面,情形也是类似的。在某些情况下,这会让学生做得更好,但在其他情况下,也可能不起作用或产生负面影响。为了说明这一点,一些论文发现了进入排名较高的学校的积极影响(Jackson, 2010; Pop-Eleches and Urquiola, 2013), 一些人发现至少对某些亚群体有负面影响(Barrow et al., 2017; Beuermann and Jackson, 2017; Angrist et al., 2019)。在这两者之间,一些人指出了适度的或混合性的影响(Park et al., 2008; Clark, 2010; Abdulkadiroglu et al., 2014; Ajayi, 2014; Bui et al., 2014; Dobbie and Fryer, 2014; Lucas and Mbiti, 2014)。

48 Hsieh and Urquiola(2003; 2006)。

49 智利的教育券计划进已经得到了广泛的研究。例如,参见 McEwan and Carnoy(2000), Mizala et al.(2007), Urquiola and Verhoogen(2009), Gallego(2013), Mizala and Urquiola(2013), Valenzuela et al.(2013), Feigenberg et al.(2014), Navarro-Palau(2017), Neilson(2017), Aguirre(2018)和 Allende Santa-Cruz et al.(2019)。另一场显著的教育券改革出现在瑞典。参见 Ahlin(2003), Sandstrom and Bergstrom(2005), Bohlmark et al.(2016), Bohlmark and Lindahl(2015), Hinnerich and Vlachos(2017)。

50 麦克劳德和乌奎拉(2015)从理论上阐述了这一点。有关特许学校的相关经验证据,请参见 Epple et al.(2016)、Cohodes(2018)和 Cohodes et al.(2018)。关于使教师质量更加透明的研究,参见 Bergman and Hill(2018)。

51 在这个问题上还有许多可能的理由和有趣的研究,例如 Ito and Kahn

（1986），Carmichael（1988），Siow（1998），以及 Brogaard et al.（2018）。

52 Schrecker（1968，15）。

53 Scott（2018，17）。

54 参见 Curti and Nash（1965）和 Samuels（1991）。阿奇迪肯（Archdeacon，1983）与道格拉斯（Douglass，2000）注意到，在当时加州的亲劳工组织中发现了反华平台。

55 Dorn（2017，129）。

56 Metzger（1973，136）。亦可参见 Schrecker（1986）。

57 当然，这些担忧并不完全与围绕学术自由的担忧分离，因为这种自由可以使学术职业具有吸引力。

58 Metzger（1973，117）。

59 Metzger（1973，118）。

60 Geiger（1986）。亦可参见 Keller and Keller（2001）以及 Karabel（2006）。

61 Karabel（2006，140）。

62 根据凯勒夫妇（Keller and Keller，2001，66）观察，他们的发表记录很少，但并不令人尴尬。

63 Keller and Keller（2001）。

64 Geiger（1986）。

65 参见 McPherson and Schapiro（1999）。罗索夫斯基（Rosovsky，1999，1818）指出，在 1990 年，以下是哈佛大学章程中关于终身职位的"全部"规定："教授……除非另有规定，否则没有明确的时间限制。所有其他人员的任期均为指定的或不确定的，后者取决于大学所拥有的在任何时候确定这些任命任期的权利。所有经监督员的同意，不时由学校任命担任教学职务的官员，只有出现严重不当行为或玩忽职守时，学校才会解除

66 讲师和兼职教师大多签订可续签的合同。获得终身教职或即将获得终身教职的大学教师比例从 1975 年的 57% 下降到 2007 年的 29%（Wilson, 2010）。菲格利奥等（Figlio et al., 2015）预测，这一比例可能会稳定在 15% 到 20% 之间，届时，这将在很大程度上成为顶尖公立和私立研究型大学以及最富有的文理学院的特征。亦可参见 Baldwin and Chronister（2002）、Bettinger and Long（2006），以及 Antecol et al.（2018）。

67 与此相关的是，伊藤和卡恩（Ito and Kahn, 1986）认为，终身教职提供了一种方式，让大学分担了个人在投资非常专业化的人力资本时所承担的一些风险。他们指出，会计师事务所或律师事务所也会有类似的考虑，这些事务所提供长期回报，如合伙人身份等。此外，曼索（Manso, 2011）观察到，当企业希望鼓励创新时，合同应该表现出对早期失败的高度容忍，以及对长期成功的显著奖励。关于法官的内在动机的研究，他们通常也享有终身职位，见 Ash and MacLeod（2015）。

68 卡迈克尔（Carmichael, 1988）探讨了这一机制。参见 Waldman（1990）、Siow（1998）和 Friebel and Raith（2004）。此外，小布朗（Brown Jr., 1997）认为，终身教职通过给予教授在大学的长期利益，鼓励了他们监督领导的决策。

69 布罗加德等人（Brogaard et al., 2018）发现，经济学家的个人生产力在获得终身教职前后达到峰值，无论是在总发表情况还是被高度引用的论文中都是如此。另见麦克弗森和夏皮罗（McPherson and Schapiro, 1999）的讨论，他们注意到这种担忧随着美国教师强制退休的取消而增加。与此相一致的是，菲格利奥等（2015）指出，1994 年 1 月 1 日之后，联邦法律废除了教师的强制退休规定，终身教职率的下降速度加快了。

70 我要感谢本特利·麦克劳德（Bentley MacLeod）的观察。

71 终身制的可能性在不同的领域和时间有很大的不同。卡明斯基和盖斯勒（Kaminski and Geisler，2012）报告说，在14个科学院系中，终身教职的概率约为50%。

72 这将需要对能力的分布、努力的成本等进行一些假设。例如，它要求排除"成就仅由先天能力决定"的观点。我们认为分类是一种对原始能力的简化评估。更一般地说，分类可以基于早期的研究成果完成，例如候选人在完成博士学位时所呈现的研究。

## 第六章 欧洲

1 参见 Noll（1998），Goastellec（2012），以及 Herzog and Kehm（2012）。

2 Ben-David（1971）。

3 例如，与法国和德国的大学相比，目前英国大学在设定教员薪酬方面有更大的灵活性。参见 Ben-David（1977）、Clark（1983）、Goastellec（2012）、Herzog and Kehm（2012）和 Kitagawa（2012）。

4 参见 Ringer（1979）和 Noll（1998）。尽管如此，正如包尔生（1906）指出的那样，自1700年左右以来，德国将研究与大学工作相结合的做法更为彻底。事实上，法国最近努力创建所谓的高级研究和教学中心，可以看作是扩大大学范围以提高其科研表现的一种尝试（Goastellec，2010；Mussclin，2017）。

5 Haskins（1923，20）。哈斯金斯（Haskins）补充说，海德堡大学对巴黎大学的模仿在德国是一种普遍现象。参见 Curtis（1959）。最后，请注意博洛尼亚大学也是一个模范机构，特别是在西班牙和拉丁美洲（Gieysztor，1992）。

6 活动从"内部"转移到"外部"学校，前者服务于住在修道院的年轻人，

## 注　释

后者在城镇经营。参见 Rashdall（1895a），Baldwin（1971），Verger（1973）和 Charles and Verger（1994）。

7　这类似于穆斯林哈里发统治下城市化的影响。博蒂奇尼和埃克斯坦（Botticini and Eckstein, 2012）解释了这如何提高商人、店主、金融家、学者和医生从事的活动中学校教育的经济回报。参见 Haskins（1923）。

8　Verger（1973；1986）。

9　翻译自 Verger（1973, 2）。亦可参见 Rashdall（1895a）。

10　Baldwin（1971）。

11　Lucas（2006, 37）。亦可参见 Paulsen（1906）。

12　其他学校集中的城镇包括兰斯、奥尔姆斯和沙尔特。参见 Leff（1968），Baldwin（1971），Verger（1973）以及 Rudy（1984）。

13　Rudy（1984）。faculty 来自拉丁语中的 *facultas*，意思是做某些事情的能力或权力。例如，法律系的一名成员本来可以在他的领域从事实践或教学。

14　Kibre（1948）。在某些情况下，这种区别还取决于"*studia*"是否至少有一个高等学院。参见 Rashdall（1895a），Paulsen（1906）和 Robertson（1930）。

15　流动性的相关问题的讨论，可参见 De Ridder-Symoens（1992）。

16　博洛尼亚大学也发展了这样的协会。参见 Haskins（1923），Kibre（1948），以及 Charle and Verger（1994）。

17　Morrison（1935, 19）。亦可参见 Baldwin（1970）。

18　Barron（2013）。

19　Hartocollis（2016）。

20　Rashdall（1895c），Rudy（1984）。

21　Rudy（1984）。有关牛津大学类似请愿书的详情，可参见 Rashdall（1895c）。

22　Rashdall（1895a），Haskins（1923），Robertson（1930），Leff（1968），Baldwin（1971）。此外，"university"一词最初并不是用来描述一

个拥有众多院系或知识分支的机构。这个含义后来出现在"universitas facultatum"一词中。

23 一些国家仍在使用相关的学位名称。例如，法国的 licence 或西班牙的 licenciatura。

24 Rashdall（1895a）。正如我们下面讨论的，在这一时期，职位的出售是一个反复出现的问题。概括而言，许可证提出了与许可有关的问题。有关最近的研究成果，请参阅 Anderson et al.（2016）和 Blair and Chung（2018）。

25 在阿尔卑斯山北部尤其如此。

26 据说这所大学是由男人建造的："bâtie en hommes"（Haskins, 1923, 2）。

27 Verger（1973）。

28 随着教会法庭的发展，教会也越来越多地使用受过专业训练的律师，包括枢机主教和教皇（Baldwin, 1971）。

29 翻译自 Verger（1973, 82）。（原文为"I do not believe, in fact, that there is today any prelate among us who did come out of this university"。——译者注）

30 Leff（1968）。

31 Kibre（1962），Rudy（1984），Nardi（1992）。

32 Leff（1968）。还有 1355 年牛津的圣士林节暴乱。一场酒馆纠纷引发了邻里间的打斗，他们折磨甚至杀害了一些学者。事件停止几个月之后，国王和林肯主教介入了。他们的补救措施包括为该镇制定新的章程，该章程使大学对商业有更大的控制权。此外，一项规定要求市政官员在每个周年纪念日主持弥撒，以纪念被谋杀的学者（Hofstadter, 1955）。

33 Leff（1968）。

34 Haskins（1929, 61）。

注 释

35 Verger（1973）。

36 亦可参见 Leff（1968），Baldwin（1971），Verger（1986），以及 Gieysztor（1992）。

37 Rashdall（1895c）。

38 Stigler and Rosen（1985）。

39 Rashdall（1895a），Verger（1986）。实际上，从享有这一特权的大学毕业，既不是转职的必要条件，也不是转职的充分条件。一方面，大学在某种程度上毕竟是行会，它们通常不允许新教师完全畅通无阻地进入。另一方面，牛津大学从来没有得到过通行执教资格，但它的声望确保了它的教师经常受到好评。

40 我们在这里不是要提供详尽的说明，而是回顾相关的趋势。这一重要事件的发生可以从这样一个事实中得到说明，即仅仅是整理这份清单也给历史学家带来了挑战。弗格（Verger，1973）通过描述三波办学浪潮做到这一点，这是我们在这里大量引用的一个有用的划分。参见 Rashdall（1895b）和 D'Irsay（1933）。

41 Verger（1973），Nardi（1992）。

42 英国国王在他们占领的法国部分地区建立了大学：卡昂（1432）、波尔多（1441）和普瓦捷（1431）。普罗旺斯伯爵创建了艾克斯大学（1409），勃艮第公爵创建了多尔大学（1422）。法国的太子创立了瓦朗斯大学（1452）和布列塔尼南特公爵大学（1460），贝里公爵创立了布尔日大学（1464）。在神圣罗马帝国，新创办的大学包括莱比锡（1409）、鲁汶（1425）和格雷夫斯瓦尔德（1456）。这波浪潮中的其他大学包括乌尔兹堡（1402）、洛克斯托克（1419）、特里尔（1454）、弗莱堡（1455）、巴塞尔（1459）、因戈尔施塔特（1459—1472）、美因茨（1476）和图宾根（1476—1477）。在苏格兰，出现了格拉斯哥大学（1450）和阿伯丁大学（1494），而卡斯蒂利亚出现了阿尔卡拉大学（1499）。在阿拉贡，创办了巴塞罗那大学（1450）、萨拉戈萨大学（1474）和巴伦西亚大学（1500）。在意大利，皮埃蒙特伯爵创建了都灵大学（1405）。在斯堪的纳维亚，出现了勒乌普萨拉大学（1477）和哥本哈根大学（1478）。

43 De Ridder-Symoens（1996）。

44 Verger（1973）。

45 博洛尼亚的情况更是如此，从历史上看，那里的学生年龄更大也更富有，在大学里占据上风。例如，哈斯金斯（1923）提到，他们对教授施加了一些要求，比如必须交押金才能离开城镇。

46 Paulsen（1996）。

47 值得注意的是，这所大学是非正式的，教师们在提升自己的收费方面享有自由裁量权。因此，许多这样的阶段都只存在于理论层面（Paulsen, 1906；Verger, 1992）。

48 Baldwin（1971）。

49 博士学位似乎比硕士学位普及得慢，克拉克（2006）指出，直到1800年左右，德国大学才授予这一荣誉。亦可参见 Baldwin（1971）。

50 弗格（1973）指出，在博洛尼亚大学，法律是主要活动，在学生中发现德国贵族是很常见的。参见 Charle and Verger（1994）。

51 此外，科尔尼（Kearney, 1970）指出，在某些情况下，主教向学院捐款，以资助其神职人员的住宿。

52 Rashdall（1895c）。

53 Rashdall（1895a, 1895c），Verger（1973），Clark（2006）。

54 Leff（1968）。我们注意到这些办学日期有些模糊。参见 Baldwin（1971），Leedham-Green（1996），Jones（1997），Gabriel（1992），Gieysztor（1992），以及 Martin and Highfield（1997）。

55 De Ridder-Symoens（1996），Clark（2006），Delbanco（2012）。

56 Verger（1973）。

57 自治结束的迹象早在1517年之前就出现了。例如，在12世纪巴黎关于乞丐命令的争论中，在14世纪牛津对威克里夫派的镇压中，或者在15世纪布拉格关于扬·胡斯的事件中。为了简洁起见，我们把这些有趣的情节略去。相关讨论参见Rashdall（1895a；1895c），Hofstadter（1955），Metzger（1973），Verger（1973；1986），以及Eire（2016）。

58 Rashdall（1895a）。

59 在西班牙，弗朗西斯科·希梅内斯·德·西斯内罗斯（Francisco Jiménez de Cisneros）不久后出版了另一个译本（Rummel，1999）。所有主要国家的人文主义活动也同样明显。例如，在英国，托马斯·莫尔（Thomas More）成为财政大臣，最终被亨利八世处决。在法国，雅克·勒费夫尔（Jacques Lefevre）将《圣经》翻译成法语，纪尧姆·布德维尔（Guillaume Budé）帮助建立了皇家学院，最终成为法兰西公学院（Rüegg，1992）。

60 Eire（2016）。

61 Eire（2016）。大主教是阿尔布雷希特·冯·勃兰登堡（Albrecht von Brandenburg），他是帝国选帝侯之一的儿子。20岁出头的时候，勃兰登堡已经担任了两个主教职位，并希望获得刚空出的美因茨大主教之职。当时教皇尤利乌斯二世急需资金来重建圣彼得大教堂，于是他拍卖了位于美因茨的圣彼得大教堂。冯·勃兰登堡出价一万金币，他被告知，再加一万金币，就能得到一份特许状，这样他就能保住另外两个主教的职位。他没有那么多钱，虽然他可以获得贷款，但还需要创造收入来偿还贷款。一旦他成为大主教，相关的贷款机构就允许他出售全部赎罪券（允许赦免所有的罪行）。这样就为经济学家所说的帕累托改进做好了准备——每个人都会变得更好：阿尔布雷希特会成为大主教，教皇会获得收益，银行会得到报酬，信徒们也能拜谒圣彼得。

62 Eire（2016）。

63 Moeller（1972，61）。

64 Metzger（1973）。

65 参见 Paulsen（1906），Moeller（1972），Frijhoff（1996），Eire（2016），以及 Dittmar and Meisenzahl（2018）。

66 参见 Verger（1973）。在这一时期，德国的大学基本上不再颁发相当于学士学位的学位（Clark，2006）。亦可参见 Paulsen（1906），Morison（1935），Ringer（1979），以及 Frijhoff（1996）。

67 这种强调也出现在天主教管辖区内。例如，耶稣会的学校采用了类似的方法，部分原因是为了与新教机构竞争。

68 Rashdall（1895b），Gieysztor（1992），Verger（1992）。克拉克（2006）指出，各国的资助在一定程度上回应了各国希望影响课程的愿景。例如，人文主义者所教授的主题不是考试的一部分，因此如果没有国家的直接支持，他们很难得到资助。

69 Butts（1939），Rudy（1984），Verger（1986）。

70 D'Irsay（1935），Ringer（1979），Weisz（1983），Rudy（1984）。

71 亦可参见 D'Irsay（1935）。

72 亦可参见 Ringer（1979），Rudy（1984），Vandermeersch（1996），以及 Clark（2006）。值得注意的是，科尔尼（1970）认为大学财富的增长至少有一部分发生在宗教改革之后，而不是之前。

73 参见 D'Irsay（1935），Ben-David（1977），Ringer（1979），Clark（1983），Verger（1986），Fox and Weisz（1980），Clark（2006）。

注释

## 第七章 美国

1. 我使用"领地－忏悔"一词来强调与欧洲做法的相似之处。赫布斯特（1982）称它们为地方的，而霍夫施塔特（1955，144）则说它们是由政教合一的综合体统治的。
2. 贝克尔和沃斯曼（Becker and Woessmann，2009）认为新教地区比天主教地区在教育方面的投资更多，并认为这是前者后来经济增长更快的原因。这与韦伯（1930）的观点形成鲜明对比，韦伯将这种影响归因于新教的职业道德。迪特马尔和梅森扎尔（Dittmar and Meisenzahl，2018）提供了允许更多教育投资的机制的进一步细节。
3. 1551年，查理五世颁发了在利马创建圣马科斯大学和在墨西哥城创建皇家和教皇大学的特许状。
4. 纽约市哈佛俱乐部的官员（1878，5）。
5. Morison（1936，6）。
6. Reisner（1931），Herbst（1982）。
7. D'Irsay（1935），Brubacher and Rudy（1958），Nardi（1992），De Ridder-Symoens（1996）。
8. 在爱丁堡，特许状允许镇议会直接干预教师任命等事项。参见Sloan（1977）以及Anderson et al.（2003）。
9. Cotton Mather，引自Doyle（1887，115）。
10. 通行费和渡轮收入主要以贝壳串珠的形式支付，这是美国土著部落制造的贝壳珠，到1620年，它已经在哈德逊河地区作为货币使用。贝壳串珠的质量和价值各不相同。有时染料被涂在白色贝壳上，以接近更有价值的天然紫色贝壳的颜色。邓斯特观察到，"殖民地所有的假贝壳串珠都进入了大学的金库"（Morison，1936，15）。

11 Herbst（1982）。

12 这样的控制权转移是有先例的。参见莫里森（1935）关于爱尔兰三一学院的例子。参见布鲁巴克和鲁迪（1958）关于邓斯特意图的讨论。

13 Morison（1936）。

14 Morison（1936，70）。

15 Hofstadter（1955，89）。

16 Engerman and Sokoloff（2002）。

17 泰林（2004）指出，早在1619年就开始有失败的尝试，当时弗吉尼亚公司把1万英亩土地出让给了一所大学，并帮助确保了1500英镑的捐赠承诺——大约是哈佛最初拨款的三倍——该款项用于在亨里科附近建立一所大学和一所印第安学校。在印第安人大屠杀导致300多名定居者死亡并摧毁了该地区的定居点之后，该计划被放弃了。

18 Herbst（1982，31）。

19 Curti and Nash（1965，31）。

20 赫布斯特（1982）注意到当时英国大学的副校长们正在获得权力。

21 布莱尔拥有爱丁堡大学的硕士学位，该大学有一个外部董事会（Pryde，1957）。

22 Hofstadter（1955），Thelin（2004）。

23 Thelin（2004）。

24 Brubacher and Rudy（1958），Herbst（1982）。

25 霍夫施塔特（1955）指出，事实上没有证据表明威廉与玛丽学院在1729年之前实际运作过。因此，从实际运作的角度来看，耶鲁大学比该校更早。

26 Broome（1903，27）。

27 Thelin（2004）。

28 The President and Fellows of Yale University. 1976. The Yale Corportation:

Charter and Legislation. New Haven: Yale University. https://www.yale.edu/sites/default/files/files/University-Charter.pdf。

29 具体来说，在1745年，董事会由殖民地指定的耶鲁学院的校长和研究员组成，尽管在这种情况下，研究员并不是指教职工。

30 Rudolph（1962）。

31 Herbst（1982）。

32 他们特别指出，这些数据是基于对美国每个教堂会众的统计得出，由芝加哥历史学家M.W.杰内根（Jernegan，1929；1932）主导。他们认为，他们的数据可能表明，与1776年之前的每个殖民地相比，当时当地的宗教多样性程度更高——我们目的的关键在于，这种偏见在不同地区并没有差异。与此一致的是，他们的计算出的宗派依从率在我们关注的地区并没有变化。参见Finke and Stark（2005）的第31页。

33 英国圣公会被称为圣公会教徒，以反映他们有主教和大主教的事实，就像天主教徒一样。

34 参见Archdeacon（1983）和Finke and Stark（2005）。阿奇迪肯提出了一个关于种族起源而不是宗派身份的表格1.2版本；结果是相似的——中大西洋地区地区的差异明显大于新英格兰地区。

35 McCaughey（2003，4）。

36 Bonomi（1986）。

37 Bonomi（1986，25）。

38 Bonomi（1986，26）。

39 Bonomi（1986，25）。

40 参见布鲁姆（Broome，1903）以及约翰逊和科亚马（Johnson and Koyama，2019）的讨论。

41 Rasmussen（2017）。此外，斯隆（1971，11）指出，这些年来，苏格兰

政府主要由一个长老会派系控制，他们通常"支持宽容，避免宗教争议的细微之处"。

42 Eire（2016）。

43 博诺米（Bonomi，1986，131）将大觉醒描述为大约 1739 年至 1745 年复兴运动的激烈时期。历史学家对觉醒的真实强度存在一些争议。

44 Finke and Stark（2005，51）。相关讨论参见 Cheyney（1940）。

45 Kelley（1974）。

46 Finke and Stark（2005，53），亦可参见 Bonomi（1986）。

47 Finke and Stark（2005，61）。

48 Finke and Stark（2005）。

49 Herbst（1982）。

50 Bonomi（1986，141）。亦可参见 Wertenbaker（1946）。

51 奥伯多弗（1995）指出，尽管最终的结果是一样的，但他们还是被逐出了费城主教会议。这种分裂一直持续到 1758 年（Bonomi，1986）。

52 Wertenbaker（1946，17）。

53 Oberdorfer（1995，12）。

54 Hofstadter（1995，142）。

55 Leslie（1992）。

56 Oberdorfer（1995，14）。

57 McCaughey（2003）。

58 Brubacher and Rudy（1958）。

59 Herbst（1982）。

60 Herbst（1982）。居住在伦敦的受托人有权任命代表。

61 McCaughey（2003，22）。

62 Smith（1889，191）。这句话是以大卫·马林·本·杰西（David Marin

注 释

Ben Jesse）的名义写在一份题为《论本省的争论和争端》（"A remark on the disputes and contentions in this province"）的文件中。麦卡尼尔（McAnear, 1950, 327）指出，"作者几乎可以肯定是西奥多·富瑞林怀森，奥尔巴尼教会的主宰"。亦可参见 Herbst（1982）。

63 Herbst（1982, 130）。

64 Rudolph（1962, 209）。

65 克拉克（1983）指出，这种现象在德国和意大利最为普遍，但在英国、法国、葡萄牙和西班牙也有。例如，法兰西学院的讲席教授。亦可参见 Ben-David（1971）和 Clark（2006）。

66 包尔生（1906）评论说，在许多德国学校，这个职位任期只有一年，与美国大学校长的职位相比，更像是一个装饰性的角色。克拉克（2006, 464）补充说，美国的院系结构，即使有不同级别的教授，也有效地抑制了由教席持有者和研究所主任主导的德国教授寡头制。

67 Gieysztor（1992）。

68 本节和其他章节的含义与"阿格因报告"（"Aghion Report"）中向法国高等教育和研究部提出的建议大体一致（Aghion, 2010; 2010b）。例如，报告强调大学自治是可取的，并提到董事会是实现这一目标的相关治理工具。此外，它强调了资源在研究成果中的作用。

## 第八章　未来

1 施特劳姆斯海姆（Straumsheim, 2016）和乌贝尔（Ubell, 2017）指出，为了增加收入，"慕课"供应商越来越多地从免费开放获取转向对"迷你认证"收费。这个想法是将一些课程打包成专题领域，授予部分或全部学位。此外，供应商还与大学建立了联系。例如，Coursera 与伊利诺伊大学和巴黎高等商学院等学校建立了合作关系，edX 与佐治亚理工学院有合作项目。

2 例如，德明等（Deming et al., 2016a）发现，2006 年的监管变化增加了在线机构的数量，减少了私立非择优录取的学校的入学率。另见 Deming et al.（2015），Deming et al.（2016b）和 Hoxby（2016）。

3 这一领域的严谨研究已经发展起来，并且越来越多地采用随机评估的方式。关于学习效应，可参见 Bowen（2013），Figlio et al.（2013），Bowen et al.（2014），Joyce et al.（2015），Alpert et al.（2016），Bettinger et al.（2017），以及 Goodman et al.（2019）。关于学生坚持的研究，参见 Perna et al.（2014）和 Banerjee and Duflo（2014）。

4 克里斯滕森和艾林（Christensen and Eyring，2011，18）指出，"高等教育缺乏颠覆性的另一个原因是缺乏颠覆性技术。从大学第一次把学生聚集到教室至今，学习的技术基本保持不变"。然而，正如第六章所讨论的那样，人们当然可以认为印刷机是一项颠覆性的技术，因为讲座的早期目标是让学生们复制原本非常昂贵的书籍。麦克弗森和巴考（McPherson and Bacow，2015）提到，广播和电视讲座也被视为大学服务的明确且非常廉价的替代品。

5 亦可参见 Chrustensen（1997）。

6 Young（2017）。

7 关于这些倡议的有效性的研究，可参见 Bradley et al.（2018）。

8 有关最近关于美国不平等程度和演变的讨论参见 Alvaredo et al.（2017）。

9 有证据与之相符，但并非完全一致。例如，参见 Dale and Krueger（2002；2017），Chetty et al.（2017b），MacLeod et al.（2017），以及 MacLeod and Urquiola（2018）。另见麦克弗森和夏皮罗（1990）对高等教育机构

之间不平等的扩展讨论。

10 Graham（2005，37）。

11 Jones（2017）。

12 参见 Akcigit et al.（2016），Lockwood et al.（2017），Moretti and Wilson（2017），Akcigit et al.（2018b），以及 Jones（2018）。这些论文回顾的一个方面是与创新相关的考虑因素如何影响像萨伊兹（Saez，2001）以及戴蒙德和萨伊兹（Diamond and Saez，2011）那样的结论。

13 Lorin（2018）。参见先前对此类税收的呼吁，包括 Weissmann（2015）。

14 Mervis（2017）。

15 对于产生创新变得越来越困难的可能性的讨论，参见 Jones（2009），Cowen（2011），Gordon（2016），以及 Bloom et al.（2017）。关于公立大学经费的减少，另见 Bound et al.（2019）。此外，也有人认为联邦资助机制本身需要改革。例如，阿尔伯茨和纳拉亚纳穆尔蒂（Alberts and Narayanamurti，2019）指出，在1980年至2017年期间，美国国立卫生研究院向36岁以下研究人员提供的资金比例从6%下降到2%，他们质疑这是否限制了该体系识别创新思维的能力。

16 赫兰德和塔巴罗克（Helland and Tabarrok，2019）列举了许多这种看法的例子。卡普兰（Caplan，2018）从根本上认为，整个教育部门都是在浪费钱。

17 参见 Baumol and Bowen（1943）以及 Baumol（1967）。

18 参见 MacLeod et al.（2017）以及 Riehl（2018）。

19 这与克尔（1963，18）使用"多元大学"一词的精神是一致的。

# 参考文献

Abdulkadiroglu, Atila, Joshua Angrist, and Parag Pathak. 2014. The elite illusion: achievement effects at Boston and New York Exam Schools. *Econometrica* 82 (1): 137-196.

Abdulkadiroglu, Atila, Nikil Agarwal, and Parag Pathak. 2017a. The welfare effects of coordinated assignment: evidence from the New York City high school match. *American Economic Review* 107 (12): 3635-3689.

Abdulkadiroglu, Atila, Parag Pathak, Jonathan Schellenberg, and Christopher Walters 2017b. Do parents value school effectiveness? Unpublished paper. Duke University.

Abdulkadiroglu, Atila, Parag Pathak, and Christopher R. Walters. 2018. Free to choose: can school choice reduce student achievement? *American Economic Journal: Applied Economics* 10 (1): 175-206.

Abowd, John M., Francis Kramarz, and David N. Margolis. 1999. High wage workers and high wage firms. *Econometrica* 67 (2): 251-333.

Acemoglu, Daron and David Autor. 2012. What does human capital do? A review of Goldin and Katz's "The Race Between Education and Technology." *Journal of Economic Literature* 50 (2): 426-463.

Acemoglu, Daron and James A. Robinson. 2012. *Why Nations Fail: The Origins of Power, Prosperity, and Poverty.* New York: Crown Business.

Acemoglu, Daron, James A. Robinson, and Thierry Verdier. 2012. Can't we all be more like Scandinavians? Asymmetric growth and institutions in an interdependent world. National Bureau of Economic Research Working Paper No. 18441.

Adams, Charles Kendall. 1876. The relations of higher education to national prosperity: an oration delivered before the Phi Beta Kappa Society of the University of Vermont. Burlington: Free Press Print.

Aghion, Phillipe. 2010a. L'excellence universitaire et l'insertion professionelle: leçons des expériences internationales. Unpublished paper. Harvard University.

———. 2010b. L'excellence universitaire: leçons des expériences internationales. Unpublished paper. Harvard University.

Aghion, Philippe and Peter W. Howitt. 1997. *Endogenous Growth Theory.* Cambridge, MA: MIT Press.

Aghion, Phillipe, Matthias Dewatripont, Caroline Hoxby, Andreu Mas-Collel, and André Sapir. 2010. The governance and performance of universities: evidence from Europe and the US. *Economic Policy* 25 (61): 7-59.

Aguirre, Josefa. 2018. How can progressive vouchers help the poor benefit from school choice? Evidence from the Chilean voucher system. Unpublished paper. Teachers College, Columbia University.

Ahlin, Asa. 2003. Does school competition matter? Effects of a large-scale school choice reform on student performance. Working paper. Uppsala University Department of Economics.

Ainsworth, Robert, Rajeev Dehejia, Cristian Pop-Eleches, and Miguel Urquiola. 2019. What drives school choice? Implications from 350 markets. Unpublished paper. Columbia University.

Ajayi, Kehinde. 2014. Does school quality improve student performance? New evidence from Ghana. Unpublished paper. Boston University.

Akcigit, Ufuk, Salome Baslandze, and Stefanie Stantcheva. 2016. Taxation and the international mobility of inventors. *American Economic Review* 106 (10): 2930-2981.

Akcigit, Ufuk, John Grigsby, and Tom Nicholas. 2017. The rise of American ingenuity: innovation and inventors of the golden age. National Bureau of Economic Research Working Paper No. 23047.

Akcigit, Ufuk, Santiago Caicedo, Ernst Miguelez, and Stefanie Stantcheva, and Valerio Sterzi. 2018a. Dancing with the stars: innovation through interactions. National Bureau of Economic Research Working Paper No. 24466.

Akcigit, Ufuk, John Grigsby, Tom Nicholas, and Stefaie Stantcheva. 2018b. Taxation and innovation in the 20th century. National Bureau of Economic Research Working Paper No.24982.

Alberts, Bruce and Venkatesh Narayanamurti. 2019. Two threats to U.S. science. *Science* 364(6441):613.

Allende Santa-Cruz, Claudia, and Francisco Gallego and Christopher Neilson. 2019. Towards the equilibrium effects of information interventions. Unpublished paper. Princeton University.

Allmendinger Jr, David F. 1975. *Paupers and Scholars: The Transformation of Student Life in Nineteenth-Century New England*. New York: St.Martin's Press.

Almond, Douglas and Janet Currie. 2011. Killing me softly: the fetal origin hypothesis. *Journal of Economic Perspectives* 25 (3):153-172.

Alpert, William T., Kenneth A. Couch, and Oskar R. Harmon. 2016. A randomized assessment of online learning. *American Economic Review* 106 (5): 378-382.

Altonji, Joseph G. and Charles R. Pierret. 2001. Employer learning and statistical discrimination. *The Quarterly Journal of Economics* 116 (1): 313-350.

Alvaredo, Facundo, Lucas Chancel, Thomas Picketty, Emmanuel Saez, and Gabriel Zucman. 2017. Global inequality dynamics: new findings from WID.world. *American Economic Review* 107(5):404-409.

Anderson, D. Mark, Ryan Brown, Kerwin Kofi Charles, and Daniel I. Rees. 2016. The effect of occupational licensing on consumer welfare: early midwifery laws and maternal mortality. National Bureau of Economic Research Working Paper No.22456.

Anderson, Robert D., Michael Lynch, and Nicholas Phillipson. 2003. *The University of Edinburgh: An Illustrated History*. Edinburgh: Edinburgh University Press.

Angrist, Joshua, Eric Bettinger, Erik Bloom, Michael Kremer, and Elizabeth King. 2002. The effect of school vouchers on students: evidence from Colombia. *American Economic Review* 92(5):1535-1558.

288 Angrist, Joshua, Eric Bettinger, and Michael Kremer. 2006. Long-term consequences of secondary school vouchers: evidence from administrative records in Colombia. *American Economic Review* 96(3): 847-862.

Angrist, Joshua, Susan Dynarski, Thomas Kane, Parag Pathak, and Christopher Walters. 2010. Inputs and impacts in charter schools: KIPP Lynn. *American Ecomomic Revievw: Papers and proceedings* 100 (2):1-5.

Angrist, Joshua, Parag Pathak, and Roman A. Zárate. 2019. Choice and consequence: assessing mismatch at Chicago exam schools. National Bureau of Economic Research Working Paper No.26137.

Antecol, Heather, Kelly Bedard, and Jenna Stearns. 2018. Equal but inequitable: who benefits from gender-neutral tenure clock stopping policies? *American Economic Review* 108(9):2420-2441.

Araujo, M. Caridad, Pedro Carneiro, Yyannú Cruz-Aguayo, and Norbert Schady. 2016. Teacher quality and learning outcomes in kindergarten. *The Quarterly Journal of Economics* 131(3):1415-1453.

Archdeacon, Thomas J. 1983. *Becoming American: An Ethnic History.* New York: The Free Press.

Arcidiacono, Peter, Esteban M. Aucejo, Hanming Fang, and Kenneth I. Spenner. 2011. Does affirmative action lead to mismatch? A new test and evidence. *Quantitative Economics* 2 (3):303-333.

Arcidiacono, Peter, Esteban M. Aucejo, and V. Joseph Hotz. 2016. University differences in the graduation of minorities in STEM fields: evidence from California. *American Economic Review* 106 (3):525-562.

Arcidiacono, Peter and Michael Lovenheim. 2016. Affirmative

action and the quality-fit tradeoff. *Journal of Economic Literature* 54 (1):3-51.

Ash, Elliott and Bentley MacLeod. 2015. Intrinsic motivation in public service: theory *and evidence from state supreme courts. The Journal of Law and Economics* 58(4):863-913.

Ash, Eliot and Miguel Urquiola. 2018. A research-based ranking of public policy schools. Working Paper. Social Science Research Network.

Avery, Christopher N., Mark E. Glickman, Caroline M. Hoxby ,and Andrew Metrick. 2013. A revealed preference ranking of US colleges and universities. *The Quarterly Journal of Economics* 128(1):425-467.

Axtell, James. 1971. The death of the liberal arts college. *History of Education Quarterly* 11(4):339-352.

Ayres, Leonard P. 1909. *Laggards in our School: A Study of Retardation and Elimination in School Systems*. New York: Russell Sage Foundation.

Azoulay, Pierre, Joshua Graff-Zivin, and Jialan Wang. 2010. Superstar extinction. *The Quarterly Journal of Economics* 125(2):549-589.

Baldwin, John W. 1971. *The Scholastic Culture of the Middle Ages, 1000-1300*. Long Grove, IL: Waveland Press, 1997.

Baldwin, Roger G. and Jay L. Chronister. 2002. What happened to the tenure track? In *The Questions of Tenure*. Edited by Richard P. Chait. Cambridge, MA: Harvard University Press.

Bandiera, Oriana, Myra Mohnen, Imran Rasul, and Martina Viarengo. 2017. Nation-building through compulsory schooling during the age of mass migration. Unpublished paper. London School of Economics.

Banerjee, Abhijit and Esther Duflo. 2014. (Dis)organization and success in an economics MOOC. *American Economic Review* 104(5):514-518.

Banerjee, Abhijit, Rukmini Banerji, James Berry, Esther Duflo, Harini Kannan, Shobini Mukerji, Marc Shotland, and Michael Walton. 2017. From proof of concept to scalable policies: challenges and solutions, with an application. *Journal of Economic Perspectives* 31(4): 73-102.

Barro, Robert J. and Jong Wha Lee. 2013. A new data set of educational attainment in the world, 1950-2010. *Journal of Development Economics* 104: 184-198.

Barron, James (March 6, 2013). On campus, costly target of brazen thefts: Nutella. New York Times.

Barrow, Lisa, Laura Sartain, and Marisa de la Torre. 2017. The role of selective high schools in equalizing educational outcomes: using place-based affirmative action to estimate heterogeneous effect by neighborhood socioeconomic status. Unpublished paper. Federal Reserve Bank of Chicago.

Bauer-Wolf, Jeremy(March 2, 2018). Random roommates only. Inside Higher Ed.

Baumol, William J. 1967. Macroeconomics of unbalanced growth: the anatomy of urban crisis. *American Economic Review* 57(3):415-426.

Baumol, William J. and William G. Bowen. 1943. *Performing*

Arts, *The Economic Dilemma: A Study of Problems Common to Theater, Opera, Music, and Dance.* Cambridge, MA: MIT Press.

Bayer, Patrick, Fernando Ferreira, and Robert McMillan. 2007. A unified framework for measuring preferences for schools and neighborhoods. *Journal of Political Economy* 115(4):588-638.

Becker, Carl L. 1943. *Cornell University: Founders and the Founding.* Ithaca, NY: Cornell University.

Becker, Gary. 1964. *Human Capital: A Theoretical and Empirical Analysis, with Special Reference to Education.* Chicago: University of Chicago Press.

Becker, Sascha O. and Ludger Woessmann. 2009. Was Weber wrong? A human capital theory of Protestant economic history. *The Quarterly Journal of Economics* 124(2):531-596.

Ben-David, Joseph. 1971. *The Scientist's Role in Society:A Comparative Study.* Englewood Cliffs, NJ: Prentice-Hall.

——. 1977. *Centers of Learning: Britain, France, Germany, and the United State.* New Brunswick, NJ: Transaction Publishers, 2009.

Bergman, Peter and Matthew J. Hill. 2018. The effects of making performance information public: regression discontinuity evidence from Los Angeles teachers. *Economics of Education Review* 66:104-113.

Bergman, Peter and Isaac McFarlin Jr. 2018. Education for all? A nation-wide audit study of schools of choice. Unpublished paper. Columbia University.

Bettinger, Eric P. and Bridget T. Long. 2006. The increasing use of adjunct instructors at public institutions: are we hurting students? In

*What's Happening to Public Higher Education? The Shifting Financial Burden*. Edited by Ronald G. Ehrenberg. Baltimore, MD: Johns Hopkins University Press.

Bettinger, Eric, Michael Kremer, and Juan Esteban Saavedra. 2010. Are educational vouchers only redistributive? *Economic Journal* 120(546): F204-F228.

Bettinger, Eric P., Lindsay Fox, Susanna Loeb, and Eric S.Taylor. 2017a. Virtual classrooms: how online college courses affect student success. *American Economic Review* 107(9):2855-2875.

Bettinger, Eric, Michael Kremer, Maurice Kugler, Carlos Medina, Christian Posso, Christian and Juan Esteban Saavedra. 2017b. Can educational voucher programs pay for themselves? Unpublished paper. Harvard University.

Beuermann, Diether W. and C. Kirabo Jackson. 2018. Do parents know best? The short and long-run effects of attending the schools that parents prefer. National Bureau of Economic Research Working Paper No.24920.

Bianchi, Nicola and Michela Giorcelli. 2019. Scientific education and innovation: from technical diplomas to university STEM degrees. National Bureau of Economic Research Working Paper No.25928.

Bishop, Morris. 1962. *A History of Cornell*. Ithaca, NY: Cornell University Press.

Black, Sandra E., Paul J. Devereux, Petter Lundborg, and Kaveh Majlesi. 2017. Poor little rich kids? The determinants of the intergenerational transmission of wealth. National Bureau of Economic

Research Working Paper No.21409.

Black, Sandra, Paul Devereux, and Kjell Salvanes. 2007. From the cradle to the labor market? The effect of birth weight on adult outcomes. *The Quarterly Journal of Economics* 122 (1):409-439.

Blackburn, Robert T. and Clinton F. Conrad. 1986. The new revisionists and the history of U.S. Higher Education. *Higher Education* 15:211-230.

Blair, Peter Q. and Bobby W. Chung. 2018. Job market signaling through occupational licensing. National Bureau of Economic Research Working Paper No.24791.

Bloom, Nicholas and John Van Reenen. 2007. Measuring and explaining management practices across firms and countries. *The Quarterly Journal of Economics* 122(4):1351-1408.

Bloom, Nicholas, Benn Eifert, Aprajit Mahajan, David McKenzie, and John Roberts. 2013. Does management matter? Evidence from India. *The Quarterly Journal of Economics* 128 (1):1-51.

Bloom, Nicholas, Charles I. Jones, John Van Reenen, and Michael Webb. 2017. Are ideas getting harder to find? National Bureau of Economic Research Working Paper No.23782.

Bohlmark, Anders, Helena Holmlund, and Mikael Lindahl. 2016. Parental choice, neighbourhood segregation or cream skimming? An analysis of school segregation after a generalized choice reform. *Journal of Population Economics* 29(4):1155-1190.

Bohlmark, Anders and Mikael Lindahl. 2015. Independent schools and long-run educational outcomes: evidence from Sweden's large scale voucher reform. *Economica* 82(327):508-551.

Bok, Derek. 2013. *Higher Education in America*. Princeton, NJ: Princeton University Press.

Bonomi, Patricia U. 1986. *Under the Cope of Heaven: Religion, Society, and Politic in Colonial America*. New York: Oxford University Press.

Bordon, Paola and Chao Fu. 2015. College-major choice to college-then-major choice. *Review of Economic Studies* 82(4):1247-1288.

Borjas, George J. and Kirk B. Doran. 2012. The collapse of the Soviet Union and the productivity of American mathematicians. *The Quarterly Journal of Economics* 127(3):1143-1203.

Botticini, Maristellaand Zvi Eckstein. 2012. *The Chosen Few: How Education Shaped Jewish History*. Princeton, NJ: Princeton University Press.

Bound, John, Breno Braga, Gaurav Khanna, and Sarah Turner. 2019. Public universities: the supply side of building a skilled workforce. National Bureau of Economic Research Working Paper No.25945.

Bowen,William G. 2010. *Lessons Learned: Reflections of a University President*. Princeton, NJ: Princeton University Press.

———. 2013. *Higher Education in the Digital Age*. Princeton, NJ: Princeton University Press.

Bowen, William G., Matthew Chingos, Kelly A. Lack, and Thomas I. Nygren. 2014. Interactive learning online at public universities: evidence from a six-campus randomized trial. *Journal of Policy Analysis and Management* 33 (1):94-111.

参考文献

Boyer, John W. 2015. *The University of Chicago: A History*. Chicago: The University of Chicago Press.

Bradley, Steven W., James R. Garven, Wilson W. Law, and James E. West. 2018. The impact of chief diversity officers on diverse faculty hiring. National Bureau of Economic Research Working Paper No.24969.

Brogaard, Jonathan, Joseph Engelberg, and Edward Van Wesep. 2018. Do Economists swing for the fences after tenure? *Journal of Economic Perspectives* 32(1):179-194.

Broome, Edwin Cornelius. 1903. *A Historical and Critical Discussion of College Admission Requirements*. New York: The Macmillan Company.

Brown Jr., William O. 1997. University governance and academic tenure: a property rights explanation. *Journal of Institutional and Theoretical Economics* 153(3):441-461.

Browning, Martin, Pierre-Andre Chiappori, and Yoram Weiss. 2014. *Economics of the Family*. Cambridge: Cambridge University Press.

Brubacher, John S. and Willis Rudy. 1958. *Higher Education in Transition*. New York: Harper&Row.

Bruns, Barbara, Soledad De Gregorio, and Sandy Taut. 2016. Measures of effective teaching in developing countries. Research on Improving Systems of Education Working Paper No.16-009.

Bui, Sa A., Steven G. Craig, and Scott A. Imberman. 2014. Is gifted education a bright idea? Assessing the impact of gifted and talented programs on students. *American Economic Journal: Economic Policy* 6(3):3-62.

Burgess, John W. 1934. *Reminiscences of an American Scholar: The Beginnings of Columbia University*. New York:Columbia University Press.

Burke, Colin B. 1982. *American Collegiate Populations:A Test of the Traditional View*. New York: New York University Press.

Bush, Vannevar. 1945. Science—the endless frontier. Unpublished paper. United States Government Printing Office.

Butcher, Kristin, Caitlin Kearns, and Patrick McEwan. 2013. Giving 'til it helps? Alumnae giving and children's college options. *Research in Higher Education* 54(5):481-498.

Butts, R. Freeman. 1939. *The College Charts Its Course: Historical Conceptions and Current Proposals*. New York: McGraw-Hill.

Cabral, Luis and Ali Hortacsu. 2010. The dynamics of seller reputation: evidence from Ebay. *The Journal of Industrial Economics* 58(1):54-78.

Cantoni, Davide and Noam Yuchtman. 2014. Medieval universities, legal institutions, and the commercial revolution. *The Quarterly Journal of Economics* 129 (2):823-887.

Caplan, Bryan. 2018. *The Case Against Education: Why the Education System is a Waste of Time and Money*. Princeton, NJ: Princeton University Press.

Card, David. 1995. Using geographic variation in college proximity to estimate the return to schooling. In *Aspects of Labor Market*

*Behaviour: Essays in Honour of Jobn Vanderkamp.* Edited by Louis N. Christofides, E. Kenneth Grant and Robert Swidinsky. Toronto: University of Toronto Press.

Card, D., Fracesco Devicienti, and Agata Maida. 2014. Rent-sharing, holdup, and wages: evidence from matched panel data. *Review of Economic Studies* 81(1):84-111.

Card, David and Stefano Della Vigna. 2017. What do editors maximize? Evidence from four leading economics journals. National Bureau of Economic Research Working Paper No.23282.

Card, David, Jorg Heining, and Patrick Kline. 2013. Workplace heterogeneity and the rise of West German wage inequality. *The Quarterly Journal of Economics* 128(3):967-1015.

Card, David, Alexandre Mas, and Jesse Rothstein. 2008. Tipping and the dynamics of segregation. *The Quarterly Journal of Economics* 123 (1): 177-218.

Carmichael, H. Lorne. 1988. Incentives in academia: why is there tenure? *Journal of Political Economy* 96(3):453-472.

Carnoy, Martin, Emma Garcia, and Tatiana Khavenson. 2015. Bringing it back home: why state comparisons are more useful than international comparisons for improving U.S. educational policy. Briefing Paper. Economic Policy Institute.

Carnoy, Martin and Richard Rothstein. 2013. What do international tests really show about U.S. student performance? Report. Economic Policy Institute.

Carrell, Scott E., Mark Hoekstra, and James E. West. 2011. Does drinking impair college performance? Evidence from a regression discontinuity approach. *Journal of Public Economics* 95(1-2):54-62.

Carrell, Scott E., Bruce I. Sacerdote, and James E. West. 2013. From natural variation to optimal policy? The importance of endogenous peer group formation. *Ecomometrica* 81(3):855-882.

Carrell, Scott E. and James E. West 2010. Does professor quality matter? Evidence from random assignment of students to professors. *Journal of Political Economy* 18(3):409-432.

Catalani, Christian, Christian Fons-Rosen, and Patrick Gaulé. 2018. How do travel costs shape collaboration? National Bureau of Economic Research Working Paper No.24780.

Chandra, Amitabh, Amy Finkelstein, Adam Sacarny, and Chad Syverson. 2016. Health care exceptionalism? Performance and allocation in the U.S. health care sector. *American Economic Review* 106(8):2110-2144.

Charle, Christophe and Jacques Verger. 1994. *Histoire des Universités*. Paris: Presses Universitaires de France.

Chaudhury, Nazmul, Jeffrey Hammer, Michael Kremer, Karthik Muralidharan, and Halsey Rogers. 2005. Missing in action: teacher and health worker absence in developing countries. *Journal of Economic Perspectives* 20(1):92-116.

Chernow, Ron. 2004. *Alexander Hamilton*. New York: Penguin Books.

Chetty, Raj, John N. Friedman, and Jonah Rockoff. 2014. Measuring the impacts of teachers I: evaluating bias in teacher value-added estimates. *American Economic Review* 104(9):2593-2632.

——. 2017a. Measuring the impacts of teachers: reply. *American Economic Review* 107(6):1685-1717.

Chetty, Raj, John N. Friedman, Emmanuel Saez, Nicholas Turner, and Danny Yagan. 2017b. Mobility report cards: the role of colleges in intergenerational mobility. National Bureau of Economics Research Working Paper No.23618.

Cheyney, Edward Potts. 1940. *History of the University of Pennsylvania*. Philadelphia: University of Pennsylvania Press.

Christensen, Clayton M. 1997. *The Innovator's Dilemma: When New Technologies Cause Great Firms to Fail*. Cambridge, MA: Harvard Business Review Press.

Christensen, Clayton M. and Henry J. Eyring. 2011. *The Innovative University: Changing the DNA of Higher Education from the Inside Out*. San Francisco: Jossey-Bass.

Chubb, John E. and Terry M. Moe. 1990. *Politics, Markets, and America's Schools*. Washington, DC: Brookings Institution Press.

Clark, Burton R. 1970. *The Distinctive College*. New Brunswick, NJ: Transaction Publishers, 1992.

——. 1983. *The Higher Education System: Academic Organization in Cross-National Perspective*. Berkeley: University of California Press.

Clark, Damon. 2010. Selective schools and academic achievement. *B.E. Journal of Economic Analysis and Policy:* Advances 10(1):1-40.

Clark, William. 2006. *Academic Charisma and the Origins of the Research University*. Chicago: The University of Chicago Press.

Clotfelter, Charles T. 2001. Who are the alumni donors? Giving by two generations of alumni from selective colleges. *Nonprofit Management and Leadership* 12:119-138.

———. 2003. Alumni giving to elite private colleges and universities. *Economics of Education Review* 22:109-120.

———. 2010. Introduction. In *American Universities in a Global Market*. Edited by Charles T. Clotfelter. Chicago: The University of Chicago Press.

———. 2011. *Big-Time Sports in American Universities*. New York: Cambridge University Press.

———. 2017. *Unequal Colleges in the Age of Dipariy*. Cambridge, MA: The Belknap Press of Harvard University Press.

Cohen, Arthur M. and Carrie B. Kisker. 2010. *The Shaping of American Higher Education: Emergence and Growth of the Contemporary System*. San Francisco: Jossey-Bass.

Cohodes, Sarah R. 2018. Charter schools and the achievement gap. *The Future of Children Policy Issue*, 1-16.

Cohodes, Sarah R., Elizabeth Setren, and Christopher Walters. 2018. Can successful schools replicate? Scaling up Boston's charter sector. School Effectiveness and Inequality Initiative Working Paper No.2016.06.

Cole, Jonathan R. 2009. *The Great American University: Its Rise to Preeminence, Its Indispensable National Role, Why It Must Be Protected*. New York: Public Affairs.

———. 2016. *Toward a More Perfect University*. New York: Public

Affairs.

Committee of the Corporation,and the Academical Faculty. 1828. Reports on the Course of Instruction in Yale College. Unpublished paper. Yale College.

Cook, Philip J. and Robert H. Frank. 1993. The growing concentration of top students at elite schools. In *Studies of Supply and Demand in Higher Education*. Edited by Charles T. Clotfelter. Chicago: The University of Chicago Press.

Courant, Paul N. and Sarah Turner. 2017. Faculty deployment in research universities. National Bureau of Economic Research Working Paper No.23025.

Cowen, Tyler. 2011. *The Great Stagnation:How America Ate All the Low-Hanging Fruit of Modern History, Got Sick, and Will (Eventually) Feel Better*. London: Penguin Books.

Cowen, Tyler and Alex Tabarrok. 2014. The industrial organization of online education. *American Economic Review* 104(5):519-522.

Cullen, Julie Berry, Brian A. Jacob, and Steven D. Levitt. 2006. The effect of school choice on student outcomes: Evidence from randomized lotteries. *Econometrica* 74(5):1191-1230.

Curti, Merle and Roderick Nash. 1965. *Philanthropy in the Shaping of American Higher Education*. New Brunswick, NJ: Rutgers University Press.

Curtis, Mark H. 1959. *Oxford and Cambridge in Transition, 1558-1642: An Essay on Changing Relations between English Universities and English Society*. Oxford: Oxford University Press.

Dale, Stacy Berg and Alan B. Krueger. 2002. Estimating the payoff to attending a more selective college: An application of selection on observables and unobservables. *The Quarterly Journal of Economics* 117 (4):1491-1527.

——. 2014. Estimating the effects of college characteristics over the career using administrative earnings data. *The Journal of Human Resources* 49(2):323-358.

Dang, Hai-Anh and Halsey Rogers. 2008. The growing phenomenon of private tutoring: does it deepen human capital, widen inequalities, or waste resources? *The World Bank Research Observer* 23(2):161-200.

Davis, Donald R. and Jonathan I. Dingel. 2014. The comparative advantage of cities. National Bureau of Economic Research Working Paper No.20602.

De Fraja, Gianni, Giovanni Facchini, and John Gathergood. 2016. How much is that star in the window? Professorial salaries and research performance in U.K. universities. University of Nottingham Discussion Paper No.11638.

de Ree, Joppe, Karthik Muralidharan, Menno Pradhan, and Halsey Rogers. 2018. Double for nothing? Experimental evidence on an unconditional teacher salary increase in Indonesia. *The Quarterly Journal of Economics* 133(2):993-1039.

De Ridder-Symoens, Hilde. 1992. Mobility. In *A History of the University in Europe: Volume I, Universities in the Middle Ages*. Edited by Hilde De Ridder-Symoens. Cambridge: Cambridge University Press, 2003.

——. 1996. Management and Resources. In *A History of the University in Europe: Volume I, Universities in the Middle Ages*. Edited by Hilde De Ridder-Symoens. Cambridge: Cambridge University Press, 2003.

Delbanco, Andrew. 2012. *College: What It Was, Is, and Should Be*. Princeton, NJ: Princeton University Press.

Deming, David J., Claudia Goldin, Lawrence F. Katz and Noam Yuchtman. 2015. Can online learning bend the higher education cost curve? *American Economic Review* 105(5):496-501.

Deming, David J., Michael Lovenheim, and Richard W. Patterson. 2016a. The competitive effects of online education. National Bureau of Economic Research Working Paper No.22749.

Deming, David J., Noam Yuchtman, Amira Abulafi, Claudia Goldin, and Lawrence F. Katz. 2016b. The value of postsecondary credentials in the labor market: an experimental study. *American Economic Review* 106(3):778-806.

Diamond, Peter and Emmanuel Saez. 2011. The case for a progressive tax: from basic research to policy recommendations. *Journal of Economic Perspectives* 25(4):165-190.

D'Irsay, Stephen. 1933. *Histoire des Universités Françaises et Étrangères des Origines à Nos Jours: Tome I, Moyen Age et Renaissance*. Paris: Editions August Picard.

——. 1935. *Histoire des Universités Françaises et Étrangères des Origines à Nos Jours: Tome II, du XVIe Siècle a 1860*. Paris: Editions August Picard.

Dittmar, Jeremiah E. 2011. Information technology and economic change: the impact of the printing press. *The Quarterly Journal of Economics* 126 (3):1133-1172.

——. 2019. Economic origins of modern science: technology, institutions, and the market for ideas. Unpublished paper. London School of Economics.

Dittmar, Jeremiah E. and Ralf Meisenzahl. 2018. Public goods institutions, human capital, and growth: evidence from German history. *Review of Economic Studies* 0:1-37.

Dixit, Avinash K. and Joseph E. Stiglitz. 1977. Monopolistic competition and optimal product diversity. *American Economic Review* 67 (3):297-308.

Dobbie, Will and Roland Fryer. 2014. The impact of attending a school with high-achieving peers: evidence from New York City exam schools. *American Economics Journal: Applied Economics* 6(3):58-75.

Dorn, Charles. 2017. *For the common good: a new history of higher education in America*. Ithaca, NY: Cornell University Press.

Douglass, John Aubrey. 2000. *The California Idea and American Higher Education: 1850 to the Master Plan*. Stanford, CA: Stanford University Press.

Doyle, Joseph, John Graves, and Jonathan Gruber. 2015. Uncovering waste in U.S. healthcare. National Bureau of Economic Research Working Paper No.21050.

Doyle, John Andrew. 1887. *The English in America: The Puritan Colonies*. London: Longmans, Green, &Co.

Dranove, David and Ginger Zhe Jin. 2010. Quality disclosure and certification: theory and practice. *Journal of Economic Literature* 48(4): 935-963.

Duflo, Esther, Pascaline Dupas, and Michael Kremer. 2011. Peer effects, teacher incentives, and the impact of tracking: evidence from a randomized evaluation in Kenya. *American Economic Review* 101(5):1739-1774.

Duflo, Esther, Rema Hanna, and Stephen Ryan. 2012. Incentives work: getting teachers to come to school. *American Economic Review* 102(4): 1241-1278.

Dynarski, Susan and Judith Scott-Clayton. 2013. Financial aid policy: lessons from research. *The Future of Children* 23 (1):67-91.

Eble, Alex and Feng Hu. 2017. The power of credential length policy: schooling decisions and returns in modern China. Unpublished paper. Columbia University.

Ehrenberg, Ronald G. 1997. The American university: dilemmas and directions. In *The American University: National Treasure or Endangered Species?* Edited by Ronald G. Ehrenberg. Ithaca, NY: Cornell University Press.

——. 2000. *Tuition Rising: Why College Costs So Much*. Cambridge, MA: Harvard University Press.

Eire, Carlos M. N. 2016. *Reformations: The Early Modern World, 1450-1650*. New Haven, CT: Yale University Press.

Eliot, Charles W. 1908. *University Administration*. Boston, MA: Houghton Mifflin.

Ellison, Glenn and Ashley Swanson. 2016. Do schools matter for high math achievement? Evidence from the American mathematics competitions. *American Economic Review* 106 (6):1244-1277.

Engerman, Stanley L. and Kenneth L. Sokoloff. 2002. Factor endowments, inequality, and paths of development among new world economies. National Bureau of Economic Research Working Paper No.9259.

Epple, Dennis and Richard E. Romano. 1998. Competition between private and public schools, vouchers, and peer-group effects. *American Economic Review* 88(1):33-62.

——. 2011. Peer effects in education: a survey of the theory and evidence. In *Handbook of Social Economics*. Edited by Jess Benhabib, Alberto Bisin, and Matthew Jackson. Amsterdam: Elsevier Science, North Holland.

Epple, Dennis, Richard E. Romano, and Holger Sieg. 2006. Admission, tuition, and financial aid policies in the market for higher education. *Econometrica* 74(4):885-928.

Epple, Dennis, Richard E. Romano, and Miguel Urquiola. 2017. School vouchers: a survey of the economics literature. *Journal of Economic Literature* 55(2):441-492.

Epple, Dennis, Richard E. Romano, and Ron Zimmer. 2016. Charter schools: a survey of research on their characteristics and effectiveness. In *Handbook of the Economics of Education*. Edited by Eric A. Hanushek, Stephen Machin, and Ludger Woessmann. Amsterdam: Elsevier.

Espenshade, Thomas J., Chang Y. Chung, and Joan L. Walling.

2004. Admission preferences for minority students, athletes, and legacies at elite universities. *Social Science Quarterly* 85 (5):1422-1446.

Even, William E. and Austin C. Smith. 2018. Greek life, academics, and earnings. IZA Discussion Paper No.11841.

Farber, Henry S. and Robert Gibbons. 1996. Learning and wage dynamics. *The Quarterly Journal of Economics* 111(4):1007-1047.

Feigenberg, Benjamin, Steven Rivkin, and Rui Yan. 2014. Illusory gains from Chile's targeted school voucher experiment. National Bureau of Economic Research Working Paper No.23178.

Fermi, Laura. 1968. *Illustrious Immigrants:The Intellectual Migration from Europe, 1930-41*. Chicago: The University of Chicago Press.

Figlio, David, Mark Rush, and Lu Yin. 2013. Is it live or is it internet? Experimental estimates of the effects of online instruction on student learning. *Journal of Labor Economics* 31 (4):763-784.

Figlio, David N., Morton O. Schapiro, and Kevin B. Soter. 2015. Are tenure track professors better teachers? *The Review of Economics and Statistics* 97(4):715-724.

Finke, Roger and Rodney Stark. 2005. *The Churching of America, 1776-2005: Winners and Losers in our Religious Economy*. New Brunswick, NJ: Rutgers University Press, 2014.

Fisher, Elliott S., Julie P. Bynum, and Jonathan S. Skinner. 2009. Slowing the growth of health care costs: lessons from regional variation. *The New England Journal of Medicine* 360(9):849-852.

Flexner, Abraham. 1946. *Daniel Coit Gilman: Creator of the*

*American Type of University*. New York: Harcourt, Brace and Company.

Fox, Robert and George Weisz. 1980. Introduction: the institutional basis of French science in the nineteenth century. In *The Organization of Science and Technology in France 1808-1914*. Edited by Robert Fox and George Weisz. Cambridge: Cambridge University Press.

Frank, Robert H. 1985. *Choosing the Right Pond: Human Behavior and the Quest for Status*. New York: Oxford University Press.

———. 2005. Positional externalities cause large and preventable welfare losses. *American Economic Review* 95(2):137-145.

Friebel, Guido and Michael Raith. 2004. Abuse of authority and hierarchical communication. *RAND Journal of Economics* 35(2):224-244.

Friedman, Milton. 1955. The role of government in education. In *Economics and the Public Interest*. Edited by Robert Solow. New Brunswick, NJ: Rutgers University Press.

Frijhoff, Willem. 1996. Patterns. In *A History of the University in Europe: Volume II, Universities in Early Modern Europe*. Edited by Hilde De Ridder-Symoens. Cambridge: Cambridge University Press, 2003.

Frusciano, Thomas J. 2006. From "seminary of learning" to public research university: a historical sketch of Rutgers University. Unpublished paper. Rutgers University.

Gabriel, Astrik L. 1992. *The Paris Studium: Robert of Sorbonne and his Legacy*. Frankfurt, Germany: Verlag Josef Knecht.

Gallego, Francisco. 2013. When does inter-school competition matter? Evidence from the Chilean "voucher" system. *Advances in Economic Analysis & Policy* 13(2):525-562.

Gallego, Francisco and A. Hernando. 2009. School choice in Chile: looking at the demand side. Unpublished paper. Pontificia Universidad Católica de Chile.

Geiger, Roger L. 1986. *To Advance Knowledge: The Growth of American Research Universities,1900-1940*. New Brunswick, NJ: Transaction Publishers.

———. 1993. *American Research Universities Since World War II: Research and Relevant Knowledge*. New Brunswick, NJ: Transaction Publishers, 2009.

———. 2015. *The History of American Higher Education: Learning and Culture from the Founding to World War II*. Princeton, NJ: Princeton University Press.

Gieysztor, Aleksander. 1992. Management and resources. In *A History of the University in Europe: Volume I, Universities in the Middle Ages*. Edited by Hilde De Ridder-Symoens. Cambridge: Cambridge University Press, 2003.

Gillmor, C. Stewart. 2004. *Fred Terman at Stanford: Building a Discipline, a University, and Silicon Valley*. Stanford, CA: Stanford University Press.

Gilman, Daniel C. 1885. *The Benefits Which Society Derives from Universities*. Baltimore, MD: Publication Agency of the Johns Hopkins University.

Goastellec, Gaële. 2012. Changing the rules of the French academic market. In *Paying the Professoriate: A Global Comparison of Compensation and Contracts*. Edited by Philip G. Altbach, Liz Reisberg,

Maria Yudkevich, Gregory Androushchak, and Iván F. Pacheco. New York: Routledge.

Goldin, Claudia. 1998. America's graduation from high school: the evolution and spread of secondary schooling in the twentieth century. *The Journal of Economic History* 58 (2):345-374.

——. 2001. The human capital century and American leadership: virtues of the past. *The Journal of Economic History* 61(2):263-292.

——. 2016. Human capital. In *Handbook of Cliometrics*. Edited by Claude Diebolt and Michael Haupert. Berlin, Germany: Springer Verlag.

Goldin, Claudia and Lawrence F. Katz. 1998. The shaping of higher education: the formative years in the United States, 1890-1940. National Bureau of Economic Research Working Paper No.6537.

——. 1999a. Human capital and social capital: The rise of secondary schooling in America, 1910-1940. *Journal of Interdisciplinary History* XXIX(4):683-723.

——. 1999b. The shaping of higher education: the formative years in the United States, 1890-1940. *Journal of Economic Perspectives* 13(1):37-62.

——. 2000. Education and income in the early twentieth century: evidence from the prairies. *Journal of Economic History* 60 (3):782-818.

——. 2008. *The Race Between Education and Technology*. Cambridge, MA: The Belknap Press of Harvard University Press.

——. 2011a. Mass secondary schooling and the state: the role of state compulsion in the high school movement. In *Understanding Long Run Economic Growth*. Edited by Dora Costa and Naomi Lamoreaux.

Cambridge: Cambridge University Press.

——. 2011b. Putting the "co" in education: timing, reasons, and consequences of college education from 1835 to the Present. *Journal of Human Capital* 5(4):377-417.

Goodman, Joshua, Oded Gurantz and Jonathan Smith. 2018. Take Two! SAT Retaking and College Enrollment Gaps. National Bureau of Economic Research Working Paper No.2494.

Goodman, Joshua, Julia Melkers, and Amanda Pallais. 2019. Can online delivery increase access to education? *Journal of Labor Economics* 37 (1):1-34.

Goodman, Sarena. 2016. Learning from the test: raising selective college enrollment by providing information. *The Review of Economics and Statistics* 98(4):671-684.

Gordon, Grey and Aaron Hedlund. 2016. Accounting for the rise in college tuition. National Bureau of Economic Research Working Paper No.21967.

Gordon, Robert J. 2016. *The Rise and Fall of American Growth: The U.S. Standard of Living since the Civil War*. Princeton, NJ: Princeton University Press.

Graham, Hugh Davis and Nancy Diamond. 1997. *The Rise of American Research Universities: Elites and Challenges in the Postwar Era*. Baltimore, MD: The Johns Hopkins University Press.

Graham, Patricia Albjerg. 1974. Community Class in American Education, 1865-1918. New York: John Wiley & Sons.

——.2005. *Schooling America: How the Public Schools Meet the*

*Nations Changing Needs*. Oxford: Oxford University Press.

Granovetter, Mark S. 1973. The strength of weak ties. *American Journal of Sociology* 78(6):1360-1380.

Gruber, Jonathan and Simon Johnson. 2019. *Jump-Starting America: How Breakthrough Science Can Revive Economic Growth and the American Dream*. New York: Public Affairs.

Gumbel, Peter. 2013. *Elite Academy: Enquête sur la France Malade de ses Grandes Ecoles*. Paris: Editions Denöel.

Hacker, Jacob S. and Paul Pierson. 2016. *American Amnesia: How the War on Government Led Us to Forget What Made America Prosper*. New York: Simon and Schuster.

Handlin, Oscarand Mary F. Handlin. 1970. *The American College and American Culture*. New York: Mc Graw-Hill Book Company.

Hanushek, Eric A. 1981. Throwing money at schools. *Journal of Policy Analysis and Management* 1 (1):19-41.

——. 1986. The economics of schooling: production and efficiency in public schools. *Journal of Economic Literature* 24(3):1141-1177.

——. 1997. The productivity collapse in schools. In *Developments in School Finance*. Edited by William Fowler. Washington, DC: National Center for Education Statistics.

Hanushek, Eric A., Paul E. Peterson, and Ludger Woessmann. 2013. *Endangering Prosperity: A Global View of the American School*. Washington, DC: Brookings Institution Press.

Hanushek, Eric and Lei Zhang. 2009. Quality-consistent estimates of international schooling and skill gradients. *Journal of Human*

*Resources* 3 (2):107-143.

Hartocollis, Anemona (March 29, 2016). Colleges spending millions to deal with sexual misconduct complaints. New York Times.

Haskins, Charles Homer. 1923. *The Rise of Universities*. Ithaca, NY: Cornell University Press, 1957.

———. 1929. *Studies in Mediaeval Culture*. New York: Frederick Ungar Publishing, 1965.

Hastings, Justine, Thomas Kane, and Douglas Staiger. 2009. Heterogeneous preferences and the efficacy of public school choice. Unpublished paper. Brown University.

Hawkins, Hugh (1960). *Pioneer: A History of the Johns Hopkins University, 1874-1889*. Baltimore, MD: The Johns Hopkins University Press, 2002.

Heckman, James J. and Sidarth Moktan. 2018. Publishing and promotion in economics: the tyranny of the top five. National Bureau of Economic Research Working Paper No.25093.

Helland, Eric and Alex Tabarrok. 2019. *Why Are the Prices So Damn High?* Arlington: Mercatus Center, George Mason University.

Henderson, Joseph Lindsey. 1912. *Admission to College by Certificate*. New York: Teachers College, Columbia University.

Herbst, Jurgen. 1982. *From Crisis to Crisis: American College Government, 1636-1819*. Cambridge, MA: Harvard University Press.

Herskovic, Luis. 2017. The effect of subway access on school choice. Unpublished paper, University of Chicago.

Herzog, Marius and Barbara M. Kehm. 2012. The income situation in the German system of higher education: a rag tag. In *Paying the Professoriate: A Global Comparison of Compensation and Contracts*. Edited by Philip G. Altbach, Liz Reisberg, Maria Yudkevich, Gregory Androushchak, and Iván F. Pacheco. New York: Routledge.

Hinnerich, Björn Tyrefors and Jonas Vlachos. 2017. The impact of upper-secondary voucher school attendance on student achievement: Swedish evidence using external and internal evaluations. *Labour Economics* 47:1-14.

Hoekstra, Mark. 2009. The effect of attending the flagship state university on earnings: a discontinuity-based approach. *Review of Economics and Statistics* 91(4):717-724.

Hofstadter, Richard. 1955. *Academic Freedom in the Age of the College*. New Brunswick and London: Transaction Publishers, 1996.

——. 1963. The revolution in higher education. In *Paths of American Thought*. Edited by Arthur M. Schlesinger and Morton White. New York: Houghton Mifflin.

Holmes, Jessica. 2009. Prestige, charitable deductions, and other determinants of alumni giving: evidence from a highly selective liberal arts college. *Economics of Education Review* 28:18-28.

Hoxby, Caroline M. 1997. How the changing market structure of U.S. higher education explains college tuition. National Bureau of Economic Research Working Paper No.6323.

——. 2000. Does competition among public schools benefit students and taxpayers? *American Economic Review* 90 (5):1209-1238.

——. 2002. School choice and school productivity (or could school choice be a tide that lifts all boats?) NBER Working Paper No.8873.

——. 2009. The Changing Selectivity of American Colleges. *Journal of Economic Perspectives* 23(4):95-18.

——. 2012. Endowment management based on a positive model of the university. National Bureau of Economic Research Working Paper No.18626.

——. 2014. The economics of online postsecondary education: MOOCs, nonselective education, and highly selective education. National Bureau of Economic Research Working Paper No.19816.

——. 2016a. The dramatic economics of the U.S. market for higher education: The 2016 Martin Feldstein Lecture. National Bureau of Economic Research Reporter, 2016 Number 3.

——. 2016b. The productivity of U.S. postsecondary institutions. Unpublished paper. Stanford University.

Hoxby, Caroline and Christopher Avery. 2013. The missing "one-offs": the hidden supply of high-achieving, low income students. *Brookings Papers on Economic Activity* Spring: 1-65.

Hsieh, Chang-Tai and Peter J. Klenow. 2009. Misallocation and manufacturing TFP in China and India. *The Quarterly Journal of Economics* 124(4):1403-1448.

Hsieh, Chang-Tai and Enrico Moretti. 2003. Can free entry be inefficient? fixed commissions and social waste in the real estate industry. *Journal of Political Economy* 111(5):1076-1122.

Hsieh, Chang-Tai and Benjamin A. Olken. 2014. The missing "missing middle". *Journal of Economic Perspectives* 28(3):89-108.

Hsieh, Chang-Tai and Miguel Urquiola. 2003. When schools compete, how do they compete? An assessment of Chile's nationwide school voucher program. National Bureau of Economic Research Working Paper No.10008.

——. 2006. The Effects of Generalized School Choice on Achievement and Stratification: Evidence from Chile's School Voucher Program. *Journal of Public Economics* 90:1477-1503.

Hu, Winnie (June 6, 2018). In a twist, low scores would earn admission to select schools. New York Times.

Hubbard, Thomas N. 2002. How do consumers motivate experts? Reputational incentives in an auto repair market. *Journal of Law & Economics* 45(2):437-468.

Hyman, Joshua. 2017. Does money matter in the long run? Effects of school spending on educational attainment. *American Economic Journal: Economic Policy* 9(4):256-280.

Ilaria, Alessandro, Carlo Schwarz, and Fabian Waldinger. 2017. Frontier knowledge and scientific production: evidence from the collapse of international science. *The Quarterly Journal of Economics* 133 (2):927-991.

Ioannides, Yannis M. and Linda Datcher Loury. 2004. Job information networks, neighborhood effects, and inequality. *Journal of Economic Literature* 42(4):1056-2093.

Ito, Takatoshi and Charles Kahn. 1986. Why is there tenure? Hoover Institution, Working Paper No.E-86-3.

Jackson, C. Kirabo. 2010. Do students benefit from attending better schools? Evidence from rule-based student assignments in Trinidad and Tobago. *The Economic Journal* 120(549):1399-1429.

Jackson, C. Kirabo, Rucker C. Johnson, and Claudia Persico. 2016. The effects of school spending on educational and economic outcomes: evidence from school finance reforms. *The Quarterly Journal of Economics* 131(1):157-218.

Jackson, C. Kirabo, Jonah Rockoff, and Douglas O. Staiger. 2014. Teacher effects and teacher-related policies. *Annual Review of Economics* 6:801-825.

Jacob, Brian, Brian McCall, and Kevin Stange. 2018. College as country club: do colleges cater to students' preferences for consumption? *Journal of Labor Economics* 36(2):309-348.

James, Henry. 1930. *Charles W. Eliot: President of Harvard University, 1869-1909, Volume I*. Boston, MA: Houghton Mifflin.

Jayachandran, Seema. 2014. Incentives to teach badly? After school tutoring in developing countries. *Journal of Development Economics* 108:190-205.

Jencks, Christopher and David Riesman. 1968. *The Academic Revolution*. Garden City, NY: Doubleday.

Jernegan, Marcus Wilson. 1929. *The American Colonies, 1492-1750*. New York: Frederick Ungar Publishing.

———. 1932. Colleges, universities, and churches, 1775-1890. In *Atlas of Historical Geography of the United States*. Edited by Charles O. Paullin. Washington, DC: Carnegie Institution.

Jin, Ginger Zhe and Phillip Leslie. 2003. The effect of information on product quality. *The Quarterly Journal of Economics* 118(2):409-451.

Johnson, Noel D. and Mark Koyama. 2019. *Persecution & Toleration: The Long Road to Religious Freedom*. New York: Cambridge University Press.

Jones, Benjamin F. 2009. The burden of knowledge and the death of the renaissance man: is innovation getting harder? *Review of Economic Studies* 76(1):283-317.

Jones, Charles I. 2005. Growth and ideas. In *Handbook of Economic Growth*. Edited by Phillipe Aghion and Steven Durlauf. Washington, DC: Elsevier.

——. 2018. Taxing top incomes in a world of ideas. Unpublished paper. Stanford University.

Jones, John. 1997. *Balliol College: A History*. Oxford: Oxford University Press, 1988.

Jones, Susan (January 18, 2017). Bernie Sanders lecture HHS nominee on USA: 'No, we're not a compassionate society!' Cnsnews.

Joyce, Ted, Sean Crockett, and David A. Jaeger. 2015. Does classroom time matter? *Economics of Education Review* 46:64-77.

Kahn, Shamus R. 2011. *Privilege: The Making of an Adolescent Elite at St. Paul's School*. Princeton, NJ: Princeton University Press.

Kaiser, David. 2012. Elephant on the Charles: postwar growing pains. In *Becoming MIT: Moments of Decision*. Edited by David Kaiser. Cambridge, MA: MIT Press.

Kaminski, Deborah and Cheryl Geisler. 2012. Survival analysis of faculty retention in science and engineering by gender. *Science*

337(6070): 864-866.

Kane, Thomas and Douglas Staiger. 2008. Estimating teacher impacts on student achievement: an experimental evaluation. National Bureau of Economic Research Working Paper No.14607.

Karabel, Jerome. 2006. *The Chosen: The Hidden History of Admission and Exclusion at Harvard, Yale, and Princeton*. Boston, MA: Mariner Books, Houghton Mifflin Company.

Kaufmann, Katja M., Matthias Messner, and Alex Solis. 2013. Returns to elite higher education in the marriage market: evidence from Chile. Unpublished paper. SSRN Working Paper http://dx.doi.org/10.2139/ssrn.2313369.

Kearney, Hugh. 1970. *Scholars and Gentlemen: Universities and Society in Pre-industrial Britain, 1500-1700*. Ithaca, NY: Cornell University Press.

Keller, Morton and Phyllis Keller. 2001. *Making Harvard Modern: The Rise of Americas University*. New York: Oxford University Press.

Kelley, Brooks Mather. 1974. *Yale: A History*. New Haven and London: Yale University Press.

Kenny, Lawrence W. and Amy B. Schmidt. 1992. The decline in the number of school districts in the United States: 1950-1980. *Public Choice* 79(1-2):1-18.

Kerr, Clark. 1963. *The Uses of the University*. New York: Harper.

Kevles, Daniel. 1979. The Physics, Mathematics, and Chemistry Communities: A Comparative Analysis. In *The Organization of Knowledge in Modern America*. Edited by Alexandra Oleson and John

Voss. Baltimore, MD: Johns Hopkins University Press.

Kibre, Pearl. 1948. *The Nations in the Mediaeval Universities*. Cambridge, MA: The Mediaeval Academy of America.

——. 1962. *Scholarly Privileges in the Middle Ages*. Cambridge, MA: The Mediaeval Academy of America.

Kitagawa, Fumi. 2012. Academic salary in the United Kingdom: marketization and national policy development. In *Paying the Professoriate: A Global Comparison of Compensation and Contracts*. Edited by Philip G. Altbach, Liz Reisberg, Maria Yudkevich, Gregory Androushchak, and Iván F. Pacheco. New York: Routledge.

Koch, James V. (January 9, 2018). No college kid needs a water park to study. New York Times.

Kraft, Matthew. 2018. Teacher effects on complex cognitive skills and socio-emotional competencies. *Journal of Human Resources* 53(4):1-36.

Krueger, Alan B. and Lawrence H. Summers. 1988. Efficiency wages and the inter-industry wage structure. *Econometrica* 56(2):259-294.

Krugman, Paul (August 16, 2018). Something not rotten in Denmark. New York Times.

Labaree, David F. 2017. *A Perfect Mess: The Unlikely Ascendancy of American Higher Education*. Chicago: The University of Chicago Press.

Lafortune, Julien, Jesse Rothstein, and Diane Schanzenbach. 2018. School finance reform and the distribution of student achievement.

*American Economic Journal:Applied Economics* 10 (2):1-26.

Lange, Fabian. 2007. The speed of employer learning. *Journal of Labor Economic* 25:497-532.

Lécuyer, Cristophe. 2012. Patrons and a plan. In *Becoming MIT: Moments of Decision*. Edited by David Kaiser. Cambridge, MA: MIT Press.

Leedham-Green, Elisabeth. 1996. *A Concise History of The University of Cambridge*. Cambridge: Cambridge University Press, 2011.

Leff, Gordon. 1968. *Paris and Oxford Universities in the Thirteenth and Fourteenth Centuries: An Institutional and Intellectual History.* New York: John Wiley & Sons.

Lemann, Nicholas. 1999. *The Big Test: The Secret History of American Meritocracy.* New York: Farrar, Strauss, and Giroux.

Lerner, Josh, Antoinette Schoar, and Jialan Wang. 2008. Secrets of the academy: the drivers of university endowment success. *Journal of Economic Perspectives* 22(3):207-222.

Leslie, W. Bruce. 1992. *Gentlemen and Scholars: College and Community in the "Age of the University", 1865-1917.* University Park: Pennsylvania State University Press.

Levy, Santiago. 2018. *Under-Rewarded Effort: The Elusive Quest for Prosperity in Mexico*. Washington, DC: Inter-American Development Bank.

Lindo, Jason M., Isaac D. Swensen, and Glen R. Waddell. 2013. Alcohol and student performance: estimating the effect of legal access.

*Journal of Health Economics* 32:22-32.

Liptak, Adam (May 11, 2009). On the bench and off, the eminently quotable Justice Scalia. New York Times.

Lockwood, Benjamin B., Charles G. Nathanson, and E. Glen Weyl. 2017. Taxation and the allocation of talent. *Journal of Political Economy* 125 (5):1635-1682.

Lorin, Janet (June 8, 2018). Colleges get tax reprieve in push to value endowment assets. Bloomberg.

Lucas, Adrienne and Isaac Mbiti. 2014. Effects of school quality on student achievement: discontinuity evidence from Kenya. *American Economic Journal: Applied Economics* 6 (3):234-263.

Lucas, Christopher J. 2006. *American Higher Education: A History*. New York: Palgrave McMillan.

Lucas, Robert E. 2009. Ideas and growth. *Economica* 76(301):1-19.

Macartney, Hugh and John D. Singleton. 2017. School boards and student segregation. National Bureau of Economic Research Working Paper No.23619.

MacLeod, W. Bentley and Miguel Urquiola. 2009. Anti-lemons: school reputation and educational quality. National Bureau of Economic Research Working Paper No.15112.

———. 2013. Competition and educational productivity: incentives writ large. In *Education Policy in Developing Countries*. Edited by Paul Glewwe. Chicago: University of Chicago Press.

———. 2015. Reputation and school competition. *American Economic Review* 105(11):3471-3488.

——. 2018. Is education consumption or investment? Implications for the effects of school competition. National Bureau of Economic Research Working Paper No.25117.

MacLeod, W. Bentley, Evan Riehl, Juan E. Saavedra, and Miguel Urquiola. 2017. The big sort: college reputation and labor market outcomes. *American Economic Journal: Applied Economics* 9(3):223-261.

Malamud, Ofer. 2010. The structure of European higher education in the wake of the Bologna reforms. In *American Universities in a Global Market*. Edited by Charles T. Clotfelter. Chicago and London: The University of Chicago Press.

——. 2011. Discovering one's talent: learning from academic specialization. *Industrial and Labor Relations Review* 64(2):375-405.

Mankiw, N. Gregory and Michael D. Whinston. 1986. Free entry and social inefficiency. *Rand Journal of Economics* 17(1):48-58.

Manso, Gustavo. 2011. Motivating innovation. *Journal of Finance* 66 (5):1823-1860.

Marr, Kelly A., Charles H. Mullin, and John J. Siegfried. 2005. Undergraduate financial aid and subsequent alumni giving behavior. *The Quarterly Review of Economics and Finance* 45:123-143.

Martin, G. H. and J. R. L. Highfield. 1997. *A History of Merton College, Oxford*. Oxford: Oxford University Press.

Martin, Jay. 2002. *The Education of John Dewey: A Biography*. New York: Columbia University Press.

McAnear, Beverly. 1950. American imprints concerning King's

College. *The Papers of the Bibliographical Society of America* 44(4):301-339.

McCaughey, Robert A. 1974. The transformation of American academic life: Harvard University 1821-1892. *Perspectives in American History* 8: 239-332.

——. 2003. S*tand, Columbia: A History of Columbia University in the City of New York, 1754-2004.* New York: Columbia University Press.

——. 2004. The education of Alexander Hamilton. *The New York Journal of American History Fall* (25-31):1593-1660.

——. 2014. *A Lever Long Enough: A History of Columbia's School of Engineering and Applied Science Since 1864.* New York: Columbia University Press.

McEwan, Patrick and Martin Carnoy. 2000. The effectiveness and efficiency of private schools in Chile's voucher system. *Educational Evaluation and Policy Analysis* 22 (3):213-239.

McPherson, Michael S. and Lawrence S. Bacow. 2015. Online higher education: beyond the hype cycle. *Journal of Economic Perspectives* 29 (4):135-154.

McPherson, Michael S. and Morton Owen Schapiro. 1990. *Selective Admission and the Public Interest.* New York: The College Entrance Examination Board.

——. 1991. *Keeping College Affordable: Government and Educational Opportunity.* Washington, DC: The Brookings Institution.

——. 1999. Tenure issues in higher education. *Journal of Economic Perspectives* 13(1):85-98.

Meer, Jonathan and Harvey Rosen. 2009. Altruism and the child cycle of alumni donations. *American Economic Journal: Economic Policy* 1(1):258-286.

——. 2010. Family bonding with universities. *Research in Higher Education* 51(7):641-658.

——. 2018. Measuring the motives for charitable giving.National Bureau of Economic Research Reporter, Number 1.

Melnik, Mikhail I. and James Alm. 2002. Does a seller's eCommerce reputation matter? Evidence from eBay auctions. *Journal of Industrial Economics* 50(3):337-349.

Merton, Robert K. 1968. The Matthew effect in science. *Science* 159(3810): 56-63.

Mervis, Jeffrey (March 9, 2017). Data check: U.S. government share of basic research funding falls below 50%. Science Magazine.

Metzger, Walter P. 1955. *Academic Freedom in the Age of The University*. New York: Columbia University Press, 1961.

——. 1973. Academic tenure in America: a historical essay. *Faculty Tenure: A Report and Recommendations by the Commission on Academic Tenure in Higher Education*. San Francisco: Josey-Bass, Inc.

Miller, Thomas P. 1990. *The Selected Writings of Jobn Witherspoon*. Carbondale: Southern Illinois University Press.

Mizala, Alejandra, Pilar Romaguera, and Miguel Urquiola. 2007. Socioeconomic status or noise? Tradeoffs in the generation of school quality information. *Journal of Development Economics* 84(1):61-75.

Mizala, Alejandra and Miguel Urquiola. 2013. Parental choice and school markets: The impact of information on school effectiveness. *Journal of Development Economics* 103:313-335.

Moeller, Bernd. 1972. *Imperial Cities and the Reformation: Three Essays*. Durham, NC: The Labyrinth Press, 1982.

Mokyr, Joel. 2002. *The Gifts of Athena: Historical Origins of the Knowledge Economy*. Princeton, NJ: Princeton University Press.

——. 2005. Long-term economic growth and the history of technology. In *Handbook of Economic Growth*. Edited by Philippe Aghion and Steven N. Durlauf. Amsterdam: Elsevier.

Mokyr, Joel. and Hans-Joachim Voth. 2010. Understanding growth in Europe, 1700-1870: theory and evidence, in *The Cambridge Economic History of Europe*. Edited by Stephen Broadberry and Kevin H. O'Rourke. Cambridge: Cambridge University Press.

Moretti, Enrico. 2004. Workers' education, spillovers and productivity: evidence from plant-level production functions. *American Economic Review* 94(3):656-690.

——. 2012. *The New Geography of Jobs*. Boston and New York: Houghton Miffin Harcourt.

Moretti, Enrico and Daniel J. Wilson. 2017. The effect of state taxes on the geographical location of top earners: evidence from star scientists. *American Economic Review* 107(7):1858-1903.

Morison, Samuel Eliot. 1935. *The Founding of Harvard College*. Cambridge, MA: Harvard University Press, 1995.

——. 1936. *Three Centuries of Harvard: 1636-1936*. Cambridge, MA: The Belknap Press of Harvard University Press, 1964.

Moser, Petra, Alessandra Voena, and Fabian Waldinger. 2014. German-Jewish émigrés and U.S. invention. *American Economic Review* 104(10):3222-3255.

Muralidharan, Karthik, Abhijeet Singh, and Alejandro J. Ganimian. 2017. Disrupting education? Experimental evidence on technology-aided instruction in India. National Bureau of Economic Research Working Paper No.22923.

Muralidharan, Karthik and Venkatesh Sundararaman. 2015. The aggregate effect of school choice: evidence from a two-stage experiment in India. *The Quarterly Journal of Economics* 130 (3):101-1066.

Murray, Sheila E., William N. Evans, and Robert M. Schwab. 1998. Education-finance reform and the distribution of education *resources*. *American Economic Review* 88(4):789-812.

Musselin, Christine. 2017. *La Grande Course des Universites*. Paris: SciencePo: Les Presses.

Nardi, Paolo. 1992. Relations with authority. In *A History of the University in Europe: Volume I, Universities in the Middle Ages*. Edited by Hilde De Ridder-Symoens. Cambridge: Cambridge University Press, 2003.

National Center for Education Statistics. 1993. *120 Years of American Education: A Statistical Portrait*. Unpublished paper. U.S. Department of Education Office of Educational Research and Improvement.

National Research Council. 1995. *Colleges of Agriculture at the Land Grant Universities: A Profile*. Washington, DC: The National

Academies Press.

Navarro-Palau, Patricia. 2017. Effects of differentiated school vouchers: evidence from a policy change and date of birth cutoffs. *Economics of Education Review* 58, 86-107.

Naylor, Natalie. 1973. The Ante-bellum college movement: a reappraisal of Tewksbury's "Founding of American colleges and universities." *History of Education Quarterly* 260:261-274.

Neilson, Christopher. 2017. Targeted vouchers, competition among schools, and the academic achievement of poor students. Unpublished paper. Princeton University.

Nelson, Phillip. 1970. Information and consumer behavior. *Journal of Political Economy* 78(2):311-329.

Noll, Roger G. 1998. The American research university: an introduction. In *Challenges to Research Universities*. Edited by Roger G. Noll. Washington, DC: The Brookings Institution.

Oberdorfer, Don. 1995. *Princeton University: The First 250 Years*. Princeton, NJ: The Trustees of Princeton University.

Officers of the Harvard Club of New York City. 1878. Proceedings of the *Harvard Club of New York City, 1878*. New York: G. P. Putnam's Sons.

Oreopoulos, Philip, Till von Wachter, and Andrew Heisz. 2012. The short-and long-term career effects of graduating in a recession. *American Economic Journal: Applied Economics* 4(1):1-29.

Oyer, Paul and Scott Schaefer. 2015. Firm/employee matching: an industry study of U.S. lawyers. *ILR Review* 69(2):378-404.

Park, Albert, Xinzheng Shi, Chang-Tai Hsieh, and Xuehui An.

2008. Does school quality matter? Evidence from a natural experiment in rural China. Unpublished paper. University of Chicago.

Patton, Cornelius Howard and Walter Taylor Field. 1927. *Eight O'clock Chapel: A Study of New England College Life in the Eighties*. Boston, MA: Houghton Mifflin Company.

Paulsen, Friedrich. 1906. *The German Universities and University Study*. New York: Charles Scribner's Sons.

Payne, Abigail and Aloysius Siow. 2003. Does federal research funding increase university research output? *The B.E. Journal of Economic Analysis and Policy* 3(1)1-24.

Peckham, Howard H. 1967. *The Making of the University of Michigan: 1817-1967*. Ann Arbor: The University of Michigan Press.

Pelfrey, Patricia. 2004. *A Brief History of the University of California*. Berkeley: University of California Press.

Perna, Laura W., Alan Ruby, Robert F. Boruch, Nicole Wang. Janie Scull, Seher Ahmad, and Chad Evans. 2014. Moving through MOOCs: understanding the progression of users through massive open online courses. *Educational Researcher* 43(9):421-432.

Picketty, Thomas. 2014. *Capital in the Twenty-First Century*. Cambridge, MA: The Belknap Press of Harvard University Press.

Pop-Eleches, Cristian and Miguel Urquiola. 2013. Going to a better school: effects and behavioral responses. *American Economic Review* 103(4):1289-1324.

Porter, Roy. 1996. The scientific revolution and universities. In *A History of the University in Europe: Volume II, Universities in Early*

*Modern Europe*. Edited by Hilde De Ridder-Symoens. Cambridge: Cambridge University Press, 2003.

Potts, David B. 2000. Curriculum and enrollment: assessing the popularity of antebellum colleges. In *The American College in the Nineteenth Century*. Edited by Roger L. Geiger. Nashville, TN: Vanderbilt University Press.

Pritchett, Lant. 2003. Educational quality and costs: a big puzzle and five possible pieces. Unpublished paper. Harvard University.

Pritchett, Lant and Amanda Beatty. 2012. The negative consequences of overambitious curricula in developing countries. Center for Global Development Working Paper 293.

Pryde, George S. 1957. *The Scottish Universities and the Colleges of Colonial America*. Glasgow: Jackson, Son and Company.

Rashdall, Hastings. 1895a. *The Universities of Europe in the Middle Ages, Volume 1: Salerno, Bologna, and Paris*. Cambridge: Cambridge University Press, 2010.

——. 1895b. *The Universities of Europe in the Middle Ages, Volume 2, Part 1: Italy, Spain, France, Germany, Scotland, etc.* Cambridge: Cambridge University Press, 2010.

——. 1895c. *The Universities of Europe in the Middle Ages, Volume 2, Part 2: English Universities, Student Life*. Cambridge: Cambridge University Press, 2010.

Rasmussen, Dennis C. 2017. *The Infidel and the Professor: David Hume, Adam Smith, and the Friendship that Shaped Modern Thought*. Princeton, NJ: Princeton University Press.

Reisner, Edward Hartman. 1931. The origin of lay university boards of control in the United States. *Columbia University Quarterly*. March: 63-69.

Reuben, Julie A. 1996. *The Making of the Modern University: Intellectual Transformation and the Marginalization of Morality*. Chicago: The University of Chicago Press.

Riehl, Evan. 2018. Fairness in college admission exams: From test score gaps to earnings inequality. Unpublished paper. Cornell University.

Richl, Evan, Juan E. Saavedra, and Miguel Urquiola. 2016. Learning and earning: an approximation to college value added in two dimensions. National Bureau of Economic Research Working Paper No.22725.

Ringer, Fritz K. 1979. *Education and Society in Modern Europe*. Bloomington: Indiana University Press.

Rivera, Lauren A. 2015. *Pedigree: How Elite Students Get Elite Jobs*. Princeton, NJ: Princeton University Press.

Rivkin, Steven G., Eric A. Hanushek, and John F. Kain. 2005. Teachers, schools, and academic achievement. *Econometrica* 73(2):417-458.

Roberts, John H. and James Turner. 2000. *The Sacred and the Secular University*. Princeton, NJ: Princeton University Press.

Robertson, Sir Charles Grant. 1930. *The British Universities*. London: Ernest Benn.

Rockoff, Jonah. 2004. The impact of individual teachers on student achievement: evidence from panel data. *American Economic Review*

94(2):247-252.

Romer, Paul M. 1986. Increasing returns and long-run growth. *Journal of Political Economy* 94(5):10002-10037.

——. 1990. Endogenous technological change. *Journal of Political Economy* 98(5):S71-S102.

Rosenthal, Michael. 2006. *Nicholas Miraculous: The Amazing Career of the Redoubtable Dr. Nicholas Murray Butler.* New York: Farrar, Straus, and Giroux.

Rosovsky, Henry. 1990. *The University: An Owners Manual.* New York: W. W. Norton.

Rossiter, Margaret W. 1979. The organization of the agricultural sciences. In *The Organization of Knowledge in Modern America.* Edited by Alexandra Oleson and John Voss. Baltimore, MD: Johns Hopkins University Press.

Rothschild, Michael and Lawrence J. White. 1995. The analytics of the pricing of higher education and other services in which the customers are inputs. *Journal of Political Economy* 103(3):573-586.

Rothstein, Jesse. 2006. Good principals or good peers: parental valuation of school characteristics, Tiebout equilibrium, and the incentive effects of competition among jurisdictions. *American Economic Review* 96(4):1333-1350.

——. 2017. Measuring the impact of teachers: comment. *American Economic Review* 107(6):1656-1684.

Rudolph, Frederick. 1962. *The American College and University: A History.* Athens: The University of Georgia Press, 1990.

———. 1977. *Curriculum: A History of the American Undergraduate Course of Study Since 1636*. San Francisco: Josey-Bass Publishers.

Rudy, Willis. 1984. *The Universities of Europe, 1100-1914: A History*. London: Associated University Presses.

Rüegg, Walter. 1992. Epilogue: The Rise of Humanism. In *A History of the University in Europe: Volume I, Universities in the Middle Ages*. Edited by Hilde De Ridder-Symoens. Cambridge: Cambridge University Press, 2003.

Ruggles, Samuel B. 1854. *The Duty of Columbia College to the Community, and its Right to Exclude Unitarians from its Professorships of Physical Science*. New York: John F. Trow.

Rummel, Erika. 1999. *Jiménez de Cisneros: On the Threshold of Spain's Golden Age*. Tempe: Arizona Center for Medieval and Renaissance Studies.

Saavedra, Juan E. 2009. The learning and early labor market effects of college quality: A regression discontinuity analysis. Unpublished paper. Harvard University.

Saez, Emmanuel. 2001. Using elasticities to derive optimal tax rates. *Review of Economic Studies* 68:205-229.

Samuels, Warren J. 1991. The firing of E. A. Ross from Stanford University: injustice compounded by deception? *The Journal of Economic Education* 22(2):183-190.

Sandstrom, F. Mikael and Fredrik Bergstrom. 2005. School vouchers in practice: competition won't hurt you. *Journal of Public Economics* 89: 351-380.

Sappington, David E. M. 1995. Revisiting the line-of-business restrictions. *Managerial and Decision Economics* 16(4):291-300.

Scheuer, Florian and Iván Werning. 2016. The taxation of superstars. *The Quarterly Journal of Economics* 132(1):211-270.

Schmidt, William H., Richard T. Houang, Leland S. Cogan, and Michelle L. Solorio. 2019. *Schooling Across The Globe: What We Have Learned from 60 Years of Mathematics and Science International Assessments*. Cambridge: Cambridge University Press.

Schmutte, Ian M. 2015. Job referral networks and the determination of earnings in local labor markets. *Journal of Labor Economics* 33 (1):1-32.

Schrecker, Ellen W. 1986. *No Ivory Tower: McCarthyism and the Universities*. New York and Oxford: Oxford University Press.

Scott, Joan Wallach. 2018. The tension between the university and the state. In *Academic Freedom: The Global Challenge*. Edited by Michael Ignatieff and Stefan Roch. Budapest: Central European University Press.

Shaw, Wilfred B., ed. 1942. *The University of Michigan: An Encyclopedic Survey*. Ann Arbor: The University of Michigan Press.

Shils, Edward. 1978. The order of learning in the United States: the ascendancy of the universities. *Minerva* 16(2):159-195.

Sinclair, Bruce. 2012. Mergers and acquisitions, in *Becoming MIT: Moments of Decision*. David Kaiser, Ed. Cambridge and London: MIT Press.

Siow, Aloysius. 1998. Tenure and other unusual personnel practices in academia. *Journal of Law, Economic, and Organization* 14(1):152-173.

Sloan, Douglas. 1971. *The Scottish Enlightenment and the American College Ideal*. New York: Teachers College Press.

Slosson, Edwin E. 1910. *Great American Universities*. New York: The MacMillan Company.

Smith, Merritt Roe. 2012. God speed the institute: the foundational years. In *Becoming MIT: Moments of Decision*. Edited by David Kaiser. MIT Press.

Smith, Thomas E. V. 1889. *The City of New York in the Year of Washington's Inauguration, 1789*. New York: Anson D. F. Randolph & Co.

Snow, Louis Franklin. 1907. The college curriculum in the United States. New York: PhD dissertation, Teachers College, Columbia University.

Solow, Robert M. 1956. A contribution to the theory of economic growth. *The Quarterly Journal of Economics* 70(1):65-94.

Sovern, Michael I. 2014. *An Improbable Life: My Sixty Years at Columbia and Other Adventures*. New York: Columbia University.

Spence, A. M. 1976. Product selection, fixed costs, and monopolistic competition. *The Review of Economic Studies* 43(2):217-236.

Spence, Michael. 1973. Job market signaling. *The Quarterly Journal of Economics* 87(3):355-374.

Squicciarini, Mara P. and Nico Voigtlander. 2015. Human capital and industrialization: evidence from the age of enlightenment. *The Quarterly Journal of Economics* 130(4):1825-1883.

Starr, Paul. 1982. *The Social Transformation of American Medicine*. New York: Basic Books.

Stigler, George J. and Robert A. Sherwin. 1985. The extent of the market. *The Journal of Law & Economics* 28(3):555-585.

Storr, Richard J. 1953. *The Beginnings of Graduate Education in America*. Chicago: The University of Chicago Press.

Straumsheim, Carl. 2016. Critics see mismatch between Coursera's mission, business model. Unpublished paper. Inside Higher Ed.

Sullivan, Andrew. February 9, 2018. We All Live on Campus Now. New York Magazine.

Synnott, Marcia Graham. 1979. *The Half Opened Door: Discrimination and Admissions at Harvard, Yale, and Princeton, 1900-1970*. New Brunswick, NJ: Transaction Publishers, 2010.

Syverson, Chad. 2011. What determines productivity? *Journal of Economic Literature* 49(2):326-365.

Taylor, Kate (November 10, 2017). Upper West Side schools zones changed, but not all parents went along. New York Times.

Tewksbury, Donald G. 1932. *The Founding of American Colleges and Universities Before the Civil War: With Particular Reference to the Religious Influences Bearing Upon the College Movement*. Mansfield Centre, CT: Martino Publishing, 2011.

Thelin, John R. 2004. *A History of American Higher Education*. Baltimore, MD: The Johns Hopkins University Press, 2011.

Thompson, D. G. Brinton. 1946. *Ruggles of New York: A Life of Samuel B. Ruggles*. New York: Columbia University Press.

Tiebout, Charles. 1956. A pure theory of local expenditures. *Journal of Political Economy* 64(5):416-424.

Toivanen, Otto and Lotta Vaananen. 2016. Education and invention. *Review of Economics and Statistics* 98(2):382-396.

Turner, Lesley. 2017. The incidence of student financial aid: evidence from the Pellgrant program. Unpublished paper. University of Maryland.

Ubell, Robert. 2017. Three steps for making MOOCs money makers. Unpublished paper. Inside Higher Education.

Urquiola, Miguel. 2005. Does school choice lead to sorting? Evidence from Tiebout variation. *American Economic Review* 95(4):1310-1326.

——. 2016. Competition among schools: traditional public and private schools. In *Handbook of the Economics of Education*. Edited by Eric Hanushek, Stephen Machin, and Ludger Woessmann. Amsterdam: Elsevier.

Urquiola, Miguel and Eric Verhoogen. 2009. Class-size caps, sorting, and the regression discontinuity design. *American Economic Review* 99 (1): 179-215.

Valenzuela, Juan Pablo, Cristián Bellei, and Danae De Los Rios. 2013. Socioeconomic school segregation in a market-oriented educational system: the case of Chile. *Journal of Education Policy* 29(2):1-24.

Valero, Ana and John Van Reenen. 2016. The economic impact of universities: evidence from across the globe. National Bureau of Economic Research Working Paper No.22501.

Van Reenen, John. 1996. The creation and capture of rents: wages and innovation in a panel of U.K. companies. *The Quarterly Journal of Economics* 111(1):195-226.

Vandermeersch, Peter A. 1996. Teachers, in *A History of the University in Europe: Volume II, Universities in Early Modern Europe*. Edited by Hilde De Ridder-Symoens. Cambridge: Cambridge University Press, 2003.

Verger, Jacques. 1973. *Les Universités au Moyen Age*. Paris: Presses Universitaires de France.

——. 1986. *Histoire des Universitésen France*. Toulouse: Bibliotèque Historique Privat.

Veysey, Laurence R. 1965. *The Emergence of the American University*. Chicago: The University of Chicago Press.

Von Wachter, Till and Stefan Bender. 2006. In the right place at the wrong time: The role of firms and luck in young workers' careers. *American Economic Review* 96 (6):1679-1705.

Wahls, Wayne P. 2018. High cost of bias: diminishing marginal returns on NIH grant funding to institutions. Unpublished paper. bioRxiv.

Waldinger, Fabian. 2010. Quality matters: the expulsion of professors and the consequences for PhD student outcomes in Nazi Germany. *Journal of Political Economy* 118(4):787-831.

——. 2012. Peer effects in science: evidence from the dismissal of scientists in Nazi Germany. *Review of Economic Studies* 79 (2):838-861.

——. 2016. Bombs, brains, and science: the role of human and physical capital for the creation of scientific knowledge. *The Review of*

*Economics and Statistics* 98(5):811-831.

Waldman, Michael. 1990. Up-or-out contracts: a signaling perspective. *Journal of Labor Economics* 8(2):230-250.

Walters, Christopher R. 2018. The demand for effective charter schools. *Journal of Political Economy* 126(6):2179-2223.

Walton, Richard J. 1986. *Swarthmore College: An Informal History*. Swarthmore, PA: Swarthmore College.

Warch, Richard. 1973. *School of the Prophets: Yale College, 1701-1740*. New Haven, CT: Yale University Press.

Wayland, Francis. 1850. Report to the Corporation of Brown University on Changes in the System of Collegiate Education. Providence, RI: George H. Whitney.

Weber, Max. 1930. *The Protestant Ethic and the Spirit of Capitalism*. London: Unwin Hyman.

Weinstein, Russell. 2017a. Employer screening costs, recruiting strategies, and labor market outcomes: an equilibrium analysis of on-campus recruiting. IZA Institute of Labor Economics Working Paper No.10912.

——. 2017b. Geography and Employer Recruiting. Unpublished paper. IZA Institute of Labor Economics Discussion Paper No.11224.

Weissmann, Jordan. 2015 (September 7). Is it time to tax Harvard's endowment? Slate Magazine.

Weisz, George. 1983. *The Emergence of Modern Universities in France, 1863-1914*. Princeton, NJ: Princeton University Press.

Werner, Anja. 2013. *The Transatlantic World of Higher Education:*

*Americans at German Universities, 1776-1914*. New York: Berghahn Books.

Wertenbaker, Thomas Jefferson (1946). *Princeton: 1746-1896*. Princeton, NJ: Princeton University Press, 1996.

Whitehead, John S. 1986. How to think about the Dartmouth College case. *History of Education Quarterly* 26(3):333-349.

Williams, Adam M., Derek R. Slagle, and Darrin Wilson. 2014. Ranking universities for scholarship in public administration research. *Journal of Public Affairs Education* 20(3):393-412.

Wilson, Robin 2010. Tenure, RIP: what the vanishing status means for the future of education. *Chronicle of Higher Education*.

Woessmann, Ludger. 2016. The importance of school systems: evidence from international differences in student achievement. *Journal of Economic Perspectives* 30(3):3-32.

Yeomans, Henry Aaron. 1948. *Abbott Lawrence Lowell: 1856-1943*. Cambridge, MA: Harvard University Press.

Young, Jeffrey R. (May 10, 2017). Three Years In, Minerva's Founder On For-Profits, Selectivity, and His Critics. EdSurge.

Zimmerman, Seth. 2016. Making the one percent: The role of elite universities and elite peers. National Bureau of Economic Research Working Paper No.22900.

Zink Clifford, W. 2017. *The Princeton Eating Clubs*. Princeton, NJ: Princeton Prospect Foundation.

Zuckerman, Harriet. 1977. *Scientific Elite: Nobel Laureates in the United States*. New York: The Free Press.

# 致　谢

我非常感谢为本书初稿提出意见的同事们：约翰·科茨沃斯（John Coatsworth），乔纳森·科尔（Jonathan Cole），大卫·菲格里奥（David Figlio），罗杰·盖格（Roger Geiger），克劳迪娅·戈尔丁（Claudia Goldin），帕特里夏·阿尔布耶·格雷厄姆（Patricia Albjerg Graham），W. 本特利·麦克劳德（W. Bentley MacLeod），奥弗尔·马拉穆德（Ofer Malamud），罗伯特·麦考伊（Robert McCaughey），迈克尔·麦克弗森（Michael McPherson），玛丽亚·维多利亚·穆里略（María Victoria Murillo），苏珊娜·尼科尔斯（Suzanne Nichols），约瑟夫·萨尔瓦多（Joseph Salvatore），以及亚伦·瓦瑟曼（Aaron Wasserman）。其中一些人是我的老朋友，我邀请他们帮忙。有几位我素未谋面，但他们仍非常慷慨地花时间帮助我。本书所有的遗漏和错误都归咎于我。

我也从与许多同事的交谈中受益匪浅：罗伯特·安斯沃思（Robert Ainsworth），曼努埃拉·安杰鲁奇（Manuela Angelucci），约翰·阿尔科恩（John Alcorn），彼得·伯格曼（Peter Bergman），尼古拉·比安奇（Nicola Bianchi），埃内斯托·达尔博（Ernesto Dal Bó），耶利米·迪特马（Jeremiah Dittmar），亚历山大·埃布尔（Alexander Eble），费尔南达·埃斯特万（Fernanda Estevan），雅各

布·哈克（Jacob Hacker），凯特·何（Kate Ho），卡罗琳·霍克斯比（Caroline Hoxby），谢长泰（Chang-Tai Hsieh），西蒙·耶格尔（Simon Jäger），拉维·坎布尔（Ravi Kanbur），李柱豪（Ju-Ho Lee），阿莱西亚·勒费布尔（Alessia Lefébure），亨利·利特维勒（Henry Litwhiler），帕特里克·麦克尤恩（Patrick McEwan），罗伯特·麦克米伦（Robert McMillan），罗伯特·梅特卡夫（Robert Metcalfe），安德烈亚·米特鲁特（Andreea Mitrut），恩里科·莫雷蒂（Enrico Moretti），安德里亚·莫洛（Andrea Moro），克里斯蒂安·波普·埃莱切斯（Cristian Pop-Eleches），安德里亚·普拉特（Andrea Prat），帕特里克·普哈尼（Patrick Puhani），埃文·里尔（Evan Riehl），约纳·罗科夫（Jonah Rockoff），塞巴斯蒂安·西格洛克（Sebastian Siegloch），斯蒂芬妮·斯坦切瓦（Stefanie Stantcheva），乌尔里希·特劳特温（Ulrich Trautwein），皮埃尔·维舒伦（Pierre Verschueren），费边·瓦尔丁格（Fabian Waldinger），以及西蒙·维德霍尔德（Simon Wiederhold）。

我还要感谢哈佛大学出版社的编辑伊恩·马尔科姆（Ian Malcolm）。在我开始构思这本书的时候，我很幸运地遇到了他。几年后，当我寄给他一份初稿时，他也一如既往地支持我。他还把我介绍给玛德琳·亚当斯（Madeleine Adams），后者提供了有用的编辑建议。

在研究协助方面，我要感谢几位优秀的（当时还是）本科生研究助理：卡杰·格林伯格（Kaatje Greenberg），伦纳特·哈登伯格（Lennart Hardenberg），萨纳特·卡普尔（Sanat Kapur），布莱恩·鲁（Brian Lu），冯武安（Vu-Anh Phung），尤其是亨利·利特韦勒（Henry Litwhiler），他帮助我整理了许多数据。

留到最后但并非不重要的是，我要感谢我的父母，我的兄弟姐妹，还有克劳迪娅（Claudia），埃琳娜（Elena）和乔（Joe）。谨以此书献给他们。

## 索 引

所有数字为本书边码。

Abdulkadiroglu, Atila, 阿提拉·阿卜杜尔卡迪罗格鲁, 136
ability, 能力: admissions exams and, 入学考试和~, 109—112; homogeneity in, 能力的同质性, 100; research quality and, 研究质量和~, 126; school's wealth and, 学校的财富和~, 119; socioeconomic background and, 社会经济背景和~, 110; sorting and, 分类和~, 85, 86—87, 108—109（也见 selectivity, 选择性）
academic freedom, 学术自由, 138—140
academic outcomes, 学术成果: diversity and, 多元化和~, 96; reputation and, 声誉和~, 108
academic units, 学术单位: at Columbia, ~在哥伦比亚大学, 72; segregation into, 分割成~, 57—58。也见 fields, 领域; specialized instruction, 专门指导

Acemoglu, Daron, 达隆·阿西莫格鲁, 206
ad fontes, 回到本源, 166
Adams, Charles, 查尔斯·亚当斯, 49, 105, 138。也见 Cornell University, 康奈尔大学
admission by certificate, 凭证书录取, 83
admission by examination, 凭考试录取, 83
admissions, 招生: corruption and, 腐败和~, 111; legacy students and, 传承生和~, 108; loss of control over, 失去对~的控制, 95—96; open, 开放~, 83, 84。也见 selectivity, 选择性; sorting, 分类
admissions exams, 入学考试, 97, 109—112
Agassiz, Louis, 路易斯·阿加西斯, 55—56
agency, 机构, 19
alumni, 校友: advice from, 来自~

的建议, 113; donations by, 由
~捐赠, 111, 112—115, 116,
199; of early universities, 早期大
学~, 155—156; power of, ~的
力量, 113, 155—156
American Association of University
Professors (AAUP), 美国大学教
授协会, 139
American universities, 美国大学:
evolution of research performance,
研究绩效的演变, 14; gradual
improvement of, ~的逐步改善,
10, 12; initial weakness of, ~
最初的弱势, 18, 19; mentions
of, 提及~, 12; recruitment of
talent, 人才招聘, 16; rise to
dominance, 崛起至主导地位, 8。
也见 colleges, antebellum, 战前
大学; individual colleges, 特定高
校
Anabaptists, 再洗礼派, 169
ancient texts, 古代文本, 166—167
Angell, James, 詹姆斯·安吉尔, 63,
64, 78, 98。也见 Michigan,
University of, 密歇根大学
Anglican church, 英国圣公会,
169, 190—192。也见 Columbia
University, 哥伦比亚大学;
religion, 宗教
antebellum colleges, 战前大学。见
colleges, antebellum, 战前大学
antisemitism, 反犹主义, 95, 97,
100—102。也见 Jewish students,
犹太学生
applications, college, 大学申请,
202
Aquinas, Thomas, 托马斯·阿奎那,
162
Archdeacon, Thomas J., 托马斯·J.
阿奇迪肯, 185
Asimov, Isaac, 艾萨克·阿西莫夫,
101
athletics, 体育, 105—106, 113—
114, 199
autonomy, 自治。见 self-rule/autonomy,
自治
Avery, Christopher N., 克里斯托弗·N.
埃弗里, 133
Axtell, James, 詹姆斯·阿克斯特尔,
47, 106
Aydelotte, Frank, 弗兰克·艾德洛特,
107

baccalorius, 学士, 26
Bachelor of Arts, 文学士学位, 57
Bachelor of Literature, 文学学士学位,
57
Bachelor of Science, 理学学士学位,
57
Bacow, Lawrence S., 劳伦斯·S. 巴
科, 201
Baltimore and Ohio Railroad, 巴尔的
摩和俄亥俄铁路公司, 63
baptism, infant, 婴儿洗礼, 179
Barnard, Frederick, 弗雷德里克·巴
纳德, 25, 35, 72, 73—75,
98。也见 Columbia University, 哥
伦比亚大学
Baumol, William J., 威廉·J. 鲍莫尔,
208

索引

Baumol effect, 鲍莫尔效应, 209
Becker, Gary, 盖里·贝克尔, 17, 133
Belcher, Jonathan, 乔纳森·贝尔彻, 190
Ben-David, Joseph, 约瑟夫·本-大卫, 131, 148
Berkeley University of California, 加州大学伯克利分校, 79。也见 Wheeler, Benjamin, 本杰明·惠勒
Berlin, University of, 柏林大学, 60
Bishop, Morris, 莫里斯·毕肖普, 62
black students, exclusion of, 排斥黑人学生, 84, 101
Blackburn, Robert T., 罗伯特·T.布莱克本, 48
Blair, James, 詹姆斯·布莱尔, 180, 181
Bologna University, 博洛尼亚大学, 149。也见 Europe, 欧洲
Boniface VIII (pope), 博尼法斯八世（教皇）, 155
Bonomi, Patricia U., 帕特里夏·U.博诺米, 189
Bowen, William, 威廉·鲍恩, 38。也见 Princeton University, 普林斯顿大学
Boyer, John W., 约翰·W.波耶尔, 37, 80
Brainerd, David, 大卫·布雷纳德, 189
Brown University, 布朗大学, 56—58。也见 colleges, colonial, 殖民地学院
Brubacher, John S., 约翰·S.布鲁巴克, 58, 94, 105
Burgess, John, 约翰·伯吉斯, 73, 74, 99。也见 Columbia University, 哥伦比亚大学
Burgess, John W., 约翰·W.伯吉斯, 94
Burke, Colin B., 柯林·B.伯克, 34, 43, 47
Bush, Vannevar, 范内瓦·布什, 120, 124
Bush administration, 布什政府, 41
Butler, Nicholas, 尼古拉斯·巴特勒, 4, 83, 100, 101。也见 Columbia University, 哥伦比亚大学
Butts, R. Freeman, R.弗里曼·巴茨, 172

California, 加利福尼亚州: public higher education system, 公立高等教育体制, 110。也见 Berkeley, University of California, 加州大学伯克利分校; Stanford University, 斯坦福大学
Calvin, Jean, 约翰·加尔文, 168
Calvinism, 加尔文主义, 168, 169, 174, 175, 187。也见 Presbyterians, 长老会; religion, 宗教
Cambridge University, 剑桥大学: autonomy of, ~的自治权, 158; colleges in, ~中的学院, 163; creation of, ~的创立, 155; curriculum and, 课程和~, 106;

institutional model for，~ 的机构模型，149。也见 Europe，欧洲；U.K.，英国
Capital in the Twenty-First Century (Picketty)，《21 世纪资本论》（皮凯蒂），205
Carnegie，Andrew，安德鲁·卡耐基，49
Catholic Church，天主教会，165—173。也见 church，教会；popes，教皇；Protestant Reformation，新教改革；religion，宗教
Celestine III (pope)，塞莱斯廷三世（教皇），156—157
charter schools，特许学校，137
Chase，Philander，菲兰德·蔡斯，33
Chauncy，Charles，查尔斯·昌西，179
chemistry，化学：rankings by，按~排名，14，224—229。也见 fields，领域；specialized instruction，专门教学
Chicago，University of，芝加哥大学，78，80，98；house system，宿舍制度，105；selectivity at，在~的选择性，102
Chile，智利，136—137
Christensen，Clayton M.，克莱顿·M.克里斯滕森，201
Christianity，基督教：spread of，~的传播，149。也见 Protestant Reformation，新教改革；religion，宗教；sorting，分类：denominational，宗派的；individual denominations，特定宗派

church，教会：early universities and，早期大学和~，156；schools and，学校和~，150。也见 Catholic Church，天主教会；popes，教皇；Protestant Reformation，新教改革；religion，宗教；sorting，分类：denominational，宗派的；individual denominations，特定宗派
citations，引用，78
cities，城市，71—72；diversity and，多元化和~，84。也见 Columbia University，哥伦比亚大学；New York City，纽约；urban schools，城市学校
city upon a hill，山巅之城，168，174，179，210
Civil War，colleges before，美国内战前的大学。见 colleges，antebellum，战前大学
civitas christiana (holy city)，圣城，168。也见 city upon a hill，山巅之城
Clark，Burton R.，伯顿·R.克拉克，197
Clark University，克拉克大学，78
class，阶级：role in sorting，~ 在分类中扮演的角色，32。也见 socioeconomic background，社会经济背景
Clement VII (pope)，克莱门特七世（教皇），159
clergy，教士，165—166；as professors，~作为教授，22；training of，~的训练，169—170，187，188
Clotfelter，Charles T.，查尔斯·T.克

# 索 引

劳弗特，114，116
clubs, 俱乐部，88—96；alumni loyalty and, 校友忠诚度和~, 113—114；fraternities, 兄弟会, 93—94；harms caused by, ~造成的危害, 94—95; at Harvard University, 哈佛大学的~, 89—92; loss of control over admissions/student experience and, loss of control over admissions/student experience and, 对招生/学生体验失去控制和~, 95—96; at Princeton, 普林斯顿大学的~, 92, 104; undesirable student conduct and, 学生不良行为和~, 96; at Yale, 耶鲁大学的~, 93
coeducational institutions, 男女同校机构, 62, 73—74, 83
Cole, Jonathan R., 乔纳森·R.科尔, 4, 10, 124
College Entrance Examination Board (CEEB), 大学入学考试, 109
College of New Jersey, 新泽西学院, 189。也见 Princeton University, 普林斯顿大学
colleges, 大学/学院: in colonies, 殖民地的~（见 colleges, antebellum, 战前大学; colleges, colonial; 殖民地大学）; desire to eliminate, 取消~的愿望, 99; disappearance of in Europe, ~在欧洲的消失, 172—173; emergence of, ~的出现, 162—164; in England, 英国的~, 172; innovations in governance, 治理创新, 164; strengthening, 改善~, 100; support of research, 对研究的支持, 199; teaching reform and, 教学改革和~, 107; value of, ~的价值, 98—99
colleges, antebellum, 战前大学, 21—48; academic freedom in, ~中的学术自由, 138; age of students, 学生年龄, 42, 43; arbitrary dismissal of faculty, 任意解雇教师, 138; assessment of, ~的评估, 47—48; backsliding of collegiate system and, 学院制度的倒退和~, 39; compared to European colleges, 与欧洲高校相比, 43—44; control of student conduct, 对学生行为的控制, 47; creation of, ~的创立, 33; curriculum in, ~的课程, 25—26, 28, 30, 44—47; demand for educational expansion and, 扩大教育的需求和~, 39—44; denominational college creation and, 宗派学院的创立和~, 39—40; exit of, ~的退出, 37; failures in teaching reforms, 教学改革的失败, 50—59; growth of, ~的增长, 24; homogeneity of students in, ~学生的同质性（也见 sorting, 分类）; labeling ambiguity, 标签模糊, 42—44; number of students in, ~的学生人数, 37; preparedness of students in, ~中的学生的准备情况, 41—42; public aid for, 对~的

公共援助，37；purposes of，~ 的目的，47—48；religion and，宗教和~，30；research produced by，~ 取得的研究成果，21，28，48；resource constraints，资源限制，37；science in，~ 中的科学，29—30；selectivity of，~ 的选择性，41；sorting by，根据~进行分类，21，32—37，85—87（也见 sorting，分类）；teaching in，~ 的教学，21，26—28（也见 teaching in antebellum colleges，战前大学中的教学）；traditionalist view of，~ 的传统观念，48；transformation of，~ 的转变，50（也见 teaching reform，教学改革）

colleges, colonial，殖民地大学：abandonment of territorial-confessional model，放弃领地－忏悔模式，188—193；free market and，自由市场和~，174；limitations on entry，进入限制，182—183；Middle Atlantic，中大西洋地区，183—194；religion and，宗教与~，175—176，186—19。也见 Brown University，布朗大学；Columbia University，哥伦比亚大学；Dartmouth College，达特茅斯学院；Harvard University，哈佛大学；Pennsylvania, University of，宾夕法尼亚大学；Rutgers University，罗格斯大学；William and Mary, College of，威廉与玛丽学院；Yale University，耶鲁大学

Colombia, education in，哥伦比亚的教育，136

colonial colleges，殖民地大学。见 colleges, colonial，殖民地大学

colonies, American，美国殖民地，168；religious homogeneity in，~ 的宗教单一性，183—186。也见 colleges, antebellum，战前大学；colleges, colonial，殖民地大学

Columbia University，哥伦比亚大学，4，98；academic units at，~ 的教学单位，72；creation of，~ 的创立，190—192；endowment，捐赠，71，72；Hosack property，霍萨克地产，72；initiatives to diversify hiring，促进招聘多元化的举措，203；Jewish students and，犹太学生和~，97；reform and，改革和~，60；religion and，宗教和~，190—192；selective admissions，选择性录取，100—101；teaching reform at，~ 的教学改革，71—75；wealth of，~ 的财富，74。也见 Barnard, Frederick，弗雷德里克·巴纳德；Burgess, John，约翰·伯吉斯；Butler, Nicholas，尼古拉斯·巴特勒；colleges, colonial，殖民地大学；Ruggles, Samuel，塞缪尔·鲁格斯

Compton, Karl，卡尔·康普顿，124
Conant, James，詹姆斯·科南特，109—110，126，140。也见 Harvard University，哈佛大学
conferences，会议，77
confessional colleges，忏悔学院，164，174。也见 religion，宗教；

# 索 引

territorial-confessional colleges, 领地－忏悔学院
Congregationalists, 公理会教徒: college creation and, 大学创建和~, 35。也见 Puritans/Congregationalists, 清教徒/公理会教徒; religion, 宗教; sorting, 分类: denominational, 宗派的
Connecticut, 康涅狄格州, 175; ministers in, ~的牧师, 187; religion and, 宗教和~, 176。也见 colleges, colonial, 殖民地大学; Yale University, 耶鲁大学
Conrad, Clinton F., 克林顿·F.康拉德, 48
control, 控制: of European universities, 对欧洲大学的~, 178, 196—197; by faculty, 由教师~, 181; of Harvard, 对哈佛大学的~, 177—179; of Princeton, 对普林斯顿大学的~, 189—190; by states, 由国家~, 170—173, 196—197; in United States, 在美国, 181; of William and Mary, 对威廉与玛丽学院的~, 180—181; Yale University and, 耶鲁大学和~, 187。也见 Dartmouth College, 达特茅斯学院; self-rule/autonomy, 自治
Cornell, Ezra, 埃兹拉·康奈尔, 60—62
Cornell University, 康奈尔大学, 70; fraternities at, ~的兄弟会, 96; free entry and, 自由进入和~, 67; graduate instruction and, 研究生教育和~, 63—64; Ivy League and, 常青藤联盟和~, 62; reform and, 改革和~, 60—62; selectivity at, ~的选择性, 102。也见 Adams, Charles, 查尔斯·亚当斯; White, Andrew, 安德鲁·怀特
cost disease, "成本病", 208
Coursera, 199
Cowen, Tyler, 泰勒·考恩, 199
curriculum, 课程, 106; of antebellum colleges, 战前大学的~, 25—26, 28, 30, 44—47; of early universities, 早期大学的~, 152, 155
Curti, Merle, 梅尔·柯蒂, 31, 33, 61

da Verrazzano, Giovanni, 乔瓦尼·达·韦拉扎诺, 185
Dartmouth College, 达特茅斯学院, 182—183; self-rule and, 自治和~, 154, 175, 194—196。也见 colleges, colonial, 殖民地大学
Day, Jeremiah, 耶利米·戴, 27, 44, 45。也见 Yale University, 耶鲁大学
Debs, Eugene, 尤金·德布斯, 139
degrees, 学位, 57—58
demand, 需求: desire for, 对~的渴望, 82—83; teaching reform and, 教学改革和~, 56—57
denominational sorting, 宗派分类。见 colleges, antebellum, 战前大学; colleges, colonial, 殖民地大学;

religion, 宗教; sorting, 分类
departments, 部门。见 academic units, 教学单位; fields, 领域; specialized instruction, 专门教学
Dewey, John, 约翰·杜威, 78
Diamond, Nancy, 南希·戴蒙德, 10
Dickinson, Jonathan, 乔纳森·狄金森, 190
dining halls, 餐厅, 88
distance learning, 远程学习, 201。也见 MOOCs, 慕课
diversity, 多元化: academic outcomes and, 学术成果和~, 96; challenges of, ~的挑战, 87—98, 102（也见 clubs, 俱乐部; eating clubs, 饮食俱乐部; fraternities, 兄弟会）; of faculty, 教师的~, 79; initiatives to increase, 倡议增加~, 203; Jewish students and, 犹太学生和~, 97; of medieval universities, 中世纪大学的~, 152, 162; open enrollment policies and, 开放招生政策和~, 84; religious, 宗教~, 169, 183—186, 191; self-sorting and, 自行分类与~, 88—95; sorting and, 分类与·, 85—87; of students, 学生的~, 84; teaching effectiveness and, 教学效果和~, 96; urban schools and, 城市学校和~, 84。也见 identity-related concerns, 与身份有关的问题
dormitories, 宿舍, 88—89, 92, 104—105; at Harvard, 哈佛大学

的~, 89, 90; house system, 宿舍制度, 105; selectivity and, 选择性和~, 100。也见 clubs, 俱乐部
Dunster, Henry, 亨利·邓斯特, 25, 177—178, 179
Dutch Reformed, 荷兰归正会, 192。也见 religion, 宗教; sorting, 分类: denominational, 宗派的
Dwight, Timothy, 蒂莫西·德怀特, 23, 43—44, 112。见 Yale University, 耶鲁大学

eating clubs, 饮食俱乐部, 92, 104
Eaton, Nathaniel, 纳撒尼尔·伊顿, 177
economic growth, 经济增长, 150
economics, 经济学: rankings by, 按~排名, 14, 230—233。也见 fields, 领域; specialized instruction, 专门教学
education, 教育: average years of, 平均年数, 3, 4; demand for, 对~的需求, 49（也见 training, 训练）; expanded access to, ~扩张的路径, 39—44; free market approach to, ~的自由市场进路, 16 20（也见 free market）; as investment good, ~作为投资品, 17, 133; rewards to, ~的回报, 150。也见 high schools, 高中; K-12 education, K-12 教育; schools, 学校; secondary education, 中等教育
Eire, Carlos M. N., 卡洛斯·M. N.

爱尔, 156, 165, 166, 168, 170
Eisenhower, Dwight, 德怀特·艾森豪威尔, 80
electives, 选修科目, 57, 62, 68—69, 73, 106
Eliot, Charles, 查尔斯·艾略特, 23, 28, 41, 42, 56, 58, 63—64, 66, 67—71, 74—75, 77, 78, 82, 83, 84, 89, 94, 95, 106, 109, 205。也见 Harvard University, 哈佛大学
Ely, Richard, 理查德·伊利, 138—139
employees, graduate students as, 研究生作为雇员, 161
endowments, 捐赠, 38, 114, 162; Columbia's, 哥伦比亚大学的~, 71, 72; of English colleges, 英国学院的~, 172。也见 resources, 资源
England, 英国/英格兰。见 Cambridge University, 剑桥大学; Europe, 欧洲; Oxford University, 牛津大学; U.K., 英国
Enlightenment, 启蒙运动, 28—30
enrollment, growth in, 入学人数的增长, 82—85
enrollment caps, 入学上限, 107—108。也见 selectivity, 选择性
entry, free, 自由进入。见 free entry, 自由进入
entry, massive, 大规模进入。见 massive entry, 大规模进入
Episcopal Church, 美国圣公会, 85。也见 Anglican church, 英国圣公会; religion, 宗教
Epple, Dennis, 丹尼斯·艾普尔, 115
Erasmus of Rotterdam, 鹿特丹的伊拉斯谟, 167
Europe, 欧洲, 147—173; appearance of universities in, ~大学的出现, 149—164; centralized spirit of education in, ~教育的中心化精神, 40; decline of free university market in, ~大学自由市场的衰落, 164—173; early schools in, ~的早期学校, 150—153; educational expansion in, ~教育的扩展, 40; emergence of colleges and, 学院的产生和~, 162—164; faculty as public servants in, ~的教师作为公职人员, 147; federal research funding in, ~的联邦研究基金, 148; free market in, ~的自由市场, 20, 148, 149—173; historical research conditions in, ~的历史研究条件, 4; Protestant Reformation, 新教改革, 27, 148, 164—165, 167—168; secondary schools in, ~的中学, 28, 172—173; tracking in, ~的追踪, 40。也见 France, 法国; Germany, 德国; states, ~各国; U.K., 英国
European universities, 欧洲大学: American enrollments in, ~的美国人入学率, 12; control of, 对~的控制, 147, 148, 170—173,

178, 196—197; in 1800s, 19 世纪的~, 28—29; Enlightenment and, 启蒙运动和~, 28—29; free entry and, 自由进入和~, 158—160; influence of, ~的影响, 26—27; massive entry and, 大规模进入和~, 159—160; scope in, ~的范围, 147; self-rule and, 自治和~, 177; states and, 国家和~, 144, 147; transformation of teaching in, ~的教学改革, 30。也见 Cambridge University, 剑桥大学; France, 法国; German universities, 德国大学; Oxford University, 牛津大学; Paris, University of, 巴黎大学; universities, early, 早期大学

Every Student Succeeds, "让每个学生都成功", 41

expertise, 专门知识, 23—24, 66, 127。也见 specialized instruction, 专门教学

Eyring, Henry J., 亨利·J. 艾林, 201

faculty, 教师: American Association of University Professors (AAUP), 美国大学教授协会, 139; antebellum, 战前的~, 23, 24 (也见 teaching in antebellum colleges, 战前大学中的教学); arbitrary dismissal of, 任意解雇~, 138—140; control by, 由~控制, 178, 181; diversity of, ~的多样性, 79; expertise of, ~的专门知识, 66; hiring of junior professors, 聘任年轻教授, 79; hiring of school's students, 聘任本校学生, 79; at Johns Hopkins, 约翰·霍普金斯大学的~, 66; medieval, 中世纪的~, 161; pay of, ~的薪酬, 80; poaching of, ~挖角, 78; professionalization of, ~的职业化, 79; as public servants, ~作为公职人员, 147; quality of, school reputation and, 学校声誉和~质量, 108; renewable term contracts, 可续签的定期合同, 139—140; requirements for, ~的需求, 76; self-rule and, 自治和~, 177; sorting of into universities according to research talent, 按科研才能分流到各高校, 80—81; specialization of, ~的专业化, 19, 55—56, 75, 161; status/power of, ~的地位/权力, 80; supply and demand, 供需, 76; teaching reform and, 教学改革和~, 75—81; teaching requirements, 教学要求, 80; working conditions, 工作条件, 80。也见 masters, 硕士; minds, 头脑; scholars, medieval, 中世纪学者; teaching, 教学; tenure, 终身教职

Field, Walter Taylor, 沃尔特·泰勒·菲尔德, 26

fields, 领域: development of, ~的发展, 75; rankings by, 按~排名, 14, 224—244。也见 chemistry,

化学; economics, 经济学; medicine, 医学; physics, 物理学; specialized instruction, 专门教学

finishing clubs, 毕业俱乐部, 90—92

Finke, Roger, 罗杰·芬克, 183

first mover advantage, 先发优势, 134—135

food, 饮食: dining halls, 餐厅, 88; eating clubs, 饮食俱乐部, 92, 104; emergence of colleges and, 学院的出现和~, 162—164; in medieval universities, 中世纪大学的~, 152—153

France, 法国, 147; colleges in, ~的学院, 163; equality of universities in, ~大学的平等, 148; grandes écoles, 精英学院, 147; institutional model for, ~的制度模式, 149; lycées, 公立中学, 28; research output in, ~的科研成果, 173; state control of universities in, 国家对~大学的控制, 171。也见 Europe, 欧洲; Paris, University of, 巴黎大学

Franklin, Benjamin, 本杰明·富兰克林, 186, 193

fraternities, 兄弟会, 93—94, 96

free entry, 自由进入, 17, 158—160, 198; in antebellum period, 战前时期的~, 33; colonial colleges and, 殖民地大学和~, 174; Cornell and, 康奈尔大学和~, 62; denominational sorting and, 宗派分类和~, 35—36; end of in Europe, 欧洲~的终结, 164; limitations on, ~的限制, 182—183; principles behind, ~背后的原则, 193; proximity and, 就近（入学）和~, 33; teaching reform and, 教学改革和~, 53, 67。也见 free market, 自由市场

free exit, 自由退出, 37

free market, 自由市场, 6, 16—20, 117, 144, 198; customers and, 消费者和~, 18; decline of, ~的衰落, 164—173; development of, ~的发展, 20; early American colleges and, 美国早期大学和~, 174; in Europe, 欧洲~, 20, 148, 149—173; free scope and, 自由范围和~, 160—164; inequality and, 不平等和~, 118—119; invention of, ~的发明, 148; K-12 education and, k-12教育和~, 20; performance and, 绩效和~, 136; religion and, 宗教和~, 174; research performance/quality and, 研究绩效/质量和~, 143; self-rule and, 自治和~, 154—158; teaching reform and, 教学改革和~, 81。也见 free entry, 自由进入; free scope, 自由范围; self-rule/autonomy, 自治; sorting, 分类

free scope, 自由范围, 17, 160—164, 198。也见 free market, 自由市场

Frelinghuysen, Theodore, 西奥多·富瑞林怀森, 192

Friedman, Milton, 弥尔顿·弗里德曼,

136

funding, 资金, 119; concentration of, ~的集中, 126; focus on research and, 集中于研究和~, 127—137; foundation support, 基金会支持, 123; inequality and, 质量缺陷和~, 117, 205。也见 money, 金钱; resources, 资源; spending, 支出

funding, federal, 联邦资金, 19; concerns about, 对~的关注, 207; debate about, 有关~的辩论, 119—123; in Europe, 欧洲的~, 148; inequality and, 不平等和~, 118—127; MIT and, 麻省理工学院和~, 124; project selection, 项目选择, 120; Stanford University and, 斯坦福大学和~, 125; universities' ranks in, ~的大学排名, 125—126

Gallatin, Albert, 阿尔伯特·加拉廷, 55

García Márquez, Gabriel, 加夫列尔·加西亚·马尔克斯, 113

Geiger, Roger L., 罗杰·盖格, 12, 24, 44, 78, 79, 119

Georgetown University, 乔治城大学, 43

German universities, 德国大学, 207; Americans at, ~中的美国人, 12; control of, 对~的控制, 196; decline of in mentions, 对~提及次数的减少, 12; equality of, ~的平等, 148; institutional model for, ~的制度模式, 149; research at, ~的研究, 131。也见 European universities, 欧洲大学; universities, early, 早期大学

Germany, 德国, 147; Berlin, University of, 柏林大学, 60; disappearance of colleges in, ~学院的消失, 172—173; Göttingen, 哥廷根大学, 66; gymnasia, 文理高中, 28, 44; historical research conditions in, ~的历史研究条件, 4; number of mentions, 提及次数, 10; religion in, ~的宗教, 167—168; research output in, ~的研究成果, 173; seminar in, ~研讨会, 66; state control of universities in, 国家对~大学的控制, 171。也见 Europe, 欧洲

Gibbs, Wolcott, 沃尔科特·吉布斯, 53, 55

Giessen, University of, 吉森大学, 7

Gilman, Andrew, 安德鲁·吉尔曼, 63—67, 70—71, 128, 129, 138。也见 Johns Hopkins University, 约翰·霍普金斯大学

Gilman, Daniel, 丹尼尔·吉尔曼, 59。也见 Johns Hopkins University, 约翰·霍普金斯大学

Goastellec, Gaele, 盖尔·戈阿斯泰勒克, 148

Gold Coast, "黄金海岸", 89, 90, 97

Goldin, Claudia, 克劳迪娅·戈尔丁, 39, 40, 49, 116

索 引

Göttingen, 哥廷根大学, 51, 54, 66
governance, 治理。见 control, 控制; presidents, 校长; self-rule/autonomy, 自治
grace, 恩典, 187
graduate instruction, 研究生教学: adding, 增加~, 55—56; at Columbia, 哥伦比亚大学的~, 73; Cornell and, 康奈尔大学和~, 63—64; demand for, 对~的需求, 64; at Harvard, 哈佛大学的~, 69, 70—71; relation with undergraduate programs, 与本科项目的关系, 114—115; resistance to, 对~的抗拒, 73; selectivity and, 选择性和~, 103; teaching reform and, 教学改革和~, 59。也见 professional schools, 专业学校; specialized instruction, 专门教学; teaching reform, 教学改革
Graduate Record Examination(GRE), 研究生入学考试, 109
graduate students, as employees, 研究生作为雇员, 161
Graham, Hugh Davis, 休·戴维斯·格雷厄姆, 10
Graham, Patricia Albjerg, 帕特里夏·阿尔布耶·格雷厄姆, 43, 94
grandes écoles, 精英学院, 147。也见 France, 法国
Gray, Asa, 阿萨·格雷, 30
Great Schism, 教会大分裂, 159—160
Greek language, 希腊语, 45
Green, Ashbel, 阿什贝尔·格林, 22

Gregory VII (pope), 格列高利七世（教皇）, 150
Gregory IX (pope), 格列高利九世（教皇）, 158
Gregory XI (pope), 格列高利十一世（教皇）, 159
Grosseteste, Robert, 罗伯特·格罗斯提斯特, 162
Gruber, Jonathan, 乔纳森·格鲁伯, 10, 207
Guibert de Nogent, 吉伯特·德·诺金特, 150
guilds, 公会, 152, 154, 161
Gumbel, Peter, 彼得·耿贝尔, 147
gymnasiums, 文理高中, 28, 44

Hamilton, Alexander, 亚历山大·汉密尔顿, 42, 80
Harkness, Edward, 爱德华·哈克尼斯, 104—105
Harper, William, 威廉·哈珀, 78, 80, 98
Harper's Weekly, 《哈珀周刊》, 62
Harriman, Averell, 埃夫里尔·哈里曼, 93
Harvard, John, 约翰·哈佛, 177
Harvard University, 哈佛大学: admissions exams and, 招生考试和~, 109—110; admissions to, race and, 招生, 种族和~, 32; antebellum curriculum, 战前课程, 25; Board of Overseers, 战前课程, 178, 179; clubs, 俱乐部, 89—92; college at, ~的学院, 99, 100; control of, 对~的控

制，177—179；Corporation，公司，178—179；creation of，~ 的创建，176—179；dormitories，宿舍，89，90，97，104—105；Dunster，邓斯特，25，177—178，179；early hiring practices，早期招聘实践，139—140；gifts to，给 ~ 的捐赠，63；Gold Coast，"黄金海岸"，89，90，97；graduate instruction at，~ 的研究生教学，69，70—71；Jewish undergraduates at，~ 的犹太本科生，97；Lawrence Scientific School，劳伦斯科学学院，58，69；medical school/professional training，医学院/专业培训，68；reading period，应考期（制度），107；reform and，改革和~，60；religion and，宗教和~，35，176，179；selective admissions at，~ 的选择性录取，101—102；teaching reform at，~ 的教学改革，51—53，67—71；territorial-confessional nature of，~ 的领地-忏悔性质，179；tutors at，~ 的导师，22；Whitefield and，怀特菲尔德和~，187。也见 colleges, antebellum，战前大学；colleges, colonial，殖民地大学；Conant, James，詹姆斯·科南特；Eliot, Charles，查尔斯·艾略特；Kirkland, John，约翰·柯克兰；Lowell, Abbott，阿伯特·洛厄尔；Ticknor, George，乔治·蒂克诺

health spending, in U.S.，美国的医疗支出，117

Hearst, Phoebe，菲比·赫斯特，79

heart's memory，心灵记忆，113，115

Helland, Eric，埃里克·赫兰德，208

Henry IV (king of France)，亨利四世（法国国王），171

Henry VIII (king of England)，亨利八世（英国国王），155，169

Herbst, Jurgen，尤尔根·赫布斯特，179，180，193，195

Herfindahl index，赫芬达尔指数，18；heterogeneity，异质性，102。也见 diversity，多样性

Hewlett, William，威廉·休利特，125，210

high schools，高中：in antebellum United States，美国南北战争前的~，42；graduation rates，毕业率，82—83。也见 K-12 education，K-12 教育；schools，学校；secondary education，中等教育

higher education, spending on，高等教育支出，117，118

highly selective post-secondary (HSPE) institutions，高择优性高等教育机构，200

Hitcock, Edward，爱德华·希科克，30

Hofstadter, Richard，理查德·霍夫施塔特，34—35，39，42，47，71，160，170

homogeneity，异质性，31。也见 sorting，分类

Honorius III (pope)，霍诺留斯三世（教

皇），158
honors programs，荣誉项目，106—107
Hopkins, Elizabeth，伊丽莎白·霍普金斯，63
Hopkins, Johns，约翰·霍普金斯，63，67。也见 Johns Hopkins University，约翰·霍普金斯大学
Hopkins, Mark，马克·霍普金斯，37
Hosack property，霍萨克地产，72
housing，住房：demand for off-campus housing，对校外住房的需求，92；emergence of colleges and，大学的出现和~，162—164；fraternities and，兄弟会和~，93—94；in medieval universities，中世纪大学的~，152—153；selectivity and，选择性和~，102。也见 clubs，俱乐部；dormitories，宿舍
Hoxby, Caroline M.，卡罗琳·M.霍克斯比，44，110，111，113—114，117，118—119，126，128，133，200，201
Hsieh, Chang-Tai，谢长泰，137
human capital，人力资本，133
humanism，人道主义，166—167
Hume, David，大卫·休谟，186

identity-related concerns, resurgence of，身份问题的重新出现，203—204。也见 religion，宗教
immigrants，移民：exclusion of，将~排除在外，84，100，101；religion and，宗教和~，183—186。也见 diversity，多样性；identity-related concerns，与身份相关的问题
immigration, policies regarding，移民政策，207—208
in loco parentis，代替父母行动，47，68
income，收入，10；research performance and，研究绩效和~，215；sources of，~的来源，67（也见 endowments，捐赠；graduate instruction，研究生教学）
incumbency, benefits of，在职福利，134—135
industrialization，工业化，18，49
industry，工业界：cooperation with，与~合作，124—125；educational demand and，教育需求和~，49
inequality，不平等，116；in funding，资金的~，117，118—127，205；of money，金钱的~，82；political risks related to，与~相关的政治风险，204—207；self-sorting and，自我分类和~，94
Innocent III (pope)，英诺森三世（教皇），157
innovation, incentives for，创新激励措施，206
Institute of 1770，1770 学会，91
investment good, education as，教育作为投资品，133
Ivy League，常春藤联盟，62

James, Henry，亨利·詹姆斯，27

Jefferson, Thomas, 托马斯·杰斐逊, 36, 68, 71

Jencks, Christopher, 克里斯托弗·詹克斯, 36, 42, 79, 85, 114—115

Jewish immigrants, 犹太移民, 185

Jewish students, 犹太学生, 97, 100—101, 107, 108。也见 antisemitism, 反犹主义

John, Wheelock, 约翰·惠洛克, 194

Johns Hopkins Press, 约翰·霍普金斯出版社, 65—66

Johns Hopkins University, 约翰·霍普金斯大学, 59, 128; free entry and, 自由进入和~, 67; reform and, 改革和~, 60, 63—66; teaching reform at, ~的教学改革, 70—71; undergraduate college, 本科学院, 66—67。也见 Gilman, Daniel, 丹尼尔·吉尔曼

Johnson, Samuel, 塞缪尔·约翰逊, 191

Johnson, Simon, 西蒙·约翰逊, 10, 207

Jordan, David, 大卫·乔丹, 98, 139

journals, 期刊, 76—77。也见 publication, 出版物; research, 研究

K-12 education, K-12教育: free market approach and, 自由市场进路和~, 20; performance in, ~的表现, 136; school choice in, ~的择校, 136—137; sorting in, ~的分类, 129—130, 137。也见 education, 教育; high schools, 高中; schools, 学校; secondary education, 中等教育

Karabel, Jerome, 杰罗姆·卡拉贝, 79, 91, 93, 95—96, 102

Katz, Lawrence F., 劳伦斯·F.卡茨, 39, 40, 49, 116

Keller, Morton, 莫顿·凯勒, 69

Keller, Phyllis, 菲利斯·凯勒, 69

Kelley, Brooks Mather, 布鲁克斯·马瑟·凯利, 24, 182, 187

Kerr, Clark, 克拉克·克尔, 110, 132

Kilgore, Harley, 哈利·基尔戈, 120

Kingsley, James, 詹姆斯·金斯利, 45

Kirkland, John, 约翰·柯克兰, 52。也见 Harvard University, 哈佛大学

Knox, John, 约翰·诺克斯 169

Koch, James, 詹姆斯·科赫, 90

Krugman, Paul, 保罗·克鲁格曼, 206

Lafayette College, 拉斐特学院, 109
land grants, 土地赠予, 61
Latin, 拉丁语, 45—46
Lawrence, Ernest, 欧内斯特·劳伦斯, 79
Lawrence Scientific School, 劳伦斯科学学院, 58, 69

lecture (lectio),讲座,26,69
legacy students,传承生,108。也见 alumni,校友
Lemann, Nicholas,尼古拉斯·莱曼,85,10
Leslie, W. Bruce, W. 布鲁斯·莱斯利,94
Lindsley, Phillip,菲利普·林德斯利,35。也见 Princeton University,普林斯顿大学
Livingston, William,威廉·利文斯顿,191—192
lodging,出租屋。见 clubs,俱乐部;dormitories,宿舍;housing,住房
Louis IX (king of France),路易九世（法国国王）,158
Louis XII (king of France),路易十二（法国国王）,171
Louis XIV (king of France),路易十四（法国国王）,171
Louisiana,路易斯安那州,136
Low, Seth,塞斯·劳,74
Lowell, Abbott,阿伯特·洛厄尔,97,100,101,102,103,104,I05,107,115。也见 Harvard University
Lowell, Lawrence,劳伦斯·洛厄尔,99
Luther, Martin,马丁·路德,165,167—168,170。也见 Protestant Reformation,新教宗教改革

MacLeod, W.Bentley, W. 本特利·麦克劳德,87,88,115,133

magister scholarum,学校主管,150
Magisterial Reformation,宪制的宗教改革,174
magisters,地方长官,168
managerial talent, productivity and,生产力和管理才能,120,127
Manhattan Project,曼哈顿计划,119
Mantz, Felix,菲利克斯·曼茨,169
market forces,市场力量:performance and,绩效和~,135—137。也见 free market 自由市场
market shares,市场份额,115
Marshall, John,约翰·马歇尔,195
Marx, Groucho,格劳乔·马克思,88,115
Massachusetts,马萨诸塞州,175,176,183—186。也见 colleges, antebellum,战前大学;colleges, colonial,殖民地大学;Harvard University,哈佛大学
Massachusetts Institute of Technology (MIT),麻省理工学院,123,124
massive entry,大规模进入,18,47,175,193,194。也见 free entry,自由进入
masters,教师,150,152。也见 faculty,教师;scholars, medieval,中世纪的学者;universities, early,早期大学
match quality,匹配对象的质量,133—134
Mather, Increase,英克里斯·马瑟,22
Mathey, Dean,迪安·马蒂,113

Maxwell, Robert "Tiny", 罗伯特·"小个子"·麦斯威尔, 105
McCaughey, Robert A., 罗伯特·A.麦考伊, 72, 74, 75, 107
McCosh, James, 詹姆斯·麦考什, 23, 45, 63, 69, 92, 106, 128。也见 Princeton University
McGill, Edward, 爱德华·麦吉尔, 47。也见 Swarthmore College, 斯沃斯莫尔学院
McPherson, Michael S., 迈克尔·S.麦克弗森, 201
medicine, 医学, 66; rankings by, 按~排名, 14, 234—239。也见 fields, 领域
mentions, 提及。见 Nobel mentions, 被诺贝尔奖获得者提及
Metzger, Walter P., 沃尔特·P.梅茨格, 140, 165, 171—172, 178, 179, 210
Michigan, University of, 密歇根大学, 93—94, 98。也见 Angell, James, 詹姆斯·安吉尔; Tappan, Henry, 亨利·塔潘
Middle Atlantic colleges, 中大西洋地区大学, 183—194。也见 colleges, colonial, 殖民地大学
migrations, 迁移, 155, 157
minds, 人才: reform and, 改革和~, 19, 82（也见 teaching reform, 教学改革）; sorting of, 分类, 81—82; use of term, 术语的使用, 16。也见 ability, 能力; faculty, 教师; talent, 才能
Minerva Schools, 密涅瓦大学, 201—202
ministers, 牧师。见 clergy, 神职人员
ministries of education, 教育部, 147。也见 Europe, 欧洲; European universities, 欧洲大学
MIT (Massachusetts Institute of Technology), 麻省理工学院, 123, 124
mobility, 流动: of early universities, 早期大学的~, 154—155（也见 migrations, 迁移）; of medieval students, 中世纪学生的~, 151—152。也见 proximity, 就近（入学）
Moeller, Bernd, 伯恩德·默勒, 167, 168
money, 金钱: American universities and, 美国大学和~, 16; inequality and, 不平等和~, 82; reform and, 改革和~, 19, 82（也见 teaching reform, 教学改革）
MOOCs, "慕课", 199—203, 208
Morison, Samuel Eliot, 塞缪尔·艾略特·莫里森, 69, 70, 83, 91, 94, 95, 100, 105, 172, 176, 177
Morrill Act, 《莫里尔法案》, 61, 120, 123, 207
Munich, University of, 慕尼黑大学, 6—7
Nash, Roderick, 罗德里克·纳什, 31, 33, 61
New Deal Democrats, 新政民主党人,

120

New England, 新英格兰。见 colleges, antebellum, 战前大学; colleges, colonial, 殖民地大学; individual states, 各州

New Hampshire, 新罕布什尔州, 194。也见 Dartmouth College, 达特茅斯学院

New Jersey, 新泽西: religion in, ~的宗教, 188。也见 colleges, colonial, 殖民地大学; Princeton University, 普林斯顿大学; Rutgers University, 罗格斯大学

New York, 纽约州: religious diversity of, ~的宗教多样性, 191; religious homogeneity in, ~的宗教同质性, 183。也见 colleges, colonial, 殖民地大学; Cornell University, 康奈尔大学

New York City, 纽约市, 71—72; diversity in, ~的多样性, 185; Seth Low Junior College, 塞斯·劳初级学院, 101。也见 Columbia University, 哥伦比亚大学

Newton, Isaac, 艾萨克·牛顿, 125

Nicholas IV (pope), 尼古拉四世（教皇）, 158

No Child Left Behind, "不让一个孩子掉队", 41

Nobel mentions, 被诺贝尔奖获得者提及, 6—15, 213—244; American universities in, ~的美国大学, 10, 12; evolution of, ~（次数）的演变, 14; by fields, 按领域区分, 14, 224—244。也见 research, 研究: measuring, 测量

nonsectarian institutions, 不分宗派的机构, 62

Nott, Eliphalet, 伊利法莱特·诺特, 59

Obama administration, 奥巴马政府, 41

Oberdorfer, Don, 唐·奥伯多弗, 113, 190

Ocasio-Cortez, Alexandria, 亚历山大丽娅·奥卡西奥-科尔特斯, 205

Office of Scientific Research and Development (OSRD), 科学研究与发展办公室, 119, 120

online instruction, 在线教学, 201。也见 MOOCs, "慕课"

open enrollment policies, 开放招生政策, 83, 84

OSRD (Office of Scientific Research and Development), 科学研究与发展办公室, 119, 120

Oxford University, 牛津大学, 149; autonomy of, ~的自治, 158; colleges in, ~的学院, 163; curriculum and, 课程和~, 106; migration from, 从~迁移, 155, 157; violence in, ~中的暴力, 153。也见 European universities, 欧洲大学; U.K., 英国

Packard, David, 大卫·帕卡德, 125

Palmer, Alice Freeman, 爱丽丝·弗里曼·帕尔默, 78

parallel programs，平行项目，57，58，59

Paris，巴黎：colleges in，~的大学，163。也见 Europe，欧洲；France，法国

Paris, University of，巴黎大学：autonomy of，~的自治，157—158; excommunication of masters at，与~教师相关的绝罚令，157—158; influence of，~的影响，149; migrations from，从~迁移，155; state control of，对~的国家控制，171; violence in，~中的暴力，153。也见 European universities，欧洲大学；France，法国

Parrington, Vernon，弗农·帕灵顿，105

paternalism，家长主义，47

Patton, Cornelius Howard，科尼利厄斯·霍华德·帕顿，26

Paulsen, Friedrich，弗里德里希·包尔生，171，207

Peasants' War，农民战争，169

peer effects，同侪效应，115

peer groups，圈层，31。也见 sorting，分类

peer review，同行评审，76

Penn, William，威廉·佩恩，185

Pennsylvania, University of，宾夕法尼亚大学，193—194。也见 colleges, colonial，殖民地大学

Phi Beta Kappa，ΦBK（联谊会），90

Philadelphia，费城，185—186

Philadelphia Synod，费城会议，189

Philip II (king of France)，菲利普二世（法国国王），157

Phillip the Fair (king of France)，腓力四世（法国国王），155

physics, rankings by，按物理学排名，14，240—244

Piketty, Thomas，托马斯·皮凯蒂，205

Pierce, Benjamin，本杰明·皮尔斯，128

political support of research，对研究的政治支持，199

popes，教皇，156; early universities and，早期大学和~，156; entry and，进入和~，159—160; Great Schism，教会大分裂，159—160。也见 Catholic Church，天主教会; church，教会; religion，宗教

population, research performance and，研究绩效和人口，10，219

Porcellian，坡斯廉俱乐部，90，91

Porter, Noah，诺亚·波特，27，63，64，99，113。也见 Yale University，耶鲁大学

preceptors，导师，106

Presbyterians，长老会教徒，35，186—189。也见 Calvinism，加尔文主义

presidents，校长，22，177—178，181，187

prestige，声望，148

Price, Tom，汤姆·普莱斯，205—206

Princeton University，普林斯顿大学：antisemitism at，~的反犹主义，

95; black applicants to, ~的黑人申请者, 84; clubs at, ~的俱乐部, 92, 104; college at, ~的学院, 99; control of, 对~的控制, 189—190; creation of, ~的创建, 188—190; eating clubs, 饮食俱乐部, 92, 104; religion and, 宗教和~, 35, 189—190; resources per student, 每个学生的资源, 38—39; selectivity and, 选择性和~, 103。也见 Bowen, William, 威廉·鲍恩; Lindsley, Phillip, 菲利普·林德斯利; McCosh, James, 詹姆斯·麦考什; Wilson, Woodrow, 伍德罗·威尔逊; Witherspoon, John, 约翰·威瑟斯彭

printing, movable-type, 活字印刷术, 167

productivity, 生产力, 117—143; improvements in, ~的提升, 209—210; managerial talent and, 管理才能和~, 120, 127; matching minds and money, 匹配的人才和金钱, 126—127; sorting's interaction with tenure and, 分类与终身教职和~的相互作用, 137; tenure's effects on, 终身教职对~的影响, 142—143。也见 funding, 资金; inequality, 不平等; money, 金钱; research, 研究

professional associations, 专业协会, 76

professional schools, absorption of into universities, 大学对专业学校的吸收, 66, 74

professors, 教授: in antebellum colleges, 战前大学中的~, 22; in European universities, 欧洲大学中的~, 28—29。也见 faculty, 教师

Protestant Reformation, 新教改革, 27, 148, 164—165, 167—168。也见 Luther, Martin, 马丁·路德

proximity, 就近（入学）, 68; antebellum teaching and, 战前的教学和~, 33; early American universities and, 早期美国大学和~, 18; entry and, 进入和~, 35; female students and, 女学生和~, 74; Jewish students and, 犹太学生和~, 97。也见 mobility, 流动

public school sector, 公立学校部门, 136。也见 high schools, 高中; K-12 education, K-12教育; schools, 学校; secondary education, 中等教育

publication, 出版物, 65—66, 141。也见 journals, 期刊; research, 研究

Puritans/Congregationalists, 清教徒/公理会人士, 169, 175, 183, 185, 210。也见 religion, 宗教

Quakers, 贵格会教徒, 185
Queen's College, 女王学院, 192。也见 Rutgers University, 罗格斯大学

Rabi, Isidor, 伊西多尔·拉比, 80
race, 种族, 32, 84, 101
recitation (recitatio), 背诵, 26—27, 69
reform, 改革: revenue needs and, 收入需求和~, 83。也见 sorting reform, 分类改革; teaching reform, 教学改革
Reformation, Protestant, 新教改革, 27, 148, 164—165, 167—168。也见 Luther, Martin, 马丁·路德
religion, 宗教: antebellum colleges and, 战前大学和~, 30; college creation and, 大学创建和~, 39—40; colonial colleges and, 殖民地大学和~, 175—176, 186—193; Columbia University and, 哥伦比亚大学和~, 190—192; development of university systems and, 大学体制的发展和~, 196; diversity of, ~多样性, 85, 169, 183—186, 191; in early universities, 早期大学的~, 150; growth of Jewish enrollments, 犹太人入学人数增长, 97; Harvard and, 哈佛大学和~, 179; immigrants and, 移民和~, 183—186; market configuration and, 市场配置和~, 165, 174; in Middle Atlantic colleges, 中大西洋地区大学的~, 186—193; in Middle Atlantic colonies, 中大西洋殖民地的~, 183—186; Princeton and, 普林斯顿大学和~, 189—190; states and, 州和~, 169; universities and, 大学和~, 165; William and Mary and, 威廉与玛丽学院和~, 180; Yale and, 耶鲁大学和~, 181—182, 187。也见 Catholic Church, 天主教会; identity-related concerns, 与身份相关的~问题; popes, 教皇; Protestant Reformation, 新教改革; Puritans/Congregationalists, 清教徒/公理会教徒; sorting, 分类
Remsen, Ira, 艾拉·莱姆森, 31
Rensselaer, Steven Van, 史蒂文·范·伦斯勒, 30
Rensselaer Polytechnic Institute (RPI), 伦斯勒理工学院, 30—31, 123
Renwick, James, 詹姆斯·伦威克, 53
reputation, 声誉, 108, 202
research, 研究, 142; American university system's place in, 美国大学体制在~中的位置, 4—6; in antebellum colleges, 战前大学中的~, 21, 28, 48; attitude toward, 对~的态度, 65, 70; benefits of, ~的好处, 5; conferences, 会议, 77; focus on, 对~的关注, 19, 80, 127—137, 142—143; free market and, 自由市场和~, 143; funding for, 给~的资金, 123 (也见 funding, 资金; funding, federal, 联邦资金; money, 金钱; resources, 资源; spending, 支出); funding inequality and, 资

金不平等和~，117—118；future of，~的未来，198—210；Gilman on，吉尔曼论~，64—65；impact of state control on，国家控制对~的影响，173；incentives to focus on，对关注~的激励，131—135（也见 tenure，终身教职）；Johns Hopkins and，约翰·霍普金斯大学和~，64—66；meaning of，~的意义，3；measuring，测量，3，4，6—15，76—78，213—244（也见 Nobel mentions，被诺贝尔奖获得者提及；publication，出版物）；publication of，~的出版，65—66，76—77，141；quality of and funding，~质量和资助，126；vs. teaching，~vs. 教学，118；teaching reform and，教学改革和~，59；threats to，对~的威胁（见 threats to research performance，对研究绩效的威胁）。也见 journals，期刊；productivity，生产力；publication，出版物

Research I universities，一类研究型大学，50，60

research talent, vs. teaching talent，教学才能 vs. 研究才能，127—128

residential colleges，住宿学院，105。也见 colleges，学院；dormitories，宿舍

resources，资源：constraints of antebellum colleges，战前大学的限制，37；sorting of students by ability and，学生按能力和~分类，112—116；teaching and，教学和~，37—39；teaching reform and，教学改革和~，51，55—56，59。也见 alumni，校友；endowments，捐赠；funding，资金；minds，人才；money，金钱；spending，支出

resources per student，每个学生的资源，38

Richard, Theodore，西奥多·理查德，12

Riesman, David，大卫·瑞斯曼，36，42，79，85，114—115

Rittenhouse, David，戴维·里顿豪斯，29

Ritzema, John，约翰·里泽马，192

Roberts, John，约翰·罗伯茨，75

Robinson, James A.，詹姆斯·A. 罗宾逊，206

Rockefeller, John，约翰·洛克菲勒，78

Rockefeller Center，洛克菲勒中心，72

Rogers, Henry D.，亨利·D. 罗杰斯，23

Rogers, William，威廉·罗杰斯，123

Romano, Richard E.，理查德·E. 罗马诺，115

Röntgen, Wilhelm，威廉·伦琴，6—7

Roosevelt, Eleanor，埃莉诺·罗斯福，91

Roosevelt, Franklin，富兰克林·罗斯福，91

Roosevelt, Theodore，西奥多·罗斯福，105

Rosenthal, Michael，迈克尔·罗森

塔尔，83
Ross, Edward, 爱德华·罗斯, 139
RPI (Rensselaer Polytechnic Institute), 伦斯勒理工学院, 30—31, 123
Rudolph, Frederick, 弗雷德里克·鲁道夫, 23, 31, 35, 37, 39, 41—42, 46, 53, 62, 77, 86
Rudy, Willis, 威利斯·鲁迪, 58, 94, 105, 158
Ruggles, Samuel, 塞缪尔·鲁格斯, 53, 66, 73, 78。也见 Columbia University, 哥伦比亚大学
Rutgers University, 罗格斯大学, 192—193, 194。也见 colleges, colonial, 殖民地大学

safety, in medieval universities, 中世纪大学中的安全, 153
Sanders, Bernard, 伯纳德·桑德斯, 205—206
SAT, 高中毕业生学术能力水平考试, 109—111
Scalia, Antonin, 安东宁·斯卡利亚, 134
Scandinavia, 斯堪的纳维亚, 205, 206
scholars, medieval, 中世纪的学者: privileges and protection of, ~ 的特权和保护, 152, 157; right to teach, 教学权, 158; self-rule and, 自治和~, 154。也见 faculty, 教师; masters, 导师; students, medieval, 中世纪的学生; universities, early, 早期大学

scholarships, availability of, 获得奖学金的可能性, 111
school choice, 学校选择, 136—137
schooling, 学校教育。见 education, 教育
schools, 学校: church and, 教会和~, 150; early in Europe, 欧洲的早期~, 150—153; need for in colonies, 殖民地的~需要, 42。也见 high schools, 高中; K-12 education, K-12 教育; secondary education, 中等教育
science, 科学: in antebellum colleges, 战前大学中的~, 29—31。也见 specialized instruction, 专门教学
scientific schools, 科学学院, 57—58, 69
scope, 范围: disruption of, ~ 的破坏, 199—203; of European universities, 欧洲大学的~, 147; free, 自由~, 17, 160—164, 198
Sears, Barnas, 巴纳斯·西尔斯, 58
secondary education, 中等教育: in Europe, 欧洲的~, 28, 172—173; expansion of, ~ 的扩张, 82—83。也见 high schools, 高中; K-12 education, K-12 教育; schools selectivity, 学校选择性, 19, 99—103; of antebellum colleges, 战前大学的~, 41; enrollment caps, 招生上限, 107—108; exclusion and, （生源）排除和~, 100—101; expected

effects of, ~的预期效果, 108; first mover advantage and, 先发优势和~, 134—135; focus on research and, 对研究的关注和~, 132; at graduate schools, 研究生院的~, 103; Jewish students and, 犹太学生和~, 100—102, 107, 108; market shares and, 市场份额和~, 115; Minerva and, 密涅瓦大学和~, 202; SAT scores and, SAT成绩和~, 111; sexism and, 性别歧视和~, 103; teaching quality and, 教学质量和~, 134。也见 admissions, 招生; sorting reform, 分类改革

self-rule/autonomy, 自治, 18—19, 154, 198; colonial colleges and, 殖民地大学和~, 174; Cornell and, 康奈尔大学和~, 62; Dartmouth and, 达特茅斯学院和~, 175, 194—196; of early universities, 早期大学的~, 154—158; of English universities, 英国大学的~, 171—172; European universities and, 欧洲大学和~, 164, 177; free market university system and, 自由市场大学体制和~, 154—158; principles behind, ~背后的原则, 193; right to, ~的权利195—196。也见 free market, 自由市场

self-sorting, 自我分类, 88—96
seminars, 研讨会, 66
services provided by schools, 学校提供的服务, 17—18。也见 sorting, 分类; teaching, 教学
Seth Low Junior College, 塞斯·劳初级学院, 101
sexism, selectivity and, 选择性和性别歧视, 103。也见 women, 女性
sexual assault, 性侵犯, 153
Sheffield Scientific School, 谢菲尔德科学学院, 58, 65
Silicon Valley, 硅谷, 125, 210
Silliman, Benjamin, 本杰明·西利曼, 24, 25, 30
Sinclair, Bruce, 布鲁斯·辛克莱, 58
Skull and Bone, 骷髅会, 93
Slosson, Edwin E., 艾德文·E.斯洛松, 92, 94, 96, 106
Smith, Adam, 亚当·斯密, 186
social mobility, 社会流动性, 110
social sciences, graduate instruction in, 社会科学的研究生教学, 73
socioeconomic background, 社会经济背景: ability and, 能力和~, 110; of medieval students, 中世纪学生的~, 162; sorting by, 根据~进行分类, 86, 94。也见 class, 阶级

sorting, 分类, 17—18, 115; ability and, 能力和~, 85, 86—87, 108—109（也见 selectivity, 选择性）; admissions exams and, 招生考试和~, 109—112; amenities and, 设施和~, 90; in antebellum colleges, 战前大学中的~, 21, 32—37, 85—87; appeal of, ~的吸引力, 201; communication costs and, 通信成本和~, 111; demand for, 对~的需求, 32—37; denominational, 宗派的~, 3, 18, 23, 32—37, 85, 183; of faculty, 教师的~, 80—81; focus on research and, 对研究的关注和~, 133—135; growing diversity and, 增长的多样性和~, 85—87; improvement and, 改进和~, 19; in K-12 education, K-12教育中的~, 20, 129—130; long-term outcomes and, 长期结果和~, 32; massive entry and, 大规模进入和~, 47; of minds, 人才的~, 81—82; Minerva and, 密涅瓦大学和~, 202; nondenominational, 无宗派的~, 36; parallel programs and, 平行项目和~, 58; resources and, 资源和~, 107—116; scholarships and, 奖学金和~, 111; selectivity and, 选择性和~, 102; self-sorting, 自我分类, 88—95; by socioeconomic background, 按社会经济背景~, 86; Spencian signaling and, 斯宾塞信号和~, 86—87; teaching and, 教学和~, 32, 86—87; teaching reform and, 教学改革和~, 51, 53—54, 56—58; tenure and, 终身教职和~, 137—143; transportation costs and, 交通成本和~, 111; vouchers and, 教育补助和~, 137。也见 ability, 能力; admissions, 招生; coeducational institutions, 男女同校机构; free market, 自由市场; minds, 人才; nonsectarian institutions, 不分宗派的机构; selectivity, 选择性

sorting reform, 分类改革, 19, 82—116; control of student experience and, 对学生体验的控制和~, 105—107; dormitories and, 宿舍和~, 104; enrollment caps, 招生上限, 107—108; improving student experience and, 提高学生体验和~, 113—114。也见 selectivity, 选择性

specialized instruction, 专门教学, 19, 55—56, 75, 161。也见 expertise, 专门知识; graduate instruction, 研究生教学

Spence, Michael, 迈克尔·斯宾塞, 86—87

Spencian signaling, 斯宾塞信号, 86—87

spending, 支出: on higher education, 高等教育~, 117, 118; per student, 学生人均~, 117, 148。也见 funding, 资金; money, 金钱; resources, 资源

Sproul, Robert, 罗伯特·斯普劳尔, 79。也见 Yale University, 耶鲁大学

Stanford, Jane, 简·斯坦福, 103, 139

Stanford, Leland, 利兰·斯坦福, 103

Stanford University, 斯坦福大学, 98, 210; academic freedom at,

~的学术自由，139；alumni donations to，给~的校友捐赠，113；external funding and，外部资金和~，124—125；female students at，~的女学生，103；selectivity and，选择性和~，102—103。也见 Terman, Fred, 弗雷德·特曼
Stark, Rodney, 罗德尼·斯塔克，183
states, 国家：control of universities, 对~大学的控制，170—173，196—197；religion and, 宗教和~，169；responsibility for schools, 学校责任和~，169—171；strengthening of, ~的强化，167。也见 Europe, 欧洲
Sterling, Wallace, 华莱士·斯特林，124
Storr, Richard J., 理查德·J. 斯托尔，45
student experience, 学生体验：control of, 对~的控制，105—107；improving, benefits of, 改善~的好处，113—114；loss of control of, 对~控制的丧失，95—96
students, 学生：conduct, control of, 对~行为的控制，47（也见 in loco parentis, 代替父母行动）；diversity of, ~的多样性，84；randomized assignment of, ~的随机分配，129—130
students, medieval, 中世纪的学生：mobility of, ~的流动性，151—152。也见 scholars, medieval, 中世纪的学者
*studia*, 学校，150，151，152，153。也见 universities, early, 早期大学
Stuyvesant, Peter, 彼得·史岱文森特，185
Sullivan, Andrew, 安德鲁·沙利文，204
Swain, Joseph, 约瑟夫·斯温，80。也见 Swarthmore College, 斯沃斯莫尔学院
Swarthmore College, 斯沃斯莫尔学院：honors program, 荣誉项目，107。也见 McGill, Edward, 爱德华·麦吉尔；Swain, Joseph, 约瑟夫·斯温
Sweezy, Alan, 艾伦·斯威齐，140
Switzerland, 瑞士，168，169
Sylvester, James, 詹姆斯·西尔维斯特，65—66，128，129

Tabarrok, Alex, 亚历克斯·塔巴洛克，199，208，209
talent, 才能/人才：attracting, immigration policies and, 移民政策和吸引~，207—208；identifying, 识别~，19。也见 ability, 能力；minds, 人才
Tappan, Henry, 亨利·塔潘，44，93。也见 Michigan, University of, 密歇根大学
teachers, 教师。见 faculty, 教师；masters, 导师；scholars, medieval, 中世纪的学者
teaching, 教学，17，18；advanced/

specialized, 前沿/专门~, 19, 50, 55—56, 75, 161 (也见 expertise, 专门知识; teaching reform, 教学改革); in antebellum colleges 战前大学中的~(见 teaching in antebellum colleges, 战前大学中的教学); curriculum, 课程, 106; effectiveness of, diversity and, ~的多样性和有效性, 96; in European universities, 欧洲大学中的~, 29; expertise and, 专门知识和~, 23—24, 66, 127; individualized, 个性化~, 106; lack of focus on, 缺乏对~的关注, 131—135; quality of, sorting and, ~的分类和质量, 86—87; vs. research, ~vs. 研究, 118; resources and, 资源和~, 37—39; selectivity and, 选择性和~, 134; sorting and, 分类和~, 32, 86—87

teaching in antebellum colleges, 战前大学中的教学, 21—31, 37, 39; alternative employment for teachers, 教师的替代职业, 22—23; defense of curriculum, 对课程的抵制, 44—47; demand for proximity and, 就近性的需求和~, 33; educational expansion and, 教育扩张和~, 39—44; expertise and, 专门知识和~, 23—24; lack of reform, 缺乏改革, 31—44; massive entry and, 大规模进入和~, 47; methods, ~方法, 26—28; pay and, 支出和~, 23; preparedness of students and, 学生的准备情况和~, 41—42; standards for, ~的标准, 31—44; tutors, 导师, 27; types of teachers, 教师类型, 22—24; Yale Report of 1828, 《1828年耶鲁报告》, 45—47。也见 faculty, antebellum, 战前时期的教师; teaching reform, 教学改革

teaching reform, 教学改革, 18—19, 50; changes in instructional methods, 教学方法的改变, 69; colleges and, 大学和~, 107; at Columbia, 哥伦比亚大学的~, 53—55, 71—75; at Cornell, 康奈尔大学的~, 70; demand and, 需求和~, 56—57; electives, 选修课, 57, 62, 68—69, 73, 106; faculty and, 教师和~, 75—81; free entry and, 自由进入和~, 53, 67; free market and, 自由市场和~, 81; at Harvard, 哈佛大学的~, 51—53, 67—71; honors programs, 荣誉项目, 106—107; Johns Hopkins and, 约翰·霍普金斯大学和~, 63—66, 70—71; lack of, 缺少~, 30; post-Civil War successes, 内战后的成功, 60—75; pre-Civil War failures, 内战前的失败, 50—59; research and, 研究和~, 59; resistance to, 对~的抗拒, 51—55, 59, 64, 68—71, 75; resources and,

资源和~, 51, 55—56, 59; seminars, 研讨会, 66; sorting and, 分类和~, 51, 53—54, 56—58; types of, ~的类型, 50—51; at Union College, 联合学院的~, 59。也见 graduate instruction, 研究生教学

teaching talent, 教学才能: identifying, 识别, 129—131, 135; vs. research talent, vs. 研究才能, 127—128; teacher value added measures, "教师增值"措施, 130

technological change, research universities' vulnerability to, 研究型大学面对技术变革时的脆弱性, 200。也见 MOOCs, "慕课"

Tennent, William Sr., 老威廉·坦纳特, 188

tenure, 终身教职, 118; availability of, ~的可能性, 142; effects on research productivity, 对研究生产力的影响, 142—143; incentives to focus on research and, 专注于研究的激励措施, 137—138; interaction with sorting, ~与分类的相互作用, 137, 143; as norm vs. legal contract, ~作为规范与法律合同, 142; origins and rules, 起源和规则, 138—142; outside letters and, "外审"信件和~, 141; publication and, 出版和~, 141; quality of recruits and, 雇员质量和~, 142; sorting and, 分类和~, 137—143

term contracts, renewable, 可续签的定期合同, 139—140

Terman, Fred, 弗雷德·特曼, 121—122, 124—125。也见 Stanford University, 斯坦福大学

territorial universities, 领地大学, 164

territorial-confessional colleges, 领地-忏悔学院, 174; decline of, ~的衰落, 175, 188—193; Harvard as, 哈佛大学作为~, 179; William and Mary as, 威廉与玛丽学院作为~, 170—181

tests, 测试。见 admissions exams, 招生考试

Tewksbury, Donald G., 唐纳德·G. 特斯贝瑞, 34, 35, 43

theater, 剧院, 106

Thelin, John R., 约翰·R. 泰林, 67, 107

Thirty Years' War, 三十年战争, 186

Thorndike test, 桑代克智力测试, 100, 101

threats to research performance, 对研究绩效的威胁, 198—210; disruption of scope, 范围的破坏, 199—203; identity-related concerns, resurgence of, 身份问题的重新出现, 203—204; out of control costs, 失控的成本, 208—210; political risks related to inequality, 与不平等有关的政治风险, 204—207

Ticknor, George, 乔治·蒂克诺, 51—53, 55。也见 Harvard

University，哈佛大学
tracking，追踪，40，51—53
training, demand for，培训的需求，49
travel，旅行，151。也见 mobility，流动性
Trump, Donald，唐纳德·特朗普，207
tuition，学费，83；increase in，~的增加，208，209；wealthy students and，富有的学生和~，112
Turner, James，詹姆斯·特纳，75
tutors in antebellum colleges，战前大学中的~导师，22—23，27

U.K.，英国，147；Anglican church in，英国圣公会，169；colleges in，~的学院，163；effects of Reformation on universities in，改革对~大学的影响，171；institutional model for universities in，~大学的制度模式，149；self-rule of universities in，~的大学自治，171—172。也见 Cambridge University，剑桥大学；Europe，欧洲；Oxford University，牛津大学
undergraduate institutions，本科院校，7。也见 colleges，学院
undergraduate teaching, support of research by，通过本科教学支持研究，199
Union College, teaching reform at，联合学院的教学改革，59
United States，美国：decentralized nature of educational expansion in，~教育扩张的分散性质，40—41；as leader in research，~作为研究的领导者，4—5；original colleges in，~最初的大学，174（也见 colleges, antebellum，战前大学；colleges, colonial，殖民地大学）
universitas, use of term，"universitas" 术语的使用，153—154
universities，大学：ability of to focus on research，专注于研究的能力，132—135；absorption of professional schools into，~对专业学校的吸收，66；appearance of in Europe，~在欧洲的出现，149—164
universities, early，早期大学：alumni of，~的校友，155—156；curriculum of，~的课程，152，155；diversity of，~的多样性，152；emergence of colleges and，学院的出现和~，162—164；free entry and，自由进入和~，158—160；free scope and，自由范围和，160—164；mobility of，流动性和~，154—155（也见 migrations，迁移）；self-rule of，~的自治，154—158；student economic background and，学生的经济背景和~，162。也见 European universities，欧洲大学
university, designation of，大学的指称，74
urban schools, 城市学校：diversity and，多样性和~，84。也

见 cities, 城市; Columbia University, 哥伦比亚大学
Urban VI (pope), 乌尔班六世(教皇), 159
urbanization, 城市化, 150, 167
Urquiola, Miguel, 米格尔·乌奎拉, 87, 88, 115, 133, 137

Valla, Lorenzo, 洛伦佐·瓦拉, 166
value added, researcher, 增值的研究者, 135
Verdier, Thierry, 蒂埃里·韦迪耶, 206
Verger, Jacques, 雅克·韦尔格, 161, 173
Veysey, Laurence R., 劳伦斯·R. 维赛, 12, 68, 84, 94, 104, 114
violence, in early universities, 早期大学中的暴力, 153
Virginia, 弗吉尼亚州: religion and, 宗教和~, 176。也见 colleges, colonial, 殖民地大学; William and Mary, College of, 威廉与玛丽学院
Virginia, University of, 弗吉尼亚大学, 36, 68
vouchers, 教育补助, 136—137

Walker, Amasa, 阿玛萨·沃克, 23
Walsh, Raymond, 雷蒙德·沃尔什, 140
Warch, Richard, 理查德·沃奇, 182
Warfield, Ethelbert, 埃塞尔伯特·沃菲尔德, 109
Wayland, Francis, 弗朗西斯·韦兰德, 56—58
wealth, 财富。见 class, 阶级; endowments, 捐赠; funding, 基金; socioeconomic background, 社会经济背景; spending, 支出
Webster, Daniel, 丹尼尔·韦伯斯特, 195
Weinstein, Russell, 罗素·温斯坦, 133
Wentworth, John, 约翰·温特沃斯, 194
Western Reserve College, 西储学院, 33
Westphalia, Peace of, 《威斯特伐利亚和约》, 186
Wheeler, Benjamin, 本杰明·惠勒, 79。也见 Berkeley, University of California, 加州大学伯克利分校
Wheelock, Eleazar, 埃勒萨·惠洛克, 183, 194
Wheelock, John, 约翰·惠洛克, 37
White, Andrew, 安德鲁·怀特, 60, 63, 65, 67, 70。也见 Cornell University, 康奈尔大学
Whitefield, George, 乔治·怀特菲尔德, 186, 187, 189, 193
Whitehead, John S., 约翰·S. 怀特黑德, 195
William and Mary, College of, 威廉与玛丽学院, 36, 42, 90, 180—181; control of, 对~的控制, 180—181; religion and, 宗教和~, 176, 180。也见 colleges, antebellum, 战前大学; colleges, colonial, 殖民地大学; Virginia,

弗吉尼亚州
Wilson, Woodrow, 伍德罗·威尔逊, 84, 95, 96, 99, 104。也见 Princeton University, 普林斯顿大学
Winthrop, John, 约翰·温斯洛普, 168
Wisconsin, 威斯康星州, 138
Witherspoon, John, 约翰·威瑟斯彭, 29, 86。也见 Princeton University, 普林斯顿大学
women, 女性: admission of, ~入学, 73—74, 103（也见 coeducational institutions, 男女同校机构）; exclusion of, 将~排除在外, 83
Woolsey, Theodore, 西奥多·伍尔西, 56。也见 Yale University, 耶鲁大学
World War II, 第二次世界大战, 10, 12

Yale Law School, 耶鲁法学院, 87
Yale Report of 1828, 《1828年耶鲁报告》, 45—47
Yale University, 耶鲁大学: alumni donations to, 校友给~的捐赠, 112; clubs at, ~的俱乐部, 93, 95—96; college at, ~的学院, 99; control of, 对~的控制, 187; creation of, ~的创建, 181—183; dormitories at, ~的宿舍, 104—105; enrollment caps at, ~的招生上限, 107; graduate instruction at, ~的研究生教学, 56; religion and, 宗教和~, 35, 176, 181—182, 187; selectivity of, ~的选择性, 102; Sheffield Scientific School, 谢菲尔德科学学院, 58, 65; training for ministry and, 牧师培训和~, 189。也见 colleges, antebellum, 战前大学; colleges, colonial, 殖民地大学; Day, Jeremiah, 耶利米·戴; Dwight, Timothy, 蒂莫西·德怀特; Porter, Noah, 诺亚·波特; Sproul, Robert, 罗伯特·斯普劳尔; Woolsey, Theodore, 西奥多·伍尔西

Zink, Clifford W., 克利福德·W. 辛克, 95
Zurich, University of, 苏黎世大学, 7
Zwingli, Ulrich, 乌尔里希·茨温利, 168

图书在版编目（CIP）数据

市场、人才与金钱：美国大学的科研何以引领世界？/（美）米格尔·乌奎拉著；阮汨君译. -- 北京：商务印书馆, 2025. -- （大学之思）. -- ISBN 978-7-100-24229-5

Ⅰ. G649.712

中国国家版本馆CIP数据核字第2024DB6276号

权利保留，侵权必究。

大学之思
**市场、人才与金钱**
美国大学的科研何以引领世界？
（美）米格尔·乌奎拉 著
阮汨君 译

商 务 印 书 馆 出 版
（北京王府井大街36号 邮政编码100710）
商 务 印 书 馆 发 行
北京盛通印刷股份有限公司印刷
ISBN 978-7-100-24229-5

| 2025年4月第1版 | 开本 880×1240 1/32 |
|---|---|
| 2025年4月第1次印刷 | 印张 13 5/8 |

定价：98.00元